JN437310

# 창의적 사고와 글쓰기

## 이공계열

# 창의적 사고와 글쓰기

지은이 박삼열, 박연숙, 차봉준, 이광진, 정영문, 이상명, 문영식, 한래희, 신경수
발행일 4쇄 2020년 2월 10일
펴낸이 황준성
펴낸곳 숭실대학교 지식정보처 중앙도서관
등 록 제14-2호(1982.1.25.)
서울 동작구 상도로 369
TEL. (02) 820-0739
FAX. (02) 817-5297
http://press.ssu.ac.kr
인쇄처 한컴인쇄정보
TEL. (02) 2274-3394

값 14,000원
ISBN 978-89-7450-352-9 03710

# 머리말

학문연구가 핵심 기능인 대학에서 의사소통 능력은 학문 활동을 잘 수행할 수 있도록 도와주는 기본적인 수단과 방법의 역할을 한다. 의사소통 능력은 하나의 분과 학문에 국한되어 전문지식을 기른다기보다는 모든 분과 학문과 연결되어 각 학문이 교류하고 발전할 수 있도록 돕는 역할을 하기 때문이다. 이처럼 주어진 정보를 이해하고 자신의 정보를 글이나 말로 표현하는 의사소통 능력은 모든 분야에서 지식 생산의 근간이 된다. 즉 어떠한 정보이든 정확히 이해하고 의미를 구성하여 고급의 정보로 만드는 의사소통 능력의 연습은 전공 학문 연구, 더 나아가 모든 설득적 상황에서 논의를 합리적으로 이끌어갈 수 있는 기술을 숙련하는 일이다.

'창의적 사고와 글쓰기'는 종합적 의사소통 능력을 향상시킬 수 있도록 읽기, 쓰기, 말하기 영역을 균형 있게 구성하였다. 이에 더하여 대학에서의 전공학문을 수학하는 데 필요한 기본 역량을 강화할 수 있는 요소들도 충실히 반영하였다. 즉 자신의 생각을 설득력 있게 펴나가는 능력, 스스로 문제의 답을 찾아가는 능력, 그리고 창의적으로 사고하는 능력을 향상시킬 수 있도록 고르게 편성했다. 대학에서의 학문적 의사소통 능력을 온전히 갖추기 위해서는 텍스트에 대한 정확한 분석과 평가의 안목을 길러야 한다. 그리고 이에 대한 비판적 사고와 논리적 추론 능력, 그리고 글쓰기 능력을 향상시켜야 한다. 이에 더해 토론을 통한 문제해결 능력으로 자신의 의견과 주장을 설득력 있게 전개할 수 있다면 금상첨화다. 이 모든 능력을 학습하는 데 '창의적 사고와 글쓰기'는 학생들에게 다양한 도움을 제공할 것이다.

이 책의 제1부는 글쓰기의 구체적 방법을 제시한다. 글쓰기에 대한 기초적인 지식과 함께 정확하고 자연스러운 문장, 학술 활동을 위해 꼭 필요한 보고서 작성법, 그리고 주석과 참고문헌 정리에 이르기까지 매우 구체적인 내용을 담았다. 제2부는 논리적 글쓰기를 위한 체계적인 방법을 제시한다. 많은 사람들이 글을 논리적으로 써야 한다고 말은 하지만 어떻게 논리적으로 글을 구현할 것인지를 구체적으로 설명해주지 못하는 게 현실이다. 여기서는 논증과 비형식적 오류의 분석을 연습하고 이를 논리적 글쓰기에 실제로 적용할 수 있도록 내용을 구성하였다. 특히, 각 예시를 학생들이 직접 쓴 글로 제시하여 학습자의 이해도와 실제성을 높였다. 제3부는 각 계열에 특화된 글쓰기를 소개하고 연습하도록 돕는다. 대학 글쓰기에는 누구나 공통적으로 갖추어야 할 기본 요소들도 있지만 각 전공 계열의 특성상 고유한 글쓰기 방식도 필요하고, 계열에 따라 많이 사용되거나 중요하게 생각되는 실용적 글도 다양하게 존재한다. 여기서는 이러한 특성을 고려하여 학생들이 자기 전공 계열에 맞는 글을 습득하고 연습할 수 있도록 구성하였다. 제4부는 우리 사회의 여러 측면을 비판적으로 바라보고 창의적으로 사고할 수 있도록 다양한 텍스트들을 담았다. 인간의 본성과 죽음, 정보시대와 미래사회, 현대문명과 환경위기, 시민사회와 권력, 문화상대주의와 문화적 다양성, 현대사회와 역사왜곡, 통일한국의 시민상 등 우리 사회 전반을 고르게 반영하는 주제들을 때로는 심화시키고 때로는 상반된 주장을 대비시키는 방식으로 다루었다. 이렇게 자료를 읽고 해석하며 토론하고 글을 쓰는 동안 학생들은 주어진 정보를 재구성하여 자신의 주장을 정립하는 능력을 기르고 대상과 현상을 비판적이고 논리적으로 표현하는 기회를 갖게 될 것이다.

아무쪼록 이 책을 통해 우리 학생들이 지식인으로서의 기본 소양을 갖추고, 창의적이고 균형 잡힌 사고를 할 수 있기를 기대한다.

2016년 9월

필진 일동

목차

## 1부 글쓰기의 기초

1장 글쓰기의 이해 / 08
2장 글쓰기의 과정 / 20
3장 우리말 바로 쓰기 / 35
4장 보고서 작성 / 56

## 2부 비판적 사고와 논증적 글쓰기

1장 비판적으로 사고하기 / 70
2장 논증의 개념과 유형 / 76
3장 잘못된 논증과 오류 / 93
4장 논증적 글쓰기의 실제 / 134

## 3부 이공계열 글쓰기

1장 이공계열 글쓰기의 이해 / 166
2장 실험보고서 쓰기 / 189
3장 제안서 쓰기 / 207
4장 과학기술 비평문 쓰기 / 228

## 4부 주제별 읽기와 쓰기

1장 인간의 본성과 죽음 / 254
2장 정보시대와 미래사회 / 262
3장 현대문명과 환경위기 / 270
4장 시민사회와 권력 / 278
5장 문화 상대주의와 문화적 다양성 / 291
6장 현대사회와 역사왜곡 / 297
7장 통일한국의 시민상 / 303

# 1부
# 글쓰기의 기초

1장

# 글쓰기의 이해

## 01 창의적 사고와 의사소통 능력

'교양'이라는 말은 인간의 인격, 즉 됨됨이를 의미한다. 서구의 고전적 개념에서 비롯된 이 말은 경작을 의미하는 'cultivation'으로부터 발전하였다. 이렇듯 교양은 말 그대로 땅과 밭을 갈아서 농사를 짓듯 사람 농사를 짓는 것으로 이해되었다. 여기서 땅과 밭이 인간을 의미한다면, 경작은 인간의 영혼을 갈아 쓸모 있는 것으로 만드는, 즉 인격의 도야를 의미한다. 또한 독일어에서 교양을 뜻하는 'Bildung'도 원래는 '건축'이라는 뜻으로서 '경작'과 비슷하게 발전하였다. 이러한 용어들을 통해 교양이란 인간 영혼을 경작하거나 건축하여 인간정신을 개발하고, 완전하고 풍성한 인격을 형성해 나가는 과정에 초점이 맞춰진 영역임을 알 수 있다. 교양은 교육을 통해 인간의 인격과 영혼을 성숙하게 하고 성품을 발전시켜 궁극적으로 인간다운 삶을 건설해나가는 토대를 제공한다. 따라서 대학의 교육에는 전문적인 연구능력을 기르는 전공교육도 필요하지만 이처럼 보편적이고 일반적인 교양을 함양하는 교육이 중심이 되어야 한다.

인격의 형성과 직접 연관이 있는 교양교육은 스스로 깨달을 수 있도록 돕는 교육이다. 사실 요즘 많이 시도되고 있는 인성 교육만 봐도 학생들에게 아무리 좋은 내용을 전달하려 해도 뜻대로 되지 않는 경우가 많다. 사람의 마음은 쉽게 움직일 수 없는 만큼 인격과 관련된 교육은 학습자 스스로 문제를 제기하고 깨달아 가도록 돕는 것이 가장 중요하다. 교양교육은 "가르칠 수는 없으나 배울 수는 있다."라는 말이 가장 잘 적용되는 영역이다. 인격과 영혼이 어떻게 형성되고 발전되는지 가르치기는 힘들지만 교수자와 학습자가 함께 문제 제기하고 고민하며 답을 찾아가는 과정을 통해 학습자는 자연스럽게 자신의 삶을 풍성하게 할 지혜를 배울 수 있다.

따라서 교양교육은 창의적 사고와 일맥상통하는 부분이 있다. 현대사회는 가지고 있는 정보의 총량보다는 그 정보를 새롭게 해석하고 대상에 따라 알맞게 전달하는 창의력이 더 중요하다. 정보 자체보다는 그것을 다루는 사람의 능력이 더 각광받는 시대인 것이다. 따라서 현대사회에서 고부가 가치를 창출하기 위해서는 정보 자체에 집착하기보다 그 정보를 활용하는 방식인 창의력에 집중해야 한다.

창의는 어려운 것이 아니다. 창조(創造)가 전에 없던 것을 처음으로 만드는 것, 즉 무에서 유를 도출해내는 것을 의미하는데 반해 창의(創意)는 새로운 의견을 생각하여 내는 것, 즉 기존에 있는 대상에 새롭게 의미부여하는 것을 말한다. 엄밀히 말해 인간은 '창조'할 수 없으며 '창의'만 할 수 있을 뿐이다. 창의성이 가장 중요시되는 예술(art)의 영역만 봐도 진정한 의미의 창조는 있을 수가 없으며 단지 기존의 재료에 작가가 어떤 의미를 부여하느냐에 따라 작품의 가치가 달라진다. 원래 예술의 어원인 라틴어 '아르스(ars)'는 그리스어 '테크네(techne)'의 대응어로서 '기술'이라는 뜻이다. 사실 기술과 예술은 기존의 재료를 가지고 무언가를 만들어낸다는 점에서 동일한 행위이다. 단지 원재료에 어떤 의미를 부여하느냐에 따라 결과물이 달라질 뿐이다. 예를 들어, 우리가 의자를 만든다고 생각해보자. 우리는 의자를 아무 것도 없는 상태에서 그냥 창조해낼 수는 없다. 의자를 만들기 위해서는 먼저 재료가 있어야 한다. 재료가 되는 나무가 주어지면 이제 여기에 의미를 부여하는 것은 우리의 몫이다. 어떤 친구는 기능적으로만 작용하는 투박한 의자를 만들어낼 것이고, 또 다른 친구는 말 그대로 예술적인 의자를 만들 수도 있다. 원래 있던 재료에 어떠한 의미부여를 하느냐에 따라 그 대상의 가치가 달라지는 것이다.

이처럼 교양과 창의적 사고는 정보를 다룰 수 있는 능력 향상에 초점을 맞춘다는 점에서 동일하다. 현대에는 지식을 가르치고 받아들이는 것을 넘어 학습자 스스로 고민하는 과정을 거쳐 지식을 어떻게 재구성하여 자신의 것으로 만들고 다른 이들과 함께 공유하며 실제적으로 활용할 것인지의 문제가 더 중요하다. 이러한 문제의 해결책으로서 의사소통 능력의 중요성이 부각되고 있다.

대학에서 공부하고 사회에서 진정한 능력을 발휘하기 위해서는 수동적인 학습 능력에 머물러서는 안 되며, 스스로 학습할 수 있는 적극적인 학습 능력이 필요하다. 여기에는 다른 사람의 정보를 제대로 검증할 수 있는 듣기와 읽기 능력, 그리고 자신의 주장을 분명하게 개진할 수 있는 말하기와 쓰기 능력을 포괄하는 '의사소통 능력'의 향상이 핵심이다. 이러한 의사소통 능력은 지식 기반의 정보화 시대에 필수적으로 요구되는 능력이기도 하다. 의사소통 능력은 단순한 진술형식만을 말하는 것이 아니라 정보를 해석하고 전달하는 언어 구사 능력과 내용의 토대가 되는 비판적 사고 능력까지 포함하는 말이기 때문이다. 그래서 현대에 의사소통 능력은 일상과 학술의 영역, 그리고 사회적 리더십 영역 전반에 걸쳐 필수 능력으로 인식되고 있다.

### 1) 일상의 의사소통

지식 기반의 정보화 시대를 살아가면서 교육 분야뿐만 아니라 거의 모든 분야에서 의사소통의 중요성이 부각되고 있다. 이에 따라 일상생활에 필요한 의사소통 능력이 학생들에게 시급한 과제로 부상했다. 특히, 최근 들어서는 SNS 등 매체의 발달로 인해 기존의 문서 작성 영역을 넘어 거의 무한대로 글쓰기 공간이 확대되며 다양화되고 있다. 이에 따라 전통적으로 일부 계층에만 국한되었던 글쓰기는 이제 누구나 참여할 수 있고 필수적으로 해야만 하는 능력으로 인식된다.

무엇보다 일상생활에서의 글쓰기는 삶과 직접 연결되는 것으로서 일상에서 일어나는 일들을 성찰함으로써 자아의 발전에 밑거름이 될 수 있다는 점에서 중요하다. 또한 생활 속 소통을 위한 글쓰기는 자신의 생각과 정보를 타인과 공유함으로써 다른 사람을 이해하고 타인과 조화를 이룰 수 있는 중요한 역할을 한다. 글쓰기를 통해 다른 사람과 공감대를 형성할 수 있고, 새로운 소통의 장을 마련할 수 있을 뿐만 아니라 생소한 환경과 세계를 이해할 수 있는 장이 마련되는 것이다. 자신의 풍요로움과 더불어 다른 사람과 풍성한 관계를 맺기 위해서는 의사소통 능력이 반드시 필요하며, 사람들 사이의 소통의 오차를 줄여주는 글쓰기는 일상생활에서 가장 중요한 의사소통 능력이다.

## 2) 학문적 의사소통

현대는 인터넷과 정보 산업의 발달로 인해 다양한 형태의 정보와 지식 그리고 가치들을 누구나 쉽게 수집할 수 있다. 따라서 과거처럼 보편적이고 절대적이라고 인정되는 지식들을 전수하는 방식이나 전문 지식을 나열하는 교육 방식으로는 현대사회가 필요로 하는 인재를 양성하기 어렵다. 지식기반의 정보화 사회에서는 지식의 양이 폭발적으로 증가하기 때문에 개별적이고 전문적인 지식을 넘어 지식 전체를 볼 수 있는 넓은 안목이 중요하다. 이를 통해 정보를 부가가치가 높은 지식으로 가공하여 고부가가치를 창출하고 지식을 전문지식으로, 다시 전문지식을 새로운 지식으로 적용할 수 있다. 학문에 있어서도 학문의 분과적 성격에서 벗어나 보편적인 지식을 갖도록 노력해야 하며, 다양한 학문들을 연결하여 창의적인 의미를 찾아내는 데 관심을 집중해야 한다. 따라서 현대와 같은 정보화 사회에서 사회인으로서 갖추어야 할 기본소양은 주입식 지식이 아니라 창의적 사고력과 문제해결 능력에 초점이 맞춰지고 있다.

특히 이러한 능력을 향상하기 위해서는 다양한 의견을 공유하고 다른 생각을 가진 사람들과 협상하는 태도가 중요하다. 한 주제에 대해 다양한 관점을 전개하고, 이를 비교하며 이해하려고 노력하는 과정 속에서 정보의 가치를 보는 안목이 향상된다. 또한 다양한 의견을 공유하고, 자신의 입장을 검증하기 위해 타인과 끊임없이 비판하고 반박하는 과정을 통해 정보를 다루는 능력도 향상된다. 배운 것들이 가치에 따라 구분되고 다시 현실적인 문제에 접목되어 실제적으로 활용될 수 있도록 돕는 가장 기본적인 의사소통의 훈련과정이 창의적으로 읽고 쓰는 일이다.

대학에서 읽고 쓰는 일은 주어진 정보를 분석하고 그 분석을 토대로 합리적인 해결책을 찾을 수 있는 비판적 능력에 초점이 맞춰진다. 이러한 능력은 대학에서 배우는 지식과 정보들을 효과적으로 분석하여 자신의 생각으로 도출해내고 표현하는 데 도움을 준다. 결과적으로 대학에서 지향하는 글쓰기는 비판적 사고력이 중심이 되는 학술적 글쓰기 능력을 배양한다.

### 3) 리더십과 의사소통

21세기는 흔히 정보화 시대로 불린다. 정보화 사회에서는 정보의 독점이 불가능하기 때문에 개인화 · 다양화의 요구가 높으며, 이로 인해 스스로 판단할 수 있는 주체적이고 창의적인 사람을 필요로 한다. 특히 정보화의 진행에 따라 개인 간의 관계도 수평적인 관계로서 '탈중심성(decentralization)'의 모습을 보이고 있으며, 이는 지식의 습득이나 전달방식에도 커다란 변화를 요구하고 있다. 특히 이러한 최근의 경향은 리더십의 개념에도 영향을 미쳐 리더에게 있어 업무 능력뿐만 아니라 의사소통 능력 또한 중요한 자질로 부각되고 있다.

현대에는 사회적으로 소통이 강조됨에 따라 과거 권위주의적인 의사결정 방식은 비판의 대상이 되며, 공동체 구성원들 간의 수평적인 의사결정 방식이 필수 요소로 여겨지고 있다. 또한 리더의 일방적 가르침이나 지시가 아닌 공동체 구성원들의 합리적인 참여를 통해 방향을 조정해 나가는 리더십이 강조되고 있다. 이처럼 어떠한 사안에 대해 방향을 설정하여 강하게 이끌어가는 리더십이 아니라 공동체 구성원들을 설득하여 그들과 함께 결과를 만들어가는 리더십을 위해서는 의사소통 능력이 필수적으로 요구된다.

이제는 목표를 제시하는 것만으로는 좋은 리더가 되기 힘들다. 현대의 리더십에서 무엇보다 중요한 것은 구성원들과 효과적인 상호관계를 형성할 수 있는 의사소통 능력이다. 목표를 성취하기 위한 내용뿐만 아니라 구성원들에게 동기부여가 될 수 있도록 그들의 마음까지 헤아리며 움직일 수 있어야 한다. 즉 여기서 의사소통 능력은 '말하기'와 '쓰기'와 같은 의사표현 수단을 통해 상호간에 정보와 신뢰, 의견과 감정을 주고받는 능력까지를 의미한다. 의사소통 능력은 단순히 진술방식을 말하는 것이 아니라 한 사람의 영향력과 직결되는 능력이다. 따라서 의사소통 능력은 현대에 성공적인 사회생활을 위한 리더십의 필수 조건이다.

## 02 좋은 글의 요건

대부분의 사람들이 글쓰기를 두려워한다. 무엇을 써야 할 지, 어떻게 써야 할 지를 두고 오랜 시간 머뭇거린다. 컴퓨터 화면의 깜박이는 커서를 응시하며, 혹은 종이 위에 펜 끝만 대고서는 도무지 쓸 거리가 생각나지 않아 하염없이 시간만 흘려보낸다. 그리고는 생각한다. '글쓰기는 도대체가 나와는 맞지 않아!'라고.

글쓰기가 어려운 것은 무엇 때문일까? 아마도 잘 써야 한다는 강박관념과 멋지고 아름다운 표현을 구사하려는 욕심 때문이 아닐까? 이러한 생각에는 글에 대한 그릇된 선입견이 작용하고 있기 때문이다. 좋은 글은 아름다운 문장으로 표현되어야 한다는 생각, 그리고 고상한 내용을 담은 글이라야 남들 앞에 내놓을 만하다는 생각이 글쓰기를 오히려 어렵게 만든다. 이렇게 생각하면 어떨까? 글은 나와 상대를 이어주는 소통의 도구, 좀 더 유식하게 표현하면 커뮤니케이션의 수단 정도로 이해하면 한결 글쓰기가 쉽지 않을까?

좋은 글이 갖추어야 할 기본적인 요건은 무엇일까? 좋은 글을 위해서는 다양한 요소에 대한 종합적인 고려가 필요하다. 우선 글쓴이의 좋은 생각이 드러나야 하고, 그것이 좋은 문장으로 표현되어야 하며, 아울러 좋은 짜임새를 갖출 때 비로소 하나의 좋은 글이 완성된다. 우리는 이를 '주제, 문장, 구성'이라는 틀로 나누어 생각해 볼 수 있다. 다른 식의 예를 들어본다면, 대체로 글쓰기의 과정을 집을 짓는 행위나 음식을 요리하는 행위에 비유하면 이해가 쉬울 것이다. 우리는 좋은 집을 짓기 위해 먼저 어떤 용도의 집인가를 생각한다. 주거용인지 사무용인지 아니면 다용도인지를 우선적으로 결정해야 한다. 다음으로는 그러한 용도에 알맞은 재료를 구비해야 한다. 더불어 그러한 재료를 자유자재로 다룰 수 있는 경험 많은 일꾼도 구해야 하고, 주변 환경과 잘 어울리는 미적 감각도 필요하다. 이 밖에도 부지기수의 요건들이 잘 갖추어졌을 때 비로소 훌륭한 건축물이 탄생하게 된다. 좋은 글을 쓰기 위한 요건과 절차도 이와 다를 바가 없다. 아래에 소개된 글을 읽은 후 좋은 글의 요건에 대해 좀 더 구체적으로 생각해 보자.

**예문**

나는 가끔 요리를 한다. 가장이 손수 마련하는 별식을 기다리는 식구들을 위해서이다. 내가 주로 만드는 음식은 국수이다. 삶아 낸 면발을 멸치장국과 같은 국물에 말거나 양념을 하여 비벼 먹는 비교적 가벼운 음식이다. 맛난 요리가 하고 많은데 겨우 국수 하나냐고 반문할 수도 있겠지만, 국수를 잘 만들어 본다는 것도 결코 수월한 일은 아니다. 어떤 분야든 파고들면 기왕에 보이지 않던 세계가 보이는 법이다.

국수라고 하면 저마다 떠오르는 이런 저런 기억이 있을 것이다. 이를테면 시장바닥에 쪼그리고 앉아 먹는 싼값이지만 감칠맛 있는 잔치국수라든가, 한여름에 할머니가 해 주시던 시원한 콩국수며, 자취방의 늦은 점심으로 신 김치와 고추장을 듬뿍 넣어 벌겋게 비벼낸 비빔국수 등, 우리는 서로 다르고 그만큼 특색이 있는 여러 국수를 먹어 왔다. 국수라는 공통점이 있지만 이 국수들은 모두 나름의 준비와 절차를 통해 만들어진다. 아무리 그저 허기를 채우려 한다 하더라도 어떤 국수를 만들려면 그에 맞는 구상이 필요하다.

내가 만드는 국수는 보통 국물이 있는 것과 없는 것으로 나뉜다. 전자의 물 국수를 만들려면 국수를 삶는 외에 멸치와 다시마 등을 우려 낸 장국을 준비해야 하고 달걀 지단을 부치거나 쇠고기, 호박, 부추 등을 볶아 국수 위에 얹을 고명을 마련해야 한다. 이런 조리 작업은 부엌일에 대한 어느 정도의 숙련을 필요로 한다. 호박을 가지런히 썰기 위해서는 칼질이 익어야 하고 지단을 부치려면 프라이팬을 다룰 줄 알아야 한다. 나도 처음에는 고기를 볶기 위해 달군 기름 팬 위에 찬물을 떨어뜨려 기름이 튀어 오르는 바람에 가벼운 화상을 입기도 했다.

사실 국수를 조리하는 데도 익히고 지켜야 할 여러 가지 법들이 있다. 이를 따르지 않으면 맛있는 국수를 만들기는 힘들어진다. 예를 들어 멸치를 너무 오래 끓이면 국물이 맑지 않고 텁텁해진다. 국수는 팔팔 끓는 물에 빨리 삶아 찬물로 잘 씻어 내야 찰진 맛이 난다. 순서와 절차도 중요하다. 국수를 일찍 삶아 내 놓으면 퍼져서 맛이 없게 된다. 조리법이란 재료의 성질에 따라 맛을 살려내는 적절하고 효율적인 방법이다. 그러나 조리법이 국수 만드는 모든 것을 설명해 주지는 않는다. 사실 나는 매번 모험을 하는 편이다. 어느 날은 쇠고기나 부추 대신 구운 삼겹살을 고명으로 얹기도 했고, 회국수를 먹은 기억을 되살려 생오징어를 가늘게 썰어 넣은 냉국수로 찬사를 듣기도 했다. 조리법이란 모험을 통해 발전해 온 것이 아닐까? 영감에 차서 국수를 만들려는 순간이면 나는 종종 일종의 경건한 진지함에 휩싸인다. 새로운 구상과 설계를 해 볼 때는 긴장이 되고 또 즐겁다. 이것은 정녕 창조의 즐거움이다. 그런데 기억의 여신 므니모시네가 아홉 명의 뮤즈를 낳았듯 영감은 기억의 산물일 경우가 많다. 신문이나 잡지 등에 소개된 조리법을 메모하거나 오려 두었다가 참조하는 것도 권할 만하다.

무슨 일이든 그렇지만 맛있고 특색 있는 국수는 테마가 분명해야 하고 테마는 상황에 맞는 분명한 의도와 관련된 것이어야 한다. 더위가 기승을 부리는 한여름에는 오이채를 얹은 시원한 냉국수가 제격이다. 그러나 집안에 몸살이 난 사람이 있다면 푹 삶아 낸 닭 국물에 참살이 채소를 곁들여도 좋을 것이다.

물론 테마가 분명한 국수를 만들기 위해서는 그것을 부각하는 전략이 필요하다. 예를 들어 보양 국수라면 먼저 국물에 주력하는 것이 좋다. 국수 역시 여러 재료가 어우러지는 음식이다. 테마가 분명한 특색 있는 국수란 재료를 한 데 뒤섞는 것이 아니라 새로운 구성의 아이디어를 발휘함으로써 만들어진다. 고기를 많이 넣고 참기름을 듬뿍 친다고 국수가 맛있게 되지는 않는다. 구성의 아이디어란 맛을 내는 재료들의 조화를 찾아내는 것이다. 나만의 비밀 하나는 생굴을 살짝 삶아 낸 육수에 국수를 말고 매콤한 김장 김치를 썰어 김채와 함께 얹은 한겨울의 미각, 굴국수이다. 굴은 굴대로, 김치는 김치대로 살리면서 시원하고 깊은 국물 맛을 내는 것이 맛난 굴국수를 만드는 요령이다.

특색 있는 국수라고 해서 항상 특별한 재료를 필요로 하는 것은 아니다. 평범한 재료라 하더라도 그 재료들의 구성을 어떻게 하느냐에 따라 특별하고 색다른 것을 만들 수 있다. 재료들이 서로 어울려 특색 있는 조합을 형성하게 하기 위해서는 그 조합의 고리들을 찾아내는 모험적이면서도 섬세한 노력이 필요하다. 개성적인 손맛이란 이렇게 탄생하는 것이 아닐까? 총체적인 맛내기에 성공하느냐 그렇지 못하느냐에 따라 요리의 성패는 갈린다.

음식을 만드는 이의 노력은 음식이 식탁에 오르기까지 계속되어야 한다. 음식은 보기에도 먹음직스러워야 하기 때문에 훌륭한 요리사는 음식을 담는 그릇에도 신경을 써야 한다. 김치비빔국수를 양푼에 담는 것은 제격이지만 다랑어 국물에 새우튀김을 띄운 국수라면 각진 사기그릇이 더 어울린다. 그 위에 쑥갓이나 실파를 파릇파릇 돋아난 것처럼 맵시 있게 올리는 재치도 나쁘지 않다.

– 신형기, 『국수 만들기』, (2007)

앞서 좋은 글쓰기를 건축에 비유하여 이야기했다. 인용한 글은 좋은 글의 요건과 글쓰기의 과정을 '국수 만들기'와 견주어 설명하고 있다. 한 그릇의 맛있는 국수를 만드는 과정에서 우리는 좋은 글을 쓰기 위한 과정과 필요조건을 발견할 수 있다. 대체적으로 다음과 같은 요건을 충실히 따라가면 좋은 글을 쓸 수 있을 것이다.

### 1) 목표를 세워야 한다

맛있고 특색 있는 국수는 테마가 분명해야 한다. 그리고 그 테마는 상황에 맞는 분명한 의도와 밀접하게 연결되어야 한다. 그래서 국수 만들기의 달인은 더위가 기승을 부리는 한여름엔 오이채를 얹은 시원한 냉국수를, 몸살로 고생하는 사람에겐 푹 삶은 닭국물로 육수를 우려 낸 국수가 제격이라고 말한다. 좋은 글도 마찬가지다. 좋은 글이란 그 주제가 타당하고 적절해야 한다. 이것은 글쓰기의 목표 설정과 밀접한 관련을 맺는다. "나는 '무엇'을 위해 이 글을 쓰는가?", "나는 '왜' 이 글을 쓰는가?", 그리고 "나는 '누구'를 위해 이 글을 쓰는가?"에 대해 스스로 묻고 답해야 한다. 이 물음 하나하나에 대한 답이 글의 목표와 주제가 된다. 아울러 글의 예상 독자가 누구인지에 따라 우리가 쓰는 글의 주제와 내용은 달라진다. 누구를 위한 글인지가 정해지지 않은 글이라면 십중팔구 방향을 잃고 헤매는 글이 되기 마련이다. 또한 글의 목표가 무엇인가에 따라서도, 즉 설득을 위한 글인지, 정보를 전달하기 위한 글인지, 혹은 정서를 표현하기 위한 글인지에 따라 글의 주제는 달라지기 마련이다. 이처럼 좋은 글이란 글이 추구하는 목표에 부합하는 적절하고 타당한 주제가 갖추어져야 한다.

### 2) 훌륭한 문장을 구사할 수 있어야 한다

모든 음식 만들기에는 능숙한 조리법이 선행되어야 한다. 아무리 고급의 재료를 구해놓아도 그 재료를 손질하는 요리사의 솜씨가 형편없다면 가치는 떨어진다. 단순한 국수 한 그릇 만드는 데도 나름의 숙련된 조리법이 필요하다. 국수에 얹을 고명을 준비하기 위해서는 칼질이 손에 익어야 한다. 고명으로 얹힌 호박, 지단 등이 제각각 비뚤비뚤한 모양이라면 음식의 가치는 한 단계 떨어지고 만다. 또한 호박을 지지고, 지단을 부치고, 쇠고기를 볶기 위해서는 프라이팬을 다루는 솜씨도 능수능란해야 한다. 알맞게 달궈진 프라이팬에 적당한 시간 동안 지지고, 부치고, 볶아 내야만 국수 고명으로서의 가치가 높아진다. 마찬가지로 좋은 글을 위해서도 이러한 문장 조리법을 익혀야 한다. 어법에 맞는 바른 문장을 구사할 수 있는 능력, 정확한 의미의 어휘를 적재적소에 사용할 수 있는 능력이 훈련되어야 한다. 한 마디로 좋은 글이란 훌륭한 문장으로 표현된 글이다. 훌륭한 문장은 명확한 의미 전달과 잘 읽히는 문장으로 이루어진다. 이를 위해서 꾸준히 문장력을 갈고 다듬는 노력이 필요하다. 우선 명확한 의미의 전달을 위해서 간략하고 쉽게 쓰는 습관이 필요하다. 오해나 혼란을 불러올 수 있는 불명확한 개념어의 사용이나 서술을 피해야 한다. 일찍이 허균은 어렵고 교묘한 말로 글을 꾸미는 것을 문장의 재앙이라 말하며 경계했다. 그는 "글이란 자신의 마음과 뜻을 다른 사람에게 제대로 전할 수 있도록 쉽고 간략하게 짓는 것"이라는 말을 통해 의미의 명확한 전달을 강조했다. 또한 훌륭한 문장은 잘 읽히는 글이어야 한다. 이를 위해 문장은 가급적 단문으로 써야 한다. 장문 쓰기는 좋은 글쓰기를 방해한다. 글은 길게 쓸수록 불필요한 수식이 따라붙고, 주어와 서술어가 호응을 이루지 못하여 문법적으로 어긋나고, 급기야는 논지가 흐려질 가능성이 커진다.

### 3) 짜임새 있는 구성을 보여주어야 한다

특색 있는 국수라고 해서 항상 특별한 재료를 필요로 하지는 않는다. 평범한 재료를 가지고도 그 재료를 어떻게 구성하느냐에 따라 특별하고 색다른 맛을 낼 수가 있는 것처럼, 좋은 글도 일상적인 글감을 어떻게 구성하느냐에 따라 성패가 결정된다. 좋은 글은 짜임새 있는 구성을 보여주어야 한다. 짜임새 있는 구성이란 글쓴이의 주장과 글의 내용이 논리적 흐름에 따라 전개된 것을 의미한다. 따라서 좋은 글을 위해서는 자신이 쓰고자 하는 글의 목적에 부합하는 나름의 형식적 체계를 갖추어야 한다. 설명문이라면 '머리말—본문—맺음말', 논설문은 '서론—본론—결론', 그리고 소설과 같은 문학적인 글은 '기—승—전—결'이라는 형식에 따라 글을 구성하는 것이 일반적이다. 특히 우리가 앞으로 써 가야 할 실용적인 글들(설명문, 보고서, 감상문, 논설문, 서평 등)을 아우르는 일반적인 구성으로는 '배경—내용—의견'이라는 3단계 구조를 익혀두면 좋을 것이다. 즉 글의 시작에는 '왜 내가 이 글을 쓰는가?'에 대한 내용이 서술되어야 한다. 글을 쓰는 목적, 취지, 의도 따위에 대한 배경 설명이 필요하기 때문이다. 다음으로는 '내가 쓰고자 하는 글의 핵심은 무엇인가?'에 대한 서술이다. 그리고 마지막에는 '나의 의견이나 소감은 무엇인가?'를 압축적으로 드러냄으로써 마무리하면 될 것이다. 이러한 세 가지 요소를 반영한 글의 구조는 서평이나 영화평, 혹은 감상문, 설명문, 논술 등 모든 글쓰기에 두루 적용할 수 있는 가장 일반적인 구성에 해당한다.

### 4) 창의적인 사고가 담겨야 한다

국수 한 그릇 만드는 것에 어떻게 또 다른 창의적인 방법을 적용할 수 있을까? 그냥 적당히 잘 익힌 면발에 갖은 양념과 잘 우려 낸 육수 정도, 그리고 먹음직스럽게 준비된 고명 정도면 누구나, 어디서나 흔하게 맛 볼 수 있는 국수 아닌가? 그런데도 국수 만들기의 달인은 나름의 모험을 통해 색다른 국수를 만들어 가고 있다. 쇠고기나 부추 대신 삼겹살을 고명으로 얹기도 하고, 회국수를 먹은 기억을 되살려 생오징어를 썰어 얹은 냉국수를 시도하는 과정에서 그는 '창의의 즐거움'을 만끽하고 있다. 마찬가지로 좋은 글을 쓰기 위해서도 일종의 창의적인 모험이 필요하다. 대개 우리가 써야 할 글은 비슷한 글감을 바탕으로 유사한 방식의 구성을 활용하기 마련이다. 여기에 일정 수준에 도달한 문장력이라면 글의 수준은 비슷하다. 이러한 중에서 군계일학(群鷄一鶴)으로 빛나는 글이 되기 위해서는 창의적인 상상력이 동원되어야 한다. 흔하고 흔한 글감의 반복적 사용, 식상한 문장과 단락의 전개, 그리고 천편일률적인 주장을 넘어서는 창의적 모험이 필요하다. 이를 위해서는 무엇보다도 참신한 글감의 확보가 중요하다. 그러한 글감은 어떻게 얻을 수 있는가? 그래서 다독(多讀)이 필요하다. 많은 책을 읽어가는 과정 속에서 어느 순간 활용할 수 있는 글감이 만들어지기 때문이다. 아울러 여행을 통한 다양한 분야의 사람들과의 만남을 통한 경험의 확장도 창의적 상상력을 제공하는 좋은 방편이 될 수 있다.

### 5) 정성을 다하는 글다듬기로 마무리해야 한다

음식을 만드는 이는 그 음식이 식탁에 오르기까지 최선을 다해야 한다. '보기 좋은 떡이

먹기에도 좋다'는 말이 있다. 그래서 훌륭한 요리사는 음식을 담아내는 그릇의 생김새까지도 고려한다. 어떤 모양의 접시에 담는가, 어떤 색상의 그릇을 사용하는가는 물론이고 그 음식을 돋보이게 만들 장식에까지 고심을 거듭한다. 국수 한 그릇도 양푼에 담을 것과 사기그릇에 담을 것이 다른 것처럼, 준비한 고명도 어떤 식으로 배열하여 얹을 것인가에 따라 식욕을 돋우는 정도가 다른 것이 바로 마지막 순간의 세심함이다. 좋은 글도 이와 마찬가지의 세심한 마무리가 따라야 한다. 아무리 좋은 글감을 동원하고, 그럴듯한 구성과 독자를 사로잡는 테마를 갖추었다 할지라도 격식에 맞지 않는 흠결이 보이는 순간 그 가치는 하락한다. 마지막 순간까지 단어, 문장, 단락, 글 전체를 매만지고 바로잡는 각고의 노력이 필요한 것은 글이 나와 다른 사람을 매개하는 대화의 수단이기 때문이다.

### ☑ 좋은 글을 쓰기 위한 요건

- 글의 목표를 세워야 한다.
- 주제와 논점이 뚜렷한가를 점검해야 한다.
- 풍부한 글감을 준비해야 한다.
- 창의적인 사고를 길러야 한다.
- 올바른 문장 쓰기 능력을 길러야 한다.
- 정성을 다해 글을 다듬어야 한다.

2 장

# 글쓰기의 과정

## 01 글쓰기의 절차

### 1) 화제 설정 및 주제 탐색

학생들이 공적으로 작성하는 글은 대개 과제 형식의 보고서로, 주제가 정해져 있는 경우가 대부분이다. 어떤 주제에 대해 과제를 작성하려면 일단 왜 이 주제에 대해 논의해야 하는지, 이 주제가 어떤 의미와 의의를 내포하는지 생각해 보아야 한다. 또한 보고서 등으로 글쓰기 과제를 부여하는 사람의 입장, 혹은 자신의 글을 읽을 독자의 입장이 되어 어떤 방향으로 주제에 접근할지도 고민해야 한다. 이러한 탐색의 과정을 소홀히 하고 보고서를 쓰다보면 자칫 과제 부여자의 의도와 무관한 글을 쓸 위험이 있다.

이렇게 주제를 파악하는 것은 문제를 제기하기 위해서이다. 의문이 없는 글에는 핵심이 없고, 질문이 없는 글쓰기에는 발전이 없다. 글의 질은 여기에서 좌우된다. 글을 쓰는 이는 글을 왜 쓰는지, 글이 어떤 가치를 지니는지 등의 문제 제기를 통해 글의 가치를 증명해야만 한다. 대학에서 학생들은 주로 학술적이고 논리적인 글을 쓰기 때문에 중요한 것은 새로움이다. 천편일률적인 사고에서 벗어나, 어떤 문제에 대한 자신의 고유한 시각을 보여주고 자신만의 주장을 펼칠 수 있는 글을 써야 한다. 논리적인 글쓰기에서 중요한 것은 자신만의 시각과 주장을 정당화할 수 있는 논증의 과정이다. 본격적으로 글을 쓰기 전에 어떤 문제를 제기하고, 그 문제에 접근하는 분석의 틀을 마련해야 한다.

## 2) 자료의 분석과 요약

주제에 대해서 문제를 제기한 뒤 해야 할 일은 필요한 자료를 수집하고 활용하는 일이다. 학술적인 글을 쓸 때에는 새롭고 창의적인 것을 보여 주는 것에만 신경써서는 안 된다. 선행 연구에 대한 조사 없이 새롭고 창의적인 것을 만들어 낼 수 없다. 무엇보다 자신만의 고유한 주장은 이를 뒷받침하고 정당화할 근거를 제시함으로써 인정받을 수 있다. 따라서 자료의 검색과 수집은 좋은 글을 쓰기 위해 반드시 거쳐야 할 단계이다.

글쓰기에 필요한 자료를 검색하고 수집한 뒤에는 이를 정리해야 한다. 정리한다는 말은 분석하고 요약하는 작업을 가리킨다. 학술적이며 논리적인 글의 갈래에는 논술문, 논증문, 비평문 등이 있다. 이는 우리가 일반적으로 작성하는 글의 갈래이기도 하다. 논술문은 주어진 주제나 제시된 글을 분석, 요약한 뒤 그에 대한 자신의 입장과 주장을 창의적으로 밝히는 글이다. 논증문은 어떤 논제에 대해 입장을 취하고, 주제를 제안하고, 입장을 뒷받침할 논거들을 제시하는 글이다. 이때 논거들은 어떤 개념이나 이론일 수도 있고, 사실 내용이 될 수도 있다. 주제 및 주장에 대한 논거를 제시하기 위해서는 관련된 일련의 정보를 입수하고 그것을 분석, 요약하는 과정을 보여줘야 한다. 비평문은 텍스트를 읽고 요약하여 이에 대한 의문이나 질문을 제시한 뒤 그 해답을 제시하는 글쓰기다. 대학생이 교양 과목이나 인문학 과목을 수강하면서 작성하는 소위 감상보고서는 비평문의 한 갈래라 할 수 있다. 그런데 감상보고서는 어떤 텍스트에 대한 단순한 감상을 정서적으로 보여주는 글이 아니다. 감상보고서를 작성할 때는 자기의 감상을 설명하고 그런 느낌을 갖게 된 이유를 논증하는 과정에 보다 주의를 기울여야 한다.

이와 같이 글을 쓰는 모든 상황에는 어떤 자료에 대한 분석과 요약의 단계가 공통적이며 필수적이다. 때문에 보고서를 작성하기 위해서는 자료를 요약하는 작업에 특별히 신경을 써야 한다. 그렇다고 해서 자료를 분석하고 요약하는 데 무작정 시간을 할애할 수는 없다. 자료를 효과적으로 요약하기 위해서는 자료의 성격에 따라 적합한 기준과 틀을 적용해야 한다. 이를테면, 논리적인 글을 요약할 때의 기준은 논증에 있다. 논증이란 논거를 통해 주장을 제시하거나 주장으로 가기 위해 논거를 제시하는 방향 그 자체이다. 자료의 내용이 주장하는 내용과 그것을 정당화하는 논거를 중심으로 요약한다는 방향성이 흐트러져서는 안 된다. 무엇보다 자료에서 꼭 필요한 내용만 선별하여 그것을 활용하는 작업에 집중할 필요가 있다. 아울러 수사적이거나 지엽적인 사안에 매달려 핵심으로부터 벗어나지 않도록 해야 한다.

### 3) 개요 짜기

글쓰기에 활용할 자료를 분석하고 요약한 뒤에는 개요를 짜야 한다. 혹은 자료를 분석, 요약하면서 개요를 짤 수도 있다. 개요는 글 대강의 내용이자 기본적인 설계도이며 종합적인 계획서다. 개요만 읽어도 보고서의 내용과 구성, 방향이 드러나도록 해야 한다. 문제는 개요에 대하여 많은 이들이 어색해하거나 어려워한다는 점이다. 조금 극단적으로 말하자면 개요는 어떤 글의 차례 부분과 유사하다. 차례가 글쓰기를 마친 후에 글을 정돈해주는 역할을 한다면, 개요는 글을 쓰기 전에 생각을 정리해주는 역할을 한다. 개요는 본문 전체의 내용을 구조화할 뿐만 아니라 세부적인 사항을 구상하고 구성하는 단계다. 사실 개요를 짜는 일은 초고를 쓰는 일만큼이나 중요하다. 개요짜기는 실질적인 글쓰기의 시작인 까닭이다.

글의 개요를 짤 때 우선적으로 고려할 사항은 주제(무엇에 대한 논의인가?) 및 의미와 의의(왜 논의하는가?)이다. 이러한 까닭에 주제 탐색 및 문제 제기의 단계에서 무엇을 주장할지 계획해야 하며, 자료의 분석, 요약 단계에서 어떤 논거를 제시할지 준비해야 한다. 또한 개요를 작성하기 전에 구성의 방법(어떻게 논의를 전개할 것인가?) 및 독자(누가 이 논의에 반응할 것인가?)에 대해 개괄적으로 정리되어 있어야 한다.

앞서 보았듯이, 통상적으로 논리적인 글쓰기의 본문은 서론, 본론, 결론의 삼단 구성 체제를 따른다. 개요는 그 가운데서도 본론의 범주와 항목이 드러나게끔 한다. 이를 위해서 본론에서 서술할 내용을 하나하나 분류하여 중요한 순서대로 정리해둘 필요가 있다. 번호를 매기면서 카테고리를 만들어 놓는 것도 좋다.

개요를 짤 때 가장 흔히 쓰이는 유형은 논리적 관계에 따라 서술하는 방법일 것이다. 논의의 여지가 있는 사안에 대해 정과 반(비교, 대조)의 주장의 형태로 제시하거나, 정 · 반 ·

합(변증법)으로 전개되는 개요를 작성하는 방법도 있다. 또한 어떤 주제에 포함되는 하위 개념의 사항들을 열거한다든지, 어떤 대상을 구성 요소로 분류하여 설명하는 개요도 가능하다. 어떤 결과에 대한 원인 밝히기, 역으로 원인을 제시하고 결과 밝히기(인과관계), 문제 해결의 과정에 따라 풀어쓰기(문제해결), 전제들을 밝히고 결론에 이르기(연역법), 사례들을 통해 결론에 이르기(귀납법), 연상 작용의 방향을 따라 이미지화 하기 등 본론의 개요를 짜는 방법은 필요에 따라 스스로 선택할 수 있다.

본론의 내용을 구성할 때에는 단락별로 개요를 작성해 두는 것이 효과적이다. 각 단락의 소주제를 정해 두고, 가능하다면 소주제문을 작성해 두도록 한다. 하나의 단락에는 하나의 소주제문이 따른다. 소주제를 명사형 단어나 구문으로 적어놓아도 되지만, 서술형의 완결된 문장으로 풀어 써두면 초고를 쓸 때 시간을 절약할 수 있다. 논리적인 글에서 소주제문은 주장에 해당된다. 모든 주장에는 이를 정당화할 논거가 있어야 하며, 어떤 논거든 그것을 뒷받침할 수 있는 문장들이 필요하다. 뒷받침 문장들의 경우 수사학적인 내용과 관련되므로, 개요를 짜는 단계에서는 되도록 주장과 논거 중심으로 정리해 두도록 한다.

개요의 구성과 단락별 소주제도 중요하지만 무엇보다 중요한 것은 글의 기준이 명확하게 드러나고 일관성이 있어야 한다는 점이다. 개요의 방향성과 일관성에 따라 초고에서 단락들의 긴밀성이 좌우되고, 글의 완결성이 결정된다.

### ☑ 개요 작성 시 유의 사항

① 항목화, 목록화하여 번호를 매길 것
② 논리적인 관계를 고려하여 구성할 것
③ 단락별로 소주제 및 소주제문을 적어둘 것
④ 단락 구성의 기준과 방향성을 명확히 할 것

### ☑ 개요 작성의 예시

주제 : 문화와 커뮤니케이션
문제 : 영상문화에 나타나는 커뮤니케이션
가제 : 새로운 문화코드로서의 커뮤니케이션
구성 : 대상을 구성 요소로 분류하여 설명

I. 서론 : 커뮤니케이션에 대한 기본적인 배경지식 소개

II. 본론

1. 영상매체와 커뮤니케이션
단락 1. 영상매체의 종류
단락 2, 3. 이에 나타나는 커뮤니케이션의 방식
단락 4, 5, 6. 방식의 변화

2. 영상예술에 나타나는 커뮤니케이션
단락 1. 영상예술의 하위 장르들
단락 2, 3. 이에 나타나는 커뮤니케이션의 방식 예시
단락 4, 5, 6. 방식의 변동 사항

3. 영상문화와 커뮤니케이션
단락 1. 영상문화로서의 인터넷의 발달 소개
단락 2, 3. 인터넷에서의 커뮤니케이션 방식 설명
단락 4, 5. 앞으로의 전망

III. 결론 : 영상문화만 아니라 문화코드로서의 커뮤니케이션

## 4) 초고 쓰기

이제 본격적으로 원고를 작성해야 한다. 초고 쓰기는 앞서 작성한 개요를 바탕으로 살을 붙이는 작업이다. 글의 서론은 독자의 주의를 환기하고, 주제를 전달하며, 배경지식이나

선례 연구 등에 대해 언급하는 것이 일반적이다. 이때 가장 중요한 것은 문제 제기이다. 질문으로 서론을 시작하면 주의를 환기하는 효과도 노릴 수 있다. 학생들이 글을 쓸 때 가장 망설여진다고 이야기하는 부분은 의외로 서론이다. 글의 도입 문장을 쓰는 일부터가 만만치 않다고 한다. 이럴 경우, 무턱대고 글을 쓰기 시작하기보다는 주제와 관련하여 최근에 이슈화된 사안을 언급한다거나 역사적인 사건을 거론하는 방법이 효과적이다. 혹은 본인의 경험을 기술하면서 서론을 쓴다면, 독자로 하여금 호기심을 불러일으키고 공감대를 형성할 수도 있다. 이것도 여의치 않다면 검색한 문헌을 활용하여 인용하거나, 관련된 주요 용어 등을 정의하면서 이야기를 시작할 수도 있다.

본론에서는 서론에서 제기한 문제를 구체적으로 전개해야 한다. 미리 짜 놓은 개요의 항목들을 따라가면서 단락별로 차근차근 풀어쓰도록 한다. 결론에서는 자신의 주장을 재확인하거나 재검토한다. 글의 마무리에서도 독자에게 여운을 남길 수 있도록 문장에 신경을 쓸 필요가 있다. 본론의 내용을 요약하거나, 문제에 대한 대안이나 새로운 방향을 제시하거나, 흔하지 않으면서 적절한 명언이나 명구를 활용하는 등 창의적인 결론을 작성하는 데 신경을 쓰도록 하자.

### 5) 고쳐 쓰기

어떤 글이든 고쳐 쓰기 전의 원고를 신뢰해서는 안 된다. 퇴고의 중요성은 아무리 강조해도 지나치지 않다. 처음부터 좋은 글은 없다. 적어도 서너 번 이상 초고를 다시 읽으면서 글을 수정하고 보완하는 데에 공을 들여야 한다. 가장 중요한 것은 '내'가 쓴 보고서를 '내'가 고쳐 쓴다는 생각을 버리는 것이다. 보고서를 부여한 사람의 입장이 되어, 마치 남의 글을 읽는 것처럼 객관적으로 검열하는 작업이 필요하다.

초고를 완성한 뒤, 우선 글 전체를 가독성 위주로 점검할 필요가 있다. 가독성 확인은 그 글의 대체적인 내용이 제대로 전달되는가를 판단하는 일이다. 글의 주제와 글쓴이의 의도가 또렷하게 드러나는지 먼저 점검하고, 서론, 본론, 결론 등 본문의 구성이 전체적으로 보기 좋고 흐름이 매끄러운지 균형감을 살핀다. 글의 균형감은 글의 양과 연관이 있다. 통상 서론과 결론의 양을 엇비슷하게 하고, 본론의 양이 서론 및 결론에 비하여 적어도 서너 배 이상 되도록 단락을 배분해야 글의 균형감이 살아난다.

고쳐 쓰기 위해서 처음부터 다시 읽어보자. 이번에는 단락 하나하나를 꼼꼼하게 읽는다. 논리적인 글을 작성할 때는 단락별 소주제문에 해당되는 주장이 명확한지, 논거가 정당한지 점검한다. 또한 각각의 소주제문들이 하나의 주제로 수렴되면서 단락들이 유기적으로 연결되는지 정독하면서 고쳐 쓴다. 이때 단락의 논거를 뒷받침하는 수사적 문장들(인용, 예시, 비유, 비교, 대조 등)은 적절하고 충분하며 오류가 없는지도 함께 살핀다.

마지막으로 다시 처음부터 글을 읽으면서 문장 하나하나를 고쳐 쓴다. 타인의 글을 첨삭한다고 생각하고, 점검해야 할 사항들을 적용하도록 하자. 문장이 문법적으로 옳은지 술어를 중심으로 정독하도록 한다. 우선 문장이 너무 길어서는 안 된다. 주어가 여러 개인 복문을 쓴 것은 아닌지, 연결어들을 남용하지 않았는지 확인한다. 그리고 문장을 간명하게 고쳐 쓴다. 수식이 지나치게 긴 문장은 술어로 풀어 쓴다. 또한 문장의 어휘가 적절한지 확인한다. 한 문장 안에 같은 단어를 반복하고 있다면 다른 단어로 교체하고, 한자어나 외래어, 지나치게 전문적인 단어는 되도록 쉽고 구체적인 말로 바꿔 쓴다. 빤한 말, 흔한 말, 뜬구름 잡는 말, 중복되는 말, 불필요한 말은 과감하게 삭제한다.

우리말에서 문법적으로 가장 신경 쓸 부분은 술어다. 주어와 술어의 호응 관계, 주어가 없는 문장, 두 개 이상의 목적어 및 보어와 술어의 조합, 피동 표현, 술어의 어미 활용 등에 유의하면서 문장을 다듬는다. 다음으로 주의를 기울여야 하는 부분은 띄어쓰기다. 낱말은 모두 띄우고, 조사는 붙인다는 원칙에 따라 고쳐 쓴다. 끝으로 문장부호를 적재적소에 사용했는지 검토한다. 꼭 필요한 자리에 쉼표를 붙였는지, 물음표나 느낌표, 줄임표를 남발한 게 아닌지 점검한다. 특히 강조하는 부분에는 작은 따옴표를, 인용하는 부분에는 큰따옴표를 붙였는지 확인한다.

### ☑ 고쳐 쓰기의 단계

글 전체의 가독성 및 균형감 확인 → 단락별 소주제문 점검 및 연결 상태 확인 → 자연스럽고 정확한 문장으로 가다듬기

# 02 자료의 활용

학생들이 글을 쓰기 위해 보통 처음 하는 작업은 해당 주제를 인터넷 포털 사이트에서 검색하는 일일 것이다. 주어진 주제에 대한 탐색과 이에 대한 문제 제기를 하지 않은 상태에서 무턱대고 자료를 찾는 것은 무의미하다. 무엇보다 일반 웹상에서 검색할 때 발생하는 문제는 출처가 불분명한 자료에 노출된다는 데 있다. 신빙성과 공신력은 자료 검색에 있어 가장 우선시해야 할 사항이다. 다음에서 필요한 자료를 적절한 방법으로 검색하여 글쓰기에 활용하는 과정에 대하여 알아보자.

## 1) 자료 찾기

글을 쓰기 위해 필요한 자료를 어떻게 얻을지(know-how) 고민할 필요가 없는 시대다. 자료가 넘쳐나는 시대이기 때문이다. 관건은 지식과 정보를 어디에서 얻느냐(know-where)이다. 보고서의 주제와 관련된 서적, 논문, 기사 등을 찾고자 한다면, 우선 도서관을 이용해보자. 오프라인만 아니라 온라인에서도 다양한 자료들을 검색할 수 있다. 학술적인 자료를 검색하기에 가장 좋은 곳은 각 대학의 도서관, 국회 도서관, 지역 도서관 등의 홈페이지이다. 도서관 홈페이지의 통합 검색을 이용하거나, 소장 자료 및 전자 자료를 통해 검색할 수도 있다. 소장 자료를 검색할 때에는 키워드를 통해 검색한 뒤, 검색 결과들을 살펴보고 활용할 만한 서적이나 간행물 등을 골라 열람, 대출한다. 전자 자료의 경우 컴퓨터를 통해 직접 열람하고 다운로드 및 출력도 가능하다.

학술적인 자료를 검색할 때 주로 사용되는 사이트는 '국회도서관www.nanet.go.kr', '국립중앙도서관www.nl.go.kr', '국가전자도서관www.dlibrary.go.kr', '한국학술정보www.kiss.kstudy.com', '한국교육학술정보원www.riss4u.net', '누리미디어www.dbpia.co.kr' 등이다.

대학교 도서관에서 구독하고 있는 다양한 학술 데이터베이스를 통해 국내외의 최신 고급정보들을 손쉽게 얻을 수 있다. '학술DB리스트'에는 다양한 학술데이터베이스가 링크되어 있다. 'DBPIA'는 누리미디어에서 국내 학술지를 정리하여 제공하는 사이트로, 전자저널, 논문, 전자책 형식의 문헌을 검색, 다운로드, 출력할 수 있다. 특히 소속 기관에서 사용하는 아이디와 암호를 입력하면 모바일 상에서도 이용이 가능하다. 'KISS'는 한국학술정보에서 국내 학술지를 정리하여 제공하는 사이트로, 국내의 여러 학회와 연구소에서 발행하는 학회지를 검색할 수 있다. 메뉴를 통해 링크하면 자동 접속되며, 다국어 입력기를 사용할 수 있다. 이외에도 'e-article', '과학기술학회마을' 등 다양한 기관에서 공급하는 데이터베이스를 적극 이용해보도록 하자.

자료를 검색하고 수집할 때에는 일반적으로 다음과 같은 단계를 따른다. 우선 주어진 주제에 대한 일반적인 개념을 파악해야 한다. 이는 각종 개설서 및 사전류를 통해 쉽게 파악할 수 있다. 이어서 제기한 문제에 대해 구체적으로 자료를 조사해야 한다. 이 작업은 선택한 자료의 제목과 목차를 확인하는 것에서부터 필요한 내용을 분석, 요약하는 것까지 다양하게 진행해야 한다. 이러한 자료를 보고서에서 직접 인용을 할 때에는 큰 따옴표를 활용하여 자신의 생각과 구분해야 한다.

### 2) 자료 활용

보고서 하나를 작성하기 위해서 자료를 검토하고 정리하는 데 무한정의 시간과 노력을 투자할 수는 없다. 검색하고 수집한 자료를 제대로 활용하기 위해서는 자신만의 분석 틀, 즉 일정한 기준과 일관된 방향성이 필요하다. 일반적으로 문헌 자료를 빠르게 분석하는 방법은 그 문헌의 목차 부분을 훑어보면서 필요한 부분을 체크한 뒤, 본문에서 해당 내용을 찾아보는 것이다. 그리고 개개인의 기준과 방향성에 따라 이를 목록화 해두는 것이 중요하다.

자료를 분류하는 기준은 자료적 가치 및 중요도이다. 인용하거나 참고할 것과 그렇지 않은 것을 처음부터 분명하게 구분하여 순서를 부여하고, 불필요해 보이는 자료는 과감하게 버린다. 또한 자료의 성격에 따라 분류를 해 둘 필요가 있다. 자료의 형태가 글로 된 것인지, 이미지인지, 서적인지, 논문인지 처음부터 분류하고 정리해두면 각주나 참고문헌을 작성할 때 편리하다. 또는 자료의 성격을 주제와 관련시켜 분류할 수도 있다. 그것이 어떤 주제에 대한 직접적인 정보인지, 간접적인 내용인지, 주제에 포함되는 하위개념의 사항인지, 주제를 아우르는 포괄적인 내용인지 등 본인의 기준에 따라 정리해둔다. 자료를 글쓰기 과정과 연결시켜 분류할 수도 있다. 있는 그대로 이용할 데이터와 요약하여 사용할 데이터들, 직접 인용할 것과 간접 인용할 것, 주석을 작성해야 할 것과 참고문헌으로 작성할 것 등등, 개요를 작성할 때 미리 준비할 수도 있다.

이 일련의 과정을 독서 노트나 마스터 카드(master card) 등으로 정리해 두자. 지면에 저자의 이름과 책 제목뿐만 아니라, 출판사명, 출판 연월 등을 순서대로 기입하고 해당 쪽수도 적어둔다. 어떤 내용을 인용하면 그 출처를 주석(일반적으로 각주)으로 처리해야 하고, 보고서 말미에는 참고문헌을 작성해야 하기 때문이다.

문헌자료에서 논의하는 개념, 이론, 학설 등을 있는 그대로 받아들이기보다는 '나'를 기준으로 평가하고 '내' 생각과 비교해 보도록 한다. 학술적인 글쓰기의 목표는 기존의 관점, 입장 등을 반복하는 것이 아니라, 그것을 바탕으로 본인만의 고유한 주장을 보여주는 데 있다. 물론 기존의 주장과 본인의 주장이 일치할 수 있으며, 양자 간의 결합을 통해 보다 발전적인 결론을 도출할 수도 있다.

### ☑ 자료 활용 시 주의 사항

① 자료의 사실 내용과 '나'의 의견을 구분할 것
② 자료를 요약할 때 주관이 섞이지 않게 할 것
③ 자료의 내용과 '나'의 주장을 혼동하지 말 것

### ☑ 자료의 출처를 밝히는 기본 방법

① 책의 경우 저자명, 서명, 출판사명, 출판연도를 기입
② 논문의 경우 저자명, 논문명, 논문이 수록된 학술지 또는 잡지명, 권 호, 출판 연월 기입
③ 인터넷 사이트의 경우 저자명, 제목, 작성일 혹은 최종수정일, URL, 조회 날짜 기입

### 3) 인용하기

#### (1) 직접 인용

자료는 본문을 작성할 때 직접 인용하거나 간접 인용의 방법으로 활용한다. 직접 인용이란 말 그대로 자료를 직접적으로 인용하는 것이다. 자료의 정보내용이 주제나 문제와 밀접하게 연관된 경우, 주장을 정당화하는 논거일 경우, 논거를 뒷받침하는 문장일 경우 직접 인용하는 것이 일반적이다. 또한 자료의 문장이나 단어 자체가 독창적이거나 핵심적인 내용을 밝히거나 본문 작성에 필수불가결하다면 직접 인용한다. 수학이나 과학 기호, 법조문, 문학작품 등과 같이 원문의 표현 형태를 훼손하지 않고 보여줘야 할 때에도 직접 인용한다. 이런 직접 인용의 경우 본문에 큰 따옴표를 사용하여 자료를 인용했음을 밝히고 자료의 출처를 각주 등에 써준다.

일반적으로 인용하는 내용이 4행 이상인 경우 인용문을 들여쓰기 단락으로 만들어 본문에 삽입하고 위 아래로 한 행씩 띄어준다. 직접 인용할 때에는 자료의 원문을 있는 그대로 가져와야 한다. 오자나 탈자가 있는 경우에도 수정하지 않고 인용해야 한다. 수정이 필요한 경우에는 각주 등에서 이를 밝혀주는 것이 가능하다. 다만 불필요한 부분이 있거나, 인용문이 지나치게 길어질 경우 원문의 앞 · 뒤 · 중간 부분을 줄여서 인용한 뒤, 해당 부분에 괄호를 열어 '생략', '중략', '……' 이라고 표기한다. 또한 원문을 인용한 뒤 본인이 따로 강조했다면 '저자 강조' 등으로 표기한다.

## ☑ 인용부호를 사용한 직접 인용

① 인용한 글이나 책의 정보를 각주에 제시하는 방법

**예문**

"소설가는 자신의 절대적인 자유에서 소설의 힘을 끌어낸다"는 말이 있다. 소설의 정의가 모호해지고 소설의 위상이 실추되고 있다는 우려는 소설이라는 장르가 "이론적으로 거의 무한한 가능성들"을 품고 있다는 반증이다. "창의적인 정신과 활동적인 기질, 그리고 그 생명력"으로 설명되는 소설의 성향은 다매체 시대를 관통하는 현대 사회를 모방하고 반영한다.1)

---

1) 마르트 로베르, 『기원의 소설, 소설의 기원』, 김치수 · 이윤옥 옮김, 문학과지성사, 1999, 16쪽.

② 본문에 저자와 출판연도만 밝히고 자세한 정보는 참고문헌에 제시하는 방법

**예문**

"소설가는 자신의 절대적인 자유에서 소설의 힘을 끌어낸다"는 말이 있다. 소설의 정의가 모호해지고 소설의 위상이 실추되고 있다는 우려는 소설이라는 장르가 "이론적으로 거의 무한한 가능성들"을 품고 있다는 반증이다. "창의적인 정신과 활동적인 기질, 그리고 그 생명력"으로 설명되는 소설의 성향은 다매체 시대를 관통하는 현대 사회를 모방하고 반영한다.(로베르, 1999)

---

참고문헌

다음의 세 방법 모두 가능하다.

마르트 로베르, 『기원의 소설, 소설의 기원』, 김치수 · 이윤옥 옮김, 문학과지성사, 1999, 16쪽.

마르트 로베르(1999), 『기원의 소설, 소설의 기원』, 김치수 · 이윤옥 옮김, 문학과지성사, 16쪽.

마르트 로베르, 『기원의 소설, 소설의 기원』, 김치수 · 이윤옥 옮김, (문학과지성사, 1999), 16쪽.

## ☑ 들여쓰기 단락을 이용한 직접 인용 예시

**예문**

『검은 꽃』은 국가에게 버림받고 역사로부터 추방당한 사생아들의 이야기다. 구한말, 왕국은 제국이 되고 왕은 황제가 되었으나, 열강들의 틈바구니에서 무기력하기만 했던 한반도의 사생아들은 신세계로 향하는 배를 탄다.

> 조장윤도 그중의 하나였다. 황해도의 포수였던 아비는 중국으로 떠난 뒤 종적이 묘연했다. 상하이에서 중국 여자와 살림을 차리고 사는 것을 보았다는 사람이 있었다. 그러나 그는 상하이로 가지 않았다. 대신 사시사철 태양이 뜨겁다는 멕시코를 선택했다. 어디든 어떠랴.[1]

국가는 무능한 아버지와 같았다. 이 소설은 국가 속에 존재하는 개인을 그리는 게 아니라, 개인 앞에서 속수무책인 국가의 정황을 조명한다. 멕시코 행 배를 탄 것은 국민이 아니라 국가이기도 하다.

---

1) 김영하, 『검은 꽃』, 문학동네, 2003, 17쪽.

### (2) 간접 인용

간접 인용은 자료의 내용을 원문 그대로 옮겨 쓰는 것이 아니라 축약, 발췌, 논평의 형식으로 인용하는 방법이다. 자료의 내용을 논거나 뒷받침 문장으로 활용해야 하지만, 하나하나 서술할 필요가 없을 때 간접 인용법을 사용한다. 자료 전반의 내용을 짚고 넘어가야 하지만, 그 내용이 너무 길거나 장황할 때도 간접 인용한다. 간접 인용의 핵심은 정확하게 파악하고 본래의 의미를 훼손하거나 왜곡하지 않으면서 필요한 내용의 핵심을 효율적으로 제시하는 데 있다. 따라서 인용을 하는 사람은 원문의 요점을 효과적으로 전달하는 동시에 자신의 고유한 관점에 따라 편향되지 않은 해석을 해야 한다.

간접 인용은 자료를 분석하고 요약하여 자기 글에 기술하는 것이다. 말하자면 자료의 인용 범위를 선택하고 인용 내용을 선별한 뒤, 그 내용을 압축하고 자기 문장으로 바꿔 쓰는 과정인 셈이다. 이러한 까닭에 본문과 인용문의 구분이 모호해지거나, 본문과 인용문의 연결이 부자연스러워지는 문제가 발생하기도 한다. 그렇기 때문에 본문에서 간접 인용할 때에는 '…에 의하면', '…에 따르자면', '…는 이렇게 말한다' 등의 구문을 통해 인용의 시작을 예고해 주는 게 좋다. 물론 인용한 내용 끄트머리에 주석을 달아 그 출처를 밝히는 것은 기본이다.

## ☑ 간접 인용

① 인용한 글이나 책의 정보를 각주에 제시하는 방법

**예문**

여러 대중 예술 장르를 소설에 접목시킨 것은 탐정 소설이나 갱스터 소설로부터 시작되었다. 이때부터 소설에 영화의 기법이 사용되었는데, 그 대표적인 예가 쇼트의 구성 방식이다. 미국 소설에서는 영화의 수법을 도입하기 시작했고, 그리피스나 에이젠슈타인 등의 감독들은 문학적 텍스트를 바탕으로 영화를 만들어 내는 등, 두 장르가 교류한 역사는 제법 길다. 프랑스 소설에 영화적 기법을 도입한 대표적인 작가는 말로다. 말로의 주장에 의하면 영화의 수법은 소설과 같은 것이어서, 영화의 클로즈업이나 몽타주 수법은 소설가가 한 장면을 언어로 분석하여 서술하는 것과 다를 것이 없다고 했다.[1] 역으로 영상 언어는 종종 문자 언어처럼 전달되기도 한다. 영화의 어휘는 하나의 사진 이미지다. 그리고 이 사진 이미지들이 커팅 작업과 몽타주 작업을 통해 배열되는 과정은 문법에 해당된다. 결과적으로 쇼트들의 일련의 흐름은 의미를 전달하는 문장이라 할 수 있다.[2]

---

1) 김희보, 『소설의 방법』, 종로서적, 1995, 24쪽.
2) 로버트 리처드슨, 『영화와 문학』, 이형식 옮김, 동문선, 2000, 96쪽.

② 본문에 저자와 출판연도만 밝히고 자세한 정보는 참고문헌에 제시하는 방법

**예문**

여러 대중 예술 장르를 소설에 접목시킨 것은 탐정 소설이나 갱스터 소설로부터 시작되었다. 이때부터 소설에 영화의 기법이 사용되었는데, 그 대표적인 예가 쇼트의 구성 방식이다. 미국 소설에서는 영화의 수법을 도입하기 시작했고, 그리피스나 에이젠슈타인 등의 감독들은 문학적 텍스트를 바탕으로 영화를 만들어 내는 등, 두 장르가 교류한 역사는 제법 길다. 프랑스 소설에 영화적 기법을 도입한 대표적인 작가는 말로다. 말로의 주장에 의하면 영화의 수법 은 소설과 같은 것이어서, 영화의 클로즈업이나 몽타주 수법은 소설가가 한 장면을 언어로 분석하여 서술하는 것과 다를 것이 없다고 했다.(김희보, 1995) 역으로 영상 언어는 종종 문자 언어처럼 전달되기도 한다. 영화의 어휘는 하나의 사진 이미지다. 그리고 이 사진 이미지들이 커팅 작업과 몽타주 작업을 통해 배열되는 과정은 문법에 해당된다. 결과적으로 쇼트들의 일련의 흐름은 의미를 전달하는 문장이라 할 수 있다.(리처드슨, 2000)

---

참고문헌

다음의 세 방법 모두 가능하다.

김희보, 『소설의 방법』, 종로서적, 1995, 24쪽.
김희보(1995), 『소설의 방법』, 종로서적, 24쪽.
김희보, 『소설의 방법』(종로서적, 1995) 24쪽.
로버트 리처드슨, 『영화와 문학』, 이형식 옮김, 동문선, 2000, 96쪽.
로버트 리처드슨(2000), 『영화와 문학』, 이형식 옮김, 동문선, 96쪽.
로버트 리처드슨, 『영화와 문학』, 이형식 옮김, (동문선, 2000), 96쪽.

3 장

# 우리말 바로 쓰기

문법은 문장을 정확하고 바르게 구성하는 문장 구성의 규칙일 뿐 아니라 문장을 아름답게 만드는 규칙이다. 문법적으로 정확한 문장은 뜻을 보다 쉽게 이해할 수 있도록 하고, 아름다운 문장은 사람의 마음을 움직이고 감동을 준다. 이렇게 문법은 보다 정확하고 아름다운 문장을 만들어서 의사소통을 원활하게 할 수 있도록 돕는 언어의 규칙이다. 더욱이 오늘날은 의사소통 능력이 개인의 역량을 평가하는 중요한 척도로 작용하고 있다. 따라서 정확하고 자연스럽게 문장을 쓰거나 말할 수 있는 것은 대학생으로서 반드시 갖추어야 할 소통의 능력에 해당한다.

문법적 정확성은 표기법을 정확하게 지킴으로써 가능하다. 일반적으로 표기법은 단순한 언어의 규칙이므로 실제 언어생활과는 괴리되어 있다고 생각하기 쉽다. 그러나 표기법은 정보화 사회에서 비교적 짧은 시간에 정확한 정보를 얻고, 원활하게 자신의 의견을 상대방에게 전달하는 데에 매우 중요한 도구로 작용한다. 따라서 정보사회에서 보다 뛰어난 의사소통 능력을 갖추고 다른 사람과 적극적인 의사소통을 하고 싶다면 표기법을 정확하게 익히는 것에 더욱 심혈을 기울여야 한다.

다음 예문은 어느 대학생이 쓴 자기소개서이다. 예문을 읽고 어느 곳이 어떻게 잘못되었는지에 대해 이야기해 보자.

**예문**

**보기** **잘못된 문장, 문법에 어긋난 글**

평범한 가정에서 1남 1녀로 태어났으며, 현재 저희 아버지는 회사를 다니고 계십니다. 엄격하신 아버지 밑에서 자랐으나 아버지의 사랑은 이웃으로부터 부러움을 사는 정도며 넉넉하지도 않지만 부족하지도 않은 엄격과 질서와 사랑 속에 항상 감사한 마음으로 성장하였습니다.

**보기** **비속어 사용과 상투적인 표현**

살면서 노력하지 않고 결과를 얻으려 하지 않았으며 그런 성격은 요즘 언어로 "쿨"한 성격이라고 합니다. 이런 성격에 분명 단점도 있을 수 있으나 최대의 장점으로 노력에 대한 결과를 두려워하지 않는다는 것입니다. 저보다 못한 사람에게 배움을 얻기 위해 고개 숙일 수 있는 청년입니다.

## 1) 문법적으로 정확한 문장

### (1) 조사 사용의 오류

한국어에서 '조사'는 체언이나 부사, 어미 따위에 붙어 그 말과 다른 말과의 문법적 관계를 표시하거나, 그 말의 뜻을 더해 주는 기능을 담당한다. 즉 문장에서 행위의 주체와 대상, 그리고 행위의 형태를 결정짓는 중요한 역할을 담당하는 것이 조사이다. 예를 들어 '사람이 본다'와 '사람을 본다'는 조사 '이'와 '을'의 차이에 의해 의미에 큰 변화가 나타난다. 따라서 조사를 정확하게 구분하여 사용할 때 말하는 사람의 의도가 듣는 사람에게 정확하게 전달될 수 있다.

**예문**

① 우리 학교가 글쓰기 공모전을 개최했다.(×)
우리 학교에서 글쓰기 공모전을 개최했다.(○)

② 환경문제를 대처할 방안을 강구해야 한다.(×)
환경문제에 대처할 방안을 강구해야 한다.(○)

예문 ①에서 주어는 '동물'이나 '사람'이 아니다. 한국어에서 보통 집단, 단체가 행위의 주체를 대신하는 경우에는 '이/가'와 같은 주격조사를 사용하지 않고, '-에서'를 사용한다. 한편 예문 ②는 익숙한 표현으로서 문제가 없어 보이지만 문법적으로 잘못된 문장이다. 우리는 '문제를 해결하다'의 확장된 의미로 '-을/를 대처하다'라는 표현을 자주 사용한다. 그러나 정확한 문법적 표현은 '-에 대처하다'이다.

### (2) 문법 형태소 사용의 오류

**예문**

① 많은 분들이 참석하시길 바라겠습니다.(×)
많은 분들이 참석하시길 바랍니다. (○)

② 이 집이 전에 내가 살았던 집이다.(×)
이 집이 전에 내가 살던 집이다. (○)

예문 ①은 우리가 자주 듣는 말로서 대회 참가나 입사 지원, 또는 연회 참석 등을 독려할 때 일반적으로 사용한다. 그런데 여기서 '참석'은 발화의 시간에 비해 미래에 일어나는 일이므로 '미래형'으로 표현하는 것이 가능하지만, '참석을 바라는 일'은 발화하는 시간인 '현재'의 마음이다. 그러므로 '미래형'인 '바라겠습니다'는 적절한 표현이 아니다.

예문 ②의 문장 또한 문법적으로 적절치 않다. 이 문장은 특정 '집'에 대한 설명이다. 여기서 이 집은 '과거'에 '살았다'를 발화하는 오늘의 시점에서 다시 추억하는 곳이다. 따라서 이 문장의 서술어인 '살다'는 과거 회상 시제를 나타내는 '-더-'를 사용하여 '살던'으로 표현하는 것이 옳다.

### (3) 지나친 생략

글을 쓰거나 말을 할 때 화자는 자신이 생각한 내용을 문장으로 표현하기 위해 말하고자 하는 내용을 미리 생각하게 된다. 그런데 머릿속의 생각은 빠르게 지나가는데 비해 문장을 구성하고 글을 쓰는 속도는 느리기 때문에 실제로 문장을 말하거나 쓸 때에는 꼭 필요한 문장의 성분을 생략하는 일이 생긴다. 따라서 의사소통에 필요한 내용을 빠뜨리지 않기 위해서는 생각한 것을 지속적으로 유지할 수 있는 집중력이 필요하다. 또한 문장을 완성한 후에도 문장의 필수성분이 모두 포함되어 있는지, 의미를 나타내는 요소들은 제 자리에 배치되어 있는지를 한 번 더 꼼꼼히 확인할 필요가 있다.

**예문**

① 사람은 속기도 하고 속이기도 한다.(×)
사람은 다른 사람에게 속기도 하고, 다른 사람을 속이기도 한다.(○)

② 치료가 언제 시작되고, 언제 완치될 지 모른다.(×)
치료가 언제 시작되고, 환자가 언제 완치될 지 모른다.(○)

③ 현재는 조급하게 서두르기 보다는 침착하게 관망할 때이다.(×)
현재는 일을 조급하게 서두르기 보다는 침착하게 사태를 관망할 때이다.(○)

예문 ①의 '사람은 속기도 하고 속이기도 한다'의 경우처럼 어색한 예문을 자주 접하게 되는데, 글을 쓰는 사람도 읽는 사람도 어색한 줄은 알면서도 어디가, 왜 어색한지는 모르는 경우가 많다. 예문 ①은 '다른 사람에게 속다'와 '다른 사람을 속이다'라는 두 개의 문장이 결합된 경우이다. 그런데 이 두 개의 문장에 속하는 서술어가 각각 '속다'라는 동일 유형의 동사에서 시작한다는 데에 오류의 원인이 있다. 첫 번째 문장의 서술어인 '속다'는 본래 '–에게 속다'라는 형태를 취하고, 두 번째 문장의 서술어인 '속이다'는 사동형으로 '–를 속이다'라는 형태를 취한다. 따라서 ①의 문장은 의미상 각각 한 개의 사동형과 피동형 서술어를 따로 갖고 있는 셈이다. 그러므로 예문 ①은 각각의 서술어에 필요한 문장성분을 생략해서는 안 된다.

예문 ②의 '치료가 언제 시작되고, 언제 완치될 지 모른다'는 문장도 하나의 문장처럼 보이지만 사실은 두 개의 사건과 두 개의 문장이 결합된 형태이다. 이 때 두 문장의 주어가 공통된 하나의 주어라면 두 번째 문장의 주어는 생략이 가능하다. 예를 들어 '전쟁이 언제 시작되고, 언제 끝날지는 아무도 알 수 없었다'와 같은 문장은 앞 문장과 뒷 문장이 각각 '전쟁이 시작되다', '전쟁이 끝나다'로 구성되어서 주어의 형태가 '전쟁이'라는 공통성을 지닌다. 따라서 전체 문장의 주어를 한 번만 써도 무방하다. 그러나 예문 ②의 경우에는 앞 문장의 주어가 '치료가'임에 반해 뒷 문장의 주어는 '환자가'이므로 하나의 문장으로 만들 때 형태가 다른 주어를 생략할 수 없다.

예문 ③은 완벽한 문장이라고 생각하기 쉽다. 그러나 이 문장에서 서술어인 '(조급하게) 서두르다'와 '관망하다'는 목적어를 필요로 하는 타동사이다. 우선 '서두르다'의 경우를 보면, '일을 서두르다'와 '준비를 서두르다'처럼 무엇을 서두르는지, 즉 행위의 대상인 목적어가 분명하게 명시되어야 하는 서술이다. 또한 '관망하다'의 경우도 '사태를 관망하다'처럼 행위의 대상이 명시되어야 한다. 따라서 예문 ③은 '서두르다'와 '관망하다' 각각의 목적어인 '일을'과 '사태를'을 포함한 형태로 고치는 것이 옳다.

### (4) 의미의 중복

글을 쓰거나 말을 할 때 보다 원활하고 적극적인 의사소통을 원한다면 문법적인 정확성뿐만 아니라 아름다운 문장을 만드는 능력도 길러야 한다. 아름다운 문장이라고 해서 무조건 많은 양의 수식어를 필요로 하는 것은 아니다. 수식어가 많아지면 오히려 문장이 조악해지거나 오해를 불러일으킬 수도 있기 때문이다. 아름답고도 자연스러운 문장을 만들기 위해서는 적당한 위치에 적절한 수식어를 사용하는 표현력을 길러야 한다. 또한 동일한 의미를 지닌 어구를 반복적으로 사용하지 말아야 한다. 같은 단어를 반복하거나 비슷한 단어를 중첩해서 사용한다면 문장의 흐름이 끊길 수 있기 때문이다.

**예문**

① 그 예식장은 일 년 전에 미리 예약해야만 사용할 수 있다.(×)
그 예식장은 일 년 전에 예약해야만 사용할 수 있다.(○)

② 여러분은 오늘날 우리 조상의 교훈을 마음에 깊이 명심해야 합니다.(×)
여러분은 오늘날 우리 조상의 교훈을 마음에 깊이 새겨야 합니다.(○)
여러분은 오늘날 우리 조상의 교훈을 명심해야 합니다.(○)

③ 환경보호는 우리 인간의 눈앞에 당면한 급선무이다.(×)
환경보호는 우리 인간이 당면한 과제이다.(○)
환경보호는 우리 인간의 급선무이다.(○)

④ 잘못 오해하고 계신 분들을 위해 자세하게 설명해 드리겠습니다.(×)
잘못 알고 계신 분들을 위해 자세하게 설명해 드리겠습니다.(○)
오해하고 계신 분들을 위해 자세하게 설명해 드리겠습니다.(○)

위 예문 ①의 '미리', ②의 '명심', ③의 '당면', ④의 '잘못'은 모두 동일한 이유에서 잘못 사용된 단어이다. '미리'는 '예약하다' 안에 이미 그 의미가 포함되어 있으며, '명심' 역시 '마음에 깊이 새기다'의 의미를 가지고 있다. 또 '당면하다'는 얼굴에 맞닿아 있을 만큼 급하다는 뜻이고, '오해하다'는 '잘못 이해하다'라는 의미를 가지는 부사어다. 따라서 해당 문장 안에서 의미가 중복되고 있는 '미리', '명심', '당면', '잘못'이라는 표현을 삭제하는 것이 문장의 의미를 보다 명확하게 만드는 방법이다.

## 연습문제

**1. 다음 문장에서 조사와 문법 형태소 사용에 오류가 드러난 부분을 바르게 고쳐 보자.**

① 우리 정부는 위안부 문제에 대해 일본 정부에게 적절한 사과를 요구했다.

② 지난 겨울에는 유난히 눈이 많이 내린다.

**2. 다음 문장에서 문장성분이 생략되어 어색해진 표현을 찾아 고쳐 써 보자.**

① 유미는 교수님을 존경하였고, 교수님 또한 아끼셨다.

② 이 배에는 안전요원이 없으므로 유의하시기 바랍니다.

**3. 다음 문장에서 중복된 표현을 찾아 바르게 고쳐 보자.**

① 부모님께 선물로 드린 초대권에는 입장료가 분명하게 명시되어 있지 않다.

② 저는 이번에 중국 유학생들에게 잘 알려지지 않은 학교 교내의 명소를 소개하려 합니다.

## 2) 아름다운 문장

### (1) 적절한 단어 선택

지적이고 고급스러운 문장으로 보이기 위해 일부러 화려한 수식어를 사용하거나 어려운 한자어를 선택하는 것은 결코 바람직하지 않다. 지나치게 어려운 한자어를 사용하거나 화려한 단어를 연이어 사용한 문장은 독자를 배려하지 않는 글이다. 이러한 문장은 글을 읽거나 말을 듣는 사람과의 의사소통을 가로막고 본래의 의미를 왜곡할 가능성이 높다.

또한 한자어는 명사가 많기 때문에 한자어를 연이어 쓰게 되면 의미가 지나치게 압축되는 경우가 생긴다. 예문 ①과 ②는 한자어를 중첩 사용한 대표적 사례인데, 이런 경우 '명사어 중첩'을 풀어서 표현하는 것이 좋다.

**예문**

① 정부는 학생 폭력 근절 대책 마련에 철저를 기해야 한다.(×)
정부는 학생의 폭력 행위를 근절하기 위해 철저한 대책을 마련해야 한다.(○)
정부는 학생의 폭력 행위를 근절하기 위한 대책을 철저히 마련해야 한다.(○)

② 은선이는 학급 임원 선출의 편파성에 불만을 터뜨렸다.(×)
은선이는 학급 임원을 선출하는 과정이 편파적이라며 불만을 터뜨렸다.(○)

### (2) 올바른 호응 관계

말에는 그 말에 어울리는 단어의 무리가 있다. 이를 '연어 관계'라 한다. 문장의 주어에 따라 적합한 서술어가 있고, 반면 어울려 사용하는 것이 불가능한 서술어도 있다. 또 어떤 서술어는 특정 부사어만을 수식어로 갖기도 하고, 어떤 서술어는 목적어 외에 부사어를 필수성분으로 포함하기도 한다. 이처럼 단어와 단어 사이의 관계가 긴밀할수록 이해하기 쉽고 정확한 문장이 된다. 여기서 이해하기 쉽고 정확한 문장이란 말이 끝난 후에 듣는 사람이 오해를 하거나 이해를 하지 못하는 일이 없다는 뜻이다. 말하는 사람이 부가적인 설명을 덧붙여 설명할 필요가 없이 가장 경제적으로 의사소통을 할 수 있다는 의미이기도 하다. 따라서 문장을 만들 때에는 말하는 사람의 의사 전달뿐만 아니라 듣는 사람의 이해를 도울 수 있도록 필요한 의미를 가장 정확하게 포함하고 있는 문장을 구성하는 능력이 필요하다.

**예문**

① 그들이 패배한 원인은 상대를 과소평가했다.(×)
그들이 패배한 원인은 상대를 과소평가했기 때문이다.(○)

② 나도 모르게 길에서 넘어졌던 일이 생각나서 얼굴이 달아올랐다.(×)
길에서 넘어졌던 일이 생각나서 나도 모르게 얼굴이 달아올랐다.(○)

③ 나는 결코 동생을 용서해 주겠다.(×)
나는 반드시 동생을 용서해 주겠다.(○)
나는 결코 동생을 용서하지 않겠다.(○)

문장의 기본 구조를 갖추기 위해서는 무엇보다도 주어와 서술어가 호응해야 한다. 예문 ①은 주어 '(그들이 패배한) 원인은'에 호응하는 서술어가 '-이기 때문이다' 형태여야 하는데 이를 지키지 못해서 비문이 되었다. 또한 예문 ②는 수식어와 피수식어 사이의 호응이 잘못된 사례다. 우리말은 꾸밈을 받는 말과 꾸미는 말 사이의 거리가 가까울수록 좋다. 따라서 꾸미는 말인 '나도 모르게'를 꾸밈을 받는 말인 '달아올랐다' 바로 앞에 위치시킬 때 의미상 모호성을 피할 수 있다. 예문 ③은 부사어와 서술어의 호응 관계를 보여주는 사례다. 우리말에는 특정 부사어가 특정 서술어와만 호응하는, 그 관계가 매우 고정적인 경우가 많다. 대표적으로 부사어 '결코'는 부정적인 서술어와 호응하는 특성을 지닌다. 때문에 '용서하다'와 같은 긍정적 의미의 서술어와는 호응할 수 없으므로 '반드시'와 같은 부사어로 대체하거나 서술어를 '용서하지 않겠다'처럼 부정적 의미로 바꾸어야 한다.

### (3) 자연스러운 표현

우리 민족이 예로부터 사용해 온 표현 중에는 문법적 규칙과 상관없이 쓰여온 것들이 있다. 이런 표현들은 문법적인 규칙에는 어긋나지만 그 언어권의 역사와 문화를 반영하고 있으므로 오히려 말하는 이의 뜻을 깊이 있게 전달하는 기능을 하기도 한다. 예를 들면 '머리를 깎다' 라든가, '외갓집'은 각각 '머리카락을 자르다', '외가'라고 해야 정확한 표현이다. 그러나 이러한 관용적 표현들은 대부분 언중의 언어 의식과 습관 속에서 용인되어 왔으므로 일상생활에서 사용해도 무방하다. 대부분의 속담이나 관용어들이 이런 경우에 해당한다. 그런데 가끔은 이러한 관용적 표현을 잘못 사용하는 경우가 있다. 사용하고자 하는 관용적 표현의 문화적 관습에 익숙하지 않은 젊은 세대이거나 발음, 음운, 언어사용 환경이 유사한 데서 오는 오류라고 할 수 있다.

**예문**

① 관용적 표현의 오류

제 명에 살지 못하다. (×)
제 명에 죽지 못하다. (○)

굳은살이 박히다. (×)
굳은살이 박이다. (○)

주위를 집중하다. (×)
주의를 집중하다. (○)

한참 바쁜 시간에 전화가 왔다. (×)
한창 바쁜 시간에 전화가 왔다. (○)

② 유사발음에 기인한 단어 선택 오류

그 선거 후보자는 문제를 해결하기 위해 여론을 수습하는 중이다. (×)
그 선거 후보자는 문제를 해결하기 위해 여론을 수렴하는 중이다. (○)

전통문화는 시대의 변화에 대응하지 못하고 소멸되었다. (×)
전통문화는 시대의 변화에 부응하지 못하고 소멸되었다. (○)

새로운 이론을 과학적으로 입증할 수 있는 논거를 제기하여야 한다. (×)
새로운 이론을 과학적으로 입증할 수 있는 논거를 제시하여야 한다. (○)

③ 문법적 형태소의 중첩

그것이 요즘 학생들에게 많이 읽혀지고 있는 책이다. (×)
그것이 요즘 학생들에게 많이 읽히는 책이다. (○)
그것이 요즘 학생들이 많이 읽는 책이다. (○)

인생은 마라톤을 하는 것과 같다. (×)
인생은 마라톤과 같다. (○)

④ 유사 의미에 기인한 조사/어미 선택의 오류

돌고래도 인간과 같이 언어를 사용하는 능력이 있다. (×)
돌고래도 인간처럼 언어를 사용하는 능력이 있다. (○)

대양호의 선원과 승객들은 배 침몰과 함께 사망했습니다. (×)
대양호의 선원과 승객들은 배가 침몰하면서 사망했습니다. (○)

⑤ 문장 중첩에 의한 서술어 생략의 오류

국민들은 이번 사태에 관하여 법과 질서를 분명히 해야 한다고 의견을 모았다. (×)

국민들은 이번 사태와 관련하여 법제도를 명확하게 하고 질서를 바로 잡아야 한다고 의견을 모았다. (○)

## 연습문제

**1. 다음은 지나친 수식이나 불필요한 명사화 구성의 남용 등으로 어색한 문장이다. 바르게 고쳐 써 보자.**

① 독도 문제로 인해 현재의 대일본 외교정책은 손질이 불가피할 전망입니다.

② 좋은 글을 쓰려면 주제 이탈을 하지 않고 일관된 내용을 잘 표현하여야 한다.

③ 이 수술은 후유증이 없는 안전한 고도의 정밀한 수술로 비용도 저렴하고 파격적인 저비용이다.

**2. 다음 문장을 문장성분의 호응에 유의하여 바르게 고쳐 보자.**

① 인생에서 가장 중요한 것은 돈, 명예도 아닌 건강해야 한다.

② 한결같이 어려운 이웃을 돕는 사람이 많다.

③ 영어는 어려운데 중국어는 하나도 안 어려워.

**3. 다음 문장을 문법적 규칙을 고려하여 자연스러운 표현으로 고쳐 보자.**

① 너는 왜 항상 나와 생각이 틀리니?

② 우리 엄마의 행동은 정말 주책맞아.

③ 굶주림에 고통 받는 북한 주민을 보면 가슴이 메어진다.

④ 머리끈으로 머리카락을 고정시킨 후에 음식을 조리하세요.

⑤ 이번 결승전은 선수들의 스포츠맨쉽이 돋보이는 순간이었다.

⑥ 간부 회의에 있어 진지하게 참여하는 것이 중요합니다.

⑦ 나는 이번 승진 발표에 대하여 많은 관심을 기울이고 있다.

⑧ 볼쇼이 발레단이 이번 겨울 한국에서 공연을 갖는다.

### 3) 맞춤법과 띄어쓰기

다음의 두 문장을 비교해 보자. '나 물 좀 다오', '나물 좀 다오'에서 과연 두 문장의 단어가 같고 문장성분의 배열순서가 같다고 해서 내포된 의미도 같다고 할 수 있을까? 앞의 문장은 각각의 문장에 사용된 단어와 단어 사이에 있는 공간, 즉 띄어쓰기에 따라서 전혀 다른 두 가지의 뜻을 내포하고 있다. 말하기 행위에서는 말하는 문장의 사이에 호흡의 휴지(休止)를 두어 듣는 이의 이해를 돕는다. 마찬가지로 쓰기 행위에서도 문장 내에 단어 간 띄어 쓰는 공간을 두어 독자의 이해를 돕고, 말하는 내용을 정확하게 전달하려는 노력이 나타난다. 따라서 보다 원활한 의사소통을 위해서는 띄어쓰기 규칙을 정확하게 지키려는 노력이 필요하다.

#### (1) 맞춤법의 원칙

**한글 맞춤법 총칙 제1항**

한글 맞춤법은 표준어를 소리대로 적되, 어법에 맞도록 함을 원칙으로 한다.

맞춤법 총칙은 다음과 같은 세 개의 항으로 이루어져 있다. "한글 맞춤법은 표준어를 소리나는 대로 적되, 어법에 맞도록 함을 원칙으로 한다.", "문장의 각 단어는 띄어 씀을 원칙으로 한다.", "외래어는 '외래어 표기법'에 따라 적는다." 1933년 조선어학회에서 처음으로 〈한글 맞춤법 통일안〉을 제정한 후, 시간이 흐름에 따라 오늘날에는 대폭 개정된 맞춤법을 사용하고 있다. 맞춤법은 한글이 생기고도 몇 백 년이 지나서 제정되었는데, 이는 한글을 사용하는 언중의 수가 늘고, 문자 운용 범위가 넓어짐에 따라 문자를 통한 의사소통이 일반화되었다는 것을 의미한다. 또한 한글을 의사소통 과정에 사용하면서 그 뜻을 오해 없이 경제적으로 전달하려는 언중의 의사가 반영된 결과라고도 할 수 있다. 맞춤법은 실제로 발음되는 소리나 현상과는 약간의 차이가 있는데, 이는 단어의 원형을 유지함으로써 독자와 작가 간의 소통, 즉 언중의 의사소통을 원활하게 하기 위해서이다.

우리가 유념해야 할 맞춤법 규정의 몇 가지 용례를 구체적으로 살펴보도록 하자.

**[용례 1] 된소리**

**제5항** 한 단어 안에서 뚜렷한 까닭 없이 나는 된소리는 다음 음절의 첫소리를 된소리로 적는다.

1. 두 모음 사이에서 나는 된소리
   (예) 해슥하다(×)→해쓱하다(○) 소적새(×)→소쩍새(○) 살작(×)→살짝(○)
2. 'ㄴ, ㄹ, ㅁ, ㅇ' 받침 뒤에서 나는 된소리
   (예) 산듯하다(×)→산뜻하다(○) 담북(×)→담뿍(○)
3. 다만, 'ㄱ, ㅂ' 받침 뒤에서 나는 된소리는, 같은 음절이나 비슷한 음절이 겹쳐 나는 경우가 아니면 된소리로 적지 아니한다.
   (예) 국쑤(×)→국수(○) 법썩(×)→법석(○)

**[용례 2] 두음 법칙(1)**

**제10항** 한자음 '녀, 뇨, 뉴, 니'가 단어 첫머리에 올 적에는 두음 법칙에 따라 '여, 요, 유, 이'로 적는다.

(예) 여자(女子)(○)→녀자(×) 요소(尿素)(○)→뇨소(×)
유대(紐帶)(○)→뉴대(×) 익명(匿名)(○)→닉명(×)

붙임 1. 단어의 첫머리 이외의 경우에는 본음대로 적는다.
(예) 남녀(男女) 당뇨(糖尿) 은닉(隱匿)

붙임 2. 접두사처럼 쓰이는 한자가 붙어서 된 말이나 합성어에서, 뒷말의 첫소리가 'ㄴ'소리로 나더라도 두음 법칙에 따라 적는다.
(예) 신여성(新女性) 공염불(空念佛) 남존여비(男尊女卑)

붙임 3. 둘 이상의 단어로 이루어진 고유 명사를 붙여 쓰는 경우에도 붙임 2에 준하여 적는다.
(예) 한국여자대학

**[용례 3] 두음 법칙(2)**

**제11항** 한자음 '랴, 려, 례, 료, 류, 리'가 단어 첫머리에 올 적에는 두음 법칙에 따라 '야, 여, 예, 요, 유, 이'로 적는다.

(예) 양심(良心)(○)→량심(×) 역사(歷史)(○)→력사(×)

용궁(龍宮)(○)→룡궁(×) 예의(禮儀)(○)→례의(×)

붙임 1. 단어의 첫머리 이외의 경우에는 본음대로 적는다.

(예) 개량(改良) 수력(水力) 도리(道理)

다만, 모음이나 'ㄴ' 받침 뒤에 이어지는 '렬, 률'은 '열, 율'로 적는다.

(예) 나열(羅列)(○)→나렬(×) 선열(先烈)(○)→선렬(×)

비율(比率)(○)→비률(×) 백분율(百分率)(○)→백분률(×)

**[용례 4] 사이시옷**

**제30항** 사이시옷은 다음과 같은 경우에 받치어 적는다.

1. 순 우리말로 된 합성어로서 앞말이 모음으로 끝난 경우

(1) 뒷말의 첫소리가 된소리로 나는 것

– 귓밥, 나룻배, 찻집, 냇가, 햇볕

(2) 뒷말의 첫소리 'ㄴ, ㅁ' 앞에서 'ㄴ'소리가 덧나는 것

– 아랫니, 뒷머리, 냇물, 빗물

(3) 뒷말의 첫소리 모음 앞에서 'ㄴㄴ'소리가 덧나는 것

– 뒷일, 베갯잇, 나뭇잎, 깻잎

2. 순 우리말과 한자어로 된 합성어로서 앞말이 모음으로 끝나는 경우

(1) 뒷말의 첫소리가 된소리로 나는 것

– 귓병, 샛강, 자릿세, 찻잔, 텃세

(2) 뒷말의 첫소리 'ㄴ, ㅁ' 앞에서 'ㄴ'소리가 덧나는 것

– 제삿날, 훗날, 툇마루, 양칫물

(3) 뒷말의 첫소리 모음 앞에서 'ㄴㄴ'소리가 덧나는 것

– 가욋일, 예삿일, 훗일, 사삿일

3. 두 음절로 된 다음 한자어
   (예) 곳간(庫間), 셋방(貰房), 숫자(數字), 찻간(車間), 툇간(退間), 횟수(回數)

### [용례 5] 그 밖의 것

**제51항** 부사의 끝 음절이 분명히 '이'로만 나는 것은 '-이'로 적고, '히'로만 나거나 '이'나 '히'로 나는 것은 '-히'로 적는다.

1. '이'로 적는 것
   (1) (첩어 또는 준첩어인) 명사 뒤
   – 간간이, 겹겹이, 곳곳이, 길길이, 나날이, 다달이, 땀땀이, 샅샅이, 알알이, 줄줄이, 짬짬이, 철철이
   (2) 'ㅅ'받침 뒤
   – 기웃이, 나긋나긋이, 남짓이, 버젓이, 번듯이, 지긋이
   (3) 'ㅂ'불규칙 용언의 어간 뒤
   – 가벼이, 외로이, 기꺼이, 너그러이, 새로이, 쉬이, 외로이, 즐거이
   (4) '하다'가 붙지 않는 용언의 어간 뒤
   –같이, 굳이, 길이, 깊이, 높이, 많이, 적이, 헛되이
   (5) 부사 뒤
   –곰곰이, 생긋이, 더욱이, 오뚝이, 일찍이, 히죽이
2. '히'로 적는 것
   (1) '하다'가 붙는 어근 뒤(단, 'ㅅ' 받침 제외)
   – 극히, 급히, 도저히, 딱히, 속히, 족히, 엄격히, 정확히, 간편히, 꼼꼼히, 능히, 열심히, 무단히, 나른히
   (2) '하다'가 붙는 어근에 '-히'가 결합하여 된 부사가 줄어진 형태
   – (익숙히)→익히 (특별히)→특히

### (2) 띄어쓰기의 원칙

**한글 맞춤법 총칙 제2항**

문장의 각 단어는 띄어 씀을 원칙으로 한다.

사람들은 하나의 의미를 가지고 있는 말의 덩어리인 단어를 중심으로 의사소통을 한다. 의사소통의 편리성을 위해서는 의미의 단위별로 띄어 쓰는 것이 가장 실용적이므로, 단어와 단어는 띄어 쓰는 것을 원칙으로 한다. 그러나 단어의 경우에도 복합어인지 합성어인지, 또는 문장의 축약형인지에 따라 띄어쓰기의 형태는 다양하게 나타날 수 있다. 나아가 '한 개 한 개'라든가, '동전 한 닢 두 닢'의 경우처럼 자립명사가 되지 못하고 다른 어휘부에 의존해야 하는 수관형사와 의존명사가 문장 안에 공존하는 경우에는 띄어쓰기의 예외 규칙이 적용된다. 위의 예문의 경우 각 단어마다 띄어 쓰게 되면 낱글자의 나열이 지나치게 많아질 뿐만 아니라, 단어를 중심으로 띄어 쓰고, 의미를 중심으로 모아 읽는 과정에도 오히려 불편함이 생긴다. 이런 경우에는 '한개 한개', '동전 한닢 두닢'처럼 쓰는 것도 좋다. 이렇듯 띄어쓰기는 절대적인 원칙을 고수하는 불변의 규칙이라기보다는 작가와 독자가 서로 문자로 소통하는 데 있어서 불필요한 오해를 줄이고, 보다 쉽고 정확하게 상대의 의견을 수렴하고 이해하도록 소통의 과정을 돕는 수단이라고 생각하는 것이 옳다.

**[용례 1] 조사**

**제41항** 조사는 그 앞말에 붙여 쓴다.

(예) 꽃**이** 꽃**마저** 꽃**밖에** 꽃**에서부터** 꽃**으로만** 꽃**이나마**
꽃**이다** 꽃**입니다** 꽃**처럼** 어디**까지나** 거기**도** 멀리**도** 웃고**만**

조사는 독립성이 없기 때문에 다른 단어 뒤에 종속적(從屬的)인 관계로 존재한다. 아울러 조사는 그것이 결합되는 체언이 지니는 문법적 기능을 표시하기 때문에 그 앞의 단어에 붙여 쓰는 것이다. 한편 조사가 둘 이상 겹쳐지거나 조사가 어미 뒤에 붙는 경우에도 붙여 쓴다.

(예) 집에서처럼　학교에서만이라도　여기서부터입니다　어디까지입니까
　　나가면서까지도　들어가기는커녕　옵니다그려　"알았다."라고

**[용례 2] 의존명사**

**제42항** 의존명사는 띄어 쓴다.
　(예) 아는 것이 힘이다.　나도 할 수 있다.　먹을 만큼 먹어라.
　　아는 이를 만났다.　네가 뜻한 바를 알겠다.　그가 떠난 지가 오래다.

의존 명사는 의미적 독립성은 없으나 다른 단어 뒤에 의존하여 명사적 기능을 담당하므로 하나의 단어로 취급한다. 독립성이 없기 때문에 앞 단어에 붙여 쓰느냐 띄어 쓰느냐 하는 문제가 논의의 대상이 되었지만, 문장의 각 단어는 띄어 쓴다는 원칙에 따라 띄어 쓴다.

**[용례 3] 단위를 나타내는 명사**

**제43항** 단위를 나타내는 명사는 띄어 쓴다.
　(예) 한 개　차 한 대　금 서 돈　소 한 마리　옷 한 벌　열 살　조기 한 손
　　연필 한 자루　버선 한 죽　집 한 채　신 두 켤레　북어 한 쾌
다만, 순서를 나타내는 경우나 숫자와 어울리어 쓰이는 경우에는 붙여 쓸 수 있다.
　(예) 두시 삼십분 오초　제일과　삼학년　육층　1446년 10월 9일
　　2대대　16동 502호　제1실습실　80원　10개　7미터

**[용례 4] 수를 표기하는 경우**

**제44항** 수를 적을 적에는 '만(萬)' 단위로 띄어 쓴다.
　(예) 십이억 삼천사백오십육만 칠천팔백구십팔　12억 3456만 7898

십진법(十進法)에 따라 띄어 쓰던 것을 '만' 단위로 개정했다. 따라서 '만, 억, 조' 및 '경(京), 해

(垓), 자(秭)' 단위로 띄어 쓴다. 십진법에 의하여 띄어 쓰면 그것이 합리적인 방식이긴 하지만, 너무 작게 갈라놓는 것이 되어서 오히려 의미 파악에 지장이 있다는 의견이 많았다. 아라비아 숫자로 금액을 표기할 때 쉼표를 치는 것처럼 세 자리 단위로 띄어서, "십 이억삼천사백 오십육만칠천 육백구십팔(1,234,567,698)"과 같이 띄어 쓰느냐 하는 문제도 검토되었으나, '십'과 '이억', '사백'과 '오십육만'이 떨어지는 등 불합리한 형식이 되므로, '만, 억, 조……' 단위로 띄어쓰기로 한다.

**[용례 5] 열거하는 말**

**제45항** 두 말을 이어 주거나 열거할 적에 쓰이는 다음의 말들은 띄어 쓴다.

(예) 국장 겸 과장 열 내지 스물 청군 대 백군 책상, 걸상 등이 있다

이사장 및 이사들 사과, 배, 귤 등등 사과, 배 등속 부산, 광주 등지

'겸(兼)'은 한 가지 일 외에 또 다른 일을 아울러 함을 뜻하는 한자어 형태소다. '국장 겸 과장' 같은 경우, 한문 구조에서는 '겸'이 뒤의 '과장'을 목적어로 취하는 타동사로 설명하고 있지만, 국어에서는 '뽕도 딸 겸 임도 볼 겸'처럼 관형어의 수식을 받는 구조로도 사용하므로 의존명사로 다루고 있다. 또한, '청군 대 백군'의 경우도, 한문 구조에서는 '대(對)'가 뒤의 '백군'을 목적어로 취하는 타동사로 설명하지만, '윗마을 대 아랫마을, 다섯 대 셋'처럼 고유어 사이에서 '상대하는', 또는 '짝이 되는', '비교되는'과 같은 뜻을 나타내기도 하므로 의존명사로 다룬다. '내지(乃至)'도 순서나 정도를 나타내는데 그 중간을 줄일 때 쓰는 말이라고 풀이되고 있으나, 흔히 '혹은', '또는' 같은 뜻을 표시하므로 접속 부사로 다루어 띄어 쓴다. '및'은 '그 밖에도 또', '-와 또'처럼 풀이되는 접속 부사이므로 띄어 쓴다. 아울러 '등(等), 등등(等等), 등속(等屬), 등지(等地)' 따위는 열거의 뜻을 표시하는 의존명사이므로 띄어 쓴다.

**[용례 6] 단음절로 된 단어가 열거되는 경우**

**제46항** 단음절로 된 단어가 연이어 나타날 적에는 붙여 쓸 수 있다.

(예) 그때 그곳　좀더 큰것　이말 저말　한잎 두잎

글을 띄어 쓰는 것은 그 의미를 쉽게 파악할 수 있도록 하는 데 목적이 있다. 그런데 한 음절로 이루어진 단어가 여럿 이어지는 경우, '좀 더 큰 이 새 집'처럼 띄어 쓰면 기록하기에도 불편할 뿐 아니라, 시각적 부담을 가중시킴으로써 가독성을 떨어뜨린 우려가 있다. 그러므로 '좀더 큰 이 새집'처럼 붙여 쓸 수 있도록 한 것이다.

**[용례 7] 고유명사 표기법**

**제48항** 성과 이름, 성과 호 등은 붙여 쓰고, 이에 덧붙는 호칭어, 관직명 등은 띄어 쓴다.

(예) 김양수(金良洙)　서화담(徐花潭)　채영신 씨　최치원 선생　박동식 박사
충무공 이순신 장군

다만, 성과 이름, 성과 호를 분명히 구분할 필요가 있을 경우에는 띄어 쓸 수 있다.

(예) 남궁억/남궁 억　독고준/독고 준　황보지봉(皇甫芝峰)/황보 지봉

**제49항** 성명 이외의 고유 명사는 단어별로 띄어 씀을 원칙으로 하되, 단위별로 띄어 쓸 수 있다.

(예) 대한 중학교(○)　대한중학교(○)
한국 대학교 사범 대학(○)　한국대학교 사범대학(○)

성명에 있어서 성과 이름은 별개 단어의 성격을 지닌다. 곧, 성은 혈통을 표시하며, 이름은 특정한 개인에게만 부여된 식별부호(識別符號)이므로 성과 이름을 띄어 쓰는 게 합리적이다. 그러나 한자 문화권에 속하는 나라들에서는 성명을 붙여 쓰는 것이 통례이고, 우리나라에서도 붙여 쓰는 게 관용 형식이라 할 것이다. 더구나 우리 민족의 성은 예외가 있긴 하지만, 성과 이름을 보통 하나의 단어로 인식하지 않으므로 성과 이름은 붙여 쓰기로 한다. 이름과 마찬가지 호(號)나 자(字)가 성에 붙는 형식도 이에 준한다. 다만, '남궁수, 황

보영' 같은 성명의 경우, '남/궁수, 황/보영'인지 '남궁/수, 황보/영'인지 혼동될 염려가 있으므로, 성과 이름을 분명하게 밝힐 필요가 있을 때에는 띄어 쓸 수 있도록 한다. 성명 또는 성이나 이름 뒤에 붙는 호칭어나 관직명(官職名) 등은 고유명사와 별개의 단위이므로 띄어 쓴다. 호나 자 등이 성명 앞에 놓이는 경우도 띄어 쓴다.

그리고 '한국 정신 문화 연구원'처럼 단어별로 띄어 쓰면 '한국, 정신, 문화, 연구원'의 네 개 단어가 각각 지니고 있는 뜻은 분명하게 이해되지만, 그것이 하나의 대상으로 파악되지 않는 단점도 있다. 따라서 둘 이상의 단어가 결합하여 이루어진 고유명사는 단어별로 띄어 쓰는 것을 원칙으로 하되, 단위별로 붙여 쓸 수 있도록 한 것이다. 여기서 '단위'란 그 고유명사로 일컬어지는 대상물의 구성 단위를 뜻하는 것으로 설명된다. 다시 말하면, 어떤 체계를 가지는 구조물에 있어서 각각 하나의 독립적인 지시 대상물로서 파악되는 것을 이른다. 예컨대 '한국 대학교 사회과학 대학 평생교육 학과'는 '한국 대학교/사회학과 대학/평생교육 학과'의 세 단위로 나누어지고, '우리 은행 숭실대 지점 출납계'는 '우리 은행/숭실대 지점/출납계'의 세 단위로 나누어진다.

**[용례 8] 전문용어 표기법**

**제50항** 전문 용어는 단어별로 띄어 씀을 원칙으로 하되, 붙여 쓸 수 있다.

| (예) 만성 골수성 백혈병(○) | 만성골수성백혈병(○) |
|---|---|
| 중거리 탄도 유도탄(○) | 중거리탄도유도탄(○) |

전문 용어란 특정의 학술 용어나 기술 용어를 말하는데, 대개 둘 이상의 단어가 결합하여 하나의 의미 단위에 대응하는 말, 곧 합성어의 성격으로 되어 있다. 따라서 붙여 쓸 만한 것이지만 그 의미 파악이 쉽도록 하기 위하여 띄어 쓰는 것을 원칙으로 하고, 편의상 붙여 쓸 수 있도록 하였다.

## 연습문제

**1. 다음 단어들을 맞춤법 규정에 맞게 고쳐 쓰시오.**

① 싹뚝

② 깍뚜기

③ 공념불(空念佛)

④ 몇 연

⑤ 실패률(失敗率)

⑥ 뢰성(雷聲)

⑦ 제사날

⑧ 혀바늘

⑨ 정확이

⑩ 틈틈히

**2. 다음 문장에서 띄어쓰기가 잘못된 부분을 바르게 고쳐 쓰시오.**

① 밖에서는 집에서 처럼 행동하지 마.

② 현승이는 장학금은 커녕 기존 학점도 채우지 못했다.

③ 모든 사람은 애쓴만큼 얻는다.

④ 친구야, 우리 바둑 한판 두자.

⑤ 사랑하는 여인이 떠난지가 오래 되었다.

⑥ 우리는 그냥 멍하니 웃을뿐이었다.

⑦ 신발 두켤레와 옷 한벌을 사서 이웃 아이에게 전해 주었다.

⑧ 이번 당첨 금액은 일억사천 칠백만 오천칠백 원입니다.

⑨ 내년 봄 우리는 더큰 새집으로 이사 갈 것이다.

⑩ 내 동생은 올해로 스무살 성인이 된다.

4 장

# 보고서 작성

보고서란 어떤 주제에 대하여 업무, 실험, 관찰, 조사, 연구 등의 과정을 보여주고, 그 결과를 논리적이며 요약적으로 제시하는 글이다. 보고서의 유형은 보고하는 내용이 무엇을 목적으로 하느냐에 따라 업무보고서, 실험보고서, 조사보고서, 관찰보고서, 연구보고서 등으로 구분된다. 여타 글쓰기의 경우와 마찬가지로 보고서는 독자를 최우선시하여 작성해야 한다. 보고를 요구하는 사람이 누구냐에 따라 보고서의 실질적인 내용이 결정되기 때문이다. 특히 대학생이 작성하는 보고서는 학습 과정과 관련된 논제들을 탐구하는 글로, 해당 학과나 학과목에서 학술적으로 수행하는 연구과정과 결과에 대하여 교수에게 보고하는 성격이 강하다. 이런 이유로 보고서를 잘 쓰기 위해서는 보고서를 부여한 사람의 의도가 무엇인지를 가장 먼저 파악하고 있어야 한다.

보고서는 학술적인 글쓰기에 포함된다. 대학생이 작성하는 학술적인 글쓰기에는 보고서, 소논문, 학기말 논문, 학위 논문 등이 있다. 보고서의 형식은 정식 논문보다 간소한 편이지만, 기본적으로 요구되는 체제를 무시해서는 안 된다. 보고서는 대체로 서두, 본문, 마무리 부분으로 구성된다.

# 01 보고서의 형식

## ☑ 보고서의 기본 양식

서두 : 표지, 제목, 차례
본문 : 서론, 본론, 결론
마무리 : 참고문헌

서두 부분은 표지, 제목, 차례로 이루어진다. 흔히 보고서의 제목을 주어진 과제의 제목과 혼동하는 경우가 많은데, 모든 보고서에는 글쓴이가 고유한 제목을 붙여야 한다. 제목은 주제, 문제, 주장 등 글에서 다루는 주요 대상의 성격을 드러내는 것이 좋다. 상황에 따라서는 자신의 개성을 드러내는 제목으로 정하기를 권한다. 사회과학이나 자연과학계열의 보고서인 경우에 도표 목록을 첨부해야 하는 경우가 있다. 특히 이공계 실험보고서, 조사보고서, 연구보고서 등에는 본문에 삽입된 표나 그림, 사진 등에 번호를 붙이고, 이를 목록으로 만들어 차례 아래에 첨부한다. 표지에는 보고의 일련 번호, 보고 날짜, 보고하는 사람, 보고받는 사람(과목명, 담당교수명, 제출 일자, 제출자의 소속 학과 및 학번, 성명 등)을 기입해야 한다. 보고서의 본문 내용이 상대적으로 짧을 경우 따로 표지를 만들지 않는 경우도 있으나, 본문을 쓰기 전에 위에서 언급한 사항들은 반드시 밝혀야 한다. 표지 혹은 그 다음 장에는 보고서의 내용을 명시하거나 암시하는 제목을 달아야 한다. 차례는 표지와 본문 사이에 넣고, 본문의 구성을 한 눈에 알아볼 수 있도록 번호를 매겨 내용을 정리해 둬야 한다. 본문을 작성한 이후에는 마무리 부분에서 보고서를 쓰기 위해 조사하고 활용한 참고문헌들을 반드시 밝힌다.

보고서의 본문은 학술적이면서도 논리적인 글이어야 한다. 논리적인 글은 어떤 주제 혹은 주장에 대한 합리적인 논거를 제시하여 독자를 설득하는 글이다. 그러기 위해서는 주어진 문제에 대하여 해결책을 찾고, 그 해결책을 합리적이며 설득력 있게 제시해야 한다. 우리가 작성하는 대부분의 보고서는 논리적인 글쓰기에 해당한다. 논리적으로 글을 쓴다는 것은 어떤 것일까? 논리적으로 글을 쓰기 위해서는 어떤 주제에 대한 다양한 대상을 분류할 수 있고, 중요도나 경중에 따라 순서를 매길 수 있는 것이 전제되어야 한다. 이는 본문을 작성하는 데 있어서 가장 중요한 사안이기도 하다. 본문의 작성은 내용을 분류한 뒤 이에 순서를 매기는 일부터 시작한다. 본문에서 장(章)별 제목에는 로마자(I, II, III, IV, V...)로 번호를 붙이고, 절(節) 이하의 소제목에는 아라비아 숫자를 붙인다. 본문의 분류와 순서 매기기 작업은 개요를 짜는 단계에서 미리 준비해야 한다.

일반적인 보고서의 경우, 본문은 주로 서론, 본론, 결론(혹은 도입, 전개, 마무리) 등의 세 단계로 구성한다. 물론 이공계 보고서의 경우 본문은 특유의 구성 양식에 따라 작성해야 한다. 실험보고서를 서론, 실험 목적, 실험 이론, 실험 장치 및 방법, 실험 결과, 고찰, 결론 등으로 구성하는 것이 한 예이다.

## 02 본문 구성

일반적인 보고서의 서론은 본론을 준비하는 장이다. 서론은 독자로 하여금 앞으로의 논의에 대해 준비할 수 있도록 안내해 주는 장이다. 먼저 보고서의 목적과 주제의 범위가 무엇인지 밝힌다. 이어서 주제를 탐색한 뒤 제기한 문제와 관련한 배경지식 및 선행 연구에 대해 이야기한다. 보고서의 서론에서 가장 신경 쓸 것은 문제를 제기하는 데 있다. 중요한 것은 주제가 아니라 물음이다. 따라서 보고서 작성자는 주어진 주제를 자기 자신만의 고유한 시각으로 분석하여 이에 대해 명확하고 구체적인 의문이나 질문을 제기 할 수 있어야 한다. 제기한 문제에 대해 논의하기 위해 기본적으로 알아야 하는 개념이나 용어를 설명해야 하며, 관련된 주요 이론이나 연구 내용이 있다면 우선적으로 언급해야 한다.

본론은 본격적인 논의의 장이다. 서론에서 문제를 제기한다면, 본론에서는 그 문제에 대한 주장을 제시한다. 문제를 바라보는 자신의 고유한 시각과 방향성을 잃지 않으면서, 입장 및 주장을 일관되게 밝히고, 논리적으로 풀어나가야 한다. 주장과 관련된 자료들을 분석 · 해석하고, 보다 구체적인 데이터나 전문적인 지식을 논거로 삼아 주장을 정당화하는 과정이 일반적으로 본론을 쓰는 방법이다. 주어진 주제나 제기한 문제, 논의한 주장 등에 대하여 평가를 내리거나 비판하는 것으로 본론을 마무리하기도 한다.

결론은 본론을 마무리하는 장이다. 결론은 본론을 단지 정리정돈을 한다거나 주요 내용을 다시 반복하는 장이 아니다. 결론에서는 본문을 요약해야 한다. 요약이란 단순한 발췌와 다르다. 요약은 본론에서 논의한 핵심 내용을 압축해서 전달할 수 있어야 한다. 그 가운데 핵심 사항은 따로 강조할 수 있다. 결론의 문장들은 본론에서 분석하고 평가한 내용을 축약하는 상위 개념의 어휘들로 작성한다. 또한 결론에서는 본론에서 밝힌 주장의 정당성을 되짚어 보고 큼직한 논거들을 종합한다. 아울러 주어진 주제, 제기한 문제, 제시한 주장이 오늘날 우리에게 의미하는 바를 포괄적으로 진단해주는 게 좋다. 이를테면 사회과학적인 주제의 보고서의 경우 그 주제가 인문학적으로 혹은 문화적으로 어떤 의미와 의의가 있는 것인지 밝힌다. 결론의 끄트머리에는 보고서의 내용이 가지고 있는 한계를 인정하면서 새로운 전망을 제시하는 것이 좋다. 그렇다고 하여 주장에서 또 다른 문제를 제기해서는 안 된다. 특히 자신의 주장에 대한 회의적인 발언이나 주장을 뒤엎는 식의 의문이나 질문은 피해야 한다.

### ☑ 보고서의 기본 구성

I. 서론
1. 보고서의 목적 및 주제의 범위
2. 배경지식, 기본 이론, 선행 논의
3. 문제 제기

II. 본론
1. 구체적이거나 전문적인 지식
2. 분석과 해석
3. 주장의 전개 (논증)
4. 비판과 평가

III. 결론
1. 본론의 요약
2. 보고서의 의미와 의의
3. 보고서의 한계 및 전망

## 03 글쓰기의 윤리

### 1) 학문적 정직함과 책임감

글쓰기에도 윤리가 있다. 글쓰기의 윤리 중 가장 중요한 것이 표절 피하기다. 표절이란 다른 사람의 아이디어나 표현 등을 마치 자기 것인 양 무단으로 사용하는 행위를 가리킨다. 학술적인 글을 쓸 때 표절은 가장 민감하고 심각한 사안이다. 모든 글쓰기는 하나의 창작 과정이다. 모든 창작의 과정은 고통스럽다. 다른 사람이 인고의 과정을 통해 얻은 글을 마치 제 것인 양 손쉽게 가져다가 쓰는 행위는 양심에 어긋나는 짓이며 도둑질을 하는 것과 같다.

표절의 문제에 대해서는 아무리 강조해도 지나침이 없다. 표절은 단지 비도덕인 행위일 뿐만 아니라 범법적인 행위이다. 저작권법에 의하면, 어문 저작물(소설, 시 등), 학술 저작물(논문, 강연, 연설 등), 예술 저작물(음악, 연극, 미술, 사진 등), 건축 저작물, 영상 저작물, 도형 저작물, 컴퓨터 프로그램 저작물 등 모든 창작물에 대한 표절은 처벌 받을 수 있다. 한낱 보고서라 할지라도 학문적인 글을 쓰면서 표절을 할 경우 법적으로 불이익을 당할 수 있다. 이를테면 온라인상에서 보고서를 사고파는 행위는 학위논문의 매매와 마찬가지로 엄연한 범죄임을 알아야 한다.

학생들이 보고서를 작성할 때 저지르는 가장 흔한 실수는 바로 다른 사람의 이론, 견해, 주장 등을 본인의 그것과 혼동하는 것이다. 표절은 단지 다른 사람의 글 전체를 도용한 경우에만 해당되는 것이 아니다. 한 구절이든 한 문장이든 타인의 글을 무단으로 사용했다면 표절 시비에 휘말릴 수 있다. 다른 사람의 글을 자기 글처럼 구성을 바꾸거나 표현을 바꾸어 편집, 재구성한 경우도 표절이다. 다른 사람의 글을 베끼거나 짜깁기하지 않았다 하더라도 글로부터 얻은 아이디어를 도용한 경우 역시 표절이다. 다른 사람이 이미 주장한 내용을 마치 자신이 처음으로 생각해낸 것처럼 말하는 것도 표절에 해당한다. 다른 글에 사용된 주요 내용이나 표현을 출처 표시 없이 인용해도 마찬가지다. 그것이 일반적으로 알려진 이론이나 개념이라 할지라도 충분히 자기 식의 표현으로 고치지 않고 그것을 가져다가 쓴 경우도 마찬가지다.

표절의 위험성에 대해 사회 전체가 인식하게 되면서 대놓고 표절 보고서를 쓰는 학생들도 사라지고 있다. 대부분의 학생들은 표절에 대해 죄의식이나 죄책감을 느낀다. 그럼에도 인터넷 사이트 등에서 무턱대고 얻은 자료를 아무렇게나 짜깁기한 보고서를 제출하는 학생들은 여전하다. 표절행위가 근절되지 않는 까닭은 학생들이 글쓰기에 대해 실질적인 책임감을 느끼지 못하는 데 있다. 보고서도 학술적인 글쓰기다. 이에 대해 학문적으로 책임을 져야 한다. 따라서 자기의 글을 쓰는 것만큼이나 자료를 활용하는 데 신경을 써야 한다. 또한 자료를 활용하는 것만큼이나 인용하고 참고한 내용을 밝히는 데 주의를 기울여야 한다. 보고서를 과제로 부여하는 교수가 학생들에게 기대하는 것은 학문적인 성과물이 아니라 성실성이다. 독창적이고 빼어난 결과물에 매달리기보다는 정직하고 책임감 있게 보고서를 작성하는 과정을 보여주도록 하자.

## 2) 출처 밝히기

### (1) 주석 달기

#### 가. 주석의 개념과 필요성

주석(註釋)이란 인용한 글의 출처를 밝히거나 문장, 구절의 의미를 추가적으로 설명할 때 사용하는 글로, 주석에는 다음의 세 종류가 있다.

- 각주(脚註) : 해당 페이지 아래에 제시

- 미주(尾註) : 장이나 절 뒤에 제시
- 내주(內註) : 내용 바로 뒤에 제시

주석은 학술적 글쓰기에서 매우 중요한 부분의 하나로, 다음과 같은 경우 주석이 꼭 필요하다.

첫째, 보고서에 어떤 자료를 인용했을 때에는 반드시 주석을 이용해 그 출처를 표시해야 한다. 인용한 자료에 대한 주석 달기는 보고서의 학문적 정직성을 증명하는 기본 사항으로, 적합한 자료를 적절하게 인용하는 것 못지않게 중요하다.

둘째, 본문의 논의와 관련된 내용을 확장하여 설명할 때 사용한다. 그 내용이 논의를 부연하거나 보완해주기는 하지만, 굳이 본문에서 언급할 필요가 없을 때, 특히 본문의 전개의 흐름을 끊게 될 우려가 있을 때 각주를 삽입한다.

셋째, 본문의 주장과 상이한 입장 및 견해 등을 소개할 필요가 있을 때, 혹은 외국어 인용문의 번역문 및 번역 자료의 원문을 제시해야 할 때에도 주석을 사용한다.

### 나. 주석 작성하기

각주는 페이지 하단에, 미주는 장이나 절 뒤에 제시한다는 차이가 있을 뿐 정보 제시 방법은 동일하므로 여기서는 각주와 내주 작성법 위주로 설명한다.

#### (a) 각주 작성법

각주에는 완전 각주와 약식 각주가 있다. 전자는 처음 나오는 문헌의 출처를 밝힐 때, 후자는 두 번 이상 동일한 글이나 책의 출처를 밝힐 때 사용한다.

**| 완전 각주 |**

**▶ 형식**

단행본 : 저자 이름, 책 제목, 출판사, 출판 연도, 쪽수.

논문 : 저자 이름, 논문 제목, 간행물 이름 권수와 호수, 계절 또는 월, 쪽수.

### ▶ 작성 방법

① 저자가 동양인인 경우, 성과 이름의 순서로, 서양인인 경우 이름과 성의 순서로 적는다. 공저자의 경우 3명 미만의 이름은 모두 쓰고, 그 이상은 대표 저자의 이름만 쓴 뒤 '-외'라고 기입한다. 번역자의 이름은 저자의 이름이나 문헌의 제목 뒤에 '옮김' 혹은 '역'이라 붙인다.

② 국문 도서는 큰 꺽쇠 혹은 겹낫표(『 』)를, 국문 논문은 작은 꺽쇠 혹은 낫표(「 」)를 달아주며, 영문 등의 책 제목은 이탤릭체로 표시한다.

③ 인용한 자료가 논문이나 정기간행물일 경우, 출판 연도 대신 출판 연월로 표기하며 간행물의 이름 다음에 권수 및 호수를 적어준다.

④ 인용한 부분의 쪽수 다음에는 반드시 마침표를 찍는다.

<table>
<tr><td rowspan="7">완전 주석</td><td rowspan="2">단행본</td><td>저서</td><td>형식 : 저자 이름, 책 제목, 출판사, 출판연도, 쪽수.<br>예) 박완서, 『그 산이 정말 거기 있었을까』, 웅진지식하우스, 2014, 58쪽.<br>Michel Raimond, Le Roman depuis La Révolution, Paris, Armand Colin, 1967, p. 210.<br>Illich, Iron, In the Vineyard of the Text, University of Chicago, 1883.<br>김우창 · 유종호, 『미메시스』, 민음사, 2012, 160쪽.</td></tr>
<tr><td>번역본</td><td>형식 : 저자 이름, 번역자 옮김, 책 제목, 출판사, 출판 연도, 쪽수.<br>예) 엠마누엘 칸트, 이석윤 옮김, 『판단력 비판』, 1974, 85–86쪽.<br>한나 아렌트, 『인간의 조건』, 이진우 · 태정호 역, 2008, 45쪽.</td></tr>
<tr><td>논문</td><td colspan="2">형식 : 저자 이름, 논문 제목, 간행물 이름 권수와 호수, 계절 혹은 월, 쪽수.<br>예) 최상진, 「인공지능 기술의 현주소와 과제」, 『신과학』 제30호, 2014년 겨울, 11쪽.</td></tr>
<tr><td rowspan="3">기타 자료</td><td>신문 기사</td><td>형식 : 기자 이름, 기사 제목, 신문 이름, 게재 일자, 게재면.<br>예) 김수창, 「미사일 방어체제 구축 서둘러야」, 우리신문, 2014, 4면.</td></tr>
<tr><td>영화 연극</td><td>형식 : 감독 이름, 제목, 출연자, 극장, 연도.<br>예) 김진호(감독), 「인공위성」, 유경호 · 전우영(출연), 수필름, 2010.<br>나병수(연출), 「소행성」, 이유호 · 김수영(출연), 바다울림소극장, 2013.</td></tr>
<tr><td>인터넷</td><td>저자 이름, 제목, 출판사 혹은 신문사, 게재일, 게재면(전자주소 표기).<br>예) 김우진, 「고려의 역사를 찾아서」, 『문화신문』, 2013.7.24., 20면.<br>http://news.munwhashinmun.com/cite/dbs/2013/07/24/34594.html</td></tr>
</table>

### | 약식 각주 |

같은 책이나 글을 두 번 이상 인용할 경우 약식 각주를 사용한다.

▶ **형식 :** 다음의 두 종류가 있다.

위의 책(혹은 *Ibid.*), 쪽수

저자 이름, 앞의 글(혹은 *Op. cit.*), 쪽수.

▶ **작성방법**

① 바로 앞의 주석에서 인용한 서적이나 논문을 다시 인용할 때에는 '위의 책(글)'(혹은 '*Ibid.*')이라 쓰고 해당 쪽수를 적은 다음 마침표를 찍는다.

② 반복 인용하려고 하는 책의 정보가 담긴 주석 다음에 다른 주석(들)이 삽입되었을 때에는 저자 이름, '앞의 책(글)'(혹은 '*Op. cit.*'), 해당 쪽수의 순으로 정보를 제시하고 마침표를 찍는다.

③ 외국문헌의 경우 책 이름을 이탤릭체로 쓴다.

| | |
|---|---|
| 약식 주석 | 바로 위의 각주에서 인용한 문헌을 다시 인용할 경우 : 위의 책, ibid.(in the same place)<br>1) 엠마누엘 칸트, 이석윤 옮김, 『판단력 비판』, 1974, 85–86쪽.<br>2) 위의 책, 137쪽.<br>3) Michel Raimond, *Le Roman depuis La Révolution*, Paris, Armand Colin, 1967, p. 210.<br>4) *Ibid.*, p. 227. |
| | 바로 위가 아니라 앞에서 인용한 문헌을 다시 인용할 경우 : 앞의 책, op.cit.(in the work cited)<br>1) 엠마누엘 칸트, 이석윤 옮김, 『판단력 비판』, 1974, 85–86쪽.<br>2) 위의 책, 137쪽.<br>3) Michel Raimond, *Le Roman depuis La Révolution*, Paris, Armand Colin, 1967, p. 210.<br>4) 엠마누엘 칸트, 앞의 책, 142쪽.<br>5) Michel Raimond, *op.cit.*, p. 59. |

단행본이나 논문뿐만 아니라 인터뷰나 수상 소감문, 토론문, 텔레비전 프로그램의 정보를 사용할 경우에도 위와 같은 방법에 근거하여 그 출처를 밝혀야 표절의 위험에서 벗어날 수 있다.

### (b) 내주 작성법

▶ **형식 :** 다음의 두 종류가 있다.

인용문(저자 이름, 출판 연도)

인용문(저자 이름, 출판 연도: 쪽수)

▶ **작성 방법**

① 인용문 다음에 (저자 이름, 출판 연도) 혹은 (저자 이름, 출판 연도: 쪽수)의 형식으로 제시한다.

② 저자 이름과 출판 연도 사이에는 쉼표를 사용하고 출판 연도와 쪽수 사이에는 콜론을 쓴다.

③ 같은 해에 발행된 동일 저자의 다른 자료를 인용할 경우 영어 소문자를 사용하여 자료를 구분한다.

④ 저자가 2인일 때에는 두 저자를 모두 표기하고, 3인 이상일 때에는 첫 번째 저자 이름 다음에 '외'(et al.)라는 표현을 넣는다.

| | |
|---|---|
| 내주 | 예1) 그 연구는 이후 인공지능 연구에 영향을 상당히 끼쳤는데, 데이터 처리 과정에 대해 관심을 갖게 했을 뿐만 아니라 향후 연구 과제까지 제시해 주었다(Tozell, 2009: 51).<br>예2) 요즈음 나오는 논문은 대부분 의사결정 과정에 관심을 가지고 있는데, 특히 개별 행위 주체의 개입 양상에 초점을 맞추고 있다(Flenny et al., 2003: 47). |

주석을 다는 방법은 전공에 따라, 학회지의 성격에 따라 조금씩 차이가 있어 위의 방법이 그대로 적용되지 않는 경우도 있을 수 있다. 그러나 약간의 차이는 있을지라도 정보 제시 방법이나 순서는 대동소이하기 때문에 위의 방법을 기초로 반복 연습한다면 주어진 과제나 전공의 성격에 맞추어 적절하게 주석을 달 수 있게 될 것이다.

### (2) 참고문헌 작성하기

참고문헌은 하나의 보고서나 논문을 쓰기 위해 인용하고 참고한 모든 자료를 보고서의 끄트머리에서 밝히는 목록이다. 참고문헌을 제시하는 방법은 해당 글이 실리는 책이나 학회의 성격에 따라 조금씩 차이가 있으나 대체적으로 다음과 같은 방식을 따른다.

#### ▶ 형식

국내서적 : 다음의 세 형식 모두 가능하다.(쪽수 표시를 하지 않는 경우도 있음)

저자 이름, 『책 제목』, 출판사, 출판연도, 쪽수.

저자 이름, 『책 제목』, 출판사(출판연도), 쪽수.

저자 이름(출판연도), 『책 제목』, 출판사, 쪽수.

번역서적 : 다음의 두 형식 모두 가능하다

저자 이름, 역자 이름, 『책 제목』, 출판사, 출판연도, 쪽수.

저자 이름, 『책 제목』, 역자 이름, 출판사, 출판연도, 쪽수.

논문 : 저자 이름, 「논문 제목」, 간행물 이름, 출판사 간행 월 혹은 계절, 쪽수.

사전 : 항목, 『사전 이름』, 출판사, 출판연도.

신문기사 : 기자 이름, 「기사 제목」, 신문 이름, 신문발행일, 면수.

#### ▶ 작성 방법

① 자료-문헌의 순으로 제시한다.

② 동양서, 서양서의 순으로 배열한다.

③ 동양문헌은 저자 이름의 가나다순으로, 외국문헌은 알파벳순으로 배열한다.

④ 같은 저자의 책이나 글을 여러 번 인용할 경우 연도, 자료 이름의 순서로 기재한다.

## ☑ 참고문헌 작성 예시

**참고문헌**

1) 자료

로맹 가리, 『새들은 페루에 가서 죽다』, 문학동네, 2007.

_______, 『새벽의 약속』, 문학과지성사, 2007.

_______, 『그로칼랭』, 문학동네, 2010.

_______, 『흰 개』, 마음산책, 2012.

2) 문헌

김병로, 『한국 현대소설의 다성담론 시학』, 국학자료원, 1999, 59쪽.

김정호, 「로맹 가리와 에밀 아자르」, 『유럽문화예술연구』 제59집, 유럽문화예술학회, 2012, 101쪽.

박상혁, 「로맹 가리의 『새벽의 약속*La promesse de l'aube*』에 나타난 현실의 어머니와 환상의 아버지」, 서울대학교 대학원 석사학위 논문, 2005, 27쪽.

서정철, 『인문학과 소설 텍스트의 해석』, 민음사, 2002, 130쪽.

Michel Raimond, *Le Roman depuis La Révolution*, Paris, Armand Colin, 1967.

Stuart Hall, "Cultural Identity and Diaspora" in Patrick Williams and Laura Chrisman, eds., *Colonial Discourse and Post-colonial Theory*, New York, Columbia University Press, 1994.

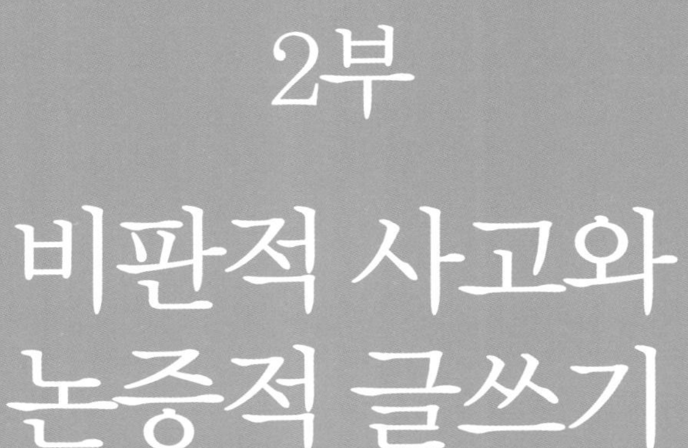

# 2부

# 비판적 사고와 논증적 글쓰기

1 장

# 비판적으로 사고하기

비판적으로 사고한다는 것은 어떤 사안에 대해 그 근거를 따져 묻는 것이다. 흔히 '비판적'이라고 하면 부정적인 태도를 떠올린다. 누군가의 말꼬리를 잡는다든지, 잘못된 점만 찾아내 지적한다든지, 반대를 위한 반대를 생각하게 되는데, 여기서 말하는 비판적 사고는 문제되는 사안에 대한 잘못된 점을 지적하는 것뿐만 아니라 장점을 짚어주고, 잘된 것을 확인해 주는 것까지를 포함한다. 따라서 어떤 사안에 대한 비판적 사고는 그 사안에 대해 말하고 있는 주장에 대해 깊이 있게 이해하고 정확히 파악하기 위해 그 주장의 근거를 따져 묻는 능동적이고 적극적인 사고 행위이다. 오히려 비판적 사고를 하지 않는다면 그것은 지성인으로서 극복해야 할 맹목적 태도, 수동적 사고에 해당한다.

글을 읽을 때 비판적으로 사고한다는 것은 크게 두 가지를 검토하는 것을 의미한다. 첫째는 그 주장을 제대로 이해하는 것이고, 둘째는 그 주장을 제대로 평가하는 것이다. 사실, 제대로 평가하기 위해서 제대로 이해해야 한다. 이를 위해 몇 가지 요소들을 점검해야 하는데, 그것들이 비판적 사고를 구성하고 있는 요소들이다. 비판적 사고를 구성하는 여덟 가지 요소들은 다음과 같다.

### 1) 목적

글을 읽을 때 가장 먼저 파악해야 하는 것은 그 글의 목적이다. 그 글이 선동하기 위한 것인지, 고백하기 위한 것인지, 제안하기 위한 것인지, 새로운 정보를 전달하는 것인지, 감정을 전달하기 위한 것인지 등을 가려내야 한다. 하나의 글에 한 가지 목적만 있는 것은 아니지만, 글의 목적을 아는 것이 글을 제대로 이해하고 평가하는 기본이다.

### 2) 이슈

글의 목적을 파악한 이후에는 글의 이슈를 찾아내야 한다. 이슈란 글에서 말하고 있는 핵심적인 내용과 밀접하게 관련된 문제를 의미한다. 글에서 다루는 여러 가지 문제들 중에서 가장 중심이 되는 문제가 이슈이다.

### 3) 개념

우리는 개념을 가지고 사고한다. 개념 없이는 생각을 일관되게 이어나갈 수 없고, 다양한 경험을 조직적으로 다룰 수 없다. 개념은 우리의 경험을 분류하고 조직화하고 해석할 수 있게 도와주는 관념의 범주이다. 그런데 글쓴이가 개념을 자의적으로 사용하거나, 불분명하게 사용하거나, 잘못 사용한다면 소통이 제대로 될 리 없다. 비판적으로 글을 읽을 때는 글에서 사용한 개념이 정확한지, 자의적으로 의미를 덧붙이지 않았는지 따져봐야 한다. 또한 새로운 개념을 사용할 때는 독자에게 충분히 설명하고 분명하게 정의하고 있는지도 따져 보아야 한다.

### 4) 가정

글을 제대로 이해하기 위해서는 글자 너머에 전제하고 있는 가정을 파악해야 한다. 필자가 가정하는 바를 겉으로 밝히지 않고 숨겨 놓았다 하더라도 비판적 사고를 위해서는 전제된 가정을 확인하고 그 가정이 수용할만한 것인지 따져 물어야 필자의 주장을 제대로 평가할 수 있다.

### 5) 정보

글에는 많은 정보가 담겨 있다. 여기서 정보란 자료, 증거, 관찰 등 경험과 관련하여 얻어지는 것을 말한다. 글에 제시된 정보를 검토없이 그대로 수용한다면 비판적 사고를 한다고 할 수 없다. 비판적 사고를 위해서는 사실로서의 정보와 그것에 대한 해석이나 함축을 구별한 후, 글에서 제공하는 정보가 충분한지, 제공된 정보가 신뢰할만한 것인지를 포함하여 그 정보의 진위 여부를 따져 물어 보아야 한다.

### 6) 추론을 통해 도달한 결론

제시된 글이 논증을 포함하고 있다면 논증의 구조를 밝히고, 어떤 주장을 어떤 근거로 뒷받침하고 있는지, 그 추론을 통해 도달한 결론은 타당한지를 따져 보아야 한다. 추론을 통해 도달한 결론을 검토하는 것은 비판적 사고의 핵심이다.

### 7) 관점

비판적으로 사고하는 독자는 필자가 어떤 관점에서 글을 썼는지 파악해야 한다. 완전히 중립적인 관점이란 가능하지 않다. 우리의 사고가 어떤 문제에 대해 특정 관점에 서 있다는 것을 인정하고, 같은 문제를 다양한 관점에서 볼 수 있는 열린 태도를 지니는 것이 필요하다. 관점에 대한 열린 태도를 갖게 되면 편협한 사고를 극복하고 보다 폭넓은 사고로 발전시킬 수 있다.

### 8) 주장이 함축하는 귀결

근거로부터 어떤 주장을 펼치고 있다면 그것은 논증의 결론이지만, 어떤 주장을 암암리에 의미하고 있다면 그것은 주장이 함축하는 귀결이다. 명시적으로 드러난 주장만 아니라 겉으로 드러나지 않은 귀결까지 파악해야 글 전체를 제대로 이해하고 평가할 수 있다.

이상의 여덟 가지 비판적 사고의 요소들은 설득을 위한 글을 이해하고 평가하는 데는 필수적인 도구이다. 물론 모든 글에서 이 여덟 가지 요소들을 다 찾을 수 있는 것은 아니다. 정보제공을 위한 신문기사라면 정보는 풍부하지만 관점이나 가정, 주장이 함축하는 귀결은 빈약할 수 있고, 정서를 표현하기 위한 글이라면 개념이나 추론을 통해 도달한 결론 등이 빈약할 수 있다.

다음의 예문에서 비판적 사고의 요소들을 찾아보자.

**예문**

개고기 먹는 사람을 배척하거나 특별히 나쁜 사람으로 여기지는 않는다. 물론 개를 가두거나 묶어 키우거나 도살하거나 사거나 먹는 과정에서 아주 잔인함을 발휘하는 사람들이 꽤 있다. 그러나 그 외의 개를 먹는 대다수는 평범한 우리 이웃들로서, 살아온 경험이 조금 다를 뿐이라고 생각한다. 다만 그 식습관을 바꾸었으면 하는 바람이 있다. 살아있는 곰을 가두고 내내 쓸개즙을 뽑아먹는 것에 반대하듯 말이다. 습관을 쉽게 바꿀 수 있도록 제도적으로 뒷받침되는 것도 중요할 것이다.

어떤 동물이 한번 축산화 되면 복지를 개선하기 위한 싸움은 더욱 힘들어질 것이다. 더구나 복지를 개선하기 위해서는 동물의 종류별로, 용도별로, 연령단계별, 성별에 따라 전문적 지식을 갖고 따로따로 싸워서 법제화 해내야 하는 일이다. 그러니 합법적 축산동물이 아닌 개에 대해서는 개식용 반대운동이 도움이 되는 것이지, 동물의 평등을 고려한답시고 합법화 해놓고 다시 그 동물의 처우를 생각한다는 것은, 현실적으로 불가능하기도 하거니와 무의미한 코미디가 될 것이다. 그렇기 때문에 개고기는 '반대운동'으로, 소, 돼지, 닭은 '채식운동'으로 풀어야 하는 것이다. '소 돼지를 먹으니 개도 먹어야한다'가 아니라, '사람들과 돈독한 유대관계를 맺으며 살아가는 반려동물(개와 고양이)부터 보호하고, 소, 돼지, 닭들에 대해서도 관심을 갖고 육식을 줄여 그 수를 줄이고 복지를 개선해나가자'라고 하는 것이 더 합리적 선택인 것이다.

우리나라 사람으로서 개식용을 반대하는 것은 서양사대주의라고 하는 분들이 있다. 외국 사람들이 싫어하기 때문에 개식용을 반대한다고 여기는 것이다. 그러나 그것은 대단한 오해이다. 어느덧 개식용이 만연된 우리나라에서, 우리 스스로가 누구보다 그 폐해를 절실히 느끼기 때문에 반대하는 것이다. 개식용 문제는 '사람과 개 사이의 문제'이지, '우리나라와 외국 간의 문제'가 아니다. 외국 사람이 싫어하고 안 하고에 대해서는 사실 관심도 없고 중요하지도 않다. 오히려 브리지트 바르도라는 일개 프랑스인의 발언이 개식용 반대 논리의 전부인 듯, 이제껏 개고기를 옹호하는 많은 사람들이 그에 대한 비판만을 교과서처럼 암기하고 되뇌어

왔다. 그는 개식용을 반대하는 사람들을 대표하는 사람이 결코 아니다. 그가 어떤 식으로 표현했느냐에 의해, 개식용 문제의 본질이 달라지는 것은 결코 아니다.

문화상대주의도 모르는 것이 아니다. 문화상대주의는 '세계 문화의 다양성을 인정하고, 각 문화는 그것이 속한 문화권 나름의 환경과 역사적, 사회적 상황을 토대로 이해해야 한다'는 견해이다. 그러므로 타문화권의 전통과 고유문화에 대해서는 기본적인 예의를 갖추어야 하고, 어느 민족이 '우월하거나 열등하다'고 말해서는 안 되는 것이다. 이러한 문화상대주의는 소수민족의 자율과 전통도 존중해야 함을 인식시켜, 제국주의의 팽창논리에 맞서왔다는 점에서 소중한 의의가 있는 것이다.

하지만 도덕적 관점에서 어떤 습속이 과연 오늘의 시점에서도 정당한가에 대해 성찰할 때는, 더 이상 문화상대주의가 개입될 수가 없다. 무조건 과거에서부터 존재해왔거나 고유의 문화라는 이유가 앞으로도 지속적으로 존재해야 하는 이유가 될 수는 없기 때문이다. 우리가 상상하기도 힘든 고통을 당하는 일부 이슬람 문화권 여성에 대한 차별문화를 반대해서는 안 되는가? 지금도 그 사회의 지배계급인 남성들은 그것들이 고유의 문화라며 문화상대주의를 여성들을 지속적으로 억압하는 수단으로 삼고 있다. 또한 그러한 논리에 세뇌 당해, 자신들을 차별하는 문화가 고유의 문화이므로 받아들여야 한다고 스스로 믿고 있는 무슬림 여성들도 많을 것이다.

다른 문화권이기에 이슬람 문화를 객관적으로 볼 수 있는 우리는 그 이슬람 문화의 모든 것을 비난하는 것이 아니고, 그 중 극도의 성차별 문화로 인한 여성들의 고통을 가슴 아파하는 것이다. 악습을 빌미로 무력침입하거나 지배하려고 해서는 안 되지만, 자신들의 성차별 문화를 타파하기 위해 노력하는 무슬림들과는 연대할 수도 있는 것이다.

개식용은 이슬람 지역의 일부다처제, 여성할례, '명예살인'과 같이, 과거의 어느 시점에서부터 현재까지 지속되고 있는 하나의 관습일 뿐이다. 그것이 지속될만한 가치가 있는 관습인지를 판단하려면, 문화상대주의가 아닌 다른 기준을 찾아야 한다. 우리나라의 노비제도, 일부다처제, 호주제, 그리고 영국의 여우사냥, 중국의 원숭이 골 요리 등은 모두 문화상대주의만으로는 용인될 수 없는 일들로서 이미 금지되었다.

– 편집부, 「동물보호 무크지 '숨'」, 『더불어 숨』 창간호, 2008, 78-89쪽.

제시된 글에서 우리는 비판적 사고의 여덟 가지 요소들을 확인할 수 있다. 우선 이 글의 목적은 설득을 위한 글이며, 글의 이슈는 개고기 식용이다. 이 글에서 주요하게 사용하고 있는 개념은 '문화상대주의'이고, 이 개념에 대해 '세계 문화의 다양성을 인정하고, 각 문화는 그것이 속한 문화권 나름의 환경과 역사적, 사회적 상황을 토대로 이해해야 한다.'라는 설명을 하고 있다. 이 글은 개고기 식용을 반대하는 글로서 사람들과 돈독한 유대관계를 맺고 있는 반려동물들은 보호해야 한다는 가정을 하고 있다. 이 글에서 제공하고 있는 주요 정보는 문화상대주의가 개입할 수 없는 도덕적 문제들에 해당하는 것이다. 예시로 이슬람 문화권 여성에 대한 차별 사례인 여성할례, 명예살인을 들고 있다. 이 글의 주장은 도덕적 관점이 개입하는 문제에 대해서는 문화상대주의가 개입할 수 없고, 개고기 식용이 바로 도덕적 관점이 개입하는 문제라는 것이고, 이러한 전제로부터 개고기 식용을 문화상대주의로 정당화할 수 없다는 주장을 펼치고 있다. 이 글이 전제하고 있는 관점은 문화상대주의가 간과하고 있는 윤리적 객관주의와 동물의 복지를 중시하는 관점이다. 이 글에서 명시적으로 드러나지 않지만 주장이 함축하는 귀결은 육식을 줄여 동물의 복지를 개선해 나가야 한다는 것이다.

비판적 사고의 요소들을 토대로 이 글의 타당성을 점검한다면 이 글의 가정과 관점, 주장이 함축하는 귀결에 대해 설득력이 있는지 논의할 필요가 있다. 동물과 인간의 관계를 어떻게 볼 것인지, 모든 문화적 관습을 상대주의적으로 볼 것인지, 도덕적 문제가 개입하는 관습에 대해서는 상대주의를 거부해야 하는지, 인간이 점차 육식을 포기해야 할 것인지에 대한 점검이 이 글을 비판적으로 평가하는데 영향을 줄 것이며, 이러한 습관은 비판적 사고력을 키우는 데 많은 도움이 될 것이다. 비판적 사고의 요소들을 꼼꼼히 따져 글을 검토한다고 해서 모든 글을 획일적으로 평가하는 것은 아니다. 평가하는 사람의 가치와 관점이 영향을 주기 때문이다. 서로 다른 다양한 평가를 두루 살펴보는 것 또한 생각의 폭을 넓혀줄 수 있다.

2 장

# 논증의 개념과 유형

어떤 주장을 내세우고 그 주장에 대한 근거를 제시하는 것을 '논증'이라고 한다. 논증은 주장을 내세운다는 점에서 사실이나 현상을 기술하는 설명과 다르고, 주장에 대한 근거를 제시한다는 점에서 선언과 다르다. 이때 주장에 대한 근거는 합리적 이성에 부합하는 것이어야 한다. 때로는 비합리적인 이유를 내세워 주장을 관철하는 경우가 있다. 광고는 유혹의 방식으로 소비자의 지갑을 열고, 독재자는 물리적 힘으로 국민을 억압하고, 고용주는 돈줄을 쥐고 고용인을 이용한다. 그러나 이들 경우 모두 자발적 설득은 아니다. 합리적 근거로 설득하는 논증의 방식은 자발적 동의를 이끌어 낸다는 장점이 있다. 합리적 논거로 주장을 뒷받침하고 있는 논증은 설득의 방식이면서 동시에 탐구의 수단이다. 설득의 방식으로서 논증은 자신의 주장을 합리적 독자와 청중이 자발적으로 동의하게 만드는 소통의 과정이며, 탐구의 수단으로서 논증은 불확실한 사태에 대한 논리적 분석을 통해 진실에 접근하는 과정이다. 탐구의 수단으로서 논증은 다른 사람의 말과 글을 검토할 때 필요한 합리적 청중과 독자의 태도이다.

합리적이고 정당한 의사결정을 위해서는 주장과 이를 뒷받침하는 논거를 가려내고 이를 검토해야 한다. 논거와 주장이 명시된 경우라면 상관없지만 때때로 생략된 경우가 있기 때문이다. 논거가 생략되어 있는 경우는 숨은 논거를 찾아 그로부터 주장이 타당하게 추론되었는지를 잘 따져봐야 한다. 논거나 주장을 생략하는 이유는 모두가 상식적으로 합의하는 바이거나 비합리적인 오류와 기만을 은폐하고 있기 때문이니 주의해야 한다.

논거와 주장을 확인한 후에는 주어진 논증의 유형을 파악하고 논증 유형에 따른 올바른 추론 과정인가를 따져야 한다. 논증은 크게 연역 논증과 비연역 논증으로 구분된다. 연역 논증에 근거한 추론이라면 연역 논증의 형식에 맞는지를 확인하여 타당성을 검토한 후 제시된 전제가 수용 가능한 것인지, 전제가 결론을 충분히 지지해 주는지를 살펴보아야 한다. 비연역 논증에 근거한 추론이라면 논거로부터 주장이 얼마나 잘 설명되고 있는지 검토해야 한다.

## 01 숨은 전제·결론 찾기

결론 속에 전제가 자연스럽게 스며들어 겉으로 드러나지 않을 때가 있다. 1963년 8월, 마틴 루터 킹은 흑인차별에 반대하여 "나에게는 꿈이 있습니다."로 알려진 유명한 연설을 했다. 연설에서 그는 "모든 인간은 평등하게 태어났다"는 사실이 실현되는 꿈을 부르짖으며 피부색에 따른 인종 차별을 비판하고 있다. 그러나 그의 연설 어디에서도 인종 차별에 반대하는 합당한 논거를 직접적으로 제시하지는 않았다. 그의 연설은 핍박받은 흑인들의 마음을 어루만지고 희망을 전하며 이전에는 상상하지 못한 꿈을 심어 주었지만 연설의 대부분은 흑인 영가처럼 "나에게는 꿈이 있습니다"라는 말의 반복을 통해 이루어졌다. 그가 연설에서 왜 흑인이 평등하게 대우 받아야 하는가에 대한 논거를 직접적으로 제시하지 않았다고 해서 그의 주장이 비합리적인 것은 아니다. "모든 사람은 평등하게 태어났다."라는 근거로부터 "흑인은 평등하게 대우 받아야 한다."라는 주장을 이끌어내는 과정에는 모두가 인정하는 숨겨진 전제, "흑인은 인간이다."가 생략된 것이다. 너무도 자명한 상식이기 때문에 생략해도 아무 문제가 없는 경우이다.

이처럼 모두가 동의하는 합리적 논거가 생략된 경우라면 상관없지만 생략된 전제나 주장이 거짓이거나 합리적 이성으로는 수용하기 어려운 경우라면 문제가 심각하다. 논리적 설득 대신 감정적 도취를 전제로 자신의 주장을 편 인물이 아돌프 히틀러이다. 그의 1939년 폴란드 침공의 정당성을 주장하는 독일 의회 연설은 수많은 독일 국민들을 헤어 나올 수 없는 도취에 빠뜨리고 되돌릴 수 없는 광기의 공모자로 만들었다. 히틀러의 연설에는 게르만 민족의 번영을 위해서라면 전쟁도 불사하고, 대량 학살도 가능하다는 숨겨진 전제가 있었다. 독일 국민 중에 이러한 숨겨진 전제를 찾아낼 수 있는 사람들만이 그의 광기에 동참하지 않을 수 있었다. 이처럼 숨은 전제를 밝히는 것은 합리적 선택과 행동을 하는 데에 매우 중요하다.

논거가 자연스럽게 주장 속에 스며들어 논거와 주장 사이에 구분이 분명하지 않을 때가 있다. 이 경우 대부분은 주장이나 전제를 생략하고 압축하여 말할 때이다. 예컨대 선생님이 실수하는 것을 보고 "선생님도 사람인데 실수 할 수 있다."라고 말하는 경우, 여기에는 "선생님은 실수 할 수 있다."라는 주장과 이를 뒷받침하고 있는 "선생님도 사람이다."라는 논거 하나가 제시되고 있다. 그러나 "선생님도 사람이다."라는 논거 하나만으로는 "선생님도 실수 할 수 있다."라는 주장은 정당화 되지 못한다. 이 말이 타당한 논증이 되기 위해서 숨겨진 전제, "모든 사람은 실수를 한다."가 있어야 한다. 이 전제를 수용하지 않으면 결론이 타당한 방식으로 추론되지 않기 때문이다. 대체로 "모든 사람은 실수를 한다."와 같이 누구나 상식적으로 수용하고 있는 전제는 생략하여도 논증의 타당성을 판단하는 데 큰 문제는 없다.

전제뿐만 아니라 결론이 생략되기도 한다. "이 게임은 미성년자 사용불가이다. 너는 미성년자이다."라고 하면 "너는 이 게임을 할 수 없다."라는 주장이 자연스럽게 생략된다. 깨끗한 화장실을 만들기 위해 만든 캠페인 문구, "아름다운 사람은 머문 자리도 아름답습니다."에는 전제와 결론이 생략되어 있다. "당신은 아름다운 사람이다."라는 전제와 "당신이 머문 자리는 아름답다."라는 결론이 생략되어 있지만 화장실을 깨끗이 사용하라는 주장은 충분히 잘 전달되고 있다. 전제나 결론을 숨기는 경우는 누구나 다 인정하는 바이고 상식인 경우가 대부분이다. 그러나 논증을 명확히 평가하기 위해서는 숨은 전제와 결론을 면밀히 검토해야 한다.

숨겨진 전제 찾기에서 주의할 점은 같은 결론일지라도 숨은 전제가 무엇이냐에 따라 논증에 대한 평가가 달라진다는 것이다. 『탈무드』에 아내의 질투에 불평하는 남편들의 이야기가 나온다. 결혼한 남자들이 모여 자신들의 아내가 모두 질투심이 많다는 이야기를 하다 문득 한 남자가, "이브도 아담에게 질투를 느꼈을까?"를 물었다. 태초의 유일한 여자 이브가 태초의 유일한 남자 아담을 질투했는지에 관한 오랜 토론 끝에 이들은 모두 이브가 아담에게 질투를 느꼈을 것이라는 결론을 내렸다. 그런데 이 동일한 결론에는 서로 다른 전제가 깔려있다. 한편에서는 질투가 따르지 않는 사랑은 있을 수 없기 때문이라고 말하고, 다른 한편에서는 질투하지 않는 여자가 있을 리 없기 때문이라고 말한다. 어쨌든 이들은 아담이 외출했다가 집으로 돌아오면, 이브는 언제나 아담의 갈빗대를 세어 보았을 것으로 결론내렸다.

이 이야기 속 남자들의 동일한 결론에는 서로 다른 두 가지 논거가 포함되어 있다. '이브가 아담을 사랑하므로 아담을 질투했을 것이다.'와 '이브가 여자이므로 아담을 질투했을 것이다.' 여기에 숨겨진 전제 역시 각각 다르다. 숨겨진 전제까지 밝혀 논증 구조를 살펴보면 다음과 같다.

모든 사랑에는 질투가 따른다.....숨겨진 전제
이브는 아담을 사랑한다.
따라서 이브는 아담을 질투한다.

모든 여자는 남자를 질투한다.....숨겨진 전제
이브는 여자이다.
따라서 이브는 아담을 질투한다.

첫 번째 논증의 숨겨진 전제는 "모든 사랑에는 질투가 따른다."이고, 두 번째 논증의 숨겨진 전제는 "모든 여자는 남자를 질투한다."이다. 논증의 타당성을 제대로 판단하기 위해서는 이 숨겨진 전제를 수용할 것인지 말 것인지를 결정해야 한다. 만약 "모든 사랑에는 질투가 따른다."를 수용할 수 없거나 "모든 여자는 남자를 질투한다."를 수용할 수 없다면 이 주장은 각각 다른 이유에서 타당하지 않다. 두 개의 숨겨진 논거 중 어느 하나만을 수용할 경우, 같은 주장에 대해 서로 다른 논거에 의해서 타당하기도 하고 타당하지 않기도 한 것이 된다.

논증에 있어서 가장 중요한 것은 논증의 타당성을 판단하는 일이다. 이를 위해 가장 우선되는 단계가 주장과 논거를 찾아내고 그것을 각각 구분하는 것이고, 숨은 논거나 숨은 주장을 확인한 다음으로 할 일은 논증의 유형을 파악하는 것이다.

## 02 연역 논증

주장과 근거로 구성된 논증의 유형에는 연역 논증과 비연역 논증이 있다. 연역 논증이란 전제가 결론을 필연적으로 뒷받침하는 논증이다. 연역 논증은 기호를 이용해 형식화하는 것이 가능하여 형식 논리라고 한다. 반면 비연역 논증은 형식적으로 일반화 할 수 없기 때문에 내용으로만 파악해야 한다. 연역 논증은 전제가 참이면 결론이 반드시 참이 되는 필연성을 확보할 수 있는 강한 논증이지만, 비연역 논증은 전제로부터 결론이 도출되는 과정에 얼마나 높은 개연성을 확보하느냐를 따지는 약한 논증이다. 연역 논증은 전제가 결론을 증명해주는 관계이지만 비연역 논증은 전제가 결론을 설명해주는 관계이다.

연역 논증은 전제가 참이면 결론도 반드시 참이 되는 형식 논리에 근거하고, 전제로부터 결론이 필연적으로 도출되는 법칙적 관계이므로 연역 법칙의 형식을 알고 있으면 사용하는데 편리하다. 연역 논증의 대표적 형식에는 전건긍정의 법칙과 후건부정의 법칙, 가언 삼단논법과 선언 삼단논법, 딜레마 논법, 귀류법 등이 있다. 이들은 조건문과 선언문에 관계한 연역 논증이다. 조건문은 조건관계를 나타내는 '만일 p이면 q이다'의 형식이다. 여기서 p를 전건, q를 후건이라고 부른다. 선언문은 선택 관계를 나타내는 'p 또는 q'의 형식이다. 이때 p, q의 순서는 중요하지 않다. 일반적으로 'p 또는 q'의 관계는 '영화를 보거나 식사를 한다.'와 같이 두 개가 동시에 함께 할 수 있는 포괄적 관계를 의미한다. 'p 또는 q'의 관계가 '그는 지금 서울에 있거나 뉴욕에 있다.'처럼 두 개가 동시에 함께 할 수 없는 배타적인 경우는 예외에 해당한다.

연역 논증의 대표적인 형식은 다음과 같다.

### 1) 전건긍정의 법칙

'만일 p이면 q이다'의 조건문 형식에서 전건 p를 전제에서 긍정하면 결론으로 q가 도출된다.

만일 p이면 q다.
p이다.
따라서 q다.

전건긍정의 법칙을 응용한 사례는 다음과 같다.

우주에 생명체가 살기에 적합한 행성이 여러 개 있다면 생명체는 지구 말고 다른 행성에 있을 가능성이 있다.(만일 p이면 q이다)
우주에는 생명체가 살기에 적합한 행성이 여러 개 있다.(p이다)
따라서 생명체는 지구 이외 다른 행성에도 있을 것이다. (따라서 q이다)

사형제도가 중범죄를 예방하지 못한다면 사형제도는 폐지되어야 한다.
사형제도가 중범죄를 예방하지 못한다.
따라서 사형제도는 폐지되어야 한다.

### 2) 후건부정의 법칙

'만일 p이면 q이다'의 조건문 형식에서 후건 q를 전제에서 부정하면 결론으로 전건 p의 부정이 도출된다.

만일 p이면 q다.
q가 아니다
따라서 p가 아니다.

후건부정의 법칙을 응용한 사례는 다음과 같다.

경제적으로 독립하려면 취업준비를 서둘러야 한다. (만일 p이면 q이다)
취업준비를 서두르지 않고 있다. (q가 아니다)
따라서 경제적으로 독립하기가 어렵다.(따라서 p가 아니다)

경제개발에만 치중하면 환경을 보존 할 수 없다.
환경을 보존해야 한다.
따라서 경제개발에만 치중해서는 안 된다.

### 3) 가언 삼단논법

조건문으로 이루어진 전제, '만일 p이면 q이다'와 '만일 q이면 r이다'로부터 '만일 p이면 r이다'를 결론으로 도출하는 형식이다.

만일 p이면 q다.
만일 q이면 r이다.
따라서 p이면 r이다.

가언 삼단논법을 응용한 사례는 다음과 같다.

한반도 평화를 유지하려면 남한과 북한의 소통이 원활해야 한다.(만일 p이면 q다)
남한과 북한의 소통이 원활하려면 상호 존중이 필요하다.(만일 q이면 r이다)
따라서 한반도 평화를 유지하려면 상호 존중이 필요하다.(따라서 p이면 r이다)

나는 이번 총학생장 선거에서 우리 학과 선배 OO후보에게 투표하라는 권유를 받았다. 그러나 우리 학과 선배라는 이유만으로 OO후보에게 투표한다면 사적 관계에 호소하는 오류에 빠지는 것이다. 사적 관계에 호소하는 오류에 빠진다면 나는 합리적인 선택을 포기한 것이다. 따라서 이번 총학생장 선거에서 우리 학과 선배라는 이유만으로 OO 후보에게 투표한다면 나는 합리적인 선택을 포기한 것이다.

### 4) 선언 삼단논법(선언지 배제법)

p, q 두 개가 동시에 함께 있을 수 있는 포괄적 관계에 있는 'p 또는 q'의 선언지 형식에서 둘 중 어느 하나가 전제에서 부정되면 나머지 하나가 결론으로 도출된다.

p 또는 q이다.
p(q)가 아니다.
따라서 q(p)이다.

선언 삼단논법(선언지 배제법)을 응용한 사례는 다음과 같다.

우리는 인간 본성을 통해 선을 실현하거나 교육을 통해 선을 실현한다. (p이거나 q이다)
우리는 인간 본성을 통해 선을 실현하리라 기대할 수 없다.(p가 아니다)
따라서 우리는 교육을 통해 선을 실현해야 한다.(따라서 q이다)

나는 졸업 후 대학원에 진학 하거나 취업을 계획하고 있다.
등록금을 마련하지 못해 대학원 진학이 어렵다.
따라서 최선을 다 해 취업을 준비해야 한다.

### 5) 딜레마 논법

딜레마 논법은 p, q의 선택에서 각각이 도출하는 원하지 않는 결과 r과 s사이에서 진퇴양난의 어려움을 겪는 상황이다.

> p이거나 q이다.
> 만일 p이면 r이다.
> 만일 q이면 s이다.
> 따라서 r이거나 s이다.

고대 아테네의 장군 테미스토클레스는 비천한 출신임에도 불구하고 탁월한 용맹과 지략으로 살라미스 해전에서 강국 페르시아를 무찌르고 막강한 권력을 얻게 된 정치가이다. 그러나 말년에는 그의 권력을 질투하는 시민들로부터 추방 명령을 받게 되고, 적국과 내통한다는 의심으로 사형까지 선고 받게 되어 생명을 부지하기 위해서는 적국 페르시아에 고개를 굽히고 들어가는 수밖에 없었다. 당시 페르시아의 왕은 테미스토클레스에게 막대한 현상금을 걸어 둔 상황이었지만, 제 발로 찾아 온 테미스토클레스를 거두고 보살펴 주었다. 그러던 중 페르시아와 아테네가 전쟁을 하게 되고 페르시아 왕은 테미스토클레스에게 전쟁에 나설 것을 명령했다. 이로 인해 테미스토클레스는 은인의 명령에 따라 조국과의 전쟁에 나갈 것인지 말 것인지라는 심각한 딜레마 상황에 처하게 된다. 이것을 딜레마 논법으로 정리하면 다음과 같다.

> 테미스토클레스는 모국 아테네와의 전쟁에 나가거나 나가지 않거나 이다. (p 또는 q이다)
> 만일 그가 아테네와의 전쟁에 나가면 모국을 배반하게 된다. (만일 p이면 r이다)
> 만일 그가 아테네와의 전쟁에 나가지 않으면 은인을 배반하게 된다. (만일 q이면 s이다)
> 그는 모국을 배반하거나 은인을 배반할 수밖에 없다. (따라서 r 또는 s이다)

북한과 남한의 관계에서도 딜레마 상황은 얼마든지 있다.

북한은 남한에 경제 개방을 하거나 하지 않을 것이다.
북한이 남한에 경제 개방을 하면 자본주의 유입으로 체제가 위협받는다.
북한이 남한에 경제 개방을 하지 않으면 경제난으로 국민의 생활고가 위험수위에 도달한다.
북한은 체제가 위협받거나 국민의 생활고가 위험수위에 도달한다.

### 6) 귀류법

귀류법은 간접증명의 방식이다. 자신이 주장하고자 하는 p의 반대를 가정하고 그것이 불합리한 결과, 즉 모순에 귀착하는 것을 보여줌으로써 간접적으로 p를 주장하는 것이다.

정당화 하려는 주장: p
반대 가정: p 부정
반대 가정을 통한 논증 구성: p를 부정하면, 모순 또는 불합리한 결과가 발생한다.
따라서 p

간단히 예시를 들면 다음과 같다.

oo는 어제 과방에서 일어난 귀중품 도난 사건의 범인이 아니다. (정당화 하려는 주장: p)
oo가 범인이라고 가정하자. (반대 가정: p 부정)
oo가 범인이라면 사건이 일어난 어제 학교에 나왔어야 한다. 그러나 oo는 어제 예비군 훈련이 있어 학교에 나오지 않았다. (반대 가정을 통한 논증 구성: p를 부정하면 모순)
따라서 oo는 범인이 아니다. (따라서 p)

한반도 평화를 위해서는 남북 대화를 지속적으로 해야 한다.
만약 남북 대화를 지속적으로 하지 않는다고 가정하자.
남북 대화를 지속적으로 하지 않는다면 한반도에 전쟁 위험이 높아질 것이고 이것은 한반도 평화와 모순된다.
따라서 한반도 평화를 위해서는 남북 대화를 지속적으로 해야 한다.

지금까지는 연역 법칙의 형식에 초점을 맞추어 연역 논증의 구조를 살펴보았다. 그러나 법칙에 따른 연역 논증을 펼쳤다고 무조건 좋은 논증은 아니다. 연역 논증이 연역 법칙의 형식에 부합할 때는 타당하다고 한다. 그러나 타당하다고 해서 곧바로 좋은 논증이라고 할 수는 없다. 건전한 논증이 아닌 사례는 다음과 같다.

| | |
|---|---|
| 고래가 포유류라면 바다는 땅이다. | (만일 p이면 q이다.) |
| 고래는 포유류이다. | (p이다.) |
| 따라서 바다는 땅이다. | (따라서 q이다.) |

이 논증은 형식적으로는 타당하다. 그러나 타당한 논증 형식을 따랐다고 모두 좋은 논증은 아니다. 위의 전제 중에 "고래가 포유류라면 바다는 땅이다"는 수용할 수 없는 전제이다. 연역 논리의 경우 형식에 맞는 것으로는 충분하지 않다. 좋은 논증을 펼치기 위해서는 전제가 모두 참이어야 한다는 건전성 조건을 갖추어야 한다. 따라서 연역 논증의 경우 좋은 논증은 전제가 모두 참이어야 하고 전제와 결론의 관계가 연역 형식에 맞아야 한다. 이처럼 타당성과 건전성이라는 두 조건이 모두 갖춰져야 좋은 논증이 된다.

### ☑ 좋은 논증의 두 가지 조건

논증의 타당성 — 전제를 벗어난 결론을 제시하지 않는다.
논증의 건전성 — 거짓 전제를 제시하지 않는다.

그 밖에도 좋은 논증을 펼치기 위해 주의할 점은 전제들이 모두 수용할 만해야 하고, 전제와 결론 간에 서로 관련이 있어야 하고, 전제들이 결론을 충분히 지지해 주어야 한다. 전제를 수용할 수 없거나 전제와 결론이 서로 관련이 없는 경우, 혹은 서로 관련은 있으되 주장을 지지하기에 충분하지 않는 경우 아무리 연역 법칙에 부합하는 논증이라 할지라도 좋은 논증이 아니다.

## 03 비연역 논증

연역 논증을 자세히 따져보면 연역 논증의 결론은 이미 전제 안에 들어 있다. "모든 인간은 죽는다."와 "소크라테스는 인간이다."라는 전제로부터 "소크라테스는 죽는다."를 결론으로 추론하는 것이 연역 논증인데, 전제 "모든 인간은 죽는다."를 아는 사람은 이미 "소크라테스는 죽는다."를 알고 있는 것이나 마찬가지이다. 연역 논증이 지식의 확장에 별 도움이 되지 못한다는 의미이다. 반면 비연역 논증에 해당하는 귀납 논증, 유비 논증, 귀추 논증은 전제로부터 결론이 필연적으로 도출되는 강한 논증은 아니지만 새로운 내용이 밝혀지는 지식의 확장을 가져 올 수 있다. 비연역 논증에 해당하는 논증들을 살펴보면서 어떻게 지식이 확장되어 가는지 확인해 보기로 하자.

### 1) 귀납 논증

개별적인 것들에 대한 관찰을 토대로 일반적인 결론을 이끌어 내는 귀납 논증은 경험에 근거한 논리이다. 귀납 논증을 귀납적 일반화라고도 부르는데, 귀납적 일반화는 집단 A에 속하는 특정한 몇 개를 관찰하여 그것들이 모두 어떤 특성 F를 갖는다는 것을 토대로 A에 속하는 모든 것이 F라는 성질을 가지고 있다고 추론한다.

첫 번째 관찰한 까마귀는 까맣다.
두 번째 관찰한 까마귀는 까맣다.
세 번째 관찰한 까마귀는 까맣다.
네 번째 관찰한 까마귀는 까맣다.
.
.
.
.
.
n 번째 관찰한 까마귀는 까맣다.
따라서 모든 까마귀는 까맣다.

지금까지 관찰한 수많은 까마귀가 모두 까만 것으로 볼 때 "모든 까마귀는 까맣다"고 일반화할 수 있다.

귀납적 일반화를 응용한 논증의 사례는 다음과 같다.

"칼을 쓰는 자는 칼로 망한다."라고 갈파한 예수의 말씀은 하나의 보편적 진리로 믿어지고 있다. 이는 우리가 잘 아는 몇 가지 사례만 보더라도 알 수 있다. 세계를 무력으로 점거했던 나폴레옹 황제도 결국 무력으로 멸망했다. 2차 세계 대전을 일으켜 세계를 정복하려 했던 히틀러나 뭇솔리니도 연합군에 의해 제압되었다. 그 밖에 남아메리카나 아프리카 등에서 끊임없이 무력으로 정권이 생겨나지만 결국 무력으로 빼앗긴다. 합법적인 절차를 무시하고 총칼의 힘으로 정권을 빼앗는다는 것은 어느 경우나 비평화적 정권교체의 전례를 남기는 것이 되며 그것은 반드시 되풀이된다.

나폴레옹, 히틀러, 무솔리니와 같은 구체적인 개별 사례로부터 무력에 의해 권력을 잡은 사람들은 무력에 의해 쓰러졌다는 관찰을 일반화하여 적용한 논증이다.

귀납 논증을 할 때 통계적으로 일반화하는 경우가 있다. 이를 통계적 일반화의 논증이라

하는데, 전체 중 일부를 뽑아서 조사하고, 그 조사된 표본 중에서 어떤 성질 F를 가지고 있는 것이 몇 개나 되는지를 확인한 다음, 그러한 경험적 사실을 토대로 전체 중에서 F라는 성질을 갖는 것이 어느 정도의 비율인가를 추론하는 것이다. 여론 조사가 대표적인 통계적 일반화의 논증이라고 할 수 있다.

통계적 일반화는 전체 중에서 x개를 조사하여 그 중에서 y개가 F라는 성질을 갖는다는 것을 관찰하고 그로부터 전체의 약 z%(z는 y/x의 백분율)가 F라는 성질을 갖는다는 통계를 일반화하는 것이다.

| | |
|---|---|
| F의 x%가 P이다. | 흡연자의 84%는 잇몸질환이 있다. |
| a는 F이다. | 그는 흡연자이다. |
| 그러므로 a가 P일 가능성은 x%이다. | 그가 잇몸질환이 있을 가능성은 84%이다. |

귀납 논증의 평가 기준은 올바른 형식에 따랐느냐에 따라 타당 · 부당을 가르는 연역 논증과 다르다. 만약 어떤 귀납 논증에서 전제가 결론을 그럴듯하게 지지하는 데 성공하면, 그것은 강한 논증이다. 이와 달리 그렇지 못하면, 약한 논증이다. 귀납 논증은 연역 논증과는 달리 전제와 결론 사이의 그럼직한 지지 관계가 얼마나 강한지를 따진다. 다음의 두 논증을 비교해 보자.

(A) 홍역 예방주사를 2차에 걸쳐 맞은 아이들 중 90%가 홍역에 걸리지 않았다.
우리 아이는 2차에 걸쳐 홍역 예방주사를 맞았다.
아마도 아이는 홍역에 걸리지 않을 것이다.

(B) 운동하지 않고 식이요법으로만 다이어트를 한 사람의 35%가 다이어트에 성공했다.
그는 식이요법으로만 다이어트를 했다.
아마도 그는 다이어트에 성공할 것이다.

위의 두 논증에서 (A)는 비교적 강한 논증이지만 (B)는 그렇지 않다.

귀납 논증의 경우, 전제와 결론의 관계도 세심히 고려해야 한다.

(C) 두통을 앓는 사람 중 아스피린 복용 후 80%가 완쾌되었다. 그는 두통을 앓고 있다. 그에게 아스피린을 주었으니 곧 좋아질 것이다.

(D) '창의적 사고와 글쓰기'과목에서 A 학점을 받은 학생 중 검정 볼펜으로 필기한 학생이 80%이다. 성원이가 '창의적 사고와 글쓰기' 과목의 필기를 검정 볼펜으로 했으니 A학점 받을 가능성이 높다.

우선 (C)는 전제를 참이라고 가정했을 때, 결론의 참이 아주 그럴듯하게 보장될 수 있는 비교적 강한 귀납 논증이다. 그렇지만 강한 논증이라고 하더라도, 결론이 거짓이 될 수 있다. 예를 들어 아스피린에 알레르기 반응을 보이는 사람의 경우도 있기 때문이다. 두통이 있는 경우에도 단순한 두통이 아닌, 다른 질병으로 인한 것일 수도 있기 때문이다. 그러나 대개는 아스피린이 두통을 완화한다는 것을 알고 있기 때문에 (C)가 강한 논증이라고 말할 수 있다.

그러나 (D)는 형태상으로는 (C)와 거의 같지만, (D)의 경우 전제가 참이라 하더라도, 그 전제가 결론과 무관한 것으로 결론의 참을 보장해 주지 못한다. 따라서 (D)는 약한 논증이다. 검정 볼펜으로 필기하는 것과 성적에는 아무런 연관관계가 없기 때문이다. 그래서 (D)의 전제가 참이라 하더라도 전제로부터 결론을 도출하는 것은 적절하지 않다.

귀납 논증을 평가하는 데 어려움은 그 논증이 강한지 약한지를 판단하기가 쉽지 않다는 것이다. 명시적으로 제시된 전제로부터 얻는 정보가 충분하지 않을 수 있다. 그렇다면 어떤 다른 정보가 가정되어 있는지 살펴보아야 한다. 논증이 주장되는 맥락에서 가정된 전제들을 더 많이 확인할 수 있다면, 귀납적 일반화의 강도를 더 정확히 평가할 수 있다. 귀납적 일반화 중에서 전제가 모두 참인 경우 '설득력 있는 논증'이 된다. 그러나 주어진 전제들 가운데 거짓인 전제가 포함되어 있다면, 그것은 '설득력이 없는 논증'이 된다.

### 2) 유비 논증

두 개체의 유사성의 관계로부터 새로운 결론을 추론하는 것이 유비 논증이다. 유사한 점을 많이 가지고 있는 X와 Y를 비교하면서 Y에 대해 알고 있는 바의 것을 X에 대해서도 추론하는 방식이다. 유비 논증의 구조를 살펴보면 다음과 같다.

X는 a, b, c 의 성질을 갖는다.
Y는 a, b, c 의 성질을 갖고 있고 d 라는 성질도 갖는다.
따라서 X와 Y의 유사점으로 볼 때 X는 d 라는 성질을 가질 것이다.

화성 탐사의 목적을 유비 논증을 통해 이해할 수 있다. 미국의 나사(NASA)가 목성이나 해왕성이 아닌 화성탐사에 막대한 자금을 투자하는 것은 지구와 가장 유사한 행성이 화성이기 때문이다. 지구와 화성의 유사성에 근거해 지구에 생명체가 살듯 화성에도 생명체가 있는지 궁금한 것이다.

화성은 일정한 공전과 자전 주기를 갖고, 대기가 있으며 물이 있었다는 흔적이 발견되었다.
지구는 일정한 공전과 자전 주기를 갖고, 대기가 있으며 물을 가지고 있고 생명체가 살 수 있다.
따라서 화성에도 생명체가 살 수 있을 것이다.

유비 논증은 문제 해결과 발명 등에 많이 활용된다. 예컨대 신약 개발을 위한 동물 실험은 지렁이나 도마뱀이 아닌 인간과 유전적으로 가장 가까운 포유류를 대상으로 삼는데 이것이 바로 유비 논증의 활용이다.

사람은 포유류이고 잡식성이고 인슐린에 의해서 혈당이 조절된다.
돼지는 포유류이고 잡식성이고 인슐린에 의해서 혈당이 조절되며, a라는 약이 돼지의 당뇨병에 효능이 있다.
따라서 a라는 약은 사람의 당뇨병에도 효능이 있을 것이다.

유비 논증은 신학과 같은 형이상학적 논증에서도 즐겨 사용된다. 예컨대 해변을 걷다가 모래 위에 떨어져 있는 시계를 발견했을 때 그 시계의 정교함과 복잡함을 보면서 그것이 우연히 파도에 의해 만들어졌을 거라고는 생각하지 않는다. 시계의 정교함과 복잡함은 그것을 만든 지성적인 존재자를 확신하게 한다. 마찬가지로 생명의 세계를 생각하면 생명 세계의 정교함과 복잡함을 발견하게 되고 그것이 우연히 만들어졌다기보다 시계와 마찬가지로 매우 뛰어난 지성을 가진 창조자에 의해 만들어진 것이라 생각하게 된다. 신학에서는 그러한 존재를 바로 신이라고 주장한다. 시계의 복잡함과 정교함으로부터 그것을 만든 제작자를 생각해내듯이 생명체의 복잡함과 정교함으로부터 그것을 있게끔 한 창조자를 생각하는 과정이 유비 논증에 근거한 것이다.

### 3) 귀추법

어떤 현상이 관찰될 때, 그 현상이 왜 발생했는지를 가설을 통해 설명하는 방식이 귀추법이다. 예컨대 임신 초기에 입덧이 발생하는데 입덧이라는 현상이 왜 발생하는지에 대해 가설을 세워 추론할 수 있다. 임신 초기에 생기는 입덧은 식욕부진은 말할 것도 없고 음식을 보기만 해도 속이 메스꺼워 구역질을 하는 현상이다. 입덧은 태아가 모체의 행동에 영향을 미치는 일로 파악할 수 있다. 입덧이 심한 시기는 임신 3, 4개월째인데, 이 시기가 바로 태아의 주요 기관이 가장 활발하게 형성되는 시기이다. 이 시기가 중요하기 때문에 태아 스스로가 자신을 보호하기 위해 모체에게 강력한 신호를 보낸다고 가정할 수 있다. 이 시기에 임신부가 술이나 담배를 포함하여 음식에 묻어 있는 유해성분, 예컨대 바이러스, 곰팡이, 세균, 농약, 제초제, 항생제 등을 함부로 섭취하게 되면 태아에게 치명적인 해를 끼쳐 저능아와 기형아의 출산위험이 늘게 될 것이다. 따라서 입덧은 태아가 자신의 생존율을 높이기 위해 작동시키는 자기방어기제라는 가설을 만들 수 있다.

가설을 형성하는 초기 단계에서는 가설이 여럿일 수 있고 서로 경쟁 관계에 놓이기도 한다. 경쟁하는 가설은 확증할 만한 증거가 나올 때까지 계속 공존한다. 천동설과 지동설도 과학사에 기록되어 있는 막강한 경쟁 가설이었다. 이 경쟁은 망원경의 발명으로 확실히 검증될 때까지 수백 년이나 계속되었다.

3 장

# 잘못된 논증과 오류

## 01 심리적 오류

심리적 오류는 논리적으로 타당하게 근거를 내세우지 않고 심리적인 면에 기대어 설득하려할 때 빠지는 오류를 뜻한다. 다시 말해 강한 감정 또는 감정 혼동에 이끌려 논증을 함으로써 빠지는 오류다. 심리적 오류가 담긴 논증들은 결론이 논리적으로 전제와 무관하다. 그러나 전제들이 결론과 심리적으로 관련되어 있기 때문에 마치 결론이 전제들로부터 논리적으로 따라 나오는 것처럼 보인다.

### 1) 개인에 호소하는 논증의 오류

개인에 호소하는 논증이란 논증에 등장하는 사람의 인품, 성격, 정황, 직업, 과거의 행적 등과 같이 결론과 무관한 사실을 근거로 자신의 주장을 받아들이도록 유도할 때 빠지는 오류다. 여기에는 개인을 비난하는 논증의 오류, 개인을 긍정하는 논증의 오류, 개인의 정황에 호소하는 논증의 오류, 피장파장의 오류가 있다.

### (1) 개인을 비난하는 논증의 오류

> 최모 의원이 이번에 건의한 선거법 위반에 대한 법안은 야당의원들을 노리고 건의했다는 느낌을 지울 수가 없다. 최모 의원은 뇌물수수 혐의를 받은 적이 있지 않은가!

개인을 비난하는 논증의 오류란 개인의 성격이나 인품을 비난함으로써 자신의 결론을 상대방이 받아들이도록 유도할 때 빠지는 오류다. 위의 사례에서 논증자의 주장은 '최모 의원이 건의한 선거법 위반 법안은 문제가 있다'는 것이다. 그 근거로 최의원의 '뇌물수수 혐의'를 들고 있다. 그러나 이는 최의원이 건의한 '선거법 위반 법안'과는 아무런 논리적 관련이 없다. 논증자의 주장이 논리적 정당성을 가지려면 법안의 내용을 면밀히 검토해 보고, 문제점을 지적해야 한다.

**예** ① : 베이컨의 철학은 믿을 수 없다. 그는 뇌물을 받은 혐의로 대법관직을 내놓은 사람이기 때문이다.

**예** ② : 허나라 의원은 포르노물 검열을 폐지해야 한다고 주장하고 있다. 그러나 허의원의 주장에 동의해서는 안 된다. 그는 약물 중독자였지 않은가?

### (2) 개인을 긍정하는 논증의 오류

> 당신은 김석학 교수가 총장으로서는 자질이 부족하다고 말한다. 그러나 김석학 교수는 우리 대학에서 가장 친절한 사람이면서, 또한 교수 개개인의 어려운 문제들에 항상 도움을 주려고 애써 왔던 분이다. 따라서 학교 발전을 위해서는 김석학 교수를 총장으로 선출하도록 하자.

개인을 긍정하는 논증의 오류란 결론과는 아무 관련이 없는 개인의 인품이나 선행 등 긍정적인 면을 부각시켜서, 그것을 근거로 논증할 때 빠지는 오류다. 위의 사례를 보면, 김석학 교수 개인의 긍정적인 면을 부각시킴으로써 심리적 근거에 호소하여 총장이 되어야 한다는 결론을 내리고 있다. 그러나 친절함, 남을 돕는 일 등은 총장으로서의 자질과 상관이 없다. 이러한 논증이 타당성을 가지려면 학교 발전을 위한 공약의 내용, 총장으로서의 대학 경영 마인드 등을 살펴보고, 이를 근거로 해서 주장해야 한다.

**예** ① : 김경수 의원은 항상 우리 소시민의 권리를 대변해 주었던 국회의원이다. 따라서 동물복지기금을 위한 법안을 마련하려는 김 의원의 노력을  지지하지 않으면 안 된다.

**예** ② : 가수 김ㅇㅇ 씨는 기부 천사다. 정작 자신은 월세 집에 살고 있으면서도 불우 이웃을 위해 많은 기부를 했다. 또한 정기적으로 자선 콘서트를 열고 있으며, 소외된 곳을 찾아가 자원 봉사도 하고 있다. 따라서 이번에 나온 김ㅇㅇ 씨의 새로 나온 앨범은 인기를 끌어야 하고, 많이 팔려야 한다.

### (3) 개인의 정황에 호소하는 논증의 오류

여러분은 김씨가 노동자의 임금인상 문제에 관해 뭐라고 주장하든 믿을 수 없을 것입니다. 왜냐하면 그는 노동자이므로 노동자의 임금을 인상하자는 편에 설 것이 당연하기 때문입니다.

개인의 정황에 호소하는 논증의 오류란 개인의 처지, 주어진 상황 등을 근거로 상대방 논증의 정당성을 묵살하려고 할 때 빠지는 오류다. 위의 사례에서 논증자는 김씨가 노동자라는 주어진 정황에 근거해서 그가 말하는 '노동자의 임금인상 문제'를 일축하려고 한다. 그러나 임금인상 문제에 대한 김씨의 주장은 그 자체의 타당성에 의해 평가해야 하는 것이지, 김씨가 지금 처한 정황에 의해 평가해서는 안 된다.

**예** ① : 소크라테스의 철학은 그리 신통한 것이 못된다. 왜냐하면 그는 소문난 공처가였으니까.

**예** ② : 정부의 고소득층 중과세 정책에 대한 배불러 의원의 비판은 들어 보나마나이다. 그는 야당의원에다가 그 정책으로 인해 세금을 가장 많이 부담하게 될 백만장자가 아닌가.

### (4) 피장파장의 오류

중학생인 영철이는 월요일을 주말로 착각하고, 늦잠을 자는 바람에 10시가 넘어 등교했다. 담임 선생님께서 꾸중을 하시자. 영철이는 "얼마 전에 선생님께서도 학교에 늦게 등교하시는 것 봤어요, 그리고 가끔가다 점심시간 후의 수업에는 이를 닦으시다가 늦게 오실 때도 있잖아요."라고 말했다. 결국 영철이는 선생님께 말대꾸를 한다고 혼이 났지만, 자기가 했던 말은 틀린 말이 아니었다고 생각했다.

피장파장의 오류란 논증자가 상대방의 유죄를 지적할 때, 상대방도 논증자의 같은 유죄를 지적함으로써 그 점을 떠넘기려 할 때 빠지는 오류다. 당신도 마찬가지 논법, 역공격의 오류라고 불리기도 한다. 위의 사례는 "선생님도 나보다 나을 게 없다"라는 형식을 취함으로써 빠지는 오류다. 영철이는 학생의 신분에 맞게 지각하면 혼나는 것이 당연한데도 불구하고, 선생님의 실수(지각)를 지적함으로써 범하게 되는 오류다. 선생님의 지각은 이 상황에서가 아니라, 나중에 논의해야 될 부분이다.

**예** ① : 한 어머니가 우유를 먹다가 컵을 깬 딸을 나무라고 있었다. 그러자 그 딸이 이렇게 대꾸했다. "예전에 엄마도 밥그릇을 깼잖아요."

**예** ② : 엄마가 밥 먹을 때 팔을 올리지 말라고 하자 딸이 말했다. "할머니가 그러시는데 엄마도 어렸을 때 팔 올리고 밥 먹었다고 하셨어요."

**예** ③ : "너는 어떻게 된 게 국어 성적이 항상 70점 이상을 못 받니?", "누나도 마찬가지잖아. 중학교 성적표 내가 몰래 봤거든!"

## 2) 대중에 호소하는 논증의 오류

대중에 호소하는 논증의 오류에는 논증자가 대중의 열망, 욕구에 직접적으로 호소해서 자신의 주장을 관철시킬 때 빠지는 오류가 있고, 많은 사람들이 그 주장을 받아들인다는 이유로 그 주장을 상대방에게 설득시키려고 할 때 빠지는 오류가 있다. 그리고 신분상승의 욕구에 호소해서 상대방을 설득시키려고 할 때 빠지는 오류가 있다.

### (1) 대중의 열망, 욕구에 호소하는 논증의 오류

영국의 전 수상인 토니 블레어가 선거를 하던 당시, 노동당이 내건 슬로건은 "Education, Education, Education"이었다. 그래서 대학생들뿐만 아니라, 자녀를 둔 부모들은 상당 수 노동당에 투표를 했고, 토니 블레어는 수상으로 당선되었다. 그러나 집권 후 노동당의 교육 정책 중 하나는 대학교 등록금 대폭 인상이었다. 당시 대학생과 대학생을 자녀로 둔 부모들은 허탈감에 빠졌다.

이 오류는 대중의 감정에 직접적으로 호소하는 논증으로 대부분 화자는 청중들의 열망이나 욕구를 충족시킬만한 주장을 함으로써 마치 공통적인 감정적 유대가 있는 것처럼 보인다. 위의 사례에서 토니 블레어의 노동당은 '교육을 잘 받아야겠다'라는 대중의 열망에 호소해서 논증을 하였다. 그러나 노동당이 집권한 후, 대학생들은 더 많은 등록금을 내야 했다. 노동당의 교육정책은 대학교에 들어가는 재정을 유치원, 초등학교 등으로 돌려서 기초 초등교육을 제대로 해야 한다는 것이었다. 그러나 공약 내용을 제대로 읽어보지 않고, 등록금을 덜 내거나 더 좋은 환경에서 교육을 받을 수 있을 것이라는 막연한 기대감을 가지고, 노동당에 투표를 한 대학생들은 대중의 열망, 욕구에 호소하는 논증의 오류에 빠진 것이다.

이 대중의 열망, 욕구에 호소하는 논증은 정치가들이 자주 이용하는 논증으로 국회의원 선거에서의 '뉴 타운 공약'이 그 예라고 할 수 있다. 국회의원 후보들은 '새로운 환경에서 수준 높은 생활을 하고 싶다'라는 대중의 열망과 욕구에 호소해서 뉴 타운 공약을 했으나, 당선 후 공약은 지켜지지 않았다. 또한 대선에서 후보들이 선거일이 다가오자 조급해져서 정책의 현실성을 따져보지도 않고 앞 다투어 군 복무기간의 단축을 공약으로 내걸었던 것도 같은 맥락이다. 대중들은 공약의 정확한 근거와 현실성을 제대로 살펴보지 않음으로써 오류에 빠진 것이다.

**예** ① : (러시아 혁명 때 농민들) "우리는 혁명에 참가해야 돼! '모든 토지를 농민에게'라고 하잖아!"

**예 ②** : (대통령 후보가 유권자들에게) "여러분, 경제를 살리겠습니다. 저를 당선시켜 주십시오!"

### (2) 인기에 호소하는 논증의 오류

① 변함없는 오랜 명성의 스마트 학생복, 전국 1,500여개 학교에서 입고 있는 이유가 있습니다.

② 강원도 출신의 김 군은 서울 사람들이 마시는 소주가 어떤 상표인지를 유심히 관찰한 후 다음과 같은 결론을 얻었다. "대부분의 사람들이 진로소주를 마시는 것을 보면, 진로가 좋기는 좋은가 봐."

많은 사람들이 주장을 받아들인다는 이유로 그 주장에 대한 동의를 얻고자 할 때 빠지는 오류다. '많은 사람들이 좋아하고 동의한다면', 즉 '인기 있으면' 그 주장이 정당하다는 형식을 취한다. ①의 경우, 학생복을 광고하려면, 그 학생복의 디자인, 옷감 재질, 착용감 등에 대한 정보를 알려 주어야 함에도 불구하고, 많은 사람들이 입는다는 것을 근거로 제시하고 있다. ②의 경우도 마찬가지로 진로소주가 많은 사람들에게 인기 있다는 것을 근거로 자기 주장을 하고 있다. 이처럼 우리는 광고에서 인기에 호소하는 논증의 오류를 종종 볼 수 있다.

**예 ①** : 이 차의 성능은 백만 인의 고객이 그 품질을 보장합니다.

**예 ②** : 대한민국 사람 90%가 옥션을 사용하고 있거나 또는 사용하였습니다. 옥션이 얼마나 좋은지 아시겠죠?

**예 ③** : "오늘 수업 빠지자.", "안 돼.", "다들 빠지니까, 괜찮아!"

### (3) 속물 근성에 호소하는 논증의 오류

처음에 썸씽 스페셜이 나왔을 때, "양이 적어 많은 사람들에게 공급해드리지 못합니다. 고급신사를 위한 술, 썸씽 스페셜."

속물이란 '신분상승의 욕구' 때문에 자기보다 윗사람에게는 아부하고, 아랫 사람은 무시하는 사람을 말한다. 신분상승의 욕구 때문에 상대방의 주장에 동의하게 되면, 다름 아닌 속물근성의 오류를 범하게 된다. 위의 사례에서 썸씽 스페셜이라는 술은 '고급 신사'라는 신분상승의 욕구에 호소해서 광고를 하고 있다. '고급 신사'가 되고 싶은 욕구 때문에 물품을 구매한다면, 속물 근성에 호소하는 논증의 오류를 범하는 것이다.

**예 ①** : 전국 상위 10% 학생들을 위한 학습지, High Class 수능 심화!

**예 ②** : 롤즈로이스는 만인을 위한 차가 아닙니다. 선택된 소수만이 탈 수 있는 차입니다. 당신이 선택된 소수가 되고 싶으시다면, 영국 자동차 주식회사로 오십시오. 주문생산만 가능합니다.

**예 ③** : 저희 타이어는 비쌉니다. 그래서 다른 타이어처럼 쉽게 사용하실 수 없습니다. 가치를 아는 자만의 타이어, 알파 타이어!

### 3) 위협에 호소하는 논증의 오류

위협에 호소하는 논증의 오류란 합리적인 논증에 의존하지 않고, 힘, 지위, 권력 등 유·무형의 강압적인 수단을 동원해서 위협함으로써 자신의 주장을 관철시키려고 할 때 빠지는 오류를 말한다. 이 오류는 몽둥이에 호소하는 논증의 오류라고도 한다.

**MBC 100분 토론 — 손석희 아나운서와 브리지트 바르도의 전화 인터뷰 중에서**

손석희 : 프랑스 민영 방송에서 한국 학생이 개고기를 간식으로 싸가는 장면이 방송된 적이 있습니다. 사실을 필요 이상으로 왜곡한 데에 대해 프랑스가 사과해야 된다고 보지 않습니까?

브리지트 바르도 : 그것은 당연한 일입니다. 한국 사람들이 개고기를 계속해서 먹는다면, 그런 식으로 한국인들을 앞으로도 희화화하고 우스꽝스럽게 만들 것입니다. 내가 이미 여러 차례 경고했습니다.

브리지트 바르도의 주장은 한국인들이 개고기 식용을 중단하라는 것이다. 이러한 주장을 상대방에게 설득하기 위해서는 개고기 식용의 문제점을 타당한 근거를 가지고 설명할 수 있어야 한다. 그러나 그녀는 한국인들이 개고기 식용을 계속한다면, 한국인들을 우스운 꼴로 만들어 버리겠다고 위협함으로써 자신의 주장을 관철시키려고 하였다. 브리지트 바르도는 위협에 호소하는 논증의 오류를 범하고 있다.

마찬가지로 노조를 만들려는 회사 직원에게 "다음 달에 구조 조정이 있을 예정입니다."라고 말하는 경우를 생각해 보자. 노조를 만들지 말라는 것이 결론인데 회사 측은 '구조 조정'을 가지고 위협함으로써 사원들이 이 결론에 동의하도록 만들고 있다. 이 역시 위협에 호소하는 논증의 오류다.

**예 ①** : 학과에서 검찰청 견학을 가게 되었다. 견학을 가기 전 조교가 "오늘 검찰청에 가서는 떠들지 마세요. 만약 지금처럼 떠들다가 걸리면, 다른 학생들보다 늦게 집에 보내 줄 거에요. 개인 상담 들어갈 겁니다."라고 말하였다.

**예 ②** : (어머니께서 남자 친구와 헤어지라고 말씀하시면서) "너 저런 놈팡이와는 다시는 만나지 마라. 그렇지 않으면 다음 학기 등록금은 국물도 없어!"

### 4) 연민에 호소하는 논증의 오류

연민에 호소하는 논증의 오류란 상대방에게 연민의 감정 또는 동정심을 유발하여 자신의 잘못된 논증을 관철시키려고 할 때 빠지는 오류다.

(속도위반 운전자) "경찰양반, 한번만 봐주게나. 부모님이 편찮으셔서 급하게 가느라 그랬다네. 멀리 사느라 자주 찾아뵙지도 못하고 이제 못 보면 또 언제 볼 수 있을지 모르는데다가 어쩌면 이번이 마지막일 수도 있는데 이렇게 부탁하네."

위 논증의 결론은 한 마디로 위반 딱지를 끊지 말아달라는 것이다. 그리고 그 결론을 연민에 호소해서 상대방을 설득시키려고 하고 있다. 그러나 결론은 운전자의 딱한 사정과 심리적으로는 관련이 있을지라도 논리적으로는 전혀 무관하다. 만약 경찰관이 운전자의 사정을 봐준다면 실제 비슷한 상황에서 딱지를 끊은 다른 속도위반 운전자에게는 불이익을 가져다주는 것이다. 따라서 운전자는 연민에 호소하는 논증의 오류를 범하고 있다.

마찬가지로 음주운전으로 단속에 걸려서 면허가 취소될 상황에 놓인 음주운전자가 "경찰관님, 운전으로 먹고 사는 사람입니다. 면허가 취소되면 저희 가족은 먹고 살 길이 막막합니다. 그러니 제발 한 번만 봐 주세요"라는 말하는 경우를 생각해보자. 이 역시 연민에 호소하는 논증의 오류를 범하고 있다.

**예 ①** : "교수님 정말 죄송합니다. 제가 장학금을 못 받으면 학교를 다닐 수 없습니다. 다른 과목 시험은 잘 봐서 이 과목만 점수 잘 받으면 장학금을 받을 수 있습니다. 저는 한 번 도망치다가 발각된 것만 빼면, 지각과 결석을 전혀 하지 않았습니다. 제발 학교 다닐 수 있게 F만은 면하게 해 주십시오."

**예 ②** : "교수님, 리포트 제출 마감일도 지났고, 기말 시험도 보지 못했다는 것을 잘 알고 있습니다. 그러나 그동안 제게는 육체적으로나 정신적으로 너무 큰 문제들이 많았습니다. 학비를 버느라고 아르바이트를 해야 했고, 할머니도 급환으로 돌아가시고, 엎친 데 덮친 격으로 여자 친구마저도 싫다고 도망가 버렸습니다. 겨우 시간이 나서 리포트를 쓰려고 했지만 컴퓨터가 고장이 나서 쓸 수도 없었습니다. 게다가 저는 이 과목 점수만 받으면 졸업이 되는데 이미 지방에 있는 직장도 얻어서 그 곳까지 가는 기차표도 예약해 놓은 상태입니다. 제발 선처해 주시면 이 은혜를 결코 잊지 않겠습니다."

### 5) 부적합한 권위에 호소하는 논증의 오류

일반적으로 사람들은 전통과 권위에 대해서 숭배하고, 존경하는 심리가 있다. 이러한 숭배의 심리를 이용해서 논지와 직접적인 관련이 없는 권위자나 권위 있는 기관을 근거로 들어 논증한다면, 부적합한 권위에 호소하는 논증의 오류에 빠지게 된다.

준석 : 정호야 지리학자 중 가장 위대한 인물이 누구라고 생각해?

정호 : 글쎄, 내 생각에는 인문지리학의 아버지라고 불리는 리터가 가장 위대한 지리학자인 거 같아.

준석 : 그건 잘못된 생각이야, 지리학자 중에 가장 위대한 인물은 훔볼트야. 왜냐하면 박ㅇㅇ 교수님께서 훔볼트는 지리학사상 가장 위대한 지리학자라고 하셨기 때문이야.

정호 : 그렇구나.

지리학자에서 훔볼트와 리터는 둘 다 지리학의 아버지라는 이름으로 위대한 업적을 남긴 인물이다. 리터는 인문지리학의 아버지라는 이름으로, 훔볼트는 자연지리학의 아버지라는 이름으로 불린다. 그러나 단지 교수님의 말에 근거해서 두 인물 중 누가 더 위대하냐를 평가하는 것은 무리가 있다. 교수님의 말을 인용한 이 사례는 부적합한 권위에 호소하는 잘못된 논증이다.

또한 한 학생이 시험 보기 전에 "세계적인 지휘자 정명훈 씨는 무대에 오르기 전에 꼭 우유를 한 잔씩 마시는 습관이 있는데 우유를 마시면 긴장이 풀리기 때문이래. 우리도 긴장을 풀기 위해 시험 전에 우유를 마시자."라고 말한다면, 이 역시 부적합한 권위에 호소하는 논증의 오류를 범하는 것이다. 왜냐하면 우유가 가지고 있는 어떤 성분이 우리 몸의 긴장을 푸는데 도움이 되는지, 또한 모든 체질에도 효과가 있는지 등의 근거는 말하지 않고, 정명훈이라는 권위자에 호소해서 논증하고 있기 때문이다.

**예 ① :** (엄마가 침을 모기 물린 부위에 발라 주시며) "정호야, 모기 물린 데에는 침을 발라야 한다. 너희 할머니께서 모기 물린 데에는 침이 특효약이라고 하셨단다."

**예 ② :** (사우디아라비아에서 유학 온 남학생이) "여자는 네 명까지 거느려도 된다. 왜냐하면 코란에 그렇게 쓰여 있으니까."

### 6) 성적 쾌락에 호소하는 논증의 오류

성적 쾌락에 호소하는 논증의 오류란 정당한 논리에 의존하지 않고, 성적인 암시를 통해 성적 쾌락을 유발함으로써 상대방이 자신의 주장을 받아들이게 할 때 빠지는 오류다.

① 인터넷 쇼핑몰 '옥션'의 뱀 벨트 광고
아담이브 청바지를 / 뱀 벨트가 유혹하네
조금만더 날조여줘 / 달콤하게 날감아줘

② (벨트 만드는 K회사 광고) "우리 벨트는 굵고 길며 수명이 아주 길어요."

①번 광고의 4음보 형식의 시조 비슷한 문구는 소비자의 성적 심리에 호소해서 제품을 판매하고자 한다. 성적인 암시를 통해 제품을 사면 이성의 사랑을 받을 수 있을 것처럼 소비자의 심리를 자극한다. 타당한 논증을 가진 광고라면 벨트의 재질, 성능, 디자인 등 장점에 관한 내용을 근거로 해서 소비자를 설득하는 것이 바람직하다. ②번 광고도 마찬가지이다. 비유적으로 말함으로써 소비자로 하여금 벨트를 자꾸 생각하게끔 만드는 광고이다. 이러한 논증은 소비자들을 설득하는데 용이하기 때문에 광고 매체에서 많이 사용하고 있다. 하지만 이것은 타당한 근거 없이 소비자의 성적 심리에 호소하고 있는 잘못된 논증이다.

**예 ① :** "매운 맛, 맛의 오르가슴! 한번 먹기 시작하면 자꾸 먹고 싶어진다. 불닭의 매운 맛에 사람들이 몰린다." — 〈에스콰이어〉 잡지, 불닭 광고 중에서

**예 ② :** (뱀장수가) "비암이요, 비암! 자 이 뱀 한 번 먹어 봐. 이불이 하늘로 치솟고 다음 날 마누라 반찬이 달라져."

**예 ③ :** (비누 광고 중에서) "미끄러운 느낌이 온 몸을 감싼다. 부드럽고, 향기 또한 야릇하다. 깨끗해지는 느낌의 만족, 오일 비누만이 책임집니다."

### 7) 웃음(비웃음, 유머)에 호소하는 논증의 오류

웃음에 호소하는 논증의 오류란 유머 또는 농담으로 상대방에게 웃음을 유발시켜 놓고, 웃는 사이에 논증자의 결론을 받아들이도록 할 때 빠지는 오류다.

① 아버지께서는 티코는 그랜저 뒤만 쫓아가면 기름 값이 안 든다고 말씀하셨다. 그 이유는 그랜저 휘발유 냄새만 맡아도 티코는 갈 수 있다는 것이다.

② 최불암이 학교를 설립하였다. 최불암이 교장선생님이었고, 최주봉이 담임선생님이었다.
하루는 학교를 참관하던 장학사가 어떤 아이에게 물었다.
장학사 : "애야 지구본이 왜 기울어져 있지?"
아 이 : "제가 안 그랬는데요"
기가 막힌 장학사는 최주봉에게 물어보았다.
장학사 : "지구본이 왜 기울어져 있지요?"
최주봉 : "그거 사올 때부터 그랬었는데…"
너무 기가 막힌 장학사는 최불암에게 물었다.
장학사 : "지구본이 왜 기울어져 있지요? 교장 선생님?"
그러자 최불암이 턱을 한 번 쓸더니,
최불암 : "국산이 다 그렇지 뭐, 쩝."

①의 티코 이야기는 한 때 유행했던 티코 시리즈의 하나다. 사람들은 티코 시리즈를 듣고 웃기만 하는 것이 아니라, 자기도 모르게 티코가 가볍고 후진 차라는 생각을 가지게 된다. 만약 논증자가 티코에 대한 나쁜 이미지를 심어줄 목적으로 티코 시리즈를 가지고 논증을 하면, 상대방은 웃는 사이에 논증자의 주장, 즉 "티코는 후진 차이다"라는 결론에 동의하게 된다. 실제로 이 유머 시리즈가 나간 뒤 티코 판매량은 감소했고 경쟁자인 기아의 프라이드는 판매량이 증가했다.

②번의 최불암 이야기는 논증자가 고의로 최불암 씨를 무식한 사람으로 결론내리기 위해서 이 유머를 사용한다면, 웃음에 호소하는 잘못된 논증을 하는 것이다. 우리는 웃는 사

이에 자신도 모르게 최불암 씨가 무식하다는 상대방의 주장을 받아들이게 되는 것이다.

**예** ① : "모든 생물의 시초는 어류에서 출발했다고 말씀하셨는데, 그렇다면 당신의 조상도 메기나 피라미였단 말씀이죠? 하하하!"

**예** ② : "도대체 요즘 정치하는 사람들은 이상하다니까. 열리긴 뭐가 열려? 닫힌 너희 당이지. 안 그래? 하하하!"

### 8) 아첨에 호소하는 논증의 오류

아첨에 호소하는 논증의 오류란 아첨하는 말을 해서 상대방을 즐겁게 만든 다음, 상황을 잘못 판단하게끔 유도할 때 빠지는 오류다.

덩치가 유난히 큰 내가 옷을 구입할 때의 일이다. 어느 매장에 들린 나는 어울리는 옷을 고르기 시작했다. 너무나 멋진 옷을 발견한 나는 종업원에게 "이거 사이즈 제일 큰 걸로 하나 줘 보세요."라고 말했다. 종업원이 가지고 나온 옷을 즐거운 마음으로 입어 보았지만 역시 작았다. 놀란 종업원은 나에게 "이 스타일은 원래 타이트하게 입는 거예요. 날씬해 보이시는데요. 너무 멋져요."라고 말하면서 적극적으로 옷을 추천했다. 그 말을 듣고 어찌 옷을 안 살수 있단 말인가! 결국 옷을 구입하고, 상쾌한 기분으로 집에 돌아 온 후, 어머니의 핀잔과 인생의 후회를 맛보며, 옷의 수명은 일주일을 넘지 못하고 터지고 말았다.

위의 예문에서 종업원의 결론은 옷을 사라는 것이다. 그런데 '날씬해 보인다거나 멋지다'라는 말로 상대방에게 아첨함으로써 자신의 결론에 동의하게 만든다. 이는 전혀 논리적 정당성을 갖지 못한 아첨에 호소하는 논증이다. 이러한 아첨에 의해 옷의 가격, 재질, 착용감, 디자인 등을 제대로 살펴보지 않고, 옷을 구입한다면 이는 아첨에 호소하는 논증의 오류에 빠지는 것이다. 해즐릿이 "인간은 아첨하는 동물이다"라고 할 정도로 우리는 생활 속에서 아첨에 호소하는 논증의 오류를 자주 접할 수 있다.

**예 ① :** 교수님, 지난 한 학기 동안 강의를 잘 들었습니다. 교수님의 강의는 지금까지 제가 들어 본 강의 중에서 가장 훌륭한 명강의였습니다. 학생들을 사로잡은 뛰어난 화술, 감동적인 이야기들은 결코 잊지 못할 것입니다. 제게 학점을 후하게 주신다면, 영원히 교수님의 팬이 되겠습니다.

**예 ② :** 오늘 엄마 다른 날 보다 더 아름다운 것 같아요. 10년은 젊어 보이세요. 엄마! 용돈 좀 올려 주세요.

### 9) 원천봉쇄의 오류 (우물에 독 뿌리기)

원천봉쇄의 오류란 상대방으로 하여금 자신의 논증에 반론을 제기할 수 있는 가능성을 원천적으로 봉쇄함으로써 반론 자체를 불가능하게 만들어 놓은 다음, 자신의 결론을 받아들이도록 강요할 때 빠지는 오류다.

내가 의경이라는 신분으로 3년 동안 oo경찰서에서 근무할 때 부안군 핵폐기물 유치 반대 집회가 있었다. 부안군 시민 절대 다수는 핵폐기물 시설 유치에 반대했다. 이러한 반대 입장에 서있는 A씨는 다음과 같은 말을 하였다. "부안에 핵폐기물 유치는 군민의 의사를 무시한 처사다. 따라서 이를 찬성해서는 안 된다. 찬성한다면 그는 부안 군민이 아니다."

타당한 논증은 비판을 받을 수 있는 길이 열려 있어야 한다. 그럼에도 불구하고 위의 A씨의 논증은 비판이나 반박의 여지를 애초부터 봉쇄하고 있다. 핵폐기물 유치를 찬성하면 부안군민이 아니라고 원천봉쇄를 함으로써 자신의 주장에 찬성할 수밖에 없도록 상황을 만들고 있다.

마찬가지로 국가보안법 폐지에 대한 찬반 논쟁에서 "국가보안법을 폐지해서는 안 됩니다. 국가보안법 폐지를 주장하는 사람은 빨갱이입니다."라고 논증한다면, 이 역시 반론의 가능성을 원천적으로 봉쇄하고 있는 잘못된 논증이다. 이 경우, '국가보안법 폐지 주장'과 '빨갱이'와의 상관 관계가 없다는 점을 밝힘으로써 논증의 부당함을 지적해야 한다. 다른 예로

'독도 살리기 캠페인' 인터뷰 중 연예인 A씨가 "이번 독도 살리기 캠페인에 참여하지 않는 사람은 비애국자입니다."라고 한 적이 있다. 연예인 A씨 역시 원천봉쇄의 오류를 범하고 있다.

**예** ① : 너 우리 생각 찬성하지? 찬성 안 하는 놈은 진짜 미친놈이다.

**예** ② : 애 빨리 가서 자야지, 늦게 자는 어린이는 착한 어린이가 아니야.

**예** ③ : 어릴 적 아버지와 함께 목욕탕에 갔다. 아버지는 참을성이 없던 나에게 뜨거운 물에 목까지 담구고 15분 동안 있으라고 하셨다. "그러지 않으면 너는 우리 김씨 가문이 아니다."라고 말씀하셨다.

**예** ④ : 내가 '인간은 타락하였다'라고 할 때 나에게 동의하지 않는 자들은 자신들이 이미 타락하였다는 것을 증명하고 있는 것이다. — 니체

### 10) 사적 관계에 호소하는 논증의 오류

사적 관계에 호소하는 논증의 오류란 지연, 혈연, 학연 등 개인적인 친분 관계를 내세워 자신의 논지를 받아들이게 할 때 발생하는 오류다. 이 오류는 결국 정 때문에 논지를 받아들이게 할 때 빠지는 오류다.

이번 총학생회 선거 기간 동안의 일이다. 우리 과 선배 중 한 명이 기호 2번을 지원한다고 같은 과 후배들에게 하는 말, "기호 2번이 우리 과 선배인 거 알지? 기왕이면 2번! 알지? 꼭 찍어야 한다. 잘되면 한번 쏠게. 도와 줘. 같은 과 잘되면 좋잖아!" 나는 알았다고 하고, 기호 2번을 찍어 주었다.

위 사례는 사적 관계에 호소하는 논증의 전형적인 예이다. 투표를 할 때는 지연, 혈연, 학연 등을 근거로 해서 후보를 결정하는 것이 아니라, 각 후보들의 공략을 면밀히 검토하는 것이 기본이다. 그러나 같은 학과, 고등학교, 고향 출신이라는 이유 등으로 후보를 선택한다면, 사적 관계에 호소하는 논증의 오류에 빠지게 된다. 이 오류는 한국인의 심성으로 인해 가장 많이 범하는 오류 중의 하나이다. 우리가 주위에서 경험하는 지역감정의 문제는

이 오류와 관련이 있다.

**예 ①** : "차를 사야 하는데, 내 친구 아빠가 기아 자동차에서 일 하시거든. 이왕이면 기아 차를 사야겠지"

**예 ②** : 친한 친구 한 명이 이런 말을 했다. "너 의대 졸업해서 의사되면 나 아픈 곳, 공짜로 치료해줘야 돼. 우린 친한 친구잖아. 알았지?"

**예 ③** : "자네는 나의 중학교, 고등학교 후배가 아닌가! 나는 자네가 요번에 새로 나온 암 보험에 가입할 것이라고 믿어 의심치 않네."

## 11) 자기 합리화의 오류

자기 합리화의 오류란 자신의 주장의 불리한 논거는 의도적으로 생략하고 자기에게 유리한 상황을 미리 설정하여 자신의 주장에 정당성을 부여하려 할 때 발생하는 오류다. 이 오류는 아전인수의 오류라고도 한다.

① 〈노인복지론〉 수업 시간이었다. 교수님께서 이론 수업을 마치신 뒤 출석을 부르시고, 노인복지에 관한 비디오를 보여 주셨다. 비디오를 볼 때 뒤쪽 불을 끄고 교수님께서는 앞쪽에 앉으셔서 비디오를 시청하였다. 그러자 뒤쪽에 앉아 있던 학생들이 하나, 둘씩 교수님 몰래 뒷문으로 도망을 가기 시작했다. 나 역시 망설이이다가, "교수님께서 출석을 미리 부르신 건 비디오를 보지 않을 학생들은 가도 된다는 뜻이었을 거야. 안 봐도 다 아는 내용 같은데… 나만 가나? 다들 도망가는데 어때."라고 하면서 조용히 강의실을 빠져 나갔다.

② 이번 중간고사 때, 컨닝을 하면서 나는 이렇게 중얼거렸다. "내가 천재도 아니고, 그 많은 분량을 어떻게 다 외워. 그걸 완벽하게 외운다면 인간이 아니지. 한 두 개 정도 까먹을 수밖에 없는 거고. 문제가 너무 어려워. 그리고 나만 하나? 다 하는 데 뭐?"

①번 사례의 경우, 심리적으로 유리한 상황을 다음과 같이 미리 설정하고 주장하고 있다. 첫째, 출석을 부른 교수님의 뜻을 유리하게 해석했고, 둘째, 안 봐도 아는 내용이고, 셋째, 다들 도망가니까 나도 도망가도 된다는 것이다. ②번 사례 역시 내가 천재가 아니라는

점, 시험 분량이 많다는 점, 시험 문제가 어렵다는 점, 다들 컨닝한다는 점 등 자신에게 심리적으로 유리한 상황을 미리 설정한 다음, 컨닝을 해도 된다고 결론을 내리고 있다. 따라서 이러한 논증들은 정당한 근거가 없는 잘못된 논증으로 자기 합리화의 오류를 범하고 있다.

**예** ① : 시험 기간에 밤을 새려고 굳게 결심을 하고 책상 앞에 앉아 공부를 하다가, "아, 몸이 너무 피곤하다. 내가 오늘 밤을 샐 수 있겠지만, 밤을 새면 오히려 시험 볼 때 정신이 몽롱해져서 제대로 시험을 못 볼지 몰라. 그리고 성적도 좋지만 이러다가 건강을 잃을지도 몰라. 잠깐 자고 새벽에 일어나서 공부하는 것이 더 능률적일 거야"라고 생각하고 잠을 푹 자고 말았다.

**예** ② : (길거리에 쓰레기를 버리면서) 나 하나 쓰레기 버린다고 길이 더러워지겠어? 어차피 나만 길거리에 쓰레기를 버리는 것도 아닐 텐데. 쓰레기통이 너무 멀리 있잖아!

## 02 언어적 오류

언어적 오류란 심리적 오류처럼 감정에 호소함으로써 빚어지는 오류가 아니라, 자신의 입장을 표현하는 데 언어를 잘못 사용함으로써 빚어지는 오류다. 언어에는 다양한 기능과 구조가 있다. 그런데 이를 혼동하거나 제대로 이해하지 못할 때 우리는 잘못된 논증, 즉 언어적 오류를 범하게 된다.

### 1) 애매어의 오류

한 단어가 두 가지 이상의 뜻으로 해석되는 경우에 우리는 '그 단어가 애매하다'라고 말한다. 이처럼 애매어의 오류는 어떤 상황에서 두 가지 이상의 뜻으로 이해되는 단어의 의미를 명백히 분리해서 파악하지 않고 혼동해서 사용함으로써 빠지는 오류다.

나는 배를 참 좋아한다. 물론 먹는 배를 말한다. 같은 배이기는 하지만 타는 배는 싫어한다. 멀미가 심해서… 이 한 단어가 여러 가지 뜻을 가지고 있는 것에서 발생했다. 기숙사에서 친구들과 배를 깎아 먹다가 내가 "배가 이상해!"라고 말했었는데, 모두들 "맛있는데…"라고 대답했다. 나는 배가 고픈 건지, 아픈 건지 몰라서 이상하다고 했는데, 모두 먹고 있던 배가 이상하다고 하는 줄 알았다는 것이다.

'배'는 여러 가지 의미를 가진 단어이다. 먹는 과일을 가리키는 '배', 신체 부위를 지칭하는 '배', 바다나 강에서 타는 '배', 그리고 2배, 3배할 때의 '배' 등이다. 그러나 이 단어가 어떤 의미로 쓰였는지가 애매할 때 의사소통을 제대로 할 수 없다. 위의 사례에서 논증자는 자신의 신체인 '배'가 이상하다고 한 것인데, 논증 상대방인 친구들은 먹고 있는 '배'가 이상하다고 잘못 이해한 것이다. 이처럼 한 단어의 정확한 뜻을 제대로 이해하지 못한 채 잘못된 의사소통을 한다면, 애매어의 오류를 범한 것이다. 다른 예로 "꼬리가 길면 잡힌다는데, 도마뱀은 꼬리가 기니까 결국 잡힐 거야"라고 생각한다면, 이 역시 애매어의 오류를 범하는 것이 된다. 처음에 언급된 꼬리는 흔적이나 단서를 의미하고, 두 번째 언급된 꼬리는 실제 도마뱀의 꼬리를 의미한다. 그런데 이 둘을 같은 의미로 이해하면 애매어의 오류에 빠지고 만다.

**예** ① : "아버지 우리 부자지요?", "아니, 우린 돈이 많지 않단다.", "아버지와 아들 맞잖아요."

**예** ② : "너, 참 발이 넓구나.", "응, 나 발 285mm야.", "아니, 그 발 말구…"

**예** ③ : "선배님, 저 이번 작품전 때 당구장 만들려고요.", "그럼 보고해라.", "네, 알았어요. 잘 보고 만들게요.", "아니, 다 만들고 형한테 보고하라고."

### 2) 애매문의 오류

구 또는 문장은 그것의 구조로 인해 두 가지 이상의 의미로 해석되는 애매한 경우가 있다. 그런데 논증자가 그 중 하나의 의미로 부당하게 해석한 다음 논증할 때 발생하는 오류를 애매문의 오류라고 한다.

> 한 남학생이 야구장에 경기를 보러 갔는데, 마침 옆 자리에 자리가 비어 있었다. 그래서 가방을 그 자리에 놓았는데, 잠시 후 어떤 예쁜 여학생이 와서 "자리 있어요?"라고 물었다. 그래서 남학생은 기쁜 나머지 "예!"라고 큰 소리로 대답했다. 그랬더니 그 여학생은 갑자기 인상을 쓰고 가버렸다.

위의 사건은 "자리 있어요?"라는 문장이 두 가지 의미로 쓰이고 있어서 일어난 일이다. 여학생은 놓인 가방을 보고, '이 자리 주인이 있냐?'라는 의미로 질문을 한 것인데, 남학생은 '이 자리가 비어있는 자리냐?'라는 의미로 받아 들여서 "예!"라고 대답을 한 것이다. 남학생은 문장의 애매함을 파악하지 못한 채 대답하는 바람에 좋은 기회를 놓치고 말았다.

이러한 애매문의 오류는 우리 일상생활에서 흔히 발견할 수 있다. 예를 들어, "나는 오늘 길에서 철수와 영식이가 싸우는 것을 보았다"라고 말하는 경우, 이것은 여러 가지 의미로 이해될 수 있다. 첫째, '내가 철수와 함께 길을 가다가 영식이가 다른 사람과 싸우는 것을 본 것'으로 이해될 수 있다. 둘째, '나 혼자 길을 가다가 철수와 영식이가 서로 싸우는 것을 본 것'으로 이해될 수 있다. 셋째, '나 혼자 길을 가다가 철수와 영식이가 같은 편이 되어 다른 사람과 싸우는 것을 본 것'으로 이해될 수 있다. 이렇게 한 문장이 여러 의미로 이해될 수 있기 때문에 우리는 애매문의 오류를 범하지 않고 정확한 문장을 사용해야 한다.

**예 ①** : 사람들이 많은 도시를 다녀 보면 재미있는 일이 많을 것이다.

**예 ②** : 나는 진호와 지현이가 키스하는 것을 보았다.

**예 ③** : "오늘 교보문고에 갔더니 없는 책이 없더라.", "무슨 소리야! 내가 며칠 전에 교보문고에 가서 『창의적 사고와 글쓰기』 책을 찾았는데, 한 권도 없던데.", "글쎄, 누가 뭐라고 했니? 없는 책이 없다고 했지."

### 3) 강조의 오류

강조의 오류란 문장이나 표현에서 어느 부분만을 특별히 강조함으로써 상대방에게 다른 의미로 전달되도록 유도할 때 발생하는 오류다. 종종 신문 일면 기사의 머릿글은 이런 오류를 이용하고 있다. 또한 다른 사람의 말을 전체 맥락에서 이해하지 않고, 그 일부만을 떼어 내어 인용함으로써 본래의 뜻을 잘못 전달할 때도 강조의 오류에 빠지게 된다. 이를 탈맥락적 인용의 오류라고도 한다.

> **남미에 한국 농장 개발**
>
> 면적이 서울 여의도의 30배인 라후타마우커를 개발 추진하려 했으나 농사를 지을 수 없는 척박한 땅임이 밝혀져…
>
> — 한국일보 헤드라인에서

위의 신문의 헤드라인을 보면 남미에 한국 농장이 이미 개발된 것으로 생각하기 쉽다. 그러나 그 아래의 조그마한 활자를 읽어 보면 결국 개발이 실패로 돌아갔다는 내용임을 알 수 있다. 이처럼 신문의 헤드라인에서는 대활자로 사건을 강조해서 사람들의 관심을 유도한다. 그러나 강조된 문구와는 달리 실제 내용은 별 것이 아니거나, 다른 내용인 경우가 있다. 강조된 헤드라인만 보고 신문을 구입하는 사람은 강조의 오류를 범한 것이다.

**예 ①** : 친구와 함께 지하철을 탔는데 자리가 없어서 문 쪽에 서 있는데, 문 유리에 '손대지 마시오'라고 쓰여 있는 주의 표시판을 보고, 친구 왈 "그럼 발이나 머리는 대도 되겠네"라며 장난으로 머리를 문 쪽에 대고 있었다.

**예 ②** : "용인 시민은 무단 횡단을 하지 않습니다."라는 현수막을 보고, 서울에서 온 친구가 "(용인 시민만을 강조해서) 나는 용인 시민이 아니니까 건너도 되겠네.", 또한 "(무단횡단만을 강조해서) 무단횡단은 하면 안 되지만, 쓰레기는 버려도 된다는 말이지."라고 말했다.

**예 ③ :** 교수님 **창의적 사고와 글쓰기 휴강**해요.

**예 ④ : 이라크 전쟁 제3차 대전으로 확대**

– 미 대통령 우려 표명

### 4) 비유의 오류

비유에는 그것이 가진 수사적 의미가 있다. 그런데 이 의미를 무시하고 비유를 곧이 곧대로 받아들여서 논리적이고 사실적인 의미와 혼동하게 되면 비유의 오류에 빠지게 된다.

김장철인 요즘, 몇 주 전 "배추 값이 금값이야."라는 엄마의 걱정스런 말에 어린 동생이 자신이 하고 있던 (가짜) 금 목걸이를 빼주면서 "이걸로 배추사면 되잖아"라고 말했다.

위의 사례에서 동생은 (물론 어리지만) 배추 값이 무척 비싼 것에 대한 비유적 표현인 '금값'이란 말을 실제 뜻으로 혼동하여 비유의 오류를 범했다. 마찬가지로 '사랑은 유리이다'라는 말은 '사랑은 유리처럼 맑고, 깨끗하고 투명하다'는 것에 대한 비유적 표현이다. 그런데 이 비유를 "그러니까 이때까지 내 사랑은 쉽게 깨졌구나."라고 잘못 이해하면 다름 아닌 비유의 오류를 범하게 된다. 또한 "사촌이 땅을 사면 배가 아프다는 속담이 있다. 내가 지금 배가 아픈 것으로 보아 나의 사촌이 땅을 산 것이 틀림없어."라고 말한다면, 이 역시 비유의 오류다.

**예 ① :** 삼각 김밥을 허겁지겁 먹고 있는 신모 군에게 "숨도 안 쉬고 쳐 먹냐?"라고 했더니, 신모 군 왈 "숨은 쉬고 있어요."

**예 ② :** "낮말은 새가 듣고, 밤말은 쥐가 듣는다고 했어, 그러니까 말을 할 때에는 새와 쥐를 없애야 한다.

**예 ③ :** "벼는 익을수록 고개를 숙인다고 하였으니, 이제부터 나도 고개를 숙이고 다녀야겠다."

### 5) 사용-언급을 혼동하는 오류

일반적으로 언어는 대상 언어와 메타 언어로 구분된다. 대상 언어는 사물이나 대상들에 관해 이야기할 때 사용하는 일상 언어를 가리킨다. 메타 언어는 일상적으로 사용하는 언어인 대상 언어를 분석 또는 언급하는 언어다. 사용-언급을 혼동하는 오류란 일상적으로 사용하는 대상 언어와 이 대상 언어를 언급하는 메타 언어를 혼동할 때 빠지게 되는 오류다.

① "팔만대장경은 모두 몇 자로 되어 있을까?" 선생님이 학생에게 물었다. 그러자 학생은 대답했다. "모두 다섯 자로 되어 있어요." (실제로 팔만대장경은 약 5천자로 되어 있다.)

② 경식 : "타이타닉의 구명보트에는 몇 명이나 탈 수 있을까?"
준호 : "열다섯 정도 아닐까? 아니면 더 많이?"
경식 : "아홉 명만 탈 수 있어. 왜냐하면 구명보트니깐."

팔만대장경에 실제로 인쇄되어 있는 글자는 대략 5천자다. 그러나 우리가 팔만대장경을 언급할 때는 '팔, 만, 대, 장, 경' 이렇게 다섯 글자가 된다. 즉 사용의 의미에서 팔만대장경은 5천자이고, 언급의 의미에서는 5글자이다. 또한 구명보트의 경우, 보트에 9명이 탈 수 있다는 것은 언급의 의미에서 이해하는 것이고, 15명이 탄다는 것은 사용의 의미에서 이해한 것이다. 이 두 가지를 혼동했을 때, 우리는 사용-언급을 혼동하는 오류를 범했다고 한다. 따라서 "훈민정음은 모두 몇 글자입니까?"라는 질문을 받으면, "사용의 의미에서는 28글자이고, 언급의 의미에서는 네 글자입니다."라고 대답하면 된다.

**예 ① :** "산토끼의 반대는?", "끼토산", "아냐, 죽은 토끼야"
**예 ② :** "쓰레기통을 거꾸로 하면 어떻게 됩니까?", "음식물이 쏟아집니다.", "아닙니다. 통기레쓰가 됩니다."

### 6) 정의에 의한 존재 강요의 오류

정의에 의한 존재 강요의 오류는 현존하지 않는 어떤 대상의 이름을 짓고, 그 대상에 대해 정의하거나 언급함으로써 상대방으로 하여금 그것이 지시하는 대상이 현존하는 것으로 받아들이게 할 때 빠지는 오류이다.

초등학교 때 담임선생님이 내 주신 문제이다.
선생님 : 올챙이가 알을 낳잖아요?
학생들 : 네.
선생님 : 뜨거운 물에서 알을 낳을까요? 아니면 차가운 물에서 알을 낳을까요?
학생들 : (제각기) 뜨거운 물이요. 차가운 물이요. 미지근한 물이요.
선생님 : 허허허. 어떻게 올챙이가 알을 낳니.

올챙이는 알을 낳지 않음에도 불구하고, 선생님은 어떤 물에서 알을 낳느냐고 정의함으로써 알을 낳는 올챙이가 현존하는 것처럼 학생들에게 강요하고 있다. 다른 예로, 어렸을 때 친구가 "세종대왕이 만든 배는 뭐게?"라고 물어왔을 때 무심결에 "거북선"이라고 대답한 경우가 있을 것이다. 하지만 세종대왕은 배를 만들지 않았다. 친구는 세종대왕이 배를 만들었다고 정의해 그 사건의 존재를 강요함으로써 우리를 오류에 빠뜨린 것이다.

**예 ①** : (『해리포터』를 읽은 아이가 어머니에게) "엄마, 호그와트는 영국 어디쯤에 있어요?"
**예 ②** : '타조 알이 클까? 고래 알이 클까?' — 고래는 포유류이기 때문에 알을 낳지 않는다.

### 7) 범주의 오류

범주의 오류란 집합적으로 서로 다른 범주에 속하는 것들을 같은 범주에 속하는 것으로 생각하고 잘못 사용함으로써 발생하는 오류다.

① 처음 여자 친구를 사귄 천생 남자 재욱. 여자 친구를 따라 평소엔 쳐다보지도 않던 액세서리 전문 샵에 들어가게 된다. 한참을 둘러다보고 한숨지으며 여자 친구에게 하는 말, "시계, 반지, 목걸이, 팔찌, 귀걸이 같은 건 잔뜩 있었는데, 대체 액세서리는 어디 있는 거지…"

② 지금이야 컴퓨터를 잘 하시지만 작년 우리 아버지가 처음으로 컴퓨터를 배우실 때였다. 어느 날 나에게 다가 오시더니 "재원아, hanmail 사용하는 방법을 좀 가르쳐 줘라"라고 말씀하셨다. 나는 당연히 daum으로 들어가 회원 등록하는 방법, 로그인하는 방법, 메일 쓰는 방법, 읽는 방법 등을 차례대로 차근차근 가르쳐 드렸다. 거의 한 시간에 걸쳐서 가르쳐 드리고 난 후 아버지가 나에게 말씀하셨다. "근데 daum은 어디 있는 거냐? 요즘 사람들이 주로 그거 쓴다던데…"

①번 사례를 먼저 살펴보자. 액세서리에는 반지, 목걸이, 팔찌, 귀걸이 등이 있어서 그것을 다 구경했음에도 불구하고, 액세서리라는 실체가 또 어딘가에 있어야 한다고 생각하는 것은 잘못이다. '액세서리'는 '반지, 목걸이, 팔찌' 등을 포함하고 있는 상위의 범주임에도 불구하고, 재욱은 액세서리를 반지, 목걸이, 팔찌와 동등한 범주로 생각함으로써 범주의 오류를 범한 것이다. ②번 사례에서 아버지는 'daum'이 'hanmail'뿐만 아니라, 카페, 블로그, 동영상, 뉴스, 쇼핑 등을 포함하고 있는 포털 사이트라는 사실을 모르고, 'daum'을 'hanmail'과 동등한 범주에 놓고 생각함으로써 범주의 오류에 빠진 것이다.

**예 ① :** (축구장에서) 성훈이에게 드리블, 패스, 슛 등을 가르쳐 주었는데, 성훈이가 "야, 근데 축구는 언제 가르쳐 줄 거야?"

**예 ② :** 강의실, 운동장, 도서관 등은 다 둘러보았는데 그럼 한국대학교는 어디에 있습니까?

**예** ③ : 아버지, 저는 과학자는 되고 싶지 않아요. 제가 되고 싶은 것은 유전공학자입니다.

### 8) 은밀한 재정의의 오류

은밀한 재정의의 오류란 용어가 갖는 사전적 의미에 자의적인 의미를 은밀하게 덧붙이거나 용어의 의미를 자의적으로 재정의하여 사용함으로써 생기는 오류다.

〈현대사회와 매스컴〉이라는 교양과목 시간에 교수님께서 하신 말씀이다. "선전이 현대사회로 오면서 PR과 광고라는 개념으로 분리되었습니다. PR은 기업, 국가기관 등을 홍보할 때 쓰는 말이고, 광고는 이윤추구를 목적으로 합니다. PR은 Public Relations의 약자이지만, 관공서에서 일하는 사람들은 '피할 것은 피하고 알릴 것은 알리자'라고 말들을 하곤 합니다."

위의 사례에서 관공서 직원들은 은밀한 재정의의 오류를 범하고 있다. 'PR'이라는 단어를 자의적으로 다시 정의해서 사용하고 있기 때문이다. 우리는 이런 오류를 개그 프로그램에서 종종 발견할 수 있다. 왜냐하면 오류를 범하면 재미있기 때문이다. 예를 들어, '죽마고우'라는 단어를 '죽치고 마주 앉아 고스톱 치는 친구'라고 말하고, '삼고초려'를 '쓰리고를 할 때 초를 조심해야 한다'라고 말한다면, 이 역시 은밀한 재정의의 오류이다.

**예** ① : 특공대가 무슨 뜻 인줄 알아? 특별히 공부도 못하는 게 대가리만 크다는 뜻이야!

**예** ② : 오리지날이 무슨 뜻인지 알아? 오리도 지랄하면 날 수 있다는 뜻이야.

**예** ③ : "방학 때 뭐했어?", "방콕 갔다 왔어." "우와 좋겠다. 나도 가보고 싶은데… 어때? 정말 아름다운 곳이지?", "무슨 소리야, 방에 콕 박혀 있었다고… 하하."

### 9) 자기모순의 오류

모순은 '모든 방패를 뚫는 창'과 '모든 창을 막는 방패'처럼 두 가지가 동시에 존재할 수 없는 경우를 말한다. 자기 모순의 오류란 하나의 논증 속에 이러한 모순되는 말이 들어있음으로써 빠지게 되는 오류이다. 이 경우 전제와 결론, 또는 근거와 주장들 간에 일관된 논점을 갖지 못하게 된다.

① 어느 전공 수업시간이 끝날 때쯤, 인문관 203호 강의실, 수업을 마치고 교수님께서 출석을 부르고 있는데, 학생들이 웅성웅성 떠들고 있었다.
교수님 : "야야, 얘네들이 말이야. 조용히 떠들어!"

② 2005년 4월 11일 오전 7시 음주운전 혐의에  뺑소니 혐의까지 받고 있는 가수 클릭 B의 멤버 김상혁 씨는 처음에는 음주사실을 부인했다. 그러나 수사가 진행되는 과정에서 몇몇 증거들로 인해 음주 사실이 밝혀지자 13일 오후 기자 회견을 자청해서 다음과 같이 말했다.
"저는 술은 마셨지만 음주운전은 하지 않았습니다."

①번 사례의 경우, '조용한 것'과 '조용하지 않은 것(떠드는 것)'은 양립할 수 없는 모순관계에 있기 때문에 두 가지를 동시에 할 수 없다. 그런데 교수님은 두 가지가 동시에 들어 있는 문장을 사용함으로써 자기 모순의 오류를 범하고 있다. ②번 사례의 경우도 논증 속에 서로 모순되는 말이 들어 있다. '술을 마신 것'과 '술을 안 마신 것(음주운전을 한 것)'은 양립할 수 없는 모순관계에 있다. 김상혁이 음주운전 사실을 부인하기 위해 둘러댄 앞뒤가 맞지 않는 인터뷰 내용은 네티즌들의 비난을 받았다. "술은 마셨지만 음주운전은 하지 않았다."라는 김상혁의 말은 "불을 질렀으나 방화는 하지 않았다.", "사람을 때렸으나 폭행하지 않았다."등과 같은 내용으로 패러디가 되었다.

**예 ①** : 모든 물건을 순식간에 녹일 수 있는 액체를 발명하였다. 그 액체가 이 통에 들어 있다.

**예 ②** : 전공 수업을 듣는데 교수님이 끝나는 시간인데도 안 끝내주는 것이었다. 학생들의 성화에 끝내주시는데 출석 부를 시간이 없었다. 교수님께서 하시는 말씀이 "오늘 안 온 사람, 손들어 봐! 없지? 수업 끝!"

# 03 자료적 오류

자료적 오류는 심리적 오류처럼 감정의 영향을 받지도 않고, 언어적 오류처럼 잘못된 언어 사용과도 관련이 있는 것도 아니다. 자료적 오류란 주어진 자료, 상황, 사태에 대한 잘못된 판단을 근거로 논증할 때 빠지는 오류이다. 이는 주어진 자료나 대상에 대한 잘못된 지식과 판단 때문에 빚어지는 오류이기 때문에 지적인 오류라고 할 수 있다.

## 1) 합성의 오류

합성의 오류는 개별 요소들이 어떤 특성을 갖고 있다고 해서 그 요소들로 구성된 집합 자체도 그 특성을 갖고 있다고 논증할 때 범하는 오류다. 한 마디로 부분의 속성을 전체도 가진다고 잘못 생각하는 오류다. 이를 결합의 오류라고 한다.

자취생인 철수는 곤히 단잠을 자고 있었다. 누군가가 문을 두드렸고, 잠결에 시계를 보니 아침 7시30분이었다. 문을 열어 보니 우유 배달하는 청년이었다. 그 배달원은 "안녕하세요? oo우유에서 나왔습니다. 요즘 대학생들 공부한다고 밥 제대로 못 챙겨 먹고 다니죠? 건강도 많이 허약해졌을 건데…. 하루에 500원도 안 되는 돈으로 새로 나온 oo우유로 건강도 챙기고, 머리도 좋아지는 DHA 성분도 들어 있어요. 하루에 500원만 투자하세요."라고 말하는 것이었다. 나는 '하루 500원'이라는 말에 귀가 솔깃해서 바로 신청하였다.

우유 배달원의 말처럼 하루 500원의 돈은 얼마 되지 않아 보이지만, 500원의 돈을 한 달, 두 달로 계산해보니 자취생인 철수에게 엄청난 지출이었다. 철수는 부분이 가지고 있는 '싸다', '얼마 안 된다'라는 속성이 그 부분들을 합했을 때도 그대로 옮겨진다고 착각한 것이다.

홈쇼핑이나 세일즈맨이 할부로 제품을 판매할 때, 소비자들이 합성의 오류에 빠지게끔 유도한다. 할부로 한 달에 내는 돈이 얼마 안 된다는 것을 강조해서 제품이 아주 싸다고 착각하게 만드는 것이다. 그래서 합성의 오류를 일명 '세일즈 맨의 오류'라고도 한다.

**예 ①** : 어제 야식을 먹었어도 몸무게에 변함이 없어. 오늘도 그렇네. 그러면 이제 매일 먹어도 살 찌지 않을 거야.

**예 ②** : 이 음식은 최고의 맛을 지닌 재료로 만든 요리니까, 무조건 맛있을 거야!

**예 ③** : 1kg짜리 아령을 들면 가볍다. 그러므로 1kg자리 아령을 한꺼번에 아무리 많이 들어도 무겁지 않을 것이다.

**예 ④** : (자동차 세일즈맨이 고객에게) “최신형 모델입니다. 차값은 걱정하지 마십시오. 36개월 할부로 됩니다.”, “차값이 얼마에요?”, “하루에 만원 꼴입니다. 아주 싸죠?”, “와, 정말 싸네요.”

### 2) 분할의 오류

분할의 오류는 합성의 오류와 반대 방향으로 추론하는 오류이다. 전체 또는 집합이 어떤 성질을 가지고 있기 때문에 그 부분 또는 원소도 그와 같은 성질을 가지고 있다고 논증하는 오류이다. 한 마디로 전체의 속성을 부분도 가진다고 잘못 생각하는 오류이다.

① 얼음은 고체이다. 얼음은 물로 구성되어 있다. 그러므로 물은 고체이다.

② 서울의 강남은 부자들이 사는 동네이니까 그곳에 사는 사람들은 모두 부자일 거야.

①번 예문에서 얼음이 고체라고 해서 그것을 구성하고 있는 성분인 물도 고체라고 생각하는 것은 집합이 가지고 있는 속성을 그 부분들에게도 적용된다고 생각하는 분할의 오류를 범한 것이다. 이는 물이 액체라고 해서 그것을 구성하고 있는 성분인 수소와 산소도 액체라고 생각하는 것과 마찬가지이다. ②번 예문에서 서울의 강남이 부자 동네라고 해서 강남 사람들이 모두 부자인 것은 아니다. 일례로 강남 타워 팰리스와 아주 가까운 곳에 같은 번지수를 쓰는 판자촌이 있다. 이 역시 집합이 가지고 있는 속성이 집합의 구성 요소에도 그대로 적용된다고 생각하는 분할의 오류이다.

**예 ①:** 우리 집은 벽돌로 만들어졌다. 내 방도 벽돌로 만들어졌다. 따라서 내 책상도 벽돌로 만들어졌다.

**예 ②:** 일본은 부자나라야! 그러니까 일본 사람들은 모두 잘 살 거야.

### 3) 우연의 오류

'우연'이란 예외적인 특수한 경우이다. 우리는 이러한 경우를 인정해 주어야 할 때가 있다. 그런데 어떤 일반적인 사실, 법칙 또는 규칙을 모든 경우에 적용할 수 있는 것처럼 생각하고 적용할 수 없는 우연적인 상황, 즉 예외적인 상황에까지 적용할 때 우연의 오류에 빠지게 된다.

① 저는 어렸을 때 참 이상하게 생각하는 것이 있었습니다. 초등학교 6학년 겨울 방학쯤 되면 남자 아이들은 하나 둘씩 포경수술을 하곤 하더군요. 그런데 왜 여자들은 안하죠?
② "나도 중앙선을 추월해야겠어.", "왜?", "소방차도 중앙선을 침범하고 추월하는데 나라고 못하겠니?"

②번 예문에서 소방차는 예외적인 특수한 경우이다. 교통규칙을 지키는 것은 매우 중요하다. 그러나 소방차는 인명구조를 위한 예외적인 경우임을 인정해야 한다. 이러한 우연을 무시하고, 119 소방차도 교통규칙을 어기는 일은 없어야 한다고 주장한다면 우연의 오류를 범하게 되는 것이다.

**예 ①:** 다른 사람들을 미행하는 것은 나쁘다. 따라서 경찰이 범인을 미행하는 것도 나쁘다.

**예 ②:** 미생물 212개를 외우라면서 프린트를 보고 미생물 이론을 강의하시는 교수님에 대해, 우리는 "교수님도 이 이름들을 다 알고 있는 거야? 우리랑 같이 시험 봐야 되지 않아? 아니면 저렇게 프린트를 보면서 하지 말아야지"라고 말한 적이 있습니다.

### 4) 논점 일탈의 오류

논점 일탈의 오류란 어떤 논점을 뒷받침하기 위해 제시된 근거가 실제로는 다른 논점을 뒷받침하는 경우에 발생하는 오류다. 즉 논점과 관계없는 것을 제시하여 무관한 결론에 이르는 경우 범하게 되는 오류다. 이를 무관한 결론의 오류라고도 한다.

**SBS 토론 시시비비 중에서**

**논제 : 배아줄기세포 연구, 생명윤리적 논란 없나?**

이철수(가명, 모 대학 생명공학과 교수) : 최근 OOO 교수팀과 배아줄기세포 연구를 하던 미국 OO 박사가 돌연 결별을 하면서 난자 확보에 대해 윤리적 논란이 일고 있는 것은 사실입니다. 물론 난자는 지원자들로부터 얻었기 때문에 불법은 아니라고 하더라도, 생명윤리적으로는 문제가 된다고 생각합니다.

김영식(가명, 소아당뇨 카페 대표) : 저는 생명윤리적으로 논란이 없다고 봅니다. 이것으로 인해 저의 병이 나을 것이라는 생각은 안 하지만, 저와 같은 사람의 앞날을 위해 배아줄기 세포연구는 필요하다고 생각합니다.

이철수 씨의 논증은 난자 획득이 생명윤리적으로 문제가 있다는 것이었는데, 김영식 씨는 배아줄기세포 연구의 필요성이라는 논점으로 일탈하고 있다. 이런 논점 일탈의 예는 생활 속에서 종종 발견된다. 예를 들어, 시금치를 안 먹는 아이에게 엄마가 "굶어 죽어가고 있는 북한이나 아프리카의 사람들을 생각해봐. 넌 음식이 얼마나 귀한 줄도 모르니?"라고 말하는 경우가 있다. 이 경우, 본래의 논점은 '시금치를 안 먹는 것'이었으나, 갑자기 '기아 문제'로 논점이 벗어나고 있다. 마찬가지로 "우리 사회에 좀도둑이 급속도로 증가하고 있으므로, 시급히 사형제도를 부활시켜야 한다."라는 논증도 논점을 일탈하고 있다. 좀도둑은 중범죄가 아님에도 불구하고, '사형제도 부활'이라는 엉뚱한 결론을 내리고 있다. '경찰력 증대', '범죄예방조치 강구' 등 연관성 있는 결론을 내려야 오류를 범하지 않고, 타당한 논증을 할 수 있다.

**예 ① :** 고등학교 때 친구에게 "어제 우산 없어서 비 쫄딱 맞고 집에 갔어."라고 했더니,

친구 왈 "비가 왔으니깐 농사 잘되겠다." (농부를 생각하는 마음에…)

**예** ② : "그 사람은 호주제 폐지에 찬성했어.", "아버지, 어머니도 모르는 불쌍한 놈이네."

### 5) 논점 무시의 오류

자신의 주장을 정당화하기 위해서 원래의 주제를 무시하고 전혀 다른 주제로 논의의 흐름을 바꿈으로써 상대방의 주의를 다른 곳으로 돌리게 하는 논증의 방법이 있다. 이 방법으로 단순히 어떤 결론이 입증되었다고 결론 내린다면 논점 무시의 오류에 빠지게 된다.

**성폭력범 '전자 팔찌' 착용 의무화 입법 추진 — MBC 뉴스 중에서**

한나라당은 오늘 성폭력범죄 근절을 위해 상습 성폭력범에게 '전자 발찌' 착용을 의무화하는 내용의 법안을 마련키로 했습니다. 제6정조위원장인 진수희 의원은 이날 국회에서 브리핑을 갖고 "매년 증가하는 성폭력 범죄를 근절하기 위한 법적 제도적 장치를 마련키로 하고, 구체적 방안으로 '전자 위치 확인제도' 도입을 추진키로 했다"고 말했습니다.

진의원은 국내 성범죄율 현황을 볼 때 2000년 1만600건에서 2003년 1만2천465건, 2004년 1만4천154건으로 매년 증가 추세인데다, 성폭력 범죄자들 중 같은 전과를 가진 경우가 83.44%에 달하는 만큼 '전자위치 확인제도'와 같은 강력한 조치가 필요하다고 강조했습니다.

나경원 공보담당 원내부대표는 "국회 브리핑을 통해 미흡하지만 고위공직자의 직무 관련 보유지식만을 매각하거나 수탁기관에 맡기도록 하는 내용의 공직자윤리법 개정안을 이번 회기에서 처리하고, 다음 회기에는 보유 부동산에 대한 신탁까지 포함한 공직자 윤리법 개정안을 국회에 제출할 방침이다."라고 말했습니다.

이 기사의 논점은 '성폭력범에게 전자 발찌를 채우자'는 것이다. 하지만 글의 마지막에 가서 갑자기 '공직자 윤리법 개정안'에 대해 기술하여 논점에서 완전히 벗어나고 있다. 앞에서 살펴본 논점 일탈의 오류와 함께 논점 무시의 오류를 TV나 라디오 토론 프로그램에서 가끔 볼 수 있다. 논점 일탈의 오류는 주제 자체는 무시하지 않으면서 결론이 엉뚱하게 나오는 경우에 빠지는 오류이고, 논점 무시의 오류는 위의 예문에서처럼 주제가 완전히 다른 주제로 벗어나는 경우에 빠지는 오류이다.

**예** ①: 요즘 박태환 선수의 올림픽 금메달 이야기로 세상이 떠들썩하다. 이는 우리나라 체육사에 길이 남을 일이다. 대한민국의 경사이다. 그러니까 친구야 네가 오늘 밥 사라.

**예** ②: 사람들은 듀퐁 회사가 환경파괴의 주범이라고 욕하고 있다. 그러나 듀퐁 회사는 우리 산업의 핵과 같은 역할을 하고 있다. 듀퐁은 수만 명의 직원을 고용하고 있으며 수백억 원의 세금을 내는 회사이다. 이 세금은 우리의 학교를 후원하고 있고, 또 우리 경찰의 봉급원이기도 하다. 비판자들은 이런 사실을 간과하고 있다.

### 6) 허수아비의 오류

허수아비의 오류란 상대방의 논증을 문제 있는 논증으로 왜곡해서 허수아비처럼 방어할 수 없는 논증으로 바꾸어 놓은 다음, 그 왜곡된 논증을 공격함으로써 원래 논증도 논박된 것으로 유도할 때 빠지는 오류다.

기숙사생들은 기숙사 내에서 음주 공간을 만들어 음주를 허용해 달라고 건의했다. 그러나 기숙사 측은 "허구한 날 시도 때도 없이 음주를 하려고? 여기가 자취방이냐? 그러려면 자취를 하지. 맨날 밤늦게 들어오고 거기다 모자라서 기숙사를 아예 술집으로 만들려고 하네? 이거 기숙사를 자취촌으로 만들고 싶은 게 소원이란 말이지? 정말 어이가 없구먼."

위의 사례에서 학생들의 요구는 일정한 음주 공간을 만들어 달라는 것이지, 기숙사를 자취방이나 술집으로 만들겠다는 것이 아니다. 음주 허용이 안 되고, 음주 공간이 없더라도 기숙사 여기저기서 몰래 술을 마시고 있는 것은 사실이다. 그래서 건전한 음주 문화를 위해서 음주 공간을 만드는 것이 더 낫겠다는 것이 학생들의 주장이다. 기숙사 측은 이러한 학생들의 주장을 왜곡되게 해석해서 어이없는 주장으로 만들어 놓고 반박하고 있다. 기숙사 측의 논증은 허수아비의 오류를 범한 것이다.

**예 ①** : (학생들이 체육시간을 늘려달라고 하자) 대학 가기가 하늘에 별 따기인 세상에서 놀 시간을 달라고 하다니 도대체 학교를 놀이터로 아는가?

**예 ①** : (노조가 회사 내에 휴게실을 만들어 달라고 하자) 노조원들은 회사에서 일은 안 하고, 휴게실에서 놀고먹겠단 말인가? 회사를 아예 놀이터로 만들 작정이구나!

### 7) 복합질문의 오류

복합질문이란 단순히 '예'나 '아니오'로 대답할 수 없는 두 개 이상의 요소 질문으로 구성된 질문이다. 그런데 이 복합질문을 마치 하나의 질문인 것처럼 가장해서 물음으로써 상대방이 수긍할 수 없거나 수긍하고 싶지 않은 점을 대답하도록 강요할 때 빠지는 오류를 복합질문의 오류라고 한다.

두만 : 자, 조카, 얘길 해봐. 이향숙일 첨부터 죽일라구 그랬던건 아니지?
광호 : … 예? … 아닌데…
두만 : 알았어. 앞으론 여자 안 죽일거지?

— 영화 〈살인의 추억〉에서

위의 대화에서 두만은 복합질문으로 광호의 대답을 유도하고 있다. 첫째 "이향숙일 첨부터 죽일라구 그랬던건 아니지?"라는 질문은 하나의 질문인 것처럼 보이나, 사실은 '이향숙을 처음부터 죽이려고 했냐?'와 '이향숙을 나중에 죽이려고 했냐?'라는 두 가지 질문이다. "앞으론 여자 안 죽일거지?"라는 물음도 한 가지 질문이 아니라, 두 가지 질문이 들어 있는 복합질문이다. 예를 들어 "앞으론 여자 안 죽일 거지?"라는 질문에 대해 '예'라고 답하면 예전에 여자를 죽였다는 말이 되고, '아니오'라고 답하면 앞으로 여자를 죽이겠다는 말이 된다. 따라서 복합질문의 오류를 범하지 않으려면 "이제까지도 여자를 죽인 적이 없고, 앞으로도 안 죽일 겁니다."라고 대답하면 된다.

마찬가지로 "오늘은 사람 안 패냐? 종범아!"라는 질문에 종범이가 '그렇다'라고 대답하면 '이전에는 사람을 때렸었다'고 인정하는 것이 되고, '아니다'라고 대답하면 '오늘 사람을 때리겠다'는 말이 된다. 이 역시 "이전에도 때린 적이 없고, 오늘도 때리지 않는다."라고 대답하면, 복합질문의 오류에 빠지지 않는다.

**예** ① : (담임선생님이 반 학생들에게) "이제 담배는 피우지 않기로 했지?"

**예** ② : (교수님이 시험시간에 문제지를 나누어 주면서) "너희들, 이젠 컨닝 안 할거지?"

**예** ③ : "범수야! 너 또 공부 안 하냐?"

### 8) 무지에 호소하는 논증의 오류

무지에 호소하는 논증의 오류란 어떤 명제가 거짓임이 증명된 적이 없기 때문에 그 명제가 참이라고 주장하거나, 아니면 어떤 명제가 참이라고 증명된 적이 없기 때문에 그 명제가 거짓이라고 주장할 때 빠지는 오류다. 또한 상대방이 무지하거나 지식이 부족해서 자신의 주장을 논박하지 못한다는 점에 근거해서 자기의 주장을 정당화하려고 할 때 빠지는 오류이기도 하다.

영철 : "나는 외계인은 확실히 있다고 생각해."
범수 : "아냐, 외계인은 있을 리가 없어!"
영철 : "그럼 외계인이 없다는 증거를 댈 수 있어?"
범수 : "아니…."
영철 : "거봐! 증거를 못 대잖아. 그러니까 외계인은 확실히 있어!"
범수 : "흠…."

위의 대화에서 영철이는 무지에 호소하는 논증의 오류를 범하고 있다. 영철이는 '외계인이 있다는 사실을 증명하지 못하기 때문에 외계인은 없다.'라는 논증으로 범수를 설득하고 있다. 그러나 영철이의 논증은 외계인의 존재에 대해 아무 것도 말해 주는 바가 없다. 다만 범수를 비롯한 많은 사람들이 외계인의 존재를 증명하지 못했다는 사실을 말해 주고 있을 뿐이다. 이처럼 '증명하지 못했다'라는 무지를 근거로 자신의 결론이 옳다고 한다면 이는 잘못된 논증이다. 역으로 범수도 '외계인이 있다는 것이 확실하게 증명되지 않았다'라는 무지를 근거로 해서 '외계인이 없다'라고 주장할 수 있다. 이 경우에도 '증명하지 못한다'라는 사실은 '외계인이 있다/없다'라는 결론에 충분한 이유와 근거를 제공하지 못하기 때문에 무지에 호소하는 논증의 오류다.

**예** ① : 신이 존재하지 않는다고 확실하게 증명한 사람은 없어. 그러니까 신은 존재하는 거야.

**예** ② : 사람이 죽으면 하늘나라로 가! 왜냐하면 사람이 죽으면 하늘로 가지 않는다는 증거가 없으니까 하늘나라로 간다는 거야!

### 9) 본말전도의 오류

본말전도의 오류란 어떤 일이나 사건의 선후 관계를 뒤집어서 판단할 때 빠지는 오류다. 이를 수레를 말 앞에 놓은 오류라고도 한다.

〈도자기 문화 체험〉이라는 교양과목 시간이었다. 첫 시간의 주제가 컵을 만드는 것이었는데, 영희는 큰 머그잔을 만들려고 하다가, 점점 커져 버려서 전혀 컵의 모양이 아니게 되어 버렸다. 결국 영희는 교수님께 "오늘 컵 말고 비슷한 다른 것 만들어도 되죠?"라고 말씀드리면서 그 날 주제를 혼자 바꿔서 화분으로 마무리를 했다.

위의 예문에서 영희는 일의 선후 관계를 무시하는 오류를 범하고 있다. 주제를 먼저 정한 다음, 그 주제에 맞는 도자기를 만드는 것이 일의 순서이다. 그러나 영희는 도자기를 멋대로 만들어 버린 후, 주제를 '화분'으로 정하는 본말전도의 오류를 범하고 말았다.

MBC 오락 프로그램 중 '희망 뉴스'라는 코너가 있었다. 여자 아나운서가 오늘 일어났던 사건에 대해서 먼저 보도를 한다. "김용만이 김장을 담가 독거노인에게 주었으며, 유명 연예인 A, B, C 씨가 독거노인을 위해 연탄 1,000장을 손수 배달했습니다." 보도 내용이 끝나고 나면, 김용만과 연예인 A, B, C 씨는 보도 내용에 맞추어 그날 하루를 보내게 된다. 즉 먼저 보도를 하고, 그 보도가 현실이 되게끔 사람들이 행동한다. (물론 시청자들을 재미있게 하려는 목적이었지만) '희망뉴스'는 일의 선후관계를 무시하는 본말전도의 오류를 범하고 있다.

**예 ① :** "어휴, 방 지저분한 것 봐라. 경수야, 방 좀 청소해라. 먼지가 데굴데굴 굴러 다닌다!", "어차피 청소해도 다시 더러워질 텐데, 뭐하러 번거롭게 청소해요?"

**예 ② :** 삶을 위해서는 돈이 필요하다. 따라서 나는 돈을 버는 삶을 살아가겠다.

### 10) 흑백사고의 오류

흑백사고의 오류란 어떤 주장에 대해 양 극단의 가능성만 있고, 다른 가능성은 없다고 이분법적으로 생각할 때 빠지는 오류다. 즉 논의의 대상인 두 개념 사이에 있을 수 있는 제3의 개념을 배제함으로써 발생하는 오류다. 이를 거짓 이분법의 오류라고도 한다.

① 교수님 : 애들아, 뭐 먹을래?
학생 A : 자장면 먹을래요.
학생 B : 난 자장면 싫은데.
교수님 : 그러면 짬뽕 먹어.

② "너는 기독교를 믿지 않는다고? 그럼 너는 불교신자구나."

사례 ①의 경우, 중국집에 자장면과 짬뽕, 두 가지 음식만 있는 것은 아니다. 우동, 볶음밥, 만두 등 다양한 종류의 음식이 있음에도 불구하고, 교수님은 두 종류의 음식밖에 없다는 이분법적 사고를 하고 있다. 따라서 중국집에서 "자장면 먹을래? 짬뽕 먹을래?"라고 묻는다면 흑백사고의 오류에 빠지는 것이다. 마찬가지로 "밥을 먹지 않겠다고? 그럼 너는 배가 부르구나."라고 말한다면 이 역시 흑백사고의 오류에 빠지는 것이 된다. 집합의 결론이 '배부르다'와 '배고프다' 두 개밖에 없다는 잘못된 이분법적 사고를 하기 때문이다. 밥을 먹지 않은 이유로는 식욕부진, 소화불량, 다이어트 등 다양한 이유가 있을 수 있다.

**예** ①: 친구가 뚱뚱하지 않다고요? 그럼 그 친구는 마른 체형이군요.

**예** ②: 그동안 왜 한 번도 전화를 안 한 거야? 내가 싫어진 거야?

**예** ③: "수현이네 집에 가봤더니 그리 크지도 않고 부자가 아니더라.", "그럼 가난하다는 말이네."

**예** ④: 김경수 군은 자유민주주의에 반대했다. 그러므로 그는 공산주의자임이 틀림없다.

### 11) 순환논증의 오류

순환논증의 오류는 전제와 결론이 순환적으로 서로의 논거가 될 때 나타나는 오류다. 즉 'A가 참인 이유는 B가 참이기 때문이다'라고 주장한 다음, 'B가 참인 이유는 A가 참이기 때문이다'라고 주장했을 때 빠지는 오류다. 이러한 논증에서는 결론이 전제의 주장을 되풀이하고 있기 때문에, 이 논증으로 결론의 참이라는 것을 증명해 줄 수 없다.

① (한 학생이 교수님에게 찾아와서) "교수님, 제가 왜 가난한지 알고 싶습니다.", "자네가 가난한 이유는 경제적으로 궁핍하기 때문이지.", "아, 그렇구나. 근데 왜 제가 경제적으로 궁핍하죠?", "자네가 경제적으로 궁핍한 이유는 돈이 없기 때문이겠지.", "네…, 그럼 제가 왜 돈이 없나요?", "스스로 생각 좀 해보게. 자네가 돈이 없는 이유는 가난하기 때문이 아닌가!"

② 아버지는 아무리 슬프고 억울한 일이 있어도 눈물을 보일 수 없었던 거야. 왜냐하면 아버지니까……. 아버지는 결코 식구들 앞에서 울면 안 되니까. —『살아 있는 동안 꼭 해야 할 49가지』 중에서

예문 ①에서의 논증은 '가난하다→경제적으로 궁핍하다→돈이 없다→가난하다'라는 형식으로 '가난한 이유가 가난하기 때문이다'는 순환논증의 오류에 빠지고 있다. 예문 ②에서의 논증 역시 '아버지가 울면 안 되는 이유가 아버지이기 때문이다'는 순환논증의 형식을 취하고 있음을 볼 수 있다. 다음은 진화론자들의 논증이다. "화석들은 그들이 들어 있는 지

층의 종류에 의해 연대가 결정된다. 지층의 종류는 그 속에 들어 있는 화석의 종류와 연대에 의하여 결정된다." 이 논증 역시 '화석의 연대→지층의 종류→화석의 연대' 순으로 논증의 결론과 전제가 순환하고 있다. 이 순환 논증의 오류는 실제로 진화론의 큰 오류 중의 한 가지로 꼽히고 있다.

**예 ① :** 운동을 열심히 하는 사람은 건강합니다. 왜냐하면 건강한 사람은 운동을 열심히 하기 때문입니다.

**예 ② :** (술꾼과 어린 왕자의 대화중에서) "거기서 뭘 하고 계시죠?", "술을 마시지.", "왜 마시는데요?", "잊기 위해서야", "무엇을 잊기 위해서요?", "부끄럽다는 것을 잊기 위해서야.", "무엇이 부끄러운데요?", "술 마신다는 것이 부끄러워!" —『어린 왕자』 중에서

**예 ③ :** (휴대폰 문자중에서) "야! 바빠?", "응, 나 바빠", "왜 바쁜데?", "이것저것 좀 하느라고.", "왜 그런 걸 하는데?", "바쁠려고…."

### 12) 선결문제의 오류

선결문제의 오류란 확실하게 증명되지 않은 명제를 당연히 참인 것으로 부당하게 가정한 다음, 그 명제를 전제로 해서 결론을 이끌어 낼 때 빠지는 오류다. 이때 논증자는 문제시되는 전제를 숨겨진 전제로 사용함으로써 부당하게 가정된 사실을 몰래 감추고자 한다. 이 오류는 부당 가정의 오류라고도 한다.

민주 국가에서 위법 행위는 당연히 처벌해야 한다. 그러므로 양심적 병역거부를 처벌하는 것이 당연하다.

위의 논증에서는 '양심적 병역거부는 위법 행위이다'라는 전제가 당연히 참인 것으로 가정된 채 사용되고 있다. 그러나 '양심적 병역거부'의 위법 여부는 우리 사회에서 아직 해결되고 있지 않는 쟁점 중의 하나이다. 따라서 '양심적 병역거부를 처벌해야 된다'는 논증은

증명되지 않은 전제를 부당하게 가정하고 있다. 이처럼 핵심 전제의 문제가 되는 내용을 해결하지 않은 채 결론을 내린다면 선결문제의 오류에 빠지게 된다.

**예** ① : 자살은 도덕적으로 나쁜 행위이다. 따라서 안락사를 허용해서는 안 된다.

**예** ② : 살인은 도덕적으로 나쁘다. 그러므로 낙태도 도덕적으로 나쁘다.

## 13) 의도 확대의 오류

의도 확대의 오류란 의도하지 않은 결과를 의도가 있었다고 판단할 때 생기는 오류를 말한다. 즉 상대방의 말이나 행동의 본래 의도를 잘못 해석하거나 확대 해석하고 논증할 때 빠지는 오류다.

① 얼마 전 학교 때문에 떨어져 살고 있는 동생에게 코를 뚫었다는(요즘 젊은이들이 많이 하는 액세서리를 하기 위한 코 뚫기) 전화를 받았다. 그래서 나는 "뭐? 코를 뚫을 정신이 어디 있니. 학생이 공부를 해야지. 그런 것은 노는 애들이나 하는 거야. 그런 것에만 정신을 파는 걸 보니, 학생이기를 완전히 포기했구나!"라고 말했다.

② 평소 화장을 하루도 빼먹지 않고 진하게 하고 다니던 친구가 있었다. 어느 날 그 친구가 화장을 하지 않은 채 학교에 오는 것이 아닌가. 친구들은 "어머, 네가 웬 일로 화장을 다 안하고 나타난 거니? 너 드디어 인생을 포기했구나!"

①번 사례의 경우, 동생은 학생이기를 포기한 적이 없고, 단지 자기 개성을 표현하기 위해서 코를 뚫은 것이다. 그런데 마치 학생이기를 포기하겠다는 의도를 가지고 코를 뚫은 양 확대 해석하고 있다. ②의 사례에서도 화장을 하지 않고 나타난 이유는 여러 가지가 있을 수 있다. 그런데도 인생을 포기한 것으로 확대 해석한다면 의도 확대의 오류에 빠지게 된다. 마찬가지로 돈을 갚지 않는 친구에게 "너 왜 내 돈 안 갚니? 나랑 절교하고 싶어?"라고 말하는 경우를 생각해 보자. 친구가 돈을 갚지 않는 것은 돈이 없거나, 돈이 있어도 급하게 쓸 곳이 있다거나, 또는 돈을 빌렸다는 사실을 잊어버리고 있는 등 여러 가지 이유가 있

을 수 있다. 그런데도 '절교하고 싶다'라는 의도를 가진 것으로 확대 해석한다면 이것은 의도 확대의 오류를 범하는 것이다.

**예 ①** : "너, 왜 계속 나 쳐다봐? 너 나 좋아하지?"

**예 ②** : "여보, 반찬이 부실해졌어. 당신, 나에 대한 사랑이 식었나 보군."

**예 ③** : "중간고사를 왜 이렇게 못 봤어! 학교 그만두고 싶어!"

**예 ④** : "사탕 먹고 있구나. 당뇨병 걸리려고 그러니?"

**예 ⑤** : "네가 나의 발등을 밟은 것은 그동안 나에게 감정이 많았기 때문이야!"

### 14) 발생학적 오류

발생학적 오류란 어떤 사건이나 이론, 관행, 제도 등의 원천이 어떤 속성을 가지고 있었기 때문에 그 후에도 계속 그러한 속성을 가지고 있다고 논증할 때 빠지는 오류다. 이 오류는 처음에 어떠하였으니까 나중에도 처음과 같다고 판단할 때 주로 발생하는 오류다.

아버지는 저에게 자주 이런 말씀을 하신다. "우리 O씨 가문은 양반 가문이야. 양반은 체통을 지켜야 하고 남들에게 존경을 받아야 하는 거야. 알았니?" (지금이 조선시대도 아니고, 더구나 조선시대에 공명첩의 남발로 90% 이상이 양반이었는데 아버지의 이런 말씀을 들으면 전 황당합니다.)

위의 예문에서 아버지처럼 O씨가 조선시대 양반 출신이었다고 해서, 현재의 O씨도 양반이라고 생각한다면 발생학적 오류에 빠지게 된다. 조선시대에 있었던 사건의 속성, 즉 O씨 가문이 양반이라는 속성이 세월이 지나 오늘날에도 계속 적용된다는 판단을 가지고 주장하는 것은 타당한 논증이 아니다. 모 회사에서 면접을 보는데, 고등학교 생활기록부를 가져 오라고 한 적이 있다. 이는 고등학생 때 가지고 있던 속성이 그 학생이 대학교를 졸업한 후에도 계속 가지고 있다고 생각하는 발생학적 오류를 범하는 것이다. 마찬가지로 영국 사람이 예전에 해적이었다고 해서 신사가 아니라고 주장하거나, 옛날에는 하층민이 그림을 그렸다고 해서 지금도 화가가 천한 직업이라고 생각하는 것도 발생학적 오류를 범하는 것이다.

**예 ① :** (중학생인 조카가 여자 친구랑 사귀는 것을 보고, 고모 왈) "그렇게 좋으면 결혼해. 옛날에 너희 나이면 다 결혼했어."

**예 ② :** 눈이 나빠 안경을 쓰고 싶었던 난 할아버지에게 "할아버지, 저 안경 하나 맞추려고요."라고 말했다. 그러자 할아버지께서 말씀하시길 "옛날부터 안경 쓴 사람은 취업도 안 되고, 사람들이 다 병신 취급해!"라고 말씀하셨다.

4 장

# 논증적 글쓰기의 실제

글쓰기의 목적은 설득이라고 할 수 있으며, 여기에는 문학이든 비문학이든 차이가 없다. 인류가 보편적으로 인정하는 좋은 글이라고 한다면 그 안에는 개인과 사회를 변화시키고자 하는 문제제기가 들어 있다. 둘의 차이점이 있다면 문학은 다양한 삶과 이야기를 보여 주면서 자연스럽게 반성을 이끌어내는 반면, 비문학은 원리와 원인, 원칙에 기초한 객관적인 근거를 제시하면서 직접적으로 문제를 다룬다는 점이다. 이를 비유로 말하면, 친구의 얼굴에 무엇이 묻었을 때 말없이 거울을 보여주어 스스로 깨닫게 하는 것이 문학이라면, 직접적으로 친구에게 "네 오른쪽 볼을 닦아라."라고 말해주는 것은 비문학적 방식이라고 할 수 있다. 따라서 문학은 개인의 느낌과 감정에 호소하는 언어의 정서적 기능이 강하며, 비문학 영역은 언어의 처방적 기능이 강하게 나타난다.

비문학 영역에서 가장 대표적이고 기초적인 글쓰기가 논설문이다. 논설문은 현재 문제가 되고 있는 사안에 대해 문제를 제기하여 해결할 것을 목적으로 자신의 주장이나 신념 등을 조리 있게 전개하여 독자를 설득하려는 글이다. 따라서 논설문은 연구를 통해 얻은 사실을 발표하는 학술논문을 비롯하여 신문의 사설, 그리고 남의 이론이나 작품에 대하여 분석하는 비평문의 모체라 할 수 있다.

논설문 형식의 글에서 단연 기본이 되고 가장 중요한 요소는 논증이다. 논리적 연결고리가 느슨하여 치밀하지 못한 글의 경우 아무리 감정적 호소력이 크다 하더라도 독자는 그 글에 대해 말이 되지 않는다고 생각하며 마음을 열지 않을 것이기 때문이다. 따라서 논증적 글쓰기는 학술이나 일반 저술뿐만 아니라 신문 기사나 설명문처럼 정보전달 자체가 목적인 글에서조차 기본적으로 갖춰져야 할 필수 글쓰기 능력이다.

그런데 논증적으로 글을 써야 한다고 해서 반드시 형식 논리학을 공부해야 한다는 말은 아니다. 실제로 글을 쓸 때에는 자신의 주장을 설득력 있게 전개해나가고 일관성을 유지하는 것만으로도 충분히 논리성을 드러낼 수 있다. 따라서 최소한 글쓰기 안에서만큼은 논증을 어렵게 여기기보다 자신의 주장이 정당하다는 것을 신빙성 있는 근거를 제시하며 설득하는 소통의 과정으로 이해해야 한다. 논증을 하는 이유는 결국 상대방을 잘 설득하기 위함이기 때문에 무엇을 강조했느냐만 다를 뿐 모든 논설문 형식의 글에서는 논증과 설득이 불가분의 관계에 있다는 점을 잊어서는 안 된다. 예를 들어, 논문처럼 논리성과 자료의 객관성이 중요한 글에서도 저자의 세계관이나 가치관의 영향을 완전히 배제할 수 없으며, 논술처럼 필자의 세계관이나 가치관을 타인에게 설득하는 글에서도 개인의 주관을 객관적 자료와 논리적 방식을 통해 객관화하는 것은 언제나 중요한 과제이다.

논증적 글쓰기를 기반으로 하는 논문과 제안서, 논술 같은 글도 필자의 세계관과 가치관에 기반을 둔 주관적인 견해를 반영할 수밖에 없다. 하지만 이러한 주관적 견해가 다른 견해들보다는 상당히 객관적이고 합리적이라는 것을 객관적 자료와 형식을 통해 증명할 때 설득력을 가질 수 있다. 따라서 논증적 글쓰기에서는 주관적인 인상보다는 객관적 용어나 근거를 토대로 논리적으로 논지를 전개하려고 노력해야 한다. 사용하는 언어에 있어서도 '나'를 드러내는 용어를 사용해서는 안 되며 "같다", "보인다", "생각한다"처럼 주관적인 표현을 지양해야 한다. 또한 '한국대학교 이순신 교수님'보다는 '한국대학교 이순신 교수', "있습니다"보다는 "있다"처럼 경어를 쓰지 않음으로써 객관적인 어조를 유지해야 한다. 논증에 대해서는 이전 장까지 충분히 다루었으므로 여기서는 실제적인 논증적 글쓰기에 대해 다루도록 하겠다.

## 01 논증적 글쓰기의 특성

일반적으로 무엇인가를 증명하려는 글이라면, 그 글은 분명 논증을 포함하고 있어야 한다. 논증은 반드시 '주장'과 그 주장을 지지하는 '근거'들로 구성되어야 한다. 그런데 보통 논증적 글 안에서 '주장'은 '논지'로, '근거'는 '논거'로 부른다. '주장'은 '주제문장'이나 '결론'으로, '근거'는 '뒷받침 문장'이나 '전제' 등으로 다양하게 부를 수 있지만, 이러한 용어는 착각을 일으킬 여지가 있기 때문이다. 예를 들어, '결론'이라고 하면 마지막에 오는 문장으로 생각할 수 있지만 논증에서의 '결론'은 반드시 마지막에만 오는 것은 아니며 맨 처음이나 중간에 올 수도 있다.

논지와 논거는 논증을 구성하는 필수 요소이다. 논지는 사전에서 '주장하는 글의 취지'로 정의된다. 논지는 필자 자신의 견해를 담고 있는 것이기 때문에 필연적으로 '가치판단'이 담겨 있는 주장이다. 그리고 논거는 '주장이나 이론을 뒷받침하는 근거'로 정의된다. 논거는 객관적이고 일반적으로 받아들일 수 있는 것이어야 설득력을 가질 수 있다. 주장이나 근거는 논증뿐 아니라 다른 형태의 글에서도 사용될 수 있지만, 주장(논지)과 근거(논거)가 함께 나오면서 이 둘이 서로 영향을 주는 글은 오직 논증뿐이다. 어떤 문장도 단독으로는 논지이거나 논거일 수 없기 때문에 주장과 근거 중 하나만 있는 글을 논증이라고 착각해서는 안 된다. 예를 들어, 자신의 믿음이나 의견을 단순히 제시하는 진술문이나 어떤 장면이나 상황을 있는 그대로 묘사하는 기술문은 주장은 있지만 그에 대한 근거가 제시되지 않으므로 논증이 아니다. 이에 반해, 어떤 사건이나 사안에 관해 전문적인 정보를 전달하는 보고서는 근거로 활용될 수 있는 많은 자료들이 있지만 주장을 나타내는 문장은 없기 때문에 논증이 아닌 것이다.

그런데 설명문의 경우에는 논증이 아니면서 논증과 쉽게 혼동될 수 있는 요소를 가지고 있으므로 주의할 필요가 있다. 논증과 마찬가지로, 설명은 두 요소로 구성되어 있다. 하나는 '피설명항'이고, 다른 하나는 '설명항'이다. 피설명항은 설명되어야 할 사건이나 현상을 기술하는 진술로서 논증의 논지와 비슷하다. 그리고 설명항은 설명을 제공하는 진술로서 논증의 논거와 비슷하다. 그러나 논지는 자신의 견해를 밝히는 것으로서 필연적으로 '가치

판단'이 담겨 있는데 반해, 피설명항은 객관적으로 관찰되는 사실을 표현하는 것이기 때문에 가치 중립적이라는 점에서 차이가 있다. 또한 논거는 어떤 것이 왜 옳은지를 따져 논지의 참을 지지하고자 하는 데 반해, 설명항은 단순히 그렇게 된 이유가 무엇인지를 보여주고자 할 뿐이다. 즉 논증의 목적은 논지가 참임을 밝히려는 것이고, 설명의 목적은 이미 승인된 사실에 대해 왜 참인지의 이유를 해명하는 것임을 잊어서는 안 된다.

논증적 글을 쓰기 위해 논지와 논거가 명확히 구성되었다면 다음으로 논지와 논거의 상관관계를 따져야 한다. 논증은 다양한 문장들의 집합이지만 문장들을 모아놨다고 해서 무조건 논증이 되는 것은 아니다. 논증을 구성하는 논지와 논거는 반드시 상관관계를 이루어야 한다. 논증을 하는 목적은 어떤 주장(논지)의 참을 증명하거나 혹은 정당하게 하기 위해서이다. 논거가 논지와 관련을 맺는다는 것은 논지가 참이라는 사실에 논거가 조금이라도 기여를 한다는 의미이다. 논거가 논지와 관련이 없다면 그 논거는 논지가 참이나 거짓이라는 점을 보여주지 못할 것이다. 즉 논거가 논지의 참 · 거짓에 아무런 영향도 끼치지 못하는 것이다. 따라서 논증적 글을 쓰기 위해서는 항상 논거가 논지의 참일 가능성을 증명하는가를 물으면서, 논지가 참일 가능성을 높이는 논거는 살리고 그러지 못하는 논거는 과감히 버릴 수 있어야 한다.

## 02 논증적 글쓰기의 요건

어떤 종류의 글이든 글을 잘 쓰는 것에는 왕도가 없으며, 많이 읽고 많이 써보는 것 외에는 방법이 없다. 논증적 글도 마찬가지다. 하지만 논증적 글에서는 주장, 근거, 논리성 등 여러 요소들이 더 필요하다. '글을 쓰기 전 준비 단계', '쓰는 과정', 그리고 '쓰고 난 후 수정 단계'마다 필요한 기본적인 요건을 알고 있으면 실제적으로 논증적 글쓰기를 할 때 유용하다.

### 1) 자신의 주장을 한 문장으로 써라

자신의 주장을 한 문장으로 써보는 것은 논증적 글쓰기의 시작이다. 그리고 한 문장으로 썼다고 해서 그 문장이 자신의 최종 주장이 되어야 하는 것은 아니다. 한 문장으로 쓴 주장은 다른 주장이나 반대 주장과 비교해 비판적으로 검토함으로써 더 나은 주장이 될 수 있다. 하지만 자신의 생각을 한 문장으로 써보지 않으면 이런 작업을 효과적으로 하기 힘들다.

보통 자신의 생각을 한 문장으로 표현하는 것이 잘 안 되는 이유는 다루는 주제에 대한 정보나 이해가 부족하거나 반론이 두려워 주장하기를 꺼려하기 때문이다. 그래서 논증적 글을 쓰기 위해서는 해당 주제에 대한 충분한 정보와 이해를 갖추는 것이 필요하다. 또한 논증적인 글에서 양측의 입장을 모두 수용해 중도적이고 조화롭고 균형 있는 글을 쓰는 것은 결코 미덕이 될 수 없다. 논증적 글에서 근거 없는 절충은 아무런 효과도 가져오지 못한다. 논증적 글쓰기에 요구되는 비판적 사고는 하나의 주장에 머물러 끝나는 것이 아니다. 비판적 사고는 그 주장의 근거와 반대 주장을 검토하고 더 나은 결론에 도달하는 것이다. 그런데 반론이 두려워 아무런 주장도 하지 않는 것은 지금 현재 알고 있는 것, 믿고 있는 것에 머물러 더 이상 자신의 지식이나 역량을 개선하지 않으려는 것과 같다. 이런 태도는 논증적 글쓰기뿐만 아니라 모든 전공과 지식 일반에 대한 학습에서도 바람직하지 않다. 누구나 자신의 지식을 확장하고 지성을 계발하기 원한다면 주장하고 비판받을 줄 알아야 한다.

논증적 글쓰기는 모든 의견을 아우르는 포괄적이고 종합적인 글을 쓰는 것이 아니다. 이것은 당당하고 용감하게 자신의 견해를 밝히는 작업이라는 것을 명심해야 한다. 주장하는 것을 두려워하지 말아야 한다. 무엇이든 주장하고 자신의 주장에 대한 반론을 듣고 비판을 거쳐야 무엇이 잘못되었고 무엇이 잘된 것인지 스스로 확인할 수 있고 자신의 주장도 더 나아지고 개선할 수 있다. 인간이 이성적 동물이라는 말은 비판적 추론을 통해 자신이 알고 있는 것이 잘못되었을 때 수정할 수 있음을 의미하기 때문이다. 무엇이 잘못되었는지 알기 위해서는 주장과 이에 대한 비판적 검토가 필요하다.

### 2) 반성적 사고로 반론에 대비하라

논증을 구성할 때 보통 자기 자신의 주장에 파묻혀 반대 주장을 고려하지 않는 경우가 있다. 자신의 입장을 정당화하고 반대 입장의 공격을 잘 방어하기 위해서는 자신의 주장에 대해 제기될 수 있는 반론에 대비해야 한다. 이 과정에서 비판적 사고, 반성적 사고가 필요하다. 반론을 파악하기 위해서는 자신의 주장을 스스로 반성하는 과정이 필수적이다. 상대편 입장이 되어 자신의 주장에 어떤 약점이 있는지 파악해야 그에 대비해 자신의 입장을 더욱 견고하게 만들 수 있기 때문이다.

### 3) 문장은 간결하고 정확하게, 내용은 구체적으로 써라

논증적 글은 문학적 수사를 사용해 필력을 뽐내기보다는 자신의 주장을 명확하고 효과적으로 전달하는 것이 관건이다. 길고 장황한 문장은 상대방이 논증자의 입장을 이해하는 데 방해가 된다. 또한 문장을 길게 쓰면 우선 생각이 혼란스러워져서 오류를 범하거나 비문을 쓰기 쉽게 된다. 논증적 글에서 문장은 간결하고 정확하게 써야 한다. 만약 쓴 글에서 문장이 길 경우 수정 때 긴 문장들을 짧은 문장으로 고치는 것도 좋은 방법이다.

논증적 글에서 자신의 주장과 쟁점을 상대방에게 이해시키고 관철시키기 위해서는 추상적으로 쓰는 것보다는 구체적으로 서술하는 것이 좋다. 보통 자신의 입장이 명확하게 드러나면 상대방으로부터 공격당하기 쉽지 않을까하고 생각하기 쉬운데 이것은 오산이다. 어떤 주제에 대한 주장을 담고 있는 글의 경우 자신의 입장을 상대방이 이해하기 쉽게 쓰는 것이 자신의 입장을 더 정확하게 관철시킬 수 있는 길이다. 상대가 반론을 제기하더라도 그 반론에 답하는 것은 그 다음 문제로 여겨야 한다. 또한 애매모호한 표현을 피하고 명확하고 분명하게 표현하는 것도 주의해야 할 점이다.

### 4) 연역 논증의 추론 규칙들을 적절히 활용하라

이 규칙은 글쓰기보다는 논증을 구성하는 방법에서 활용할 수 있다. 타당한 연역 논증은 전제들이 모두 참일 때 결론이 반드시 참이 되는 논증이다. 하지만 전제들이 거짓인 경우에도 타당한 연역 논증이 있을 수 있다. 이런 논증들은 타당하지만 건전하지 않은 논증들인데 형식적으로 타당할지라도 논증에서 사용하기 좋은 논증이라고 하기는 어렵다. 따라서 연역 논증을 논증에 활용할 경우에는 전제들이 참이라는 것이 확실할 때 이 전제들을 근거로 자신의 주장을 확실하게 드러내는 방법으로 사용하는 것이 좋다. 즉 이미 정해진 정보들을 기반으로 결론을 도출하는 방식으로 연역 논증을 사용해야 한다.

연역 논증의 추론 규칙에는 전건 긍정식, 후건 부정식, 가언 삼단논법, 선언 삼단논법 등이 있는데, 이 책의 '2부 제2장 논증의 개념과 유형'에서 설명된 내용을 참고해 활용하면 된다. 그리고 이런 추론 규칙들은 전제와 결론 간의 형식적 배치에 의해 전건 부정의 오류, 후건 긍정의 오류가 발생하기도 하는데 논증의 문제점을 검토하거나 상대의 논증을 공격할 때 이런 오류를 활용하는 것도 효과적이다.

### 5) 구체적이고 정확한 자료를 근거로 주장을 정당화하라

귀납 논증에서는 전제가 참이라도 결론의 참이 보장되지 않는다. 또한 전제에 제시된 근거에 따라 결론의 강도와 설득력이 달라진다. 논증을 구성할 때 필연적으로 참인 결론을 도출할 수 없다면 귀납 논증의 여러 형식을 이용해 논증을 구성한다. 귀납 논증에서는 구체적이고 정확한 자료를 근거로 제시해야 결론의 설득력을 높이고 논증의 강도도 높일 수 있다. 이때 자신의 주장에 심각한 반대 사례가 나타난다면 결론을 수정해 논증의 강도를 조절하는 것이 좋다. 또한 자신에게 유리한 자료만을 활용해 편향성을 지적받는 것도 피해야 한다. 그리고 강한 논증은 여러 가지 주변적인 증거들보다는 핵심적이고 본질적인 근거 하나로 만들어지는 경우가 많으므로 해당 주제에 핵심적인 근거를 놓치지 말아야 한다.

### 6) 귀납 논증과 오류들을 적절하게 활용하라

귀납 논증의 대표라 할 수 있는 귀납적 일반화는 개인적 경험이나 편견에 따를 경우, 또한 객관적 정황을 살피지 않고 너무 급하게 결론을 내릴 경우 성급한 일반화의 오류를 범할 수 있기 때문에 주의해야 한다. 또한 귀납 논증의 형식으로 자신의 주장을 정당화할 때 자료의 잘못된 분석이나 잘못된 정보로 인해 발생할 수 있는 오류들에 주의해야 한다. 예를 들면, 부분과 전체의 관계를 혼동해서 발생하는 합성의 오류와 분할의 오류, 그리고 아무런 확실한 정보가 없다고 무지에 호소하는 오류 등은 논증의 효과에 도움이 되지 않는다. 또한 예외의 경우를 구별하지 못해 발생하는 우연의 오류도 주의해야 한다.

모든 논증에서 자신이 직접 모든 근거를 만들어 낼 필요는 없다. 경우에 따라 외부의 권위를 이용해 논증의 강도를 높이는 것도 좋은 전략이 될 수 있다. 다만 외부 권위를 이용할 경우 권위자나 기관이 해당 문제에 대한 전문가인지 적합한 권위를 가진 기관인지 확인하는 것은 필수이다. 또한 대중적 견해나 유행 등은 적절한 권위라 볼 수 없다는 점도 주의해야 한다.

논증의 근거로 실제 사례를 제시하는 것은 설득력을 높이는 데 상당한 효과가 있다. 다양한 사례를 살펴보고 유사 사례를 모아 유비 논증으로 이용하면 세련된 논증을 구성할 수 있다. 유비에 사용되는 사례들은 공통점이 많을수록 좋고 유사 사례도 다양하고 많을수록 논증에 유리하다. 반대로 유사성이 떨어지거나 극소수의 사례 혹은 현실성이 떨어지는 사례는 오히려 논증의 힘을 약화시킬 수 있으니 주의해야 한다.

그밖에 인과 관계를 다루는 논증에서는 원인과 결과의 관계를 혼동해서 발생하는 여러 가지 인과적 오류들에 주의해야 한다. 인과 관계가 정확하게 파악되지 않는다면 양자의 공통 원인이 따로 있는 것은 아닌지 확인하는 것도 필요하다. 또한 원인이나 이유라고 생각하는 것을 의도적으로 확대하거나 축소하는 것도 금물이다.

### 7) 반드시 다시 읽고 수정하는 절차를 거쳐야 한다

논증적 글뿐만 아니라 어떤 글이든 수정하는 과정은 반드시 필요하다. 특히 논증적 글쓰기의 수정 과정에서는 문법과 표현에 대한 수정뿐만 아니라 논증 구조와 논거의 연결 혹은 순서도 다시 생각해보면서 읽고 수정해야 한다. 논증적 글에서 단락 구분과 연결은 글의 논증력에 영향을 미친다. 각 단락이 근거의 역할을 할 경우 순서를 재배치해보거나 한 단락 안에 하나의 논증을 구성하는 것 등 여러 방식에서 검토하는 것이 필요하다. 보통 논지를 끝에 쓰는 것보다는 시작 부분에 제시하는 것이 논리적 관계를 생각하는데 유리하지만 수정 시 이 순서를 바꾸는 것도 논지 전달에 도움이 된다. 논증의 구도가 문제없이 완성되었다면 전제와 결론의 순서를 바꾸는 것도 무방하다.

논증적 글을 쓰기 위해서는 많이 읽고, 많이 쓰는 일반적인 글쓰기의 방법도 중요하지만 그보다는 비판적으로 사고하는 훈련, 논리적으로 따져보는 연습, 그리고 자신과 다른 견해를 가진 사람들과 토론하는 것이 더 필요하다는 점을 잊지 말아야 한다.

## 03 논증적 글쓰기의 구성

단락은 논증의 최소 단위이기 때문에 논증적 글을 쓰기 위해서는 먼저 단락에 대한 이해가 선행되어야 한다. 논증을 담고 있는 단락은 일반적으로 네 가지 요소, 즉 논지–논거–이유–예시로 이루어진다. 앞서 말한 대로 주제에 대한 필자의 주장을 '논지'라고 하며, 논지를 지지해주는 근거를 '논거'라고 한다. 또한 논거가 어떻게 논지를 지지해 줄 수 있는지 설명하는 것을 '이유'라고 하며, 논지에 대해 구체적인 이해를 돕는 사례를 '예시'라고 한다.

논증적 단락의 요소에서 중심이 되는 것은 논지이고, 나머지 요소들은 논지의 참을 지지하는 역할을 한다. 논지는 제일 앞에 올 수도 있고(두괄식) 있고, 중간(중괄식)이나 뒷부분(미괄식) 혹은 앞 뒤 양쪽(양괄식)에 배치되거나 아예 명시적으로 드러내지 않을 수도(무괄식) 있다. 하지만 논지의 위치는 변할 수 있지만 논증을 기술한 단락에서 논지가 아예 없을 수는 없다.

또한 하나의 단락에 독립된 주장을 담고 있는 논지가 여러 개 나올 수도 있다. 이런 형태는 최종 논지를 이끌어내기 위해서 중간에 논지들을 연쇄적으로 제시하여 논리적으로 결합한 것으로서 '복합 논증'이라고 할 수 있다. 글쓰기 초보자의 경우에는 복합 논증이나 미괄식, 양괄식보다는 기본형인 논지–논거–이유–예시의 형식에 따라 기초부터 충분히 연습하는 것이 좋다.

논지–논거–이유–예시의 형식은 단락을 나누는 기준이 되기도 한다. 간혹 단락을 너무 잘게 나누거나 너무 나누지 않아 단락 구분에 대한 개념이 없는 글을 보게 된다. 이런 글은 글에 흐름이 없고 횡설수설한다는 느낌을 준다. 단락은 한 생각을 마무리하는 사고의 단위이므로 단락 나누기는 매우 중요하다. 단락이란 하나의 중심 생각이 있고, 이 중심 생각을 지지해 주는 문장들의 집합을 의미한다. 따라서 단락은 글이 길어지면 적당히 나누는 것이 아니라 중심 생각, 즉 논지에 따라 나누어야 한다. 중심 생각인 논지가 바뀌지도 않았는데 문단을 나누어서는 안 된다. 논증적 글을 쓰기 위해서는 가장 기본이 되는 형식, 즉 논지-논거-이유-예시를 잊지 않아야 한다. 논지가 바뀔 때 단락도 바뀌는 것이다.

이제 실제적으로 논증적 단락을 구성하기 위해서는 논지-논거-이유-예시라는 기본 형식을 바탕으로 두 가지 핵심 개념, 즉 '건전성'과 '타당성'만 익히면 된다. 건전성은 명제들, 즉 각 문장들이 참인지를 따지는 것이고, 타당성은 이 문장들이 유기적으로 연결되어 있는지를 논하는 것이다. 논리적인 글이 되기 위해서는 무엇보다 각 명제들이 서로 유기적으로 연결되는 상태, 즉 '타당성'의 유지가 필수적이다. 논증은 올바른 추론을 위한 것이므로 형식적인 합리성을 따지는 타당성이 핵심이며, 문장 하나하나의 진실됨을 따지면서 글의 논리력을 더욱 강하게 하는 건전성도 중요하다. 그럼, 건전성과 타당성을 어떻게 실제 글쓰기에 응용하여 논증적 글로 구현해 낼 것인지를 다루도록 하겠다.

### 1) 글의 논리적 건전성

논리적인 글이 되기 위해서는 일단 진술되는 각 문장들이 모순이나 오류가 없는 상태, 즉 '건전성'의 유지가 중요하다. 먼저 '논지'에 대해 살펴보면, 논지는 필자의 주장으로서 의미가 명확해야 하며 쟁점이 분명히 드러나게 제시해야 한다. 즉 논증적인 글쓰기에서 논지는 단순히 사실을 제시하거나 추상적이고 상식적인 주장을 내세우는 데 그쳐서는 안 된다. 여기서 '주장'과 '설명'의 서술 방식에 대해 개념적 구분을 할 줄 아는 것이 필요하다. '주장'은 필자 자신의 견해를 담고 있는 것이기 때문에 필연적으로 '가치판단'이 담겨 있다. '가치판단'은 옳고 그름에 대해서 한 쪽을 지지하는 판단으로서 그 판단은 곧 개인의 견해이다. 그러나 '설명'은 다른 사람의 견해나 객관적으로 관찰되는 사실을 표현하는 것이기 때문에 가치 판단에 있어서는 중립적이다.

'논지'는 '설명'이 아닌 '주장'으로서 필자가 무엇을 말하려고 하는지 쟁점이 분명히 드러나게 써야 한다. 제시된 논지의 쟁점이 분명한지 아닌지는 '가치판단'이 담겨 있다는 점에 착안하여 논지에 대해 찬성 혹은 반대가 가능한지를 보면 쉽게 알 수 있다. 예를 들어, '학교체벌'에 대해 자신의 논지를 제시한다고 할 때 "학교체벌은 선생님이 학생에게 실행하는 것이다."처럼 찬성 · 반대가 불가능한 뻔한 내용을 제시하는 것은 의미도 없고 어떠한 문제의식도 드러내지 못한다. 반면, "학교체벌은 교권회복에 도움이 된다."처럼 찬성 · 반대가 가능한 진술은 그 안에 가치판단이 담겨 있다는 뜻이고, 이 경우에는 쟁점이 분명히 드러나기 때문에 정당한 논지가 될 수 있다.

논지가 제대로 제시된 다음에는 이를 지지해줄 논리적 근거인 '논거'가 필요하다. 근거를 제대로 제시하지 못하면 필자의 주장은 정당화될 수 없다. 얼마나 논거를 잘 제시하느냐에 따라 논지가 강화될 수도 있고, 약화될 수도 있다. 주장을 제시한 사람이 진술을 입증하지는 않고 주장만 계속 반복한다면 대부분의 사람들은 그 말을 진지하게 받아들이지 않을 것이다. 근거 없이 제시되는 주장은 변죽만 울리고 끝나는 것에 불과하다. 간혹 주장을 하고 근거가 와야 할 자리에 다시 자신의 주장을 펼치며 설득해보려는 학생들이 있는데, 이는 "나의 주장의 근거는 나 자신이다."라는 말과 다르지 않다. 특히 명확성과 정확성이 없는 근거는 참인지 거짓인지 판명불가 상태이기 때문에 논리적 건전성에 문제가 생긴다. 따라서 논증적 글쓰기를 위해서는 객관적 근거인 '논거'를 통해 자신의 주장을 정당화할 수 있어야 한다.

이는 학문에 있어서도 마찬가지이다. 일반적으로 학문이 성립하기 위해서는 다양한 이론들이 종합적으로 구성되어야 하며, 이러한 이론들은 기본적으로 지식을 기반으로 한다. 그런데 지식이 있다고 해서 무조건 이론이나 학문이 되는 것은 아니다. 그러한 지식의 근거 제시, 즉 정당화가 이루어져야 그 지식은 언제 어디서나 보편적으로 쓸 수 있는 진정한 지식이 된다. 지식의 정당화, 즉 지식의 이유와 근거 제시는 대학의 학술적 작업의 가장 기본적인 원리이다.

논증적 글쓰기에서 사용될 수 있는 논거는 '법조항'이나 '학술이론', '숫치(데이터)'처럼 객관적이고 일반적으로 받아들일 수 있는 것이어야 한다. 그런데 같은 논증적 글이라 하더라도 학술논문인지 비평문인지, 혹은 법조문이나 논술인지에 따라서 쓰일 수 있는 논거의 수준도 달라진다. 따라서 논증적 글쓰기에서는 글의 성격에 맞는 설득력 있는 논거를 찾는 능력이 매우 중요하다. 또한 현실에서의 논증적 글쓰기는 항상 완전한 과학적 지식만을 다루는 것은 아니기 때문에 여기서의 논거는 객관적이고 보통의 상식이 있는 사람이라면 누구나 인정할 수 있는 보편적 내용이면 충분하다. 사실 엄밀한 의미에서의 논거는 과학에서도 그리 많지 않다. 과학이라고 해서 불변하는 논거만 있다면 과학의 발전은 불가능할 것이다. 따라서 논증적 글쓰기에서는 고전의 인용이라든지 신문 기사 등도 글의 성격에 따라 논거로 사용 가능하다.

논지와 논거가 제시되었다면 이제 논거로부터 논지로의 논리적 이동이 정당한가를 평가하는 '이유'가 제시되어야 한다. 논거가 있다고 해서 무조건 논지가 정당화되는 것은 아니다. 논거가 논지를 뒷받침한다는 것을 다시 정당화해주는 충분한 이유가 있어야 한다. 이를 정당한 이유라고 한다. 예를 들어, 논거로 법률 조항을 제시했다면 현재 논의하고 있는 사안이 어떠한 면에서 제시한 법 조항의 범주에 들어갈 수 있는지 관련성을 명확하게 설명할 수 있어야 논지에 대한 논거로 효력을 발휘할 수 있다. 다음 글의 구성을 살펴보자.

**예문 1**

①군복무는 국민의 의무 중 하나로서 보상의 대상이 아니다. ②병역법 제3조 1항에서 대한민국 국민인 남자는 '헌법'과 이 법이 정하는 바에 따라 '병역의무'를 성실히 수행해야 한다고 나와 있다. ③국민으로서의 의무란 헌법의 규정에 의해 국민 개개인이 통치권의 대상으로서의 지위에서 부담하는 여러 가지 공의무이다. 즉, 국민의 의무란 무언가를 바라고 하는 것이 아닌 국민이기 때문에 부담하는 객관적이고 이성적인 행위를 말하는 것이다. ④이에 반해 보상은 어떠한 국가 또는 단체가 국민이나 주민에게 가한 손실을 적법한 행위에 의하여 갚아 주기 위한 것으로서 군복무는 보상의 범주에 들어갈 수 없고 법적 근거도 없다.

09학번 이ㅇㅇ

위의 예문 1을 보면, ①은 군가산점제에 대한 필자의 주장을 담고 있는 논지이다. ②는 논지에 대한 논거로서 병역법을 제시하고 있다. ③은 어떻게 논거가 논지를 지지해주는 근거가 될 수 있는지 설명하는 이유이다. ④는 이러한 논의를 보충해주는 뒷받침 문장이다.

**예문 2**

①군가산점제도는 형평성에 어긋난다. ②아리스토텔레스에 따르면 형평성이란 동등한 사람들을 동등하게 대우하는 것을 말한다. ③그런데 군가산점제는 그 범위 밖에 있다는 이유로 능력에 따라 동등하게 공직에서 일할 수 있는 권리인 공무담임권을 빼앗는 제도이다.

09학번 이○○

위의 예문 2를 보면, ①은 군가사점제도에 대한 필자의 가치판단을 담은 논지이다. ②는 형평성에 대한 아리스토텔레스의 개념정의를 도입하여 앞선 논지에 대한 논거를 제시한 것이다. ③은 이유로서 형평성의 개념이 어떻게 군가산점제도와 연결될 수 있는지 설명하고 있다.

이처럼 논지-논거-이유가 구성되면, 다음으로 '예시'가 제시되어야 한다. '예시'는 앞에서 이루어진 논증을 하나의 예로 보여주어 독자의 이해를 돕는 역할을 담당한다. 예시는 사례를 제시하여 정당성을 획득하는 형식논리학의 귀납법과 유사하다고 생각하면 된다. 하지만 최대한 많은 사례를 제시해야 정당성이 강화되는 귀납법과는 다르게 단 하나의 사례만으로도 충분하다는 점이 특징이다. 예를 들어, TV에서 힘들게 고생하며 사발면으로 끼니를 때우는 소방관 한 명의 사례를 보는 것만으로도 그들의 수고에 대한 미안함과 안쓰러움이 생기고 그들에 대한 지원을 강화해야 한다는 데 공감하게 된다. 논증적 글에서 예시가 해야 하는 역할이 이와 비슷하다. 예시는 앞의 주장이 올바르다는 것을 하나의 사례를 보여줌으로써 논증에 신뢰감을 더해주는 역할을 한다.

그런데 예시는 말 그대로 하나의 사례를 제시함으로써 이해를 돕는 역할만 하기 때문에 앞에서 먼저 논증이 이루어진 후에 제시되어야 소위 일반화의 오류를 범하지 않고 정당성을 획득할 수 있다. 또한 논거나 기타 부수적인 부분이 아니라 주장의 핵심이라 할 수 있는 주제문장(논지)에 직접 연결되어야 논지이탈을 피할 수 있다. 예시는 직접적인 논증은 아니지만, 논지를 강화하는 논증적 기능은 가지고 있으므로 항상 단락 전체와의 일관성을 유지하도록 노력해야 한다.

**예문 3**

①군가산점제도는 형평성에 어긋난다. ②아리스토텔레스에 따르면 형평성이란 동등한 사람들을 동등하게 대우하는 것을 말한다. ③그런데 군가산점제는 그 범위 밖에 있다는 이유로 능력에 따라 동등하게 공직에서 일할 수 있는 권리인 공무담임권을 빼앗는 제도이다. ④장애우 정강용씨 또한 1998년 무렵 7급 공무원시험에서 차석을 차지할 수 있는 높은 점수를 받았지만 군가산점을 적용하자 탈락하게 되었고, 1999년 헌법소원을 통해 군가산점제의 위헌판결을 이끌어냈다.

09학번 이ㅇㅇ

위의 예문 3은 ①논지, ②논거, ③이유에 이어 ④에서 군가산점제의 형평성의 문제를 보여주는 적절한 예시를 제시하고 있다.

## 2) 글의 논리적 타당성

논리적인 글이 되기 위해서는 논지와 논거, 이유, 그리고 예시가 구조적으로 제시될 뿐만 아니라 이들이 서로 유기적으로 연결되는 상태, 즉 '타당성'의 유지가 필수적이다. 사실 논증은 올바른 추론을 위한 것이므로 형식적인 합리성이 핵심이다. 일단 글이 유기적으로 연결되어 논리적 타당성을 드러내야 독자는 그 글을 끝까지 따라갈 수 있고 이해하려고 노력하게 된다. 논거와 이유, 예시가 아무리 참이라고 해도 논지와 관련이 없다면 그 문장들은 무의미한 나열에 불과하다.

논증적 글쓰기에서 논리적 타당성을 유지하기 위해서는 다음 두 단계를 생각하며 글을 써야 한다. 첫 번째 단계는 논지 외에 제시된 뒷받침 문장들이 논지가 참이라는 것에 지지하는 발언을 하고 있는지 따지는 것이며, 두 번째 단계는 논거와 논지의 상관 관계를 설명하는 이유가 적절히 제시되었는가를 따지는 것이다. 이 두 가지만 생각하며 단락을 쓴다면 논리적 틀에서 크게 벗어나지 않는 논증적 글을 쓸 수 있을 것이다. 두 단계를 자세히 살펴보자.

첫째, 논증적 글은 논지가 참이라는 것에 다른 뒷받침 문장들이 지지하는 발언을 하고 있는지를 따지며 글을 써야 한다. 논지가 참이라는 증거나 이유를 내세움으로써 논지의 참에 조금이라도 기여한다면 그 문장은 논지를 지지한다고 생각할 수 있다. 그러나 논지의 참 · 거짓에 아무런 영향도 끼치지 못하는 문장이라면 그 문장은 무의미한 진술일 뿐이다. 이러한 문장들은 과감히 삭제하는 편이 글의 일관성과 논리성을 위해 도움이 된다.

여기서 주의할 것은 논리적 타당성, 즉 논거와 이유가 논지의 참 · 거짓에 도움을 주는지를 따지기 위해서는 먼저 주장하고자 하는 바가 무엇인지 논지를 명확히 제시해야 한다는 점이다. 앞서 제시한 "학교체벌은 교권회복에 도움이 된다."처럼 쟁점이 분명히 드러나 어떤 주장을 하는지 애매한 부분이 없을 때에야 비로소 논거와 이유의 논지에 대한 참 · 거짓의 지지 여부를 따지는 것이 의미가 있기 때문이다. 논지가 무엇인지 정확하게 한 다음에는 논지와 이유가 그 구체화된 결론과 정말로 관련이 있는지 따져보아야 한다.

**예문 4**

①미스코리아대회를 통해 선발된 미스코리아는 다방면에서 사회 공익을 창출해내고 있다. ②먼저 이들은 미스유니버스, 미스인터내셔널 등 각종 국제미인대회에 대한민국 대표로 참가하여, 한국을 알릴 또 하나의 통로를 개척한다. ③또한 국내에서도 각종 지자체의 홍보대사를 맡아 국가 행정을 돕는다. ④이외에도 매년 미스코리아대회를 통해 장단기 봉사 팀이 국내외로 파송되고 있으며, 긴급 구호, 사랑의 장학금 보내기 운동 등 다양한 봉사활동이 전개되고 있다.

12학번 신○○

예문 4를 보면, ①은 논지이고 나머지 ②, ③, ④는 이에 대한 뒷받침 문장들이다. 여기서 ②, ③, ④가 ①의 참을 지지하는지 생각해보면 논리적으로 타당한지에 대한 답이 나올 수 있다. 이 글에서 ②, ③, ④는 사례 하나하나를 제시한 것이므로 글 전체적으로 엄밀한 논증형식은 아니지만, 미스코리아 대회의 사회공익을 증명하고자 하는 논지를 강화시키는 데 ②, ③,

④가 일정부분 기여하기 때문에 미약하나마 일단은 논증이라고 할 수 있다.

**예문 5**

①양심적 병역거부는 국민의 권리이다. ②헌법 제 19조에서 모든 국민이 양심의 자유를 가질 수 있도록 명시되어 있다. ③인간은 존엄한 가치를 지닌 존재이며 자신의 마음에서 우러나오는 양심에 의해 자율적인 행동으로 표출되는 것에 대해 보장받아야 한다는 것을 나타낸다.

09학번 김ㅇㅇ

예문 5 또한 ①이 논지이고 ②, ③은 뒷받침 문장들이다. 이 글은 ②에서 법 조항을 제시하여 신뢰도를 높이고 있고, ③에서 이를 뒷받침하는 설명을 제시함으로써 위의 예문 4보다 더 논증적인 형식을 취하고 있다. 여기서도 일단 논지의 참에 대한 논거의 지지도를 살펴보면, ②의 법 조항과 ③의 양심의 개념을 설명하는 부분이 ①국민의 권리라는 쟁점이 참임을 지지하기 때문에 논증이라고 할 수 있다. 논거 자체의 탄탄함과 형식적인 완성도까지 감안하면 상당히 논증적인 글이라고 평가할 수 있다.

**예문 6**

①양심적 병역 거부는 형평성의 문제를 일으킨다. ②대부분의 남성들은 사회 진출을 준비하는 20대에 군복무를 마쳐야 한다. ③또한 군복무는 대한민국에서 민감한 사항이다.

13학번 오ㅇㅇ

반면, 예문 6은 논증에 문제가 있다. 뒷받침 문장들이 논지의 참에 기여하는지를 살펴보자. ①은 논지이고, ②와 ③은 뒷받침 문장들이다. ①에서 중요한 키워드는 형평성이다. 그런데 ②와 ③은 사실에 대한 기술이나 재 주장일 뿐 양심적 병역 거부에 어떤 형평성의 문제가 있는지 이유를 제시하지 못하고 있다. 즉 논지가 참이라는 데 기여하는 바가 없다. 이러한 글은 논증의 첫 단계에서부터 문제가 되는 것으로서 결과적으로 예문 6은 논증이 아니다.

이처럼 논증적 글의 첫 단계는 논거와 이유가 논지의 참일 가능성을 높여주는지를 따져보면 쉽게 달성될 수 있다. 글을 쓰면서 "이 문장은 논지의 참일 가능성을 높여줄까?"라는 질문들을 지속적으로 해야 한다. 이 질문에 대해 긍정적인 대답이 나온다면, 논증적 글의 기본은 이루어지고 있다. 반면, 부정적인 대답이 나온다면 문장들을 억지로 끼워 맞추려고 해서는 안 된다. 문장들은 다시 한 번 생각해보고, 확실히 논지의 참에 기여하지 않는 문장들은 논의를 흐트러뜨리기만 하므로 과감히 삭제하는 편이 낫다.

둘째, 논증적 글을 쓰기 위해서는 논거와 논지의 상관관계를 설명하는 이유가 적절히 제시되었는가를 따지며 글을 써야 한다. 앞서 말한 대로 논증적 글은 논지-논거-이유-예시로 구성된다. 여기서 예시는 논증 자체라기보다는 논증을 강화시켜주는 역할을 하므로 제외하고 논지-논거-이유를 생각해보자. 논지-논거-이유는 익히 잘 알려져 있는 아리스토텔레스의 삼단논법을 응용한 것이다. 아리스토텔레스의 삼단논법은 다음과 같다.

| | |
|---|---|
| 모든 인간은 죽는다. | (대전제) |
| 소크라테스는 인간이다. | (소전제) |
| 그러므로 소크라테스는 죽는다. | (결론) |

여기서 보면, 대전제의 '모든 인간은 죽는다'와 소전제의 '소크라테스는 인간이다'라는 문장에서 공통되는 명사가 '인간'이라는 것을 알 수 있다. 이처럼 대전제와 소전제를 연결해주는 명사를 중명사라고 한다. 중명사를 통해 대전제의 '죽는 모든 인간' 안에 소전제의 '소크라테스'가 들어가게 되며, 이는 결론으로 이어져 '소크라테스는 죽는다'가 참이 될 수 있는 것이다. 삼단논법의 형식을 논증적 글쓰기에 적용하면 다음과 같은 논증 형식이 된다.

보편적인 근거 제시 (논거)
근거와 주장 간의 인과관계 설명 (이유)
논거에서 도출해 낸 필자의 주장 (논지)

위에서와 같이 대전제는 논거로, 소전제는 이유, 결론은 논지로 대입해서 생각하면 논증적 글쓰기를 위한 두 번째 단계에 대해 쉽게 이해할 수 있다. 논증적 글쓰기에서 필자의 주장이 타당하기 위해서는 제시된 논거의 범주 안에 논지의 쟁점이 어떻게 들어갈 수 있는지(논지가 긍정어일 때), 혹은 들어갈 수 없는지(논지가 부정어일 때)가 설명되어야 한다. 이러한 역할을 하는 것이 '이유'이다. 만약 이유에서 논거의 범주 안에 논지의 쟁점이 확실히 들어가거나 들어가지 않는 것으로 입증되면 논지의 주장은 타당성을 획득할 수 있다. 다음 예문을 통해 논증적 글쓰기의 타당성에 대해 살펴보자.

**예문 7**

①기부금입학제는 교육기회 균등을 실현하는 제도이다. ②헌법 제31조 1항에 의하면 교육기회 균등이란 사회계층이나 성별 등과 관계없이 누구나 자유롭고 평등하게 교육을 받을 수 있는 것을 말한다. ③기부금입학제는 재정적으로 어려워 대학에 다닐 수 없는 사회계층에게 장학 혜택을 줌으로써 교육기회의 균등을 실현할 수 있다.

13학번 유○○

예문 7을 보면, ①은 기부금입학제에 대한 필자의 가치판단을 나타내는 논지이다. 여기서 필자는 기부금입학제는 곧 교육기회 균등의 향상을 가져온다고 주장한다. ②는 이에 대한 논거로서 교육기회의 균등과 관련된 헌법 조항을 통해 교육기회 균등의 기준을 제시한다. ③은 이유로서 기부금입학제가 어떻게 관련 헌법 조항에 포함될 수 있는지를 설명하고 있다. 기부금을 재정적인 어려움 때문에 대학에 다니지 못하는 사회계층에게 장학금으로 준다는 것은 사회계층에 따른 불평등을 해소할 수 있는 방법이다. 따라서 기부금입학제는 논거로 제시된 헌법의 범주에 들어가게 되며, 결과적으로 논지는 참이 된다.

**예문 8**

①군가산점제도는 형평성에 어긋난다. ②아리스토텔레스에 따르면 형평성이란 동등한 사람들을 동등하게 대우하는 것을 말한다. ③그런데 군가산점제는 그 범위 밖에 있다는 이유로 능력에 따라 동등하게 공직에서 일할 수 있는 권리인 공무담임권을 빼앗는 제도이다.

09학번 이○○

위 예문을 보면, ①은 군가산점제도에 대한 필자의 가치판단을 담은 논지이다. 여기서 필자는 부정어로 논지를 제시했다. ②는 이에 대한 논거로서 아리스토텔레스의 개념 정의를 도입하여 '형평성'의 기준을 제시하고 있다. 이 개념이 완전한 진리는 아니겠지만 아리스토텔레스는 보편적으로 받아들일 수 있는 학자이므로 글의 성격에 따라 논거로 활용 가능하다. 물론 정확한 출처를 제시하지 않은 점은 보완되어야 한다. ③은 논거와 논지를 연결해주는 이유이다. 논지가 부정어이기 때문에 논거의 '형평성'의 범주에 어떻게 '군가산점제도의 형평성'의 개념이 들어갈 수 없는지 설명하고 있다. 이로써 "군가산점제도는 형평성에 어긋난다."라는 필자의 논지에 대한 논리적 증명이 완성되었다.

글을 쓰면서 논리적 타당성을 유지하거나 다른 글의 논리적 타당성을 분석하는 일은 쉬운 일이 아니며 꾸준한 관심과 노력이 필요하다. 하루아침에 논증적으로 타당한 글을 쓰는 것은 힘들지만 이 책의 '2부 비판적 사고와 논증적 글쓰기' 부분을 여러 번 익히면 도움이 될 것이다. 다른 한편으로, 실제적으로 논리력과 문제제기 능력 등 글쓰기의 핵심 능력들을 개발하기 위해서는 무엇보다 좋은 책, 특히 고전을 많이 보기를 권한다. 사실 수백 년 혹은 수천 년의 검증 과정을 거친 책을 학습하는 것만큼 좋은 훈련은 없다. 또한 이러한 학습은 주장을 뒷받침하는 근거로서도 좋은 자료가 된다. 폭넓은 독서를 통해 다양한 지식과 정보를 습득하고, 검증된 글들을 분석하고 해석하며 종합하는 훈련은 논증적 글쓰기를 위한 중요한 훈련이다.

### 3) 단락의 논리적 연결

단락을 논증적으로 쓰는 것은 논증적 글쓰기의 가장 중요한 부분이다. 이와 더불어 본론에서의 논증적 전개는 단락의 논증적 구성만큼이나 중요하다. 문단 사이의 논리적 연결이 잘못 되면 결국 단락의 논증 또한 무용지물이 되고 말기 때문이다. 본론의 전체적인 구성은 여러 방식이 있지만 대체적으로 논쟁형, 문제 해결형, 쟁점제시형이 가장 많이 쓰인다. 논쟁형은 특정 사안이나 발언에 대해 비판한 후 자신의 주장을 개진하는 형식이며, 문제 해결형은 현재 문제가 되고 있는 사안을 설명한 후 이러한 문제가 생기게 된 원인을 분석하고, 이에 대한 해결책을 제시하는 방식이다. 그리고 쟁점제시형은 소주제를 나열하는 방식으로서 '첫째', '둘째', '셋째'로 단락을 명확히 구분지어 그 안에서 쟁점을 제시하고 증명하는 방식이다.

단락의 연결에서 중요한 것은 단락의 내용들 사이에 모순이 있거나 단락의 내용들이 제각각이어서는 안 된다는 점이다. 또한 앞 단락의 논증의 토대 위에 뒤의 단락의 논지를 연결하는 식으로 전개하여 논의가 점점 심화되도록 해야 한다. 그런데 각 단락 사이에 모순이 없도록 쓰기는 쉽지만, 각 단락이 논리적으로 잘 연결되면서 갈수록 논의를 심화시킬 수 있게 하려면 상당한 글쓰기 실력이 요구된다.

그러나 3, 4학년 대학생들조차 문단을 자연스럽게 연결하면서 심화시키는 글을 쓰지 못하는 경우가 많다. 더욱이 단락 안에서 논증적 구성을 유지하면서 동시에 각 단락의 연결도 신경 써야하기 때문에 글쓰기의 기초가 되어 있지 않은 상황에서 모든 것을 완벽히 하려다보면 도리어 글이 엉망이 될 수 있다. 따라서 논증적 글쓰기에 익숙하지 않은 신입생들은 먼저 쟁점제시형을 중심으로 충분히 연습하는 것이 좋다. 쟁점제시형은 가장 단순한 방식이긴 하지만 논증적 단락 쓰기에 집중하기에 적절하고 각 단락을 연결시키는 연습을 하기에 적합하기 때문이다. 따라서 쟁점제시형을 통해 단락 안에서 논리적 틀을 유지하는 데 먼저 익숙해진 후, 다른 단락 구성 방식으로 한 단계씩 확장시키는 편이 좋다.

## 04 수사적 논증의 활용

어떠한 글을 쓰든지 그 토대는 논리적 글쓰기가 되어야 한다. 그러나 아무리 객관적이고 논리적인 형식이 중요하다고 하더라도 단순히 논리성만으로는 설득이라는 목표를 달성할 수 없다. 논증적 글쓰기의 목표는 단순히 글을 논리적으로 전개하는 것이 아니라 상대방을 설득하는 데 있다는 점을 잊어서는 안 된다. 설득은 상대방의 신념이나 가치관뿐만 아니라 태도까지도 자신이 의도하는 방향과 일치하도록 변화시키는 것으로서 심리적인 인정뿐만 아니라 그에 상응하는 행동을 수반해야 하기 때문에 굉장히 어려운 작업이다. 따라서 엄밀한 논증적 글쓰기가 구성된 다음에는 논설문이라는 글 전체의 관점에서 설득력을 높일 수 있는 방법을 숙고할 필요가 있다.

고대로부터 효과적인 설득에 대해 많은 학자들이 연구해왔는데, 그중 설득을 위한 세 가지 요소는 오늘날의 글쓰기에도 많은 아이디어를 제공한다. 효과적인 설득을 위해서는 먼저 '로고스(logos, 논리)', 즉 타당한 증거와 올바른 추론을 사용할 줄 알아야 한다. 다음으로 화자의 전문성과 좋은 의도를 통해 신뢰성을 구축하는 '에토스(ethos, 화자의 성품)'와 독자의 욕구와 기대를 아우르는 감성적 기능에 대해 인정하는 '파토스(pathos, 청중의 감정)'까지 고려해야 한다. 대부분의 학생들이 논증적 글쓰기를 따분하고 틀에 박힌 글로 잘못 알고 있는데, 논증적 글쓰기는 궁극적으로 독자들에게 필자의 견해나 주장을 설득하는 과정이기 때문에 논리성과 더불어 흥미와 감동의 측면과도 연결될 수 있다.

대체적으로 논설문의 본론은 로고스를, 서론과 결론은 파토스와 에토스를 강조하면 효과적이다. '본론'은 논증적 글쓰기의 핵심 부분으로서 논리적인 영역을 주로 담당하는데 주제에 대한 필자의 주장제시(논지), 주장을 지지해주는 근거제시(논거), 구체적인 이해를 돕기 위한 예시로 이루어진다. 또한 '서론'은 독자의 흥미와 감정을 불러일으키는 역할을 하기 위해 흥미로운 이야기를 제시하는 도입, 글을 쓰는 목적인 문제제기, 도입과 문제제기를 연결해주는 해설로 이루어진다. '결론'은 앞서 논의한 내용에 대해 요약과 전망을 통해 동기부여하면서 마무리한다.

그런데 여기서 한 가지 주의할 점은 서론과 결론에서 흥미와 감동을 줘야 한다고 해서 무턱대고 감성을 자극하는 방식은 곤란하다는 것이다. 감성을 자극하더라도 글 전체와의 일관성을 유지하고, 서론의 문제제기와 결론의 주장을 명확히 드러낼 수 있는 방식으로 이루어져야 설득력을 유지할 수 있다. 이러한 전개방식은 논증에서 다루어지는 연역법이나 추론과는 다른 것이지만 일관성, 연결성, 강조성이 기능해야 한다는 점에서 논증적인 요소가 아예 없는 것은 아니다. 따라서 이처럼 연역이나 추론 형식은 아니지만 감성적 요소와 비판적 요소를 잘 연결하여 문제제기를 극대화시켜 줄 수 있는 방식을 수사적 논증이라고 명명할 수 있을 것이다.

### 1) 서론의 수사적 논증

자신의 생각이나 의견을 남에게 설득하는 것을 목적으로 하는 글에서 가장 먼저 수행해야 할 것은 주제 선정이다. 주제는 공동체 구성원 누구나 공감할 수 있는 보편성과 아직 해결되지 않아 논란을 일으키는 시의성이 있어야 한다. 주제가 정해졌다면 긍정 혹은 부정의 방향을 정하고 분명한 문제제기를 제시할 때 사람의 마음을 움직일 수가 있다. 서론은 대체적으로 도입–해설–문제제기로 구성되는데, 무엇보다 '문제제기'를 명확히 제시하여 독자가 앞으로 글을 읽을 때 어떠한 방향으로 읽어야 하는지 알려주어야 한다. 서론에서는 '문제제기'가 가장 중요하다. 그러나 '문제제기'를 효과적으로 전달하기 위해서는 '도입'을 통해 필자가 말하려는 내용을 이미지화하여 보여주거나 감동을 주어 강한 인상을 남겨야 한다. 또한 '해설'을 통해 '도입'이 '문제제기'와 자연스럽게 연결될 수 있도록 의미를 부여해 주는 작업이 반드시 수반되어야 한다. 이때 '문제제기'는 본론에서 다룰 문제의 쟁점을 소개하는 논리적 특성을 가지고 있고, '도입'은 문제제기를 돋보이게 하고 그 의미를 효과적으로 보여주는 수사적 특성을 가진다.

'도입'의 흥미유발은 글의 주제와 직접 연관 없는 것처럼 보이는 내용을 사용할수록 효과적이다. 예를 들어, '인간복제'에 대한 글을 쓰는데 황우석 박사 사건이나 인간복제에 관한 영화처럼 누구나 예상 가능한 이야기로 시작한다면 그 글은 진부하다는 느낌을 주게 될 것이고, 독자들은 이내 흥미를 잃게 될 것이다. 그러나 영화 '스머프'를 보며 느꼈던 점을 이야기하며 해석을 통해 인간복제의 이야기로 연결시킬 수만 있다면 독자들은 주의를 집중하게 되고 자연스럽게 인간복제의 문제에 관심을 갖게 될 것이다. 도입에 사용될 수 있는 자료는 매우 다양하다. 권위 있는 저자의 책에서 인용하거나 이솝우화 같은 예화를 도입해도 되고, 많이 사용되지만 정확한 뜻은 알지 못하는 개념을 정의하거나 잘 알려지지 않은 의미 있는 영화로 시작하는 것도 좋은 전략이다.

그런데 여기서 간과하지 말아야 할 것은 이러한 창의적이고 효과적인 전략이 자칫 논지이탈로 빠질 수 있다는 점이다. 얼핏 보아서는 글의 주제나 문제제기와 연관 없는 내용이 나와서 '이게 뭐지?'하며 관심을 가지게 된 것인데, 내용이 문제제기와 전혀 연관성이 없다는 생각이 들면 독자는 그 글에 대해 관심을 끊게 된다. 따라서 도입과 문제제기를 자연스럽게 연결시키기 위해서는 '해설'이 매우 중요하다. 해설은 도입에서 제시한 내용이 어떻게 문제제기와 연결이 되는지 설명하는 역할을 한다. 즉 해설은 '도입에서 다룬 예시나 인용의 의미'와 '말하려고 하는 문제제기의 의미'가 맞닿아 있다는 점을 설명하는 역할을 한다. 따라서 서론에서는 도입 못지않게 해설 또한 중요하다.

**예문 9**

①해마다 자선냄비에 1억 원이라는 돈을 아무도 모르게 넣고 사라지는 무명의 기부자 이야기는 우리의 마음을 뜨겁게 한다. 이처럼 평생 모을 만한 재산을 아무런 보상도 바라지 않고 무명으로 기부하는 사람을 기부천사라고 한다. ②모든 위대한 선행은 보상을 바라지 않을 때 빛을 발한다. 만약 누군가 억지로 그의 이름을 알리려 한다면 이는 도리어 기부천사를 욕되게 하는 것이다. ③국방도 마찬가지이다. 사랑하는 내 조국 내 땅을 지키는 데에는 이유가 있을 수 없고, 보상이 필요 없다. 군제대자들에게 예우차원에서 일정부분 지원해주는 것은 이해할 수 있지만 이처럼 누군가의 희생을 담보로 하는 보상제도는 약간의 수정을 거쳤다 하더라도 여전히 신성한 의무에 대한 도전이다.

09학번 이○○

위의 예문 9를 보면, ①은 도입부로서 기부천사라는 비유를 통해 군가산점제도의 불필요성을 이미지화하고 있다. ②는 해설로서 기부천사의 어떠한 부분이 군가산점제와 연결될 수 있는지 설명하는 부분이다. 기부천사는 기부를 했을 뿐 아니라 자신의 선행을 과시하지 않는다는 점에서 의미가 있고 많은 사람들에게 감동을 주는 것이다. 그런데 이러한 기부천사의 뜻을 거스르고 굳이 기부자를 찾아내 이름을 알리고 보상을 해준다면 이는 기부자에게 유익을 주기는커녕 그 뜻을 무시하는 처사일 것이다. 이처럼 군가산점제에서도 보상은 군필자들의 선의를 무시하게 된다는 것이 저자의 전략이다. ③은 문제제기로서 군가산점제도의 문제점을 직접적으로 제시함으로써 쟁점을 분명히 하고 있다.

**예문 10**

①"이 세상에 더 우월한 사회란 없다." 클로드 레비스트로스는 저서『슬픈 열대』에서 서양의 이분법적 사고로 인한 문화절대주의를 비판했다. ②이는 문명과 야만을 결정지을 수 있는 기준은 없다는 얘기로, 각각의 문화는 그 사회가 가지고 있는 독특한 환경과 역사적 맥락에서 이해해야 한다는 것이다. ③개식용 문제도 마찬가지이다. 한국과 서양에서 개에 대한 인식은 다르게 만들어졌다.

13학번 허○○

예문 10 또한 책 인용을 통해 서론의 문제제기를 설득력 있게 드러내고 있다. ①은 도입부로서 레비스트로스의 저서를 인용하고, ②의 해설을 통해 이러한 내용이 어떤 의미를 지니는지 설명하고, 이를 ③의 문제제기, 즉 개식용에 있어 문화 상대주의적 성격과 연결함으로써 문제제기를 효과적으로 드러내고 있다.

### 2) 결론의 수사적 논증

결론에서는 저자의 주장을 명확히 제시하는 것이 중요하다. 결론에서 주장을 제시할 때 전형적으로 사용되는 방식은 요약과 전망의 형식이다. 즉 주장을 하되 본론에서 다룬 내용을 요약하는 방식으로 주장하거나 장래에 대해 전망하는 방식으로 주장을 확대하는 것이다. 특히 요약을 할 때는 본론의 내용을 단순히 발췌하는 방식이어서는 안 되며 주어진 주제에 대해 토막글을 새로 쓴다는 기분으로 하는 것이 좋다. 그런데 이러한 방식은 글쓰기 초보자들에게는 쉽지 않다. 요약이나 전망이라는 형식에 자신의 주장을 넣는 데는 어느 정도 훈련이 필요하기 때문이다. 따라서 서론에서 썼던 방식을 응용하여 결론을 작성하는 방법을 소개하고자 한다. 서론 쓰기에서 문제제기를 효과적으로 강조하기 위해 '도입-해설-문제제기'로 구성한 것처럼 결론 쓰기에서는 자신의 주장을 강조하기 위해 '도입-해설-주장'의 형태로 응용하는 것이다. 다음 예문을 보자.

**예문 11**

①"생활 속에서 잃어버린 우리의 삶은 어디에 있는가, 지혜 속에서 잃어버린 우리의 생활은 어디에 있는가, 지식 속에서 잃어버린 우리의 지혜는 어디에 있는가, 정보 속에서 잃어버린 우리의 지식은 어디에 있는가." ②엘리엇은「바위」에서 편리함만을 추구하다가 깊이 있는 성찰을 도외시하는 현대인의 딜레마를 지적한다. ③인간다운 삶을 위해서는 때로 고민하며 느리게 가는 법도 배워야 한다. 최소한 초등학교 때까지는 학교에서의 IT교육을 지양하고 아날로그적인 교육의 장점을 배울 수 있도록 정책적인 결단이 필요하다.

10학번 신○○

위의 예문 11을 보면, ①은 도입으로서 엘리엇의 시를 통해 무분별한 디지털 교육의 폐해를 이미지화하고 있다. ②는 해설로서 정보에 대한 접근이 쉬워질수록 진정으로 깊이 있는 지식과 지혜, 더 나아가 생활과 삶은 불가능하다는 점을 무조건 긍정적으로만 생각되는 IT교육의 문제점과 연결시킨다. ③은 주장으로서 결국 초등학교의 IT교육은 학생들의 미래를 위해 제되어야 한다는 점을 명확히 하고 있다.

서론과 더불어 결론을 이와 같은 방법으로 쓴 경우에는 이 자체만으로도 훌륭한 에세이가 될 수 있다. 에세이는 논증적인 부분을 그리 엄격하게 다루지 않아도 되기 때문에 서론과 결론 쓰기를 에세이 쓰기와 병행하여 연습하면 시간상으로나 효율성으로나 많은 유익이 될 것이다. 다시 말해, 서론(도입-해설-문제제기)과 결론(도입-해설-주장)을 합치면 가벼운 에세이가 되고 그 사이에 본론이 들어가면 논증적으로 완결된 글 한 편이 완성된다고 생각하면 이해가 쉽다.

부록

# 다양한 글쓰기 유형

글쓰기 유형을 자르듯이 명확하게 구분하기는 불가능하다. 글은 명시적으로 드러나는 형식이나 내용뿐만 아니라 그 글의 이면에 담겨 있는 저자의 의도, 즉 세계관과 가치관의 문제에 따라 다양한 유형으로 분화될 수 있기 때문이다. 일반적으로 글의 유형을 구분할 때는 이러한 각 요소들의 강조 여부에 따라 대략적으로 구분하는 것이기 때문에 '하나의 글의 유형은 고정된 하나의 형식'이라는 생각을 갖지 않도록 주의해야 한다.

논설문 형식의 글쓰기를 잘하기 위해서는 복잡하고 다양한 글쓰기 유형에 대한 이해가 선행되어야 하며, 반대로 논증적 글을 정확히 이해하기 위해서는 글마다 복합적으로 섞여 있는 글쓰기 유형의 요소들을 제대로 분석할 수 있는 안목이 필요하다. 아무리 객관적이고 논리적인 형식이 중요하더라도 논리만으로 설득이라는 목표에 도달하기는 힘들기 때문에 논증적 글에서도 다양한 글쓰기 형식에 대한 고려가 필요하다.

논리적 틀을 유지하면서도 흥미롭고 설득력 있는 글을 쓰기 위해서는 다양한 글쓰기 형식들을 알아야 한다. 일반적으로 설명적 글은 대상이나 현상에 대해 이해하기 쉽도록 세부적으로 풀이한 글이며, 묘사적 글은 대상이나 현상에 대해 그것을 보지 않고도 독자가 그 모습을 그려볼 수 있도록 도와주는 글이다. 그리고 서사적 글은 대상이나 현상, 사건의 내용을 육하원칙을 중심으로 전달하는 글이다. 어떤 글이든지 이러한 글의 여러 특성이 섞여 있지만, 글의 목적에 따라 강조점이 다르다고 보면 된다. 논설문이라고 하면 딱딱하고 형식적인 데 치중하는 글이라고 생각하기 쉽지만 논설문 본연의 목적을 달성하기 위해서는 앞의 세 가지 형식,

즉 설명적 · 묘사적 · 서사적 글에 대한 감각도 중요하다.

## 01 설명적 글쓰기

무수한 정보가 쏟아지는 현대 사회에서 설명적 글쓰기는 때로 불필요하게 느껴질 수도 있다. 그러나 홍수가 나면 식수가 모자라듯, 넘쳐나는 정보의 홍수 가운데서 오염되지 않은 객관적 정보와 설명을 찾는 것은 더욱 어려워졌다. 이에 객관적이고 다양한 정보를 수집하여 분류하고 가치 있는 설명으로 구성하는 일은 중요시되고 있다. 설명적 글쓰기는 필자가 어떤 대상이나 현상에 대한 자신의 견해를 설득하는 것이 아니라 대상 자체에 대한 객관적 정보를 전달하는 데 목적이 있다. 따라서 설명적 글쓰기에서 중요한 두 가지 덕목은 정보의 객관성과 효과적인 전달력이다.

첫째, 설명적 글쓰기에서 정보의 객관성은 매우 중요하다. 독자가 어떤 대상에 관하여 옳고 그름, 혹은 좋고 나쁨을 판단하기 위해서는 그 대상에 대한 정확한 정보수집이 선행되어야 한다. 이러한 정보수집의 단계에 놓여 있는 것이 바로 설명적 글쓰기이다. 따라서 이러한 글은 객관성을 유지하기 위해서 보편적으로 공인된 해석은 제시할 수 있어도 필자 자신의 해석이나 추측, 가치관이나 느낌은 배제해야 한다. 물론 설명적 글쓰기의 대상은 사물에 국한되지 않으며 사상이나 이론, 현상이나 지식 등 모든 영역을 아우르기 때문에 글을 쓰다보면 필자 개인의 경험이 들어가거나 어떤 사건의 원인을 분석하는 내용이 들어가기도 한다. 이러한 경우에 독자는 설명적 글쓰기에 주관적인 영역이 포함된다고 생각할 수도 있다. 그러나 설명적 글쓰기에서 경험과 분석을 다룰 때에는 쟁점이 들어간 주장이나 정서적 표현은 최대한 배제해야 하며, 그 대상 자체에 대해 독자의 이해를 돕는 선에서의 경험과 분석으로 국한해야 한다.

둘째, 설명적 글쓰기에서는 효과적인 전달력이 필수적으로 요구된다. 효과적인 전달을 위해서는 서론에서 독자의 관심 유도와 설명할 대상소개, 글의 목적을 제시해야 하며, 본론에서 본격적으로 설명 대상에 대해 다양한 각도에서 구체적으로 설명하고 결론에서 내용을 요약하고 마무리해야 한다. 특히 설명적 글쓰기는 독자의 이해를 극대화하기 위해서 독자의 문화적 환경과 지적 수준, 관심사에 대한 고려가 우선시되어야 하며, 철저히 독자에게 맞춰 구성되어야 한다. 즉 설명을 듣는 주 독자층의 연령대가 어떠한지, 배움은 어느 정도인지, 혹은 지역이나 문화적 특성은 어떠한지에 따라 수준에 맞게 설명할 수 있어야 하며, 이에 맞는 기법도 적절히 사용할 수 있어야 한다.

설명적 글쓰기의 본론에서는 독자의 수준과 정서, 관심사에 맞는 다양한 기법들을 통해 전달력을 극대화해야 한다. 설명적 글쓰기에서 가장 대표적인 기법은 '정의(定義)'이다. 사실 설명적 글쓰기는 대상에 대해 '정의'하는 글이라고 해도 틀리지 않을 정도로 설명적 글에서 정의는 절대적으로 중요하다. 정의는 반드시 그 개념에 대한 특성이 반영되어야 한다. 예를 들어, 아리스토텔레스는 '인간'에 대해 정의내리면서 인간은 동물이라는 유(類)에 속해 있는 하나의 종(種)인데, 동물의 유(類)에 속해 있는 다른 종(種)들과의 차이는 인간만이 이성을 가졌다는 점이라고 말한다. 그래서 아리스토텔레스에게 있어 인간은 '이성을 가진 동물'인 것이다. 특성을 드러내는 방식은 정의하고자 하는 대상의 의미를 추적하거나 그 대상의 발생 원인을 탐구하는 등 여러 방식이 있다. 그런데 개념의 특성을 설명할 때에는 "동물은 생명을 가진 물질이다."처럼 개념의 외연을 너무 넓게 상정하거나 "동물은 생명을 가진 네 발 달린 물질이다."처럼 너무 좁게 상정해서는 안 되며, 단순히 개념을 풀어주는 동어반복이 되어서도 안 된다. 또한 정의는 특별한 경우를 제외하고는 "동물은 식물이 아니다."처럼 부정개념을 통해 설정되어서는 안 되며, 애매함과 모호함을 피해 정확히 제시되어야 한다.

'비교'와 '대조'는 설명하려는 대상의 지위와 위치를 명확히 할 수 있도록 도와준다. 비교는 "남성의 인권과 여성의 인권은 누구에게도 침범 받지 않는다는 점에서 동일하다."처럼 둘 이상의 대상이나 개념이 가진 공통점에 초점을 맞춰 따져보는 것이며, 대조는 "역사적으로 남성의 자기결정권은 당연한 것으로 인정되어 왔으나, 여성의 자기결정권은 항상 남성에게 종속된 것으로 인식되어 왔다."처럼 그 대상들에서 나타나는 차이점을 드러내는 것이다.

또한 '분류'는 "인간은 남성과 여성으로 구분된다."처럼 상위항목과 하위항목의 관계를 중심으로 설명하는 것이며, '분석'은 "인간의 내면은 지성과 감정, 욕구로 이루어져있다." 처럼 구성요소를 수평적으로 제시하며 설명하는 방식이다. '예시'는 "인간이 얼마나 교만한지를 여실히 보여주는 인물이 오이디푸스이다."처럼 추상적인 대상을 구체적으로 이해하도록 돕는 설명방식이다.

## 02 묘사적 글쓰기

묘사적 글쓰기는 글을 통해 독자가 대상이나 현상의 모습을 마치 그림이나 사진을 보듯이 한 눈에 그려낼 수 있도록 도와주는 방식이다. 묘사적 글쓰기는 필자의 사전지식이나 문제의식을 바탕으로 대상을 풀이하는 것이 아니라 대상의 외형적 구조나 특징을 전달하는 데 목적이 있다. 따라서 이 글쓰기의 성패는 대상이나 현상의 모습을 얼마나 잘 드러냈느냐에 달렸다. 묘사는 사용되는 성격에 따라 객관적 묘사와 주관적 묘사로 나눌 수 있다. 물론 객관적 묘사나 주관적 묘사라는 것은 둘 중 하나가 지배적인 영향을 보일 때 그렇게 나눌 뿐이지 이 둘을 정확하게 구분하기는 어렵다. 묘사하고자 하는 대상의 성격에 맞게 묘사의 방법을 선택한다면 더 효율적으로 독자의 이해를 도울 수 있을 것이다.

객관적 묘사는 모양, 크기, 높이, 길이, 무게 같은 대상의 명확한 정보를 바탕으로 기술된다. 따라서 이러한 방식은 정확한 수치가 바탕이 되는 장소에 대한 위치 설명이나 상품에 대한 정보 전달 등에 적합하다. 특히 객관적 묘사는 내용이 정확하고 사실적인가에 주의를 기울여야 한다. 독자에게 대상에 대한 정확한 정보를 전하는 것이 목적이기 때문에 묘사된 내용만으로 독자가 충분히 그 대상을 파악할 수 있어야 하기 때문이다. 예를 들어, "까치는 몸 길이가 45센티미터인데 그 중 반은 꽁지에 해당한다. 어깨와 배는 하얀색인데 반해 다른 부분은 검은색에 가깝지만 꼬리깃은 청록색이다."처럼 사실에 초점을 맞춘다. 객관적 묘사의 경우 공간적 순서에 따라 글을 쓰면 효과적이고, 큰 것에서 작은 것으로, 위에서부터 아래로 우선 순위를 두어 서술하는 것이 좋다.

주관적 묘사는 대상으로부터 받은 필자의 주관적 인상을 중심으로 실행하는 것으로서 문학 작품에서 주로 쓰인다. 특히 주관적 묘사에서는 대상으로부터 받은 필자의 주관적 인상이 무엇인지를 명확히 하여 그것을 중심으로 세부적인 서술을 맞춰 나가야 글의 초점을 잃지 않게 된다. 따라서 주관적 묘사로 그려낸 대상의 모습은 실제 대상의 모습과 일치하기보다는 필자에게 비쳐진 재구성된 모습이다. 그렇다고 필자가 자의적으로 대상의 모습을 꾸며내서는 안 되며, 대상의 여러 특성 중에서 필자의 눈에 비친 가장 명확한 인상을 드러내는 방식이어야 한다. 예를 들어, "그녀는 접시처럼 각이 없는 둥근 얼굴에 하얀 피부였고 파란 눈동자를 지니고 있었다. 또한 입술은 장밋빛보다 빨게 보였다."처럼 인물의 특징이나 "그녀는 그의 말에 얼굴을 구겼다."처럼 성향과 심리에 맞춘다.

묘사적 글쓰기는 대상에 대해 꾸며 준다기보다는 대상의 고유한 특성을 드러내주는 데 초점이 맞춰져야 한다. 아무리 독특하고 신선한 묘사를 하더라도 그 묘사의 근거는 언제나 묘사하는 대상 자체여야 한다. 다시 말해, 묘사는 자의적인 의미 부여가 아니라 대상 자체가 원래 가지고 있던 특성에 기초해 구성되어야 독자에게 공감을 불러 일으킬 수 있다. 더욱이 예리한 관찰력을 통해 남들이 찾지 못한 특성을 찾아낼 수 있다면 신선함과 창의력까지 겸비한 묘사가 될 것이다.

## 03 서사적 글쓰기

서사적 글쓰기는 대상이나 현상에 대해 시간적 순서에 따라 설명하는 글로서 시간적 순서가 중요하다는 점에서 논리적 순서를 따르는 설명이나 묘사와 대비될 수 있다. 서사적 글쓰기의 생명은 생동감으로서 실제 눈앞에서 사건이 벌어지는 것처럼 펼쳐 보여야 한다. 이런 면에서 장면 하나하나를 보여주는 연극과 비슷한 면이 많고, 실제로 연극은 서사적 글쓰기와 밀접한 연관을 맺고 있다. 따라서 서사적 글쓰기는 연극처럼 장면들을 정해서 장면 하나하나를 시간 순으로 자세히 묘사해야 한다. 즉 독자가 생생한 이미지를 떠올리고 기승전결을 연결할 수 있도록 도와주는 것이 필자의 가장 큰 과제이다. 연극에서 문제제기나 가치판단을 직접적으로 하지 않는 것처럼 서사적 글쓰기에서는 필자의 견해나 문제제기, 가치판단을 직접 제시해서는 안 되며 최대한 객관적인 시각을 유지해야 한다. 그렇다고 해서 필자의 의중이 아예 배제되어야 한다는 의미는 아니다. 서사적 글쓰기에서 필자는 어떠한 부분을 강조하거나 줄거리를 만듦으로써 자신의 의중을 드러낼 수 있다. 이는 연극에서 직접 메시지를 전달하지 않고 상황을 보여주는 것만으로도 무언의 메시지를 청중에게 전달하는 것과 비슷하다. 따라서 서사적 글쓰기에서는 인과적 서술과 육하원칙 서술이 중요한 부분을 차지한다.

서사적 글쓰기는 원인과 결과의 관계를 명확히 드러내어 사건의 내용을 알릴 수 있다. 즉 상황이 어떻게 해서 발생했는지, 그리고 어떠한 과정들을 거쳤는지, 그럼으로써 도출된 결과는 무엇인지를 시간 순으로 묘사해야 한다. 이때 무엇보다 사건 내용을 사실대로 정확하게 기술하는 것이 중요하다. 그래야 독자들이 사건 내용을 쉽게 이해할 수 있을 뿐만 아니라 글을 신뢰할 수 있기 때문이다. 또한 서사적 글쓰기에서 정확한 기술을 돕기 위해 가장 많이 사용하는 것이 육하원칙이다. '누가, 무엇을, 어떻게, 언제, 어디서, 왜' 하였는지를 따져 들어가면 자연스럽게 사실에 대해 뚜렷하게 밝힐 수 있고 논리적인 완성도도 높일 수 있다. 인과적 서술과 육하원칙 기술에 기초한 대표적인 서사적 글쓰기는 신문 기사가 있다. 신문 기사는 상황의 발생과 경과, 결말을 순차적으로 전달하는 글로서 독자에게 사실 그대로 전달하는 것을 미덕으로 삼는다. 또한 논리적이고 객관적으로 전달하기 위해 육하원칙을 통해 전달한다.

그러나 서사적 글쓰기는 사건을 전달하는 것이므로 자칫 기계적인 전달에만 치중하다 보면 글이 너무 산만하거나 복잡해질 수 있다. 따라서 상황을 재구성함으로써 효과적으로 전달해야 한다. 재구성을 위해서는 먼저 사건의 우선 순위를 정하여 중요 사건들을 추려내야 한다. 추려낸 중요 사건들은 하나의 줄거리 안에서 배열해야 한다. 줄거리는 일반적으로 잘 알려진 '발단–목표–갈등–해결' 형식으로 구성하면 된다. 각 장면들을 줄거리에 따라 연결하는 이러한 방식은 앞서 말한 연극과도 비슷하고 신문기사의 작성방식과도 흡사하다. 이처럼 서사적 글쓰기에서 재구성은 효과적인 전달에도 유용하지만, 전달하는 가운데 자연스럽게 필자의 의중이나 속내, 즉 메시지를 드러낼 수 있는 장치이기도 하다.

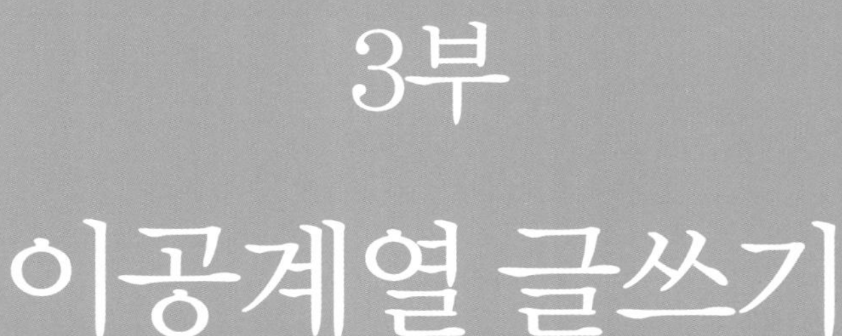

# 3부

# 이공계열 글쓰기

1장

# 이공계열 글쓰기의 이해

## 01 자연과학의 이해

### 1) 자연과학의 개념과 중요성

과학은 인류가 학문이 최초로 시작되었을 때부터 맥을 같이 하며 학문의 본질과 매우 밀접한 연관을 맺어 왔다. 과학을 뜻하는 '사이언스(science)'라는 단어는 원래 'learn', 'know'를 의미하는 라틴어 '스키에레(sciere)'에서 나온 것으로서 보편적으로 '학문'이라는 의미로 쓰였다. 고대로부터 학문의 발전에 결정적인 역할을 했던 것은 현대에 흔히 강조되는 과학적 사고로 볼 수 있다. 과학적 사고의 의의는 다음과 같이 가치적 측면과 현실적 측면에서 설명될 수 있다.

첫째, 인간은 자신이 살고 있는 세계에 대해 합리적인 설명을 하는 과정 속에서 과학적 사고를 발전시킨다. 원래 인간은 세계를 설명하는 데 신화를 사용했었지만, 신화적 설명은 일관성이 결여되고 비합리적인 요소가 많았기에 곧 학문으로서 한계에 봉착하게 된다. 이후 인간은 경험한 데이터를 축적하고 그 원리와 원인에 대해 탐구하게 되면서 경이로운 자연현상이나 생물, 물질에 대해 합리적으로 설명할 수 있는 길이 열렸다. 이러한 과학적 탐구는 자연에 대한 설명을 통해 인간의 정체성을 규정하는 근거가 되기 때문에 현대에 이르기까지 가장 근본적인 탐구 동기가 된다.

둘째, 인간은 자연환경으로부터 안전을 지키고 더욱 편리한 생활을 하는 과정 속에서 과학적 사고를 발전시킨다. 삶의 풍요로움을 위해서는 본질에 대한 탐구뿐만 아니라 실제적 생활의 편리도 필요하다. 인간은 외부로부터 자신을 지키고 한정된 자원을 효율적으로 활용하기 위해 축적된 정보를 기반으로 무기나 생활도구 등을 개발해왔다. 이러한 발전을 통해 인간은 신체적 약점을 극복하고 만물의 영장으로 자리매김할 수 있었다.

역사적 과정을 거치며 이러한 '과학적 사고'는 보편적 '학문'에서 분화되어 '과학'이라는 개별학문이 되었고, 현대에 이르러서는 세계에 대한 설명과 연관된 것은 순수과학으로, 실제적 생활과 연관된 것은 기술과학(technology)으로 불린다. 현대의 순수과학은 곧 자연과학으로서 자연의 생성을 탐구하고 자연에서 일어나는 현상을 관찰을 통해 분석하는 것이 주된 임무이다. 이러한 탐구와 분석을 바탕으로 자연과학은 자연의 이치와 원리를 발견하여 기술하는 것을 목표로 한다. 자연과학을 통해 축적된 데이터는 곧 응용과학의 발전으로 이어져 인간생활의 편리를 위해 다양하게 적용된다.

이처럼 학문의 기초를 이루는 자연과학은 우주와 세계, 인간의 본질과 관련된 학문으로 하루아침에 이루어졌다기보다는 학문의 시작과 더불어 점진적으로 발전하였다. 자연과학이 긴 세월동안 발전을 거듭할 수 있었던 이유는 무엇보다 보편적 진리를 찾기 위해 객관성을 견지했기 때문이다. 아인슈타인(Eeinstein)은 "인간이 알고 있는 가장 객관적인 것이 과학이다."라고 말했다. 자연과학이 인류에게 기여한 최고의 공헌은 인간의 객관적 사고를 신장시킨 일이다. 과학이 출현하기 이전에는 모든 자연현상에 대해 신화적 설명으로 일관하였다. 과학 이전에는 자연을 설명하는 데 신화가 사용된 것이다. 신화적 설명은 때로는 인간에게 위로도 되고 미래에 대해 대비할 수 있는 지식이 되기도 했지만, 일관성이 약해서 미래에 대한 대비에서 자주 실패를 경험하게 만들었고 미신에 사로잡혀 서로를 억압하는 도구가 되기도 했다.

시간이 지나면서 인간들은 그 동안 쌓인 데이터를 통해 객관적 예측이 가능하다는 것을 알게 되었고, 결국 자연과 우주에 대해 전체적이고 체계적인 이론을 수립하는 방법을 고안하여 자연과학을 발전시켰다. 이러한 자연과학의 최초 시도는 고대 근동에서 찾을 수 있다. 인류의 문명을 발생시켰던 고대 근동지역은 고대로부터 현대의 인류에 이르기까지 다양한 아이디어와 영감을 불러일으켜온 문명의 발생지이며 동시에 과학의 탄생지이기도

하다. 메소포타미아 문명에서의 기술 분야나 이집트의 기하학, 바빌로니아의 천문학과 수학에 대한 연구는 현대 과학이 여전히 탐구하고 있는 우주학과 화학, 금속학 등에 기초가 된다.

이후 소위 자연철학자들로 불리는 일단의 학자들이 나타나 만물의 원리와 세계의 본질에 대해 탐구하기 시작했다. 그 대표적인 인물은 최초의 철학자로 알려진 탈레스(Thales)이다. 그는 만물의 근원을 '물'(水)이라고 주장했는데, 이러한 주장은 현대의 시각으로 보면 일면 문제가 있지만, 신화가 지배하는 사회에서 신화를 배제하고 자연을 자연 그 자체로 설명하려고한 시도는 과학적 사고의 원형적 모델이 된다. 그뿐 아니라 그는 물이 액체, 고체, 기체 세 가지의 상태로 존재한다는 학설을 주장했었고 천문학을 통해 일식을 예언하기도 했다. 또한 기하학을 체계적으로 정립하여 거리와 높이를 정확히 측정해내기도 했다. 그가 수학과 기하학을 통해 이집트 피라미드의 정확한 높이를 계산해낸 것은 유명한 일화이다. 그 후 피타고라스(Phthagoras)가 출현하여 만물의 근원을 '수'(數)라고 규정하며 수학의 발전을 이끌었다. 그는 오늘날 피타고라스 정의라고 하는 증명법의 창시자이기도 하다. 고대의 자연과학 이론에서 재미있는 부분은 이미 그 당시에 원자론이 있었다는 점이다. 데모크리토스(Demokritos)는 세상이 진공과 원자로 구성되었다고 주장했다. 그에 의하면 원자는 모양이나 크기, 위치 같은 기하학적 요소에 의해 구별되는 존재로서 이러한 작은 알갱이들이 모여 하나의 사물을 형성한다. 세상이 작은 알갱이인 원자로 이루어졌다고 보는 데모크리토스의 이론은 현대의 원자론과 유물론의 기본적인 아이디어가 되는 등 후대 과학 사상에도 영향을 끼치게 된다.

이 외에도 자연의 기원과 원인을 밝히기 위해 많은 학자들이 다양한 이론들을 전개하며 자연에 대한 문제제기를 했고, 이러한 문제제기는 이후 자연과학의 발전에 원동력이 되었다. 특히, 아리스토텔레스(Aristoteles)는 고대로부터 전개되던 이러한 자연과학적 지식을 체계화하고 집대성한 장본인이다. 그는 세상이 흙, 불, 물, 공기라는 네 가지 요소로 구성되었다고 주장하며 천문학과 동물학을 아우르는 다양한 학문들을 체계화했다. 또한 아리스토텔레스는 모든 대상은 질료와 형상으로 이루어졌다고 주장하면서 자기를 실현해 가는 생성발전의 과정으로서 자연의 존재를 탐구했다.

고대로부터 시작된 자연과학은 면면히 이어져 오면서 다양한 아이디어와 많은 정보들을 축적했다. 16세기 코페르니쿠스(Copernicus, 1473-1543)와 갈릴레이(Galilei, 1563-1643)에 이르러서야 '자연과학'이라는 용어가 정립되었고, 독립된 학문체계로 인정받게 되었다. 이후 뉴턴(Newton, 1642-1727)에 이르러 물리학과 천문학, 수학을 아우르는 현대적인 의미의 자연과학 기초 이론들이 집대성되었고, 자연과학은 비약적으로 발전했다. 세련된 형태로 정립된 현대의 자연과학은 어떤 특정 사실들을 총체적으로 정리하여 방법론적 사고로 전개해 나간다. 그리고 반드시 이유, 근거에 입각한 합리적인 결론을 지향한다. 이처럼 자연과학은 철학과 달리 관찰과 실험을 통한 경험을 바탕으로 이루어진다. 경험을 통해 쌓인 데이터들은 과학 발전을 위한 기초적이면서 가장 소중한 재료가 된다. 경험의 재료를 가지고 타당성과 객관성을 추구하며, 판단과 추리를 아우르는 논리적 사고방식을 통해서 합리적 결과를 도출해 내는 것이 자연과학의 목표라 할 수 있다.

## 2) 자연과학의 갈래와 특성

아리스토텔레스는 이전 학문을 집대성하여 획기적인 발전을 이룩하였고, 이후 이천여 년 동안 모델이 될 만한 학문 분류의 기준을 제시하였다. 물리학에서부터 생물학, 천문학을 포괄하는 아리스토텔레스의 눈부신 업적은 현대에도 자연과학 분야의 영역을 구분하는 데 많은 아이디어를 제공한다. 여기서는 먼저 아리스토텔레스 이래로 역사적 변천과정을 거치며 자연과학으로 인식되어온 대표적인 개별 학문 분야를 소개하고자 한다. 이와 더불어 사회가 복잡하게 발전하는 만큼 학문의 융 · 복합에 대한 요구도 커짐에 따라 전통적 자연과학의 범주로는 충분히 설명될 수 없는 자연과학 분야들이 생겨나고 있다. 이러한 분야는 매우 다양하기 때문에 모두 설명할 수는 없고, 여기서는 현대 사회에서 새롭게 부상한 자연과학 분과 중에서 대표적인 분야를 소개하고자 한다.

### (1) 수학

수학(Mathematics)은 그리스어로 '배우는 모든 것'이라는 의미의 '마테마타(mathemata)'에서 유래하였다. '마테마타'는 '배움', '지식'을 의미하는 '마테시스(mathesis)'에서 파생한 것으로서 수학이라는 학문은 원래 수와 연산뿐만 아니라 지식 일반을 아우르는 용어였다. 이러한 사실을 통해 고대로부터 수학의 영향력이 매우 광범위했음을 알 수 있다.

수학은 고대로부터 수천 년에 걸쳐 발전한 만큼 인류의 역사 발전의 중심축을 차지하며, 과학의 발전 동력이기 때문에 수학의 역사는 곧 과학의 역사라고 해도 과언이 아니다. 메소포타미아와 이집트에서는 농경 활동을 위해 천체에 대한 분석과 땅을 측량하는 데 산술과 기하학이 필요하였고, 경제 활동을 하기 위해 계산을 하면서 수학이 발전하였다. 특히, 이집트는 기원전 3000년부터 점토판 대신 파피루스(Papyrus)를 사용하면서 도형과 함께 증명이 포함된 수학이 발달하고, 이를 그리스에서 수용하여 자신들만의 수학을 형성하였다. 그리스에서 수학은 과학으로서 매우 중요한 자리를 차지하였고, 삶의 실제적인 필요뿐만 아니라 사유를 더 깊게 하기 위한 도구로 사용되었다. 이후 그리스의 수학은 아랍으로 전해져 발전을 거듭하다가 인도 수학과 함께 다시 유럽에 전달되었다. 이와 같이 수학은 인류 역사의 흐름과 맥을 같이 하면서 인류 전체의 노력이 반영된 인류 공동의 문화유산이 되었다고 할 수 있다.

수학이 무엇인지에 대해서는 시대에 따라 변화해왔기 때문에 한 문장으로 정의하는 것은 불가능하다. 과거에는 수학을 '수와 크기'에 국한시켜 생각했으나, 현대 수학은 수와 크기라는 말로는 모두 설명할 수 없는 고도의 복잡하고 추상화된 개념들을 다루고 있다. 오늘날 대체적으로 합의된 정의로 말하자면, 수학은 수와 모양, 크기와 같은 추상적인 대상들을 사고하는 학문으로서 추상적인 대상과 그들의 관계를 숫자와 기호를 통해 공리적 방법으로 분석하고 연구하는 학문이다. 수학은 자연과학의 현상들을 직접적으로 제공하지는 않지만 이러한 현상들에 대해 분석하고 이해한 것을 객관적 지표로 나타내는 역할을 하기 때문에 자연과학 연구의 기본적인 도구라 할 수 있다. 이뿐 아니라 자연과학의 가설과 실험, 증명을 설명하거나 모순을 지적하는 데 사용되고, 그 과정의 결과를 예측하는 데도 필수적이므로 수학은 자연과학의 토대를 이루는 학문으로 볼 수 있다. 오늘날의 수학은 발전과 통합의 과정을 거쳐 다양한 하위분야들로 세분화될 수 있는데, 대체적으로 수와 집합의 연산구조를 연구하는 대수학, 함수의 성질을 다루는 해석학, 공간의 구조에 집중하는 기하학과 위상수학, 그리고 응용수학으로 구분할 수 있다.

### (2) 물리학

물리학(Physics)은 다양한 자연현상들의 원인과 기본적 작동원리를 규명하는 학문으로서 자연현상의 보편적 이해를 추구한다. 특히, 물리학은 서로 연관이 없을 것 같은 개별적인 현상들의 인과관계를 규명하여 자연현상의 거시적인 기본 법칙을 도출해내는 것을 목표로 한다. 물리학은 고대 그리스어로 '자연'을 뜻하는 '피시스'(physis)에서 나온 말로서 자연과학 자체라고 할 수 있을 정도로 자연과학의 기초적인 역할을 담당한다. 특히, 물리학은 가설과 실험, 관찰을 통해 이론화 과정을 거치며, 실생활에 도움이 되는 응용과학을 발전시키는 데까지 활용되기 때문에 천문학, 화학, 지구과학 등 모든 자연과학뿐만 아니라 기술과학의 발전 토대이기도 하다.

물리학은 자연의 본성을 탐구하는 학문으로서 모든 과학의 기준이 되기 때문에 엄정한 객관성을 유지하는 것이 중요하다. 따라서 물리학 전공자는 과학의 언어인 수학을 어느 분야보다 정확하고 깊이 있게 사용할 수 있어야 한다. 이런 이유로 물리학은 엄정 과학(Exact science)으로 불리기도 한다.

물리학 내에서 가장 기초적이며 중요하게 다루어지는 분야는 물체의 운동을 다루는 역학이다. 역학에서 다루는 물체의 운동에 대한 법칙은 다양한 물리학 이론의 기본 재료가 된다. 역학은 물체의 운동과 물리량의 변화를 측정하여 둘의 관계를 규명하고, 이로부터 일반화된 법칙을 세운다. 또한 이 법칙들은 다른 현상과 연결되고 응용되어 다양한 이론들의 밑거름이 된다. 고대로부터 많은 사람들의 관심을 끌었던 운동은 천체 같은 거시적 운동이었는데, 점차 미시적 물체에 대한 관심으로 옮겨가면서 원자의 운동에까지 이르러 현대물리학이 생겨났다.

현대 물리학의 전기를 마련한 사람은 아이작 뉴턴(Isaac Newton)이다. 그는 현대적인 의미에서의 물리학 이론들을 제시하며 역학 · 천문학을 중심으로 한 당시의 물리학 연구를 이끌었다. 이러한 연구는 시간이 흐름에 따라 열역학이나 전자기학 등 새로운 분야의 밑바탕이 되기도 한다. 현대 물리학의 핵심은 양자역학과 상대성 이론이다. 양자역학이 등장함에 따라 미시적 사물에 대한 물리학 이론들이 발전하였고, 상대성 이론의 등장은 천체물리에 대한 대중적 관심과 학자들의 연구를 촉진하는 계기가 되었다.

### (3) 화학

화학(Chemistry)은 질량을 가진 물질의 성질 및 구조와 조성 그리고 이들 사이의 변화와 반응을 연구하는 학문이다. 화학이라는 용어는 고대 이집트의 연금술과 관련되어 있다는 정도만 추측되고 있는데, 화학은 물리학과 달리 아직 완전한 체계화를 이루지 못했다. 그러나 수천 년 동안 이어져 내려온 화학이 아직도 체계화가 되지 못했다는 것은 그만큼 화학의 영역이 방대하다는 반증이기도 하다. 화학이 다루는 영역은 광활한 우주에서부터 물질의 가장 작은 단위에까지 이르는데, 그러한 방대한 물질의 에너지와 성분이 무엇인지도 문제이지만 그들이 서로 상호작용하여 이루어내는 화학과정 또한 다양하고 복잡하기 때문이다. 현대사회에서 화학의 영향력과 실제적인 효용은 막대하기 때문에 화학 연구의 필요성은 증대되고 있다. 예를 들어, 약학이나 의학은 원자나 분자 레벨의 연구가 기본적으로 필요한데 이 원자나 분자 레벨 연구의 기초는 화학연구이다.

현대 화학의 원류는 고대 이집트에서 찾을 수 있다. 이집트는 금을 숭배하여 연금술이 발전하였고 연금술에 사용되는 약품에 관한 지식도 부수적으로 발달하였다. 이집트의 연금술은 이후 그리스로 전해져 그리스 자연철학자들이 만물의 근원이 되는 물질에 관심을 갖고 경쟁적으로 이론을 제시하는 동력이 되었다. 이러한 자연철학자들의 관심은 이후 중세를 거쳐 발전을 거듭하여 프랑스의 라부아지에(Antoine-Laurent Lavoisier)가 발견한 화학적 변화에서의 질량보존의 법칙, 영국의 돌턴(John Dalton)이 주장한 원자설, 러시아의 멘델레예프(Dmitry Ivanovich Mendeleyev)가 고안한 원소의 주기율표 등을 거쳐 현대화학에까지 이르고 있다. 화학은 기본적으로 실험과학으로서 실험과 관찰의 결과에 기초를 두고 있는데, 현대에는 컴퓨터와 전자 장비가 발전하여 물질의 화학적 성질뿐만 아니라 미세구조까지 분석이 가능하다.

화학의 기본 단위는 원자인데, 돌턴에 의하면 원자는 화학결합을 설명할 때는 원소로 불린다. 즉 원자와 원소는 동일한 것인데, 일반적으로 원자는 개수를, 원소는 성질을 지칭할 때 사용된다. 돌턴의 원자설 이후 20세기까지 원자 내부 구조에 대한 분석과 연구가 활발히 진행되어 원자 내부가 이원자 입자(Subatomic particle)라고 하는 더 작은 입자로 채워져 있다는 사실을 알게 되었고, 전자 · 양성자 · 중성자까지 발견하게 되었다. 현재까지 알려진 원소는 110여 종에 이르는데 그 절반 이상이 20세기 이전에 발견되었다. 흥미로운 것은 많은 원소들이 강한 유사성을 보인다는 점이다. 이러한 원소의 유사성은 멘델레예프가 주기율표를 만드는 데 계기가 되었다. 멘델레예프는 원소의 성질과 구조, 각 원소들의 관계를 쉽게 알 수 있도록 원소들의 유사성에 따라 세로줄의 족(Family)과 가로줄의 주기(Period)로 배열하여 이후 화학이론의 뼈대를 제공하였다.

### (4) 생물학

생물학(Biology)은 생물의 구조와 기능, 성장과 변화 같은 생물의 기본 특징을 분석하고, 각 생물체의 상호작용에 대해 탐구하는 학문이다. 생물학이라는 용어는 그리스어로 '생명'을 의미하는 '비오스'(bios)와 '학문' 혹은 '연구'를 의미하는 '로기아'(logia)에서 나왔다. 물론 현대적 의미의 생물학이 그리스에서 생겨난 것은 아니지만, 의학 연구의 히포크라테스(Hippocrates)처럼 이미 고대시대부터 생물학과 연관된 탐구를 하는 사람들이 있었다. 특히, 고대로부터 생물학이 발전하는 데 결정적 역할을 한 사람은 아리스토텔레스이다. 그는 후세의 생물학 연구에 다양한 기준과 아이디어를 제공했다는 점에서 일반적으로 '생물학의 아버지'로 불리기도 한다. 중세를 거쳐 근대에 이르는 동안에도 생물학은 생명현상에 대해 관찰하여 설명하는 현상적 연구에 머물렀다. 동 · 식물이나 생물의 구조와 기재 연구에 치중하다보니 생물학은 그 지위가 애매하여 박물학의 일종으로 여겨졌다. 그러나 생명현상에 대해 과학적인 원리 연구로 접근하려는 생각들이 발전하고, 19세기 초 G.R.트레비라누스(Gottfried Reinhold Treviranus)에 의해서 현대적 의미에서 생물학이라는 용어가 처음으로 사용되면서 생물학은 점차 개별학문으로 분화하여 독립적 지위를 확보하게 되었다.

생물학은 소(小)분류에 있어 크게 세 분야로 구분할 수 있다. 생물학은 주로 생물의 기능과 구조를 과학적으로 분석하는 데 주력하기 때문에 전통적으로 생물의 기능을 다루는 생리학적인 분야와 생물의 구조를 다루는 형태학적인 분야로 구분한다. 여기에 19세기 말 관찰 및 분석방법의 발달로 인하여 연구방법론이 다양화되면서 생물을 연구하는 데 사용하는 방법론도 하나의 분야로 인정받게 된다.

현대의 생물학은 여타 자연과학과 연계하여 생명현상의 종합적인 탐구는 물론 그 지식과 방법의 현실적 응용이 중요하게 다루어진다. 최근에는 인공 인슐린이나 인터페론처럼 유전공학 기술뿐만 아니라 농축산물의 품종 개량이나 환경보호를 위한 생태계 연구 등 생물학의 필요성으로 인해 응용 영역이 넓어지고 있다. 따라서 미래의 생물학은 자연과학의 한 분과를 넘어 인류의 생존과 생명의 존엄성 보호를 위한 종합학문으로서 그 영역이 크게 확장될 것으로 전망된다.

### (5) 천문학

천문학(Astronomy)은 우주 전체 및 우주 안에 있는 행성, 은하 같은 천체를 관측하는 학문이다. 천문학은 그리스어로 '별'을 의미하는 '아스트론'(astron)과 '법칙'을 뜻하는 '노모스'(nomos)에서 유래했는데, 천문학은 문자 그대로 '별의 법칙'을 연구하는 데서 출발했다. 그런데 별의 법칙이라고 하면 현실과 동떨어진 학문으로 오해할 수 있지만 사실 천문학은 실용적인 필요성에서 탄생하고 발전한 학문이다. 천문학은 바빌로니아 시대부터 별의 법칙성을 탐구하는 점성술의 근거로 사용되었고, 이와 연계하여 농사를 위한 달력을 만드는 데 이용되었다. 또한 천문학은 꽤 오랜 기간 동안 인류가 항해할 때 위치를 추정하는 데 필수적인 도구였으며 17세기 망원경의 발명 등 많은 기술을 파생시키기도 했다.

고대의 천문학은 지구가 우주의 중심에 있다는 프톨레미(Ptolemy, Klaudios Ptolemaeos)의 지구 중심 우주관으로 대표될 수 있다. 이러한 철학적이고 종교적인 우주관은 르네상스 이전까지 유지되다가, 16세기 니콜라우스 코페르니쿠스(Nicolaus Copernicus)가 태양중심설을 제창하면서 커다란 변혁을 겪게 되는데, 이때 현대 천문학의 기본 틀이 형성되었다고 할 수 있다.

이처럼 천문학의 연구는 현대에 이르러 우주의 생성과 물리적 성질, 구조와 진화뿐만 아니라 천체의 현상과 각 천체들의 상호관계까지 포함하여 매우 광범위하게 확장되었다. 따라서 천문학의 하위분야도 다양하게 세분화되는데, 먼저 천문학의 연구 대상을 기준으로는 크게 네 가지로 나눌 수 있다. 천체역학은 천체의 운동을 다루며, 천체물리학은 대기의 구조와 성분, 내부구조와 에너지원을 다룬다. 우주론은 우주의 기원과 구조, 진화 등에 대해서, 위치천문학은 천체의 위치를 측정하는 측지학에 대해서 연구한다.

연구 대상이 아닌 연구 방법을 기준으로 할 때는 천문학은 이론천문학과 관측천문학으로 나눌 수도 있다. 이론천문학은 중력, 상대성 이론, 양자물리학, 플라스마 물리학 등의 다양한 물리학에 기반을 두고 있다. 또한 이론천문학은 천체의 특성을 이해하고 천문학적 현상을 설명하기 위한 천체물리학의 법칙을 세우거나 컴퓨터에 초기 조건을 설정하여 우주의 진화 역사와 미래를 추측하는 수치 모의실험을 수행한다. 이로써 이론천문학은 우주의 현상을 설명할 수 있는 사고의 틀을 제시한다. 이에 반해 관측천문학은 망원경과 분광기 같은 관측 장비를 사용하여 천체에 대한 자료를 얻고, 이를 바탕으로 천문현상의 구조와 특성을 분석한다. 특히, 광학망원경을 이용한 관측은 다시 측광 관측과 분광 관측으로 나눌 수 있다. 측광 관측은 가장 일반적인 방법으로서 여러 파장 영역의 필터를 사용하여 등급을 결정할 수 있는데, 천체의 온도를 추측할 수 있는 천체의 밝기와 색에 대한 정보를 제공한다. 반면에 분광 관측은 분광기를 이용하여 스펙트럼을 측정하는 것이다. 분광 스펙트럼으로 천체의 온도와 중력장, 화학적 구성 비율 등 다양한 정보를 파악할 수 있다.

### (6) 지구과학

지구과학(Earth Science)은 생물과학과 더불어 자연과학의 두 기둥 중 하나이다. 생물과학이 살아 있는 유기생물을 총괄한다면, 지구과학은 이에 대응하여 무생물계를 총괄적으로 다룬다. 특히, 지구과학은 지구에서 일어나는 자연현상에 초점을 맞추어 지구 자체에 대한 생성과정 및 지구의 역사, 구성물질의 물리적 성질, 그리고 우주와의 관계를 연구한다. 지구과학은 시간적으로는 지구의 생성에서부터 미래의 지구 모습까지를 연구대상으로 하고, 공간적으로는 지각의 생성 및 운동, 대기, 해양뿐만 아니라 지구상에 존재했던 생물들의 역사나 지구가 속해 있는 우주 전체에 대한 연구까지 포함하기 때문에 매우 방대한 학문이라 할 수 있다. 따라서 지구과학은 물리학, 화학, 생물학 등 여러 자연과학이 통합적으로 적용되는 과학이다. 폭넓고 다양한 영역을 탐구해야 하는 지구과학은 하나의 학문체계라기보다는 지구와 관련된 것들을 연구하는 여러 학문분야의 총칭에 가깝기 때문에 다른 자연과학의 분과 학문보다 매우 복잡한 양상을 띤다.

원래 지구와 관련된 현상들은 지구 물리학이나 지구 화학, 또는 지질학이나 지형학 등과 같은 개별 학문분야에서 다루어졌던 것인데, 이러한 개별 학문분야는 서로 의존적인 성향이 강하기 때문에 이들 분야를 통합하여 지구 과학이라는 큰 학문 분야가 성립하게 되었다. 따라서 현대의 지구과학은 더 광의적인 성격을 띠면서 해양학, 대기과학뿐만 아니라 지구와 우주의 관계를 탐구하는 천문학을 포함하게 되었다. 지구과학은 서로 다른 학문대상과 연구방법을 가진 분과학문을 끌어 모은 복합과학이다. 거시적이고 포괄적인 대상을 연구 주제로 삼는 지구과학은 탐구 대상이 매우 크며, 인위적이거나 직접적인 실험이 불가능하고, 오랜 시간이 소요되며, 상호작용에 의해 독립적 연구가 어렵다는 연구 특징을 가지고 있다. 지구과학의 각 분과 학문의 내용은 서로 복잡하게 얽혀 있으므로 이를 끌어 모으는 데 그치지 않고 지구과학의 통일적 체계로서 제시한다는 것은 쉬운 일이 아니다. 지구과학은 지질학 · 해양학 등 서로 다른 연구대상을 가지는 분야의 연구를 종합하여, 보다 큰 지구를 대상으로 하는 통일적인 과학체계를 조립해야 하는 과제를 안고 있다. 따라서 분과학문들이 객관적 관측 데이터 수집 자체에 초점을 맞추는 데 반해 지구과학은 분과학문들이 수집한 관측 데이터를 해석하여 서로 연결시키는 것을 주된 방법론으로 삼고 있다. 지구과학은 시간 · 공간을 달리하는 대상에 대한 연구를 종합하여 통일적 체계 발견이 목적인 것이다.

#### (7) 정보통계 · 보험수리학

정보통계 · 보험수리학(Statistics and Actuarial Science)은 불확실한 현상에 대해 과학적인 사고를 할 수 있는 통계학과 보험수리를 기반으로 21세기 학문의 흐름 및 국가와 지역사회의 요구에 부응하는 것을 목적으로 한다. 사회 발전에 따라 불의의 경제적 손실에 대비하여 안전에 대한 욕구가 높아짐에 따라 정보통계와 보험수리의 필요성 또한 높아지고 있다.

통계학(Statistics)은 현대사회의 특성상 끊임없이 양산되는 데이터를 수집하고 이를 분석하여 합리적 정책을 결정하도록 돕는 분야이다. 통계학이라는 용어는 확률을 뜻하는 라틴어의 '스타티스티쿠스'(statisticus)에서 나온 것이지만 국가라는 의미가 담긴 이탈리

아어 '스타티스티카'(statistica)와 더 밀접하게 연관되어 있다. 통계는 국가의 근간, 즉 인력과 재력에 대한 자료를 다루는 데에서부터 시작된 분야이기 때문이다. 통계의 작성과 이용은 고대국가의 성립과 시기를 같이 하지만 학문적 형태를 취하게 된 것은 17세기부터이다. 이후 통계학은 비교실험, 사회조사, 예측모형, 빅데이터 등으로 영역을 확장하였다. 과학의 기반은 실험이기 때문에, 항상 실험을 통해 필요한 데이터를 만들고, 도출된 데이터를 통해 가설을 입증하는 방식을 취한다. 그러나 실험이 불가능한 문제인 경우에는 연구자가 필요로 하는 데이터를 만들 수 없기 때문에 통계학을 사용하여 실험과 가능한 유사한 방식으로 분석을 하는 것이다.

보험수리는 보험과 관련된 수리적 이론 및 분석방법론을 다루는 분야이다. 보험이란 다수의 사람들이 합리적 계산에 의해 소액의 보험료를 각출하여 공동의 기금을 마련한 후 우발적 손실을 입은 소수의 사람들에게 보상해 주는 제도이다. 보험은 개인이 예기치 않는 위험에 처했을 경우에 경제적인 어려움을 가장 합리적으로 대처해나갈 수 있는 보상 체계이다. 보험은 법학과 경제학, 경영학과 수학 등 여러 관점에서 연구될 수 있는데, 수학의 기법을 이용하여 보험료율을 결정하거나 새로운 보험 상품을 개발하는 보험학의 분야를 보험수리학이라 부른다. 보험수리학의 접근방법 중에서 최근 가장 두드러진 변화는 종래의 수학적 근사공식(Approximate formula)에 의존하는 결정론적 접근방법에서 벗어나 확률이나 통계적인 기법을 기초로 보험수리학을 이해하고 분석한 것이다.

### (8) 의생명시스템학

유전학의 발달로 질병 치료에도 개개인의 유전형에 기반한 맞춤형 치료가 부각되고 있으며, 이에 생명공학기술(BT)와 정보기술(IT)의 지식을 겸비한 융합형 인재의 수요가 증가하고 있다. 이러한 수요에 따라 의생명시스템학은 생명과학 분야와 컴퓨터 분야를 아우르는 학문으로 부상하였다. 의생명시스템학은 다시 생명공학과 생명정보학으로 나뉜다.

생명공학(Biotechnology)은 생명(bio)과 기술(technology)의 합성어로 생명체의 특성을 이해하고 이를 토대로 인간에게 유용한 생명 기술을 찾아내는 학문분야이다. 생명공학은 생물의 유전과 성장, 물질대사와 인식방식 등을 연구하고 산업적으로 의미 있는 제품을 만들거나 공정을 개선함으로써 인류의 복리에 활용된다. 크게 보면, 인류는 역사적으로 빵이나 술을 만들기 위해 미생물을 사용하거나 식물과 동물을 변형하면서 생명공학 기술을 사용해왔다. 그런데 과학자들은 1953년에 유전자의 작동원리를 알게 되었고, 이후 발전을 거듭하여 생명공학은 전통적인 방식과 원리에서 더 나아가 1980년대 초부터 유전자를 기반으로 획기적인 발전을 하게 된다. 특히 생명공학은 생물체의 유전 정보를 직접 변형시키는 기술들을 활용하여 의학 분야에 큰 발전을 가져왔다.

생명정보학은 맞춤 치료 시대의 수요에 부응하여 생물체계를 총괄적으로 설명하는 학문이다. 생명정보학(Bioinformatics)은 생명(bio)과 정보학(Informatics)의 합성어로 이 학문의 주요 목표는 생물체에서 일어나는 생물학적 과정을 분석하고, 이를 정확히 이해시키는 데에 있다. 생물학 데이터가 대량으로 양산되는 현대사회에서 생명정보학은 수많은 데이터를 정리하고, 의미 있는 정보로 해석하여 유용한 이론 체계를 제공한다. 생명정보학이라는 용어는 1980년대 후반에 유전체학과 유전학에서 주로 사용하였고, 대량의 DNA 서열분석에 이용되면서 1990년대 초부터 광범위하게 사용되기 시작했다. 생명정보학은 유전자의 염기서열 데이터를 비롯해 생물 전반을 분석하는 데 컴퓨터와 소프트웨어를 사용하기 때문에 효과적인 연구를 위해 생물학뿐만 아니라 전산학과 수학 등이 융합된 형태를 띤다.

## 02 공학의 이해

### 1) 공학의 개념과 중요성

공학계열은 자연과학적인 지식을 기반으로 하여 일상생활뿐만 아니라 산업에 활용되는 기술을 연구하는 학문분야이다. 자연계열은 순수한 자연을 학문의 대상으로 연구하는 반면, 공학계열은 기계와 장치 같은 인위적인 대상을 연구한다. 공학계열은 자연과학적인 지식을 토대로 일상생활이나 산업에 활용할 수 있는 실제적인 지식이나 기술들을 연구하는 응용 학문 분야라고 할 수 있다. 다시 말하면, 공학계열은 과학의 지식을 활용하여 인간 삶에 필요한 재료, 기계, 설비 장치를 보급하는 방법을 탐구하는 실생활에 필요한 학문 분야로 정의할 수 있다. 공학계열에 대한 정의만을 본다면, 공학계열은 글쓰기와는 다소 거리감이 있는 것처럼 보일 수도 있다. 사실 대학 내에서 공학계열 글쓰기에 대해 관심을 많이 갖지 않은 것도 어느 정도 인정할 수밖에 없다. 글을 쓴다는 것과 기계, 설비는 별개로 여겨왔기 때문이다. 인문계열 학생들은 대학을 졸업한 후 글을 많이 쓰는 직업군에 종사하고, 공학계열 학생들은 글쓰기와는 상관없는 기술직종에 종사한다는 사회적 인식이 공학계열 글쓰기를 더욱 불필요한 과정으로 내몰았다. 그 결과 공학계열 학생들은 글쓰기에 대해 막연한 두려움을 갖게 되었다. 그래서 공대생이기 때문에 글쓰기는 좀 못해도 괜찮다거나 공대생이기 때문에 글쓰기에 자신이 없는 것이 당연하다고 생각하는 학생들이 있다. 더 나아가 공대생이 글쓰기를 해서 무엇에 사용할 것인가라는 의문을 제기하는 학생마저 있다. 과연 공학계열은 글쓰기가 필요 없다고 단언할 수 있는가? 기술직종은 글쓰기와는 아무런 관련이 없는 분야인가?

공학계열은 산업 현장에서 필요한 기술개발을 중점으로 하는 응용학문이기 때문에 과학적인 탐구 자세와 실용적인 자세를 갖춘 인재를 필요로 한다. 기업은 새로운 시대적 변화와 기술혁신에 따른 사업체제의 요구에 부응할 수 있는 창조적이고 책임감 있는 인재를 필요로 한다. 따라서 첨단 기술 및 정보화 사회의 중추적 역할을 담당할 인재는 변화하는 시대에 필요한 새로운 기술 개발을 위해서 창의력과 분석력을 갖추어야 한다. 더 나아가 개발된 기술들을 가지고 사회와 국민 사이에 소통할 수 있는 능력을 갖춘 인재를 필요로 한다. 창의적인 연구의 결과로 새로운 기술을 개발하거나 새로운 결과물을 창출한다면 인간의 삶과 문명은 더 도약하고 풍요로워질 것이다. 그러나 선행해야 할 조건이 있다. 연구자나 개발자가 생산한 제품에 대해서 사람들에게 정확하게 설명하지 못하거나, 올바른 정보를 제공하지 못하거나 이해시키지 못한다면 그 가치는 제대로 자리매김될 수 없을 것이다. 연구 업적들을 효과적으로 전달하기 위해서는 자신이 발견한 것을 체계적으로 정리하고 전달할 필요가 있다. 이 모든 과정에서 소통을 위한 글쓰기가 전제되어야 한다.

글쓰기 및 발표와 토론이 인문사회계열이나 사회과학계열에서만 중요하다고 생각하는 경우가 많다보니 공학계열 학생들에 맞는 수업이 이루어지지 않고 있는 실정이다. 공학계열 학생들을 위한 글쓰기가 필요하다는 사실을 인지한다 할지라도 실제 교육의 현장에서 공학계열 학생들만을 위한 특성화된 글쓰기 프로그램이 마련되지 않은 것도 공학계열 글쓰기의 현주소를 잘 드러낸다. 글쓰기 교육의 근본 목적이 설득과 소통이라면, 글쓰기의 근본 목적은 공학계열 학생들에게도 동일하다. 그러나 공학계열 학생들이 글쓰기 교육을 효과적으로 학습하고 활용하도록 방편을 마련해야 한다. 앞으로 대학의 글쓰기 교육은 계열별 글쓰기 형태로 전개되어야 한다. 전공 계열에 맞는 차별화된 교재로 수업을 진행해야 한다.

공학계열 학생들은 학문의 특성상 추상적이고 이론적인 것보다는 구체적인 것들에 익숙하다. 공학계열 학생들은 자료를 이해하고, 분석하고 정리하는 능력과 실험 설계 및 사회현상을 과학기술의 관점에서 이해하는 현장 중심의 업무 능력을 갖추어야 한다. 글쓰기 교육의 근본적인 방법은 분야와 관계없이 동일하다. 공학계열 학생들도 기본적으로 글쓰기와 발표 및 토론에 대한 기초와 원리를 먼저 익히고 훈련해야 한다. 더 나아가 공학계열 학생들에게만 해당하는 글쓰기 교육으로 진행해야 한다. 대학의 실험보고서 작성, 다양한 테크니컬 라이팅과 프레젠테이션은 공학계열 학생 고유의 영역이다. 실험하고 관찰한 내용을 정리하는 것, 현장을 방문하고 탐사하여 자료를 정리하는 모든 행위는 공학계열만의 영역이다. 실험을 진행하는 모든 과정에서 자료를 철저하게 수집하고 정리해야 한다. 글쓰기의 기초 원리와 방법을 바탕으로 공학계열 학생들에게 필요한 글쓰기 교육에 적용시켜야 한다. 이런 과정을 통해 공학계열의 글쓰기 실력이 향상되고 발전될 수 있을 것이다.

## 2) 공학의 갈래와 특성

### (1) 화학공학

화학공학(Chemical Engineering)은 석유나 기타 원료를 화학적으로 처리하여 인간 삶에 유용한 재료나 제품을 만드는 화학공업에 필요한 기술을 다루는 학문이다. 이미 식품, 의약, 환경, 에너지, 전자산업과 같은 다양한 분야에서 화학공학이 제 역할을 담당하고 있다. 현대의 산업은 단일 기술이 아니라, 다양한 분야의 기술이 융합하여 이루어지고 있다. 이러한 이유로 화학공학은 특정 산업에 국한된 학문으로 규정내리기보다는 모든 산업에 기초가 되는 융합학문으로 규정내리는 것이 더 타당하다. 화학공학을 공부하기 위해서는 화공계산, 열역학, 반응공학과 같이 화학공정을 위한 지식을 쌓아야 한다. 이 과정을 통해 화학공학도들은 산업체에서 필요한 공정에 대한 기초지식을 응용할 수 있도록 준비해야 할 것이다. 물론 화학 자체에 대한 학습도 병행해야 한다. 화학공정에 대한 지식은 정유나 석유화학 회사, 전자, 기계공업에서 유용하게 사용되어 왔다. 그러나 최근에 응용 범위가 석유나 화학 원료의 가공 산업 분야를 넘어, 컴퓨터, 생물, 재료, 환경에 이르기까지 영역이 확대되었다. 이와 같은 분야에는 화학에 대한 이해가 중요하기 때문에 화학에 대해 학습해야 한다. 화학공학과는 화학공학과 화학 전반에 대한 이론 연구를 선행하고, 실제 산업현장 실무에 대한 적응력을 높여 실제 업무에서 해결책을 마련할 수 있는 응용력을 갖춘 인재를 양성해야 한다.

### (2) 유기 신소재 · 파이버공학

유기 신소재 · 파이버공학(Organic Materials and Fiber Engineering)은 유기 신소재와 섬유 산업과 관련한 기초지식과 응용 기술을 연마하는 학문 분야이다. 현대 사회의 큰 변화 중 하나는 산업 구조의 변화이다. 산업 구조가 변화함에 따라 예전의 섬유공학이 새로운 도약을 위해 유기 신소재 · 파이버공학으로 거듭나게 되었다. 유기 신소재 · 파이버공학은 유기 신소재와 파이버 소재의 본질을 규명한다. 그리고 소재의 특성을 극대화하고 응용하여 상품을 생산하여 마케팅하는 일련의 과정을 아우른다. 이른바 기초과학과 응용공학이 융합된 학문이라 할 수 있다.

유기 신소재 · 파이버공학은 나노 섬유, 스마트 섬유, 방탄 섬유, 고기능성 섬유, 광섬유, 의류와 산업용 섬유, 우주 항공용 소재, 의료용 소재, 반도체, 디스플레이, 정보통신용 소재와 같은 기존의 소재를 새롭게 가공하거나 복합하며 발전을 도모하고 있다. 더 나아가 새로운 기술을 접목시키고 소재를 개발해야 하는 과제를 맡고 있다.

유기 신소재 · 파이버공학도는 기초 공학 수학, 화학 실험, 물리 실험, 프로그래밍 및 실습, 유기 화학, 유기 신소재 실험, 고분자 과학, 재료 과학, 고체 역학, 파이버공학 실험, 섬유 가공, 재료 감성 공학, 섬유 물리, 기기 분석, 천연 유기 소재, 나노 복합 소재, 에너지 소재, 정보 전자 유기 소재, 나노멤브레인 소재, 패션 마케팅, 기능성 섬유 고분자, 유기 신소재 합성과 같은 교과목을 이수하여 유기 신소재와 섬유 산업에 필요한 기초이론과 응용기술을 함양할 필요가 있다.

### (3) 전기공학

전기공학(Electrical Engineering)은 전기 및 자기에 관한 모든 현상을 탐구하고 그 응용분야를 개척하여 인간사회의 복지향상에 이바지하는 학문이다. 전기공학은 학문의 깊이와 영역이 확장되어 전력공학분야, 전자공학분야, 통신공학분야, 전자계산기 분야, 제어공학분야로 세분화되었다. 전기공학은 전기와 자기를 다루는 학문이기 때문에 우리 생활에 필수적인 에너지이자 정보화 사회 원동력인 전기에너지를 주요 분야로 한다. 전기공학 분야는 전기자기학 · 전기회로학, 발전기 · 전동기와 같은 회전기기, 변압기, 각종 전기기기 · 기구 및 송배전 관계의 제반시설 분야, 전기철도, 전열공학 · 전기화학 분야, 각종 전기장치를 조정하기 위한 자동제어 및 계측분야도 포함한다. 뿐만 아니라 전기공학 분야에 전기통신공학도 속한다. 이 분야에는 유선 및 무선의 각종 전기통신 관계의 회로이론 · 재료 · 부품 및 이들을 이용한 각종 측정과 원격제어가 포함한다. 전화 교환에 관한 전신기기와 통신의 기본이 되는 정보이론 및 통신방식에 관한 문제, 반도체에 관한 이론, 우주탐사 및 자원탐사와 같은 분야가 전기공학의 영역이라 할 수 있다.

인간 삶의 질적 향상에 크게 기여하는 전기공학은 다양한 응용력이 요구되는 학문적 특성에 따라 기초교육과 실용교육에 중점을 두어 교육해야 한다. 무엇보다도 과학과 전기공학의 기반 이론에 능통한 인력을 양성해야 한다. 공학기반 이론을 토대로 실용적인 실험실습교육을 통한 실무능력을 겸비한 인력이 양성될 때 인간의 삶과 복지의 향상이 이루어질 것이다. 그리고 과학과 전기공학의 기반 이론에 대한 전문적인 소양을 갖춘 인재의 발굴을 통해 창의적이고 미래지향적인 국제화시대를 이끌어 갈 리더를 교육해야 한다. 과학기술이 발달하고 국민의 소득과 삶의 질이 향상되면서 현대인들의 보다 나은 삶에 대한 요구도 더 다양화되고 있는 추세이다. 인간의 삶과 가장 밀접한 전기공학은 이러한 요구에 부응하기 위해서 계속적인 기술혁신을 추구해야 하며, 산업화 사회에서 인간의 삶을 선도할 수 있도록 인재양성에 힘써야 한다.

### (4) 기계공학

기계공학(Mechanical Engineering)은 산업기술 분야에서 공통적으로 핵심이 되는 분야로 모든 공학의 기본이 될 수 있는 역학 및 설계 전반의 지식을 탐구하는 학문이다. 기계공학의 대표적인 분야는 재료 및 파괴 분야, 동역학 및 제어 분야, 생산 및 설계공학 분야, 열 및 유체공학 분야, 에너지 및 동력공학 분야 등이 있다. 공학 분야에서 가장 폭넓은 영역을 다루고 있으며 진출 분야 또한 가장 다양한 영역을 점유하고 있다. 예전의 기계공학은 기계 또는 기계구조물을 설계하고 제작하거나, 설계하여 제작된 것을 유지보수 및 관리하는 정도에 지나지 않았다. 그러나 현대 사회의 기계공학은 자동차나 항공기, 선박뿐만 아니라 마이크로프로세서에 이르기까지 산업전반과 관련을 맺고 있다. 즉 기계공학 하나의 개별공학으로 자리매김 되는 것보다 융합학문으로 각광받고 있다. 전통적인 기계공학의 영역을 넘어 마이크로와 나노 기반 기술, 환경과 에너지, 광학과 의학을 넘는 융합공학으로 확장되었다. 특히 나노, 의료 및 바이오 공학의 접목은 현대인의 건강과 복지 그리고 행복에 의료공학이 차지하는 비율이 더 높아졌다는 것을 의미한다.

이러한 기계공학 기반의 확장으로 형형색색의 융합연구가 진행되면서 기계공학도에게 새로운 인재상이 요구된다. 먼저 기계공학도들은 다양하고 폭넓은 전공 지식을 쌓아야 하며 기계공학도가 갖추어야 할 핵심적인 지식을 숙지해야 한다. 뿐만 아니라 기계공학도는 수학, 기초과학, 정보기술 및 공학지식의 이해를 통해 문제를 해결하고 이를 창의적으로 응용하는 능력을 배양해야 한다. 기계공학도들이 갖춘 실무지식들은 다양한 산업 현장에서 경험을 토대로 산업 기술자로 성장하기 위한 초석이 될 것이다. 다양한 산업 기술 세계에서 주도적인 역할을 담당하기 위해서는 기계공학을 둘러싼 이론의 기반을 다지는 것으로부터 창의적 사고를 이끌어 낼 수 있어야 한다. 기계공학의 핵심 지식을 심화하여 산업

기술 현장에서 응용하고 사회의 필요와 수요를 충족시킬 수 있어야 한다. 그리고 실험 실습 및 설계 교육을 통해 실무에 대처할 수 있고 더 나은 가치를 창출할 수 있는 능력을 준비해야 한다. 기계공학 역시 궁극적으로는 세계화 사회에서 리더에게 요구되는 의사소통 능력을 갖추어야 하며, 공동체와 사회에 대한 전반적인 소양을 함양해야만 한다.

### (5) 산업 · 정보시스템공학

산업 · 정보시스템공학(Industrial Information Systems Engineering)은 사람, 물자, 정보, 설비, 에너지로 구성된 통합된 시스템을 설계하고 운영하는 학문 분야이다. 공학 지식과 경영 지식을 바탕으로 산업을 기획하고 관리하며 설계하는 것을 목적으로 삼는다. 다른 학문 분야도 마찬가지이지만 산업 · 정보시스템공학 역시 우리 삶과 밀접한 관련이 있다.

산업 · 정보시스템공학에서 주로 다루는 영역은 크게 세 가지로 구분할 수 있다. 먼저 현대인의 필수품인 가전 제품, 자동차를 생산하는 공정을 설계하고 분석하는 생산 시스템을 관리하는 분야, 그리고 통신망, 데이터 통신, 전자 상거래와 같은 정보를 다루는 정보 시스템 분야, 마지막으로 개별적 시스템을 분석하여 공통적으로 적용할 수 있는 통합된 시스템을 구축하는 통합 시스템 분야로 구분된다.

산업 · 정보시스템공학도들은 다양한 정보를 수집하고 분석하여 활용할 수 있는 능력을 배양하고, 여러 시스템들을 분석하고 설계할 수 있는 능력을 향상시켜야 한다. 또한 시스템적 사고 방식을 습득하고 문제해결 능력을 갖추어야 한다. 무엇보다도 의사소통 능력을 토대로 공학(Engineering)과 경영(Management)을 아우르는 전문지식을 갖추어야 한다. 이를 위해 산업 · 정보시스템공학도들이 학습해야 하는 교과목은 MIS(Management Information System), 생산시스템공학(Manufacturing Systems Engineering), 품질 및 경영공학(Quality and Management Engineering), 소프트웨어공학(Software Engineering), 네트워크 시스템(Network System), O.R.(Operation Research), e-Business, HCI(Human Computer Interaction), 사회시스템공학, 제품 및 서비스 개발, 그린시스템디자인 등이 있다.

### (6) 건축공학

건축공학(Architecture)은 건축물의 축재와 관련된 지식을 탐구하는 학문이다. 건축물은 인간의 삶과 문명과 맥을 같이하며 발전해 왔기 때문에 건축공학은 인류와 함께 성장해 온 유구한 역사를 가진 학문이라 할 수 있다. 건축공학이 건축물과 관련된 지식을 탐구하는 학문일지라도 건축물 분야에 국한된 학문이라고 정의내리기는 어렵다. 건축공학은 건축물 자체에 대한 독립적인 학문체계를 다루지 않고 전통적인 공학 분야와 유기적인 관련을 맺고 있다. 건축공학은 건축구조, 건축설비, 건축시공이라는 분야로 구분된다. 이를 세분해 보면, 건축구조는 구조공학과 관련을 맺고 있다. 건축설비는 기계공학, 전기공학과 유기적 관계를 맺고 있으며, 건축시공은 재료공학, 건설공학, 경영학과 관련을 맺고 있다. 더 나아가 건축물이 인간의 삶과 사회 속에서 발전한다면 인문계열 및 사회과학계열과 불가분의 관계를 맺는다 할 수 있다. 이러한 측면에서 건축공학을 하나의 개별학문으로 보는 것보다는 융합학문으로 이해하는 것이 더 타당하다. 따라서 건축공학 계열에서 요구하는 인재상은 건축가로서 또는 건축기술자로서 건축 관련 분야에 대한 전문적인 지식뿐만 아니라, 공학관련 지식, 공학경영에 대한 전문적인 지식, 아울러 인간과 사회에 대한 포괄적인 견문을 가지고 있는 사람이다. 그래야만 건축물과 관련해서 인간과 지역사회, 그리고 국가의 필요와 요구에 응답하며 인류의 문명 발전에 기여할 수 있을 것이다. 또한 건축공학을 통해 배출되는 인재들은 변화하는 미래의 소용돌이 속에서 건축물을 포함하는 건축문화를 선도할 수 있는 창의적이고 능동적인 문제해결 능력을 겸비해야 한다. 건축공학에 대한 전반적인 지식과 소양을 갖추고 있다고 할지라도 현장에서 발생하는 문제에 대처하지 못한다면 건축문화의 발전과 관련 산업의 발전을 저해하는 요소가 될 것이다.

건축공학을 전공하는 학생들은 건축물을 창조해야 하는 장인답게 장인정신과 장인에 걸맞은 직업 윤리관을 갖추어야 한다. 그리고 건축공학은 현장중심의 학문이기에 건축실무에 대한 적응력과 협동력을 키워야 한다. 모든 개별 전공이 그러하듯이 자신의 전공을 다른 사람과 소통하기 위해서는 표현 능력과 설계 능력을 함양해야 한다. 공학적 지식 바탕 위에 전공지식을 습득하고 응용하고 다른 공학적인 지식들과 융합할 수 있는 능력을 습득해야 한다. 그리고 무엇보다도 건축공학도는 사회적 · 문화적 배경 지식을 이해하고 필요한 교양을 겸비하여 건축공학적 문제들을 해결할 수 있는 능력을 갖추어야 한다. 건축공학 자체가 실생활과 깊은 관련이 있기에 실사구시의 정신으로 인간의 복지의 증진과 건축문화와 기술발전에 기여할 수 있어야 한다.

### (7) 컴퓨터공학

컴퓨터공학(Computing)은 컴퓨터와 관련하여 하드웨어와 소프트웨어 그리고 통신 및 네트워크를 연구하고 관련 기술을 개발하여 각 분야에 응용하는 학문 분과이다. 컴퓨터는 이미 우리사회 모든 분야에서 중추적인 역할을 담당하고 있어서 산업, 교육, 행정, 비즈니스 등 다양한 분야에 활용되고 있다. 컴퓨터 공학은 현대를 살아가는 사람들의 삶의 수준을 향상시키고 관심의 대상이 되는 기술로 발전하게 될 것이다. 현대 정보화 사회에서 컴퓨터공학은 국가 경쟁력 향상에 근원이 될 수 있을 것으로 전망된다. 정보화 시대 국가 경쟁력은 정보산업의 육성과 정보사회의 구현 정도에 따라 달라진다. 정보를 수집하고 처리하는 데 있어 컴퓨터공학 기술은 필수적이며 핵심적이다. 마이크로프로세서 기술과 컴퓨터 네트워크 기술의 발달은 초고속 정보통신망을 구축하도록 했으며, 초고속 정보 통신망은 시간, 장소, 분량, 형태와 상관없이 사용자들이 다양한 정보에 용이하게 접근하고 관리할 수 있도록 만들어주었다. 그러므로 다가올 정보화 시대에는 눈부시게 발전하는 컴퓨터 및 멀티미디어 정보통신기술의 패러다임을 활용하여 기존의 인간들이 이루어 놓은 문화, 문명뿐만 아니라 새로운 문화와 문명을 창조할 수 있는 새로운 형태의 기술에 대한 요구가 폭발적으로 증대될 것으로 예측된다. 따라서 미래 사회는 이 분야의 기술을 가지거나 창조할 수 있는 인재를 요구하고 있다. 즉 국가적 · 사회적 · 시대적 요구에 비추어보아 컴퓨터공학 전공에서 교육하고 다루는 기술은 산업발전의 핵심동력이므로 컴퓨터공학 전공의 향후 발전 전망은 매우 밝고 무한하다고 할 수 있다.

### (8) 전자정보 통신공학

전자정보통신공학(Electronic Engineering)은 종래의 전자공학과 정보통신공학을 통합함으로써 전자 및 정보화시대에 부응하는 융합적인 사고와 지식을 겸비한 인재의 양성을 목표로 하는 학문분야이다. 전자정보통신공학은 통신, 컴퓨터, 반도체와 같은 전자분야 및 정보통신 분야의 전문기술의 교육을 목표로 한다. 현대사회는 반도체, 컴퓨터, 초전도재료, 통신이 급속도로 발전을 거듭하고 있다. 전자정보통신공학은 시대의 흐름에 걸맞은 디지털 및 컴퓨터시스템, 제어공학, 레이저공학, 시스템 소프트웨어, 통신프로토콜공학, 데이터통신, 이동통신과 관련된 학문연구로 영역을 확장하고 있다. 전자정보통신공학과는 학생들이 전자공학분야와 정보통신공학분야의 핵심 전공 지식을 습득하여 다양한 산업분야에 응용할 수 있도록 교육함으로써 산업체에서 요구하는 인재로 양성한다.

전자정보통신공학 전공자는 컴퓨터 산업, 전기공업, 통신공업, 반도체 연구소 분야로 진출할 수 있다. 또한 정보통신분야, 전자 정보관련, 통신회사, 컴퓨터 정보통신 분야의 기업체, 정부기관의 컴퓨터 관련 부서, 금융기관의 컴퓨터 관련부서, 멀티미디어, 인터넷 소프트 개발, 시스템 엔지니어, 네트워크 엔지니어, 정보보안, 데이터베이스, 프로그래머와 관련된 분야로 취업이 가능하다.

### (9) 글로벌미디어학

글로벌미디어학(Global Media)은 공학과 디자인 그리고 예술을 융합한 학문이다. 글로벌 역량과 IT 테크놀로지를 바탕으로 인문학적 소양의 함양, 소프트웨어, 하드웨어, 콘텐츠를 융합하여 IT 서비스 솔루션을 제시한다. 테크놀로지와 인문학, IT 기술과 예술 교육을 실시하여 시대를 앞서가는 혁신적인 아이템을 개발할 수 있는 창의력을 기르는 융합 학문 분야라 할 수 있다.

글로벌미디어학은 영상, 컴퓨터 코팅, 게임 디자인, 그리고 미디어 아트 분야를 주로 다룬다. 현대사회에서 각광받고 있는 미디어 아트 분야에서는 구조물을 설치하고 프로젝트를 이용하여 지나가거나 손동작을 통해서 영상을 조정하는 작업을 배운다. 이를 위해 글로벌미디어학과는 디지털 미디어 원리 및 실습, 자료 구조 및 실습, 컴퓨터 비전, 인공지능,

정보와 예술 개론, 디자인론, 게임 개발 방법론, 알고리즘, HCI와 같은 교과목을 이수해야 한다.

글로벌미디어학과는 융합적 창의성을 바탕으로 크고 작은 다양한 미디어 기업에 취업하거나 창업 또는 지속적인 학업을 통해 연구자의 길을 걷는 인재를 양성한다. SW/앱 개발자가 되어 게임, 인터넷, 모바일 , 콘텐츠 분야에서 소프트웨어나 앱을 개발하거나 게임, 콘텐츠, 웹 등의 분야에서 개발 기능과 융합된 디자인 업무 수행한다. 때로는 기획자가 되어 다양한 미디어 콘텐츠를 기획하고 마케팅하는 업무를 수행하기도 한다. 그리고 자신만의 아이디어를 바탕으로 게임, 인터넷, 콘텐츠 등의 분야에서 창업한다. 글로벌미디어학과는 미래의 세계를 역동적으로 견인할 창의적인 IT 융합형 인재를 양성하는 것을 목표로 한다.

2 장

# 실험 보고서 쓰기

## 01 실험 보고서의 개념

실험 보고서는 실험의 모든 절차와 결과를 기록하는 보고서이다. 공학계열 학생들은 전공의 특성상 다양한 실험을 수행하기 때문에 실험 보고서를 자주 작성하게 된다. 따라서 공학을 전공하는 학생들에게 실험 또는 관찰에서 나온 결과를 일정한 형식 또는 정해진 틀에 맞추어 정리하는 실험 보고서의 작성은 매우 중요하다. 공학계열에서는 수행하는 실험의 중요성만큼 실험이 종료된 이후에 작성하는 실험 보고서 작성방법을 잘 익혀둘 필요가 있다.

실험 보고서를 작성하는 이유는 다음과 같다. 첫째, 실험 보고서를 작성하면서 연구자나 실험 참여자는 실험의 모든 과정을 다시 한 번 되짚어 볼 수 있는 기회를 가질 수 있다. 실험에 참여한 사람은 실험의 설계에서 실험의 종료까지 일련의 과정을 살펴보면서 실험을 통해 얻은 결론과 앞으로 개선할 사항에 대해서 검토할 수 있는 계기를 마련할 수 있다. 또한 실험보고서는 관련 학설이나 추상적인 개념들을 구체적으로 이해하고 학습할 수 있는 방편이 될 수 있다.

둘째, 실험 보고서는 실험에 대한 총괄적인 보고서이기 때문에 다른 사람에게 실험에 대한 모든 정보를 제공할 수 있다. 실험을 통해 알게 된 사실을 다른 이들에게 알려줌으로써 실험의 모든 절차와 결과에 대한 지식을 전달하는 글이 실험보고서이다. 따라서 실험 보고서를 작성할 때는 실험의 모든 절차와 과정을 사실 그대로 정확하게 기술해야 한다.

셋째, 실험을 정리하며 실험의 정확성을 판단할 수 있다. 실험이 실패했다면 그 원인은 무엇이며, 실험에 성공했다면 그 이유는 무엇인지 분석하고 파악하기 위해서 실험 보고서의 작성은 반드시 실험 종료 후 작성해야 한다. 이는 또한 실험 결과를 확인하고 학습 성과를 확인할 수 있기 때문이기도 하다.

실험의 모든 과정을 정확하게 기술하는 실험 보고서는 다음의 과정에 따라 작성한다.

실험 설계 → 실험 예비 보고서 작성 → 실험의 절차 기록 → 실험 결과 보고서 작성

실험이 성공적으로 이루어지기 위해서는 실험 설계가 선행돼야 한다. 실험을 수행하기 위한 조건들과 변인들을 고려하여 실험을 미리 계획하는 단계가 실험 설계 단계이다. 실험이 성공적으로 종료되기 위해서는 실험 설계 과정에서 실험의 절차를 세밀히 기록해야 한다. 실험 예비 보고서에는 학과, 학년, 학번, 이름, 담당 교수, 실험 제목, 실험 목적, 관련 이론, 실험 방법 및 절차, 참고 문헌, 필요한 기구와 장치를 기록한다. 실험의 절차를 쓸 때는 실험에 사용한 기구와 장치, 시약, 그리고 실험의 과정을 실제로 시행한 대로 구체적으로 기록해야 한다. 실험 결과  보고서는 실험 결과를 통해 파악된 의미를 평가하고, 개선 방향이나 미래의 연구 방향을 제안한다.

실험 노트는 반드시 실험 보고서와 함께 작성해야 한다. 실험 노트는 실험의 계획 단계에서 종료까지의 모든 과정을 충실하게 기록하는 글이기 때문에 실험 보고서 작성의 기초가 된다. 실험 보고서는 단순한 기록이 아닌 실험자의 의도와 이에 대한 분석과 평가도 포함해야 하는데, 이를 위해서는 충실한 기록이 필요하다. 실험 노트에는 실험자, 실험 장소, 실험 환경, 실험 목적, 실험의 과정과 결과, 실험 결과표, 결과 분석, 결론, 문제점을 기록한다. 이밖에도 실험의 종류와 성격에 따라 내용이 추가될 수 있다. 실험 노트는 실험의 정확성과 결과의 타당성을 증명하는 시금석이다. 따라서 모든 내용은 있는 그대로 기록해야 한다. 실험 과정에서 나타난 실수나 실패도 정확하게 기록해야 추후에 같은 문제를 반복하지 않을 수 있다.

## 02 실험 보고서의 구성

실험 보고서는 공학계열에서만 쓰는 독특한 글쓰기 방식이다. 실험 자체만을 목적으로 하다보면 정작 내용과 형식을 어떻게 작성해야 하는지에 대해서는 관심을 기울이지 않을 수 있다. 실험보고서 작성은 실험 못지않게 중요한 연구의 한 부분이지만 실험 보고서 작성에 대한 체계적인 교육과 이해는  상당히 부족한 것이 현실이다.  다음에서 실험 보고서를 작성하는 과정과 방법을 구체적으로 알아보자.

실험 보고서는 실험의 절차와 결론을 일목요연하게 정돈하여 읽는 사람이 내용을 쉽게 파악할 수 있도록 작성해야 한다. 기본적으로 실험의 과정과 결론을 주된 내용으로 하는 보고서이지만, 단순히 기록을 나열하는 것에 그쳐서는 안 된다. 실험 보고서는 실험자가 실험의 결론에 대해서 종합적인 판단을 내리고 정리하여 작성하는 글쓰기 형식이므로 실험자의 생각이 드러나야 하고, 실험의 결과 또한 명확하게 제시할 수 있어야 한다. 보고서는 나를 위해 쓰는 글이 아니므로 읽는 사람이 실험에 대해 전반적인 이해를 할 수 있도록 정확한 문장으로 써야 한다. 보고서를 구성하는 데 일정한 형식이 고정적으로 주어지는 것은 아니다. 실험의 종류에 따라, 보고서를 작성하는 사람의 성향과 보고서를 받는 사람의 성향에 따라 형식은 얼마든지 달라질 수 있다. 그러나 어떤 형식의 실험 보고서이든 간결하고 정확한 문장으로 실험과 관련된 모든 정보를 제공할 수 있어야 한다. 실험 보고서를 구성하는 항목들은 일반적으로 다음과 같다.

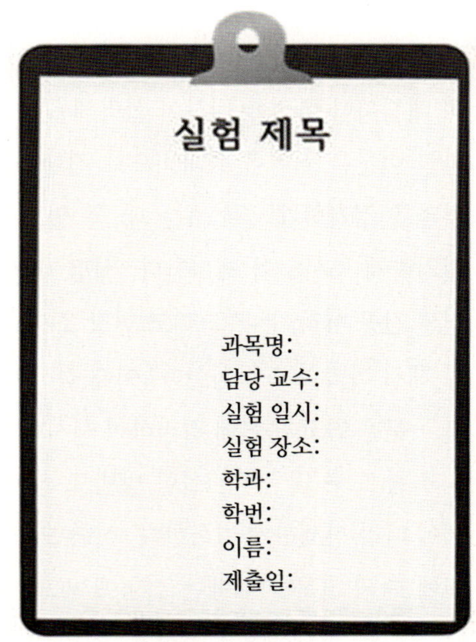

〈실험 보고서 표지 양식〉

### 1) 서두

실험 보고서는 서두, 본문, 마무리로 구성된다. 먼저 서두는 표지에 해당한다. 표지는 실험 보고서의 첫 페이지에 해당하며 보고서 전체의 얼굴 역할을 한다. 표지는 보고서에 담을 실험과 관련된 제반 사항 및 제출과 관련된 정보를 포함해야 한다. 표지에는 실험 제목, 과목명, 담당 교수, 실험 일시, 실험 장소, 학과, 학번, 이름, 조, 조원, 제출일을 기록한다. 표지는 위와 같이 작성하는 것이 일반적이지만 보고서를 읽는 사람이나 담당 교수에 따라 그 형식은 조금씩 다를 수 있다. 필요에 따라 보고서의 목차를 표지에 기록하는 경우도 있다.

### 2) 본문

실험 보고서의 두 번째 항목은 본문이다. 본문에는 서론, 실험 목적, 실험 관련 이론, 실험 도구 및 장비, 실험 방법, 실험 결과, 고찰, 결론 등이 제시되어야 한다. 서론은 문제의 핵심, 보고서의 목표, 실험에서 기대하는 바를 제시하면서 실험과 관련된 주요 정보를 제공해야 한다. 실험의 기본 정보는 최대한 명시적으로 제시해야 한다.

실험 목적 부분에서는 실험 전체의 목적이 무엇인지를 밝히고, 목적을 달성하기 위한 세부적인 하위 목표를 상세하게 서술한다.

서론
실험 목적
실험 관련 이론
실험 도구 및 시약
실험 방법
실험 결과
고찰
결론

〈실험 보고서 본문 양식〉

실험 관련 이론에서는 실험과 연관된 이론적 배경이나 학설에 대하여 설명해 준다. 특히 관련 이론은 실험을 효과적으로 진행하고, 그 결과를 정확하게 분석하는 데 꼭 필요하므로 철저하게 조사하여 제시한다. 실험 내용과 관련된 전공 서적, 논문 그리고 현장 조사를 기초로 해서 파악하고 작성한다. 이때 참고한 서적과 논문은 참고 문헌에 정리하여 제시한다.

실험 도구 및 장비, 실험 방법도 실험의 설계에 따라 상세하게 기록한다. 실험 도구 및 장비에 대해 기록할 때에는 실험에 필요한 도구나 장비를 조사하여 기록하고, 실험 장치들이 어떻게 상호 연결되어 작동하는지에 대해 상세하게 설명한다.

본격적으로 실험 방법을 쓸 때는 실험이 어떤 절차에 따라 진행되었는지 순서대로 적는다. 실험의 첫 출발에서 마지막까지의 모든 과정을 순차적으로 상세하게 기록해야 한다. 실험자가 실험에 참여해서 시행했던 모든 방법들을 자세히 기술하는 것이 좋다. 실험에 따라서는 실험 방법을 문장으로 나열하는 것보다 도식화해서 작성하는 것도 필요하다.

실험의 결과는 실험에서 도출된 결론이나 값을 정리하여 기록한다. 실험 결과를 작성할 때는 표나 그래프를 통해 전달하고자 하는 내용을 명확하게 정리하는 것도 필요하다.

실험 결과를 토대로 분석과 토의를 하는 고찰은 실험을 평가하는 중요한 과정이다. 실험 결과가 만족스럽지 못할 때는 실험 과정에 나타난 문제를 파악하고 원인을 분석해야 한다. 앞으로 실험을 개선해 나가거나 더 나은 결과를 도출하기 위해 검토해야 한다. 그리고 실험 장치, 실험 과정, 관련 이론과의 적합성 등 실험 전반에 걸친 문제점이나 개선 방안을 살펴보아야 한다. 무엇보다도 실험에 임한 실험자의 태도를 되돌아보는 것이 중요하다.

결론에서는 실험 전체의 내용을 압축해서 서술한다. 실험의 결론은 실험을 시작할 때 제시했던 실험의 목적과 비교하며 제시해야 한다. 그리고 실험을 통해 예상했던 바와 얼마나 일치하는 결론이 도출되었는지를 살펴보는 것도 필요하다. 실험을 통해 드러난 문제점과 앞으로의 과제에 대해 언급하는 것도 좋다.

### 3) 참고 문헌

마지막으로 참고 문헌을 잊어서는 안 된다. 참고 문헌은 실험 보고서 작성 과정에서 언급하거나 참고한 자료들을 빠짐없이 기록해야 한다. 참고 문헌에 기록해야 할 항목은 다음과 같다.

**책 제목, 개정판, 저자, 출판사, 출판년도, 인용 페이지**

## 03 실험 보고서 작성 요령

실험 보고서는 실험 예비 보고서와 실험 결과 보고서로 나누어 작성한다. 실험 예비 보고서는 실험의 원리에 대해 조사하고 기술하는 것을 목적으로 한다. 반면 실험 결과 보고서는 실험 결과와 고찰을 중점적으로 기술한다. 실험 예비 보고서는 그야말로 예비 보고서이기 때문에 실험 결과와 실험 결과에 대한 고찰이 빠져 있다는 점 외에 실험 결과 보고서와 크게 다르지 않다. 실험 결과 보고서는 실험 예비 보고서에 나타난 실험의 원리와 방법의 타당성을 살펴보며 실험의 결과를 제시한다.

실험을 절차에 맞게 진행하고 나면 실험 결과 보고서를 작성해야 한다. 실험 결과 보고서는 실험 결과 및 이에 대한 분석과 논의를 담은 최종적인 보고서이다. 실험 결과 보고서는 실험이 진행되는 과정과 결과, 그리고 결과가 의미하는 바가 무엇인지를 명확하게 정리해야 한다. 결과 보고서의 내용은 예비 보고서와 유사하지만 실험 결과를 분석하고, 분석된 내용을 토대로 이루어진 토론 및 고찰의 내용을 담아야 한다. 실험 결과 보고서를 작성할 때 실험과 관련된 모든 내용들을 도표와 그래프를 이용해서 정리하는 것이 좋다. 실험 결과 보고서는 실험을 실시한 사실에 대한 정리나 기록에 그쳐서는 안 된다. 실험 결과에 대한 실험자의 고찰이 포함되어야 하므로 정리된 결과에 대해 분석하고 실험 참여자들과 토의를 한 후 종합적인 결론을 제시해야 한다.

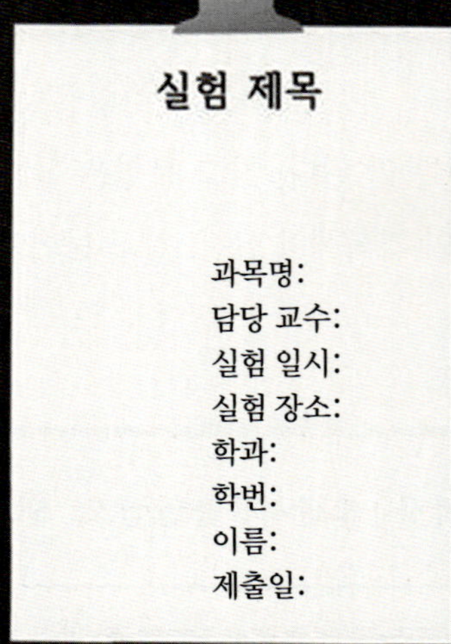


〈실험 결과 보고서 표지〉

실험 제목
실험 목적
실험 관련 이론
실험 도구 및 시약
실험 방법
실험 결과
고찰 및 토론
참고 문헌

〈실험 결과 보고서 본문〉

실험 결과 보고서의 내용과 형식은 다음과 같다.

### 1) 표지

표지는 보고서와 관련된 모든 정보가 포함되어 있어야 한다. 겉표지는 담당 교수가 실험과 관련된 제반 사항을 한 눈에 파악할 수 있도록 모든 항목을 정확하게 제시해야 한다. 표지에는 실험 제목, 과목명, 담당 교수, 학과, 학번, 성명, 실험일, 제출일의 정보가 필요하다.

#### ☑ 표지 작성 예시

실험 보고서

실험 제목: 구심력 실험
과 목 명: 물리1 및 실험
담당 교수: 000
학　과: 000학과
학　번: 2016xxxxx
이　름: 000
제 출 일: 2016. 00.00.

### 2) 실험 제목

실험 제목은 해당 실험이 무엇에 관한 것인지를 쉽게 파악할 수 있도록 설정한다. 제목만 보고도 실험 내용이 무엇인지를 이해할 수 있도록 내용을 압축할 수 있어야 한다. 무엇보다도 실험 제목은 표지의 제목과 일치해야 한다. 그리고 필요에 따라 실험의 제목을 쓰고 부제목도 정할 수 있다.

### ☑ 실험 제목 설정 예시

1) 재결정과 혼합물의 분리
2) 줄 위의 파동 실험

## 3) 실험 목적

실험 목적 부분에서는 실험 전체에 대한 정보와 세부적인 목적을 최대한 명시적으로 제시해야 한다. 실험 전체의 목적이 있고, 이 목적을 달성하기 위한 세부 목표가 있으면 그 위계가 잘 드러나도록 상세하게 밝혀준다. 실험 목적이 중요한 이유는 실험 목적을 정확히 기술해야 실험을 통해서 도출하고자 하는 바가 분명히 드러나기 때문이다. 왜 실험이 필요하고, 어떤 과정을 거치며 어떤 결과를 얻어내려고 하는지를 분명하게 언급해야 한다.

### ☑ 실험 목적 예시

1) 크로마토그래피에 의한 색소의 분리를 통하여 크로마토그래피의 원리와 극성의 개념을 이해한다.
2) 자발적 화학 반응으로 일어나는 전자 이동을 이용하여 전기 에너지를 얻는 화학 전지의 원리를 알아본다.

## 4) 실험 이론

실험과 관련된 이론이나 이론적 배경, 즉 실험에 필요한 핵심 원리를 기술한다. 실험 이론이 제시되어야 실험 방법이 타당한지 판단할 수 있다. 실험 이론은 실험 전에 관련 논문이나 책에 대한 면밀한 조사를 바탕으로 정리해서 제시할 필요가 있다. 이론의 핵심 내용을 장황하지 않고 일목요연하게 요약하는 것이 좋다.

### ☑ 실험 이론 작성 예시

크로마토그래피(Chromatography)

크로마토그래피는 시료들이 섞여 있는 혼합물을 이동상과 함께 흘려 보내면, 시료의 특징에 따라 통과하는 속도가 다르다는 점을 이용해 시료를 분리해내는 방법이다. 크로마토그래피에는 화합물이 고체 표면에 흡착되는 정도의 차이를 이용한 '흡착 크로마토그래피', 작은 분자가 교대로 결합된 젤의 틈새를 잘 침투하는 효과를 이용하는 '젤 크로마토그래피', 주어진 pH에서 화합물이 해리해서 생긴 이온의 전하 차이를 이용하는 '이온 교환 크로마토그래피', 용매에 녹는 정도가 다르다는 점을 이용한 '분배 크로마토그래피' 등의 여러 가지 방법이 있다.

시료 성분의 확인 Rf

Rf = 시료가 이동한 거리 / 용매가 이동한 거리

어떤 용매가 10cm 이동하는 동안 시료 A가 3cm, B가 5cm 이동했다면 같은 용매가 20cm 이동하는 동안 시료 A가 6cm, B가 10cm 이동할 것이다. 이러한 비율을 계산해 두면 물질 확인에 유용하게 쓸 수 있다.

따라서 A의 Rf = 0.3, B의 Rf = 0.5이다.

## 5) 실험 준비물(시약 및 기구)

실험에 필요한 재료, 기구, 장치, 준비물, 방법 등을 구체적으로 설명한다. 이와 관련된 인용 문헌이 있으면 참고 문헌란에 밝힌다. 새로 사용하게 되는 기구에 대해서는 그림 또는 도표와 함께 사용법을 조사하여 기록해야 한다.

### ☑ 실험 준비물 작성 예시

스탠드 & 뷰렛클램프, 25ml 뷰렛, 100ml 삼각 플라스크 2개, 가열교반기, 마그네틱 바, 사발, 제산제($Mg(OH)_2$), 페놀프탈레인 용액, 100ml 비커, 50ml 메스실린더

# 주의사항
적정을 하는 동안 용액을 천천히 흔들어 주어야 하고, NaOH 표준 용액을 너무 빨리 넣지 말아야 한다.
처음 실험할 때, NaOH 용액을 조금씩 넣어 주면서 지시약의 색 변화를 관찰하고, 지시약의 분홍색이 지속되는 시간이 점점 길어지면 종말점에 가까이 온 것이므로 NaOH 양을 줄이면서 관찰한다.

## 6) 실험 방법(절차)

실험 과정을 순서대로 차례차례 번호를 붙여가면서 열거한다. 실험 방법은 보통 순서도 형식을 이용하여 실험 절차를 기록한다. 실험 순서와 방법을 나타내는 도표를 작성함으로써 실험 내용을 더 정확하게 이해할 수 있다.

### ☑ 실험 방법 작성 예시

식초 분석-적정
① 100ml 삼각 플라스크의 무게를 측정한다.
② 식초 10ml를 피펫으로 정확히 취하여, 100ml 삼각 플라스크에 넣고 무게를 측정한다.
③ 20ml의 증류수를 넣고, 페놀프탈레인 용액 2방울을 떨어뜨린다.
④ 뷰렛에 1M NaOH 표준 용액을 넣고 적정을 한다.
→ 페놀프탈레인 용액의 분홍색이 나타나기 시작하면, 1M NaOH 표준 용액을 천천히 넣고 용액을 살살 흘리면서 색 변화를 관찰한다.
→ 분홍색이 30초 이상 지속되고 없어지면 1M NaOH 표준 용액을 한 방울 더 넣고, 종말점으로 여긴다.
⑤ 같은 적정을 5번 반복한다.

## 7) 실험 결과

실험 결과는 정확한 기록과 체계적인 표를 통해 일목요연하게 볼 수 있도록 정리해야 한다. 실험에서 얻은 결과를 가능한 한 눈에 알아볼 수 있게 시각화하는 것이 좋다. 도표에는 문맥의 내용과는 별도로 제목과 설명을 따로 붙인다. 실험 결과는 추정이나 예측을 기록하는 것이 아니라 실험을 통해 얻은 정확한 결과를 기록해야 한다. 실험 결과를 조작하거나 허위로 기록해서는 안 된다.

## ☑ 실험 결과 작성 예시

| 진자 특성 | 값 |
|---|---|
| 진자 막대 질량 $m_1$ | 0.0061 kg |
| 진자 막대 질량중심의 회전 반지름 $R_1$ | 0.2375 m |
| 추 질량 $m_2$ | 0.1 kg |
| 추 질량 중심의 회전 반지름 $R_2$ | 0.4675 m |

〈표1〉 진자의 특성

| 점 | 구심력 w (rad/s) | 각속도 w(rad/s) | 막대 중심 속도 v1= $R_1$ x(m/s) | 추 중심 속도 $v_2$ = R $_2$ x(m/s) |
|---|---|---|---|---|
| 1 | 0.09 | 1.13 | 0.268375 | 0.528275 |
| 2 | 0.09 | 1.16 | 0.2755 | 0.5423 |
| 3 | 0.09 | 1.13 | 0.268375 | 0.528275 |
| 4 | 0.09 | 1.09. | 0.258875 | 0.509575 |
| 5 | 0.09 | 1.11 | 0.263625 | 0.518925 |

〈표2〉 추의 최저점에서 측정한 구심력과 진자의 회전 속도

우리는 회전 운동 센서, 힘센서 클램프, 저울, 받침대와 지지막대, 질량세트, 막대 추 진자, 사이언스 워크샵 인터페이스 등을 이용하여 구심력을 측정하였다. 이론상의 구심력 값과 실제로 측정한 뒤 계산한 구심력을 계산해 본 결과 오차가 1차 실험에서 최대 35%, 2차 실험에서 10~20%를 맴돈다. 그리고 여러 가지 오차 원인이 존재했다. 오차 원인으로는 기계 미숙으로 인한 측정상의 오류, 길이 측정상의 오류, 막대 질량 무시로 인한 오류, 공기 마찰 등이 있었다. 이러한 오차 원인을 줄인다면 좀 더 이론값에 가까운 측정값을 얻을 수 있을 것이다.

## 8) 고찰 및 토론

실험의 시작에서 실험의 결과까지의 모든 과정을 숙고해보는 단계이다. 실험의 목적 설정 단계에서 실험을 통해 도출하고자 했던 내용과 실제 실험 결과로 나타난 내용의 차이를 세밀하게 살펴보아야 한다. 실험의 순서에서 어떤 오류가 있었는지, 측정 방법은 적절했는지, 그리고 측정한 데이터의 오차는 어떠한지에 대해 점검해본다. 이를 통해 앞으로의 과제에 대해서도 미리 생각해 볼 수 있는 기회를 마련할 수 있다.

### ☑ 고찰 및 토론 작성 예시

질문 1– 구심력의 측정값은 계산값에 비해서 어떠한가?
구심력의 측정값은 계산값에 비해서 작다.
질문 2– 구심력의 측정값과 계산값이 다르다면 그 원인은 무엇인가?
공기 저항으로 인한 오차가 있다. 힘을 조절하지 못해 초기 속도가 발생함으로 인해서 오차가 발생했을 수 있다. 근삿값을 계산하는 과정에서 오차가 있었다.
길이 측정의 오류가 있었다.
기계 사용이 미숙한 점으로 인해서 측정의 오류가 있을 수 있다.
막대의 질량을 고려하지 않았기 때문에 오류가 있을 수 있다.

## 9) 참고 문헌

실험과 관련해 도움을 받은 자료들의 목록을 밝힌다. 단, 실험 교재는 참고 문헌에 적지 않는다. 요구하는 형식은 학과나 분야마다 조금씩 다르므로 해당 지침에 따른다. 참고문헌은 대체로 다음과 같은 순서로 작성한다. 책 제목, 개정판, 저자, 출판사, 출판년도, 인용페이지.

### ☑ 참고 문헌 작성 예시

표준 일반 화학 실험, 제7 개정판, 대한 화학회, 천문각, 2011, pp. 155~157.
Principle of Modern chemisty, 6th, Oxtoby, Gilb, champion, Cengage Learning, 2008, p. 273.

## 04 실험 보고서 작성 예

아래의 〈예비 보고서〉와 〈결과 보고서〉는 한 학생이 수업시간에 진행된 실험을 토대로 작성한 사례로 〈예비 보고서〉와 〈결과 보고서〉 모두 좋은 평가를 받았다. 아래의 보고서를 읽고 어떤 부분이 잘 작성되었는지 그리고 아쉬운 부분은 어떤 점이 있는지 토론해 보자.

### 〈예비 보고서〉

1. 제목: 화학 전지(Electrochemical cell)

2. 실험 일시: 2015년 4월 28일 4교시

3. 실험 목적: 자발적 화학 반응으로 일어나는 전자 이동을 이용하여 전기 에너지를 얻는 화학 전지의 원리를 알아본다.

4. 실험 준비물(시약 및 기구):

① 염다리 만들기

KCl, 50ml 비커, 메스실린더, 약수저, 마그네틱 바, 교반기, 시약종이, 저울

② 화학 전지 만들기

구리판, 아연판, 집게전선(적, 흑), 시험관 6개, 시험관 대, 핀셋, 비커 2개, 염다리, 발광 다이오드(LED 전구), 멀티미터, 핀셋, 일회용 피펫 2개

# 주의사항

– 폐금속은 수거박스에 모아서 버린다.

– 멀티미터는 실험이 끝나면 OFF로 다이얼을 돌린다.

– 실험 중 안전 가운 및 일회용 장갑을 반드시 착용한다.

– 산 용액은 반드시 후드 내에서 옮기도록 한다.

5. 실험 이론:

1) 금속의 반응성(이온화 경향)

K > Ba > Ca > Na > Mg > Al > Zn > Fe > Ni > Sn > Pb > (H) > CU > Hg > Ag > At > Au

– 이온화 경향이 크다.

– 반응성이 크다.

– 환원성, 환원력이 크다.

2) 산화–환원 반응(Oxidation–Reduction reaction)

화합물은 양전하를 가진 원자핵 주변에 전자가 구름처럼 분포하여 구성된다. 원자나 분자를 둘러싸고 있는 전자는 원자와 분자의 종류에 따라 쉽게 떨어져 나가서 다른 원자나 분자로 옮겨가기도 한다. 이때 전자를 잃어버리는 원자나 분자는 '산화'되었다고 하고, 전자를 받은 원자나 분자는 '환원'되었다고 한다.

3) 표준 환원 전위(Standard reduction potential)

전지의 전압은 산화되는 반쪽 전지와 환원되는 반쪽 전지를 어떤 것으로 하느냐에 따라 달라지는데, 산화되는 반쪽 전지를 표준 수소전극으로 하고 여기에 환원되는 반쪽 전지를 연결하여 꾸민 전지가 나타내는 전위를 표준 환원 전위라 하고 기호는 E°로 나타낸다. 이때의 조건은 25° C, 1기압, 1M이다.

4) 화학 전지, 산화 전극, 환원 전극

화학 전지는 물질의 화학 반응에 의해 방출되는 에너지를 직접 전기 에너지로 변환하는 전지를 말하며, 보통 1차 전지, 2차 전지라 하는 것이 이에 속한다. 화학 전지는 산화제와 환원제 간의 산화와 환원 반응을 이용한다. 산화제와 환원제를 활성 물질이라 하고, 이 둘 사이에 이온도 전체인 전해질이 존재하게 된다. 화학 전지에서 산화되는 전극, 환원제 역할을 하는 전극을 산화 전극이라 하고, 환원되는 전극, 산화제를 환원 전극이라고 한다.

5) 반쪽 전지(half cell)

산화 반응과 환원 반응이 일어나는 부분을 염다리, 격막 등으로 분리시켜 놓음으로써 전자가 도선을 통해 이동하도록 만들어 놓은 장치로 산화 반응과 환원 반응이 일어나는 각 부분이 반쪽 전지이다.

6) 염다리(Salt bridge)

U자형 유리관에 KCl과 같은 염이 섞여 있는 젤로 채워진 것이다. 염다리를 통해서 수용액 중에 녹아 있는 이온들은 이동할 수 있지만 두 용액이 직접 맞닿아 섞이지는 않도록 하는 역할을 한다.

6. 실험 절차:

[실험 A. 염다리 만들기]

① 3.3 M KCl(혹은 포화 KCl)용액 10ml를 준비한다.

② 필터 페이퍼를 0.5cm 두께로 접어서 잘라낸다(3~4겹).

③ ① 용액에 필터 페이퍼를 충분히 적신 뒤 화학 전지에 설치한다.

[실험 B. 화학 전지 만들기]

① 시험관 6개에 각각의 금속핀을 넣는다. 그리고 아연판에는 1M 황산아연 수용액을, 구리판에는 1M 황산구리 수용액을 높이를 맞추어서 적당량 넣어준다.

② 두 개의 시험관에 염다리를 연결해 주고(양쪽 끝이 수용액에 잠기도록), 이 중 황산 아연과 황산 구리 수용액을 넣은 두 시험관의 금속판에 집게 전선을 집은 후 멀티미터에 연결하여 전위를 측정해 본다.

③ 모든 시험관에 염다리를 직렬로 연결해 주고 양 끝 금속판에 집게 전선을 집은 후 멀티미터에 연결하여 전위를 측정해 본다(2개, 3개 각각 전압을 모두 측정해 본다).

④ 완성된 화학 전지를 이용하여 발광 디아오드에 불을 켜 본다.

7. 참고 문헌

m. terms, naver.com/entry. nhn?docid=1166152& cid = 40942 & categoryjd=32252

ko.wekipedia. org/wiki/Zinc, ko.wekipedia. org/wiki/Copper

ko.wekipedia. org/wiki/Zinc Sulfate, ko.wekipedia. org/wiki/Copper Sulfate

ko.wekipedia. org/wiki/Potassium Chloride

표준 일반 화학 실험, 제7개정판, 대한 화학회, 천문각, 2011, 155~157쪽.

## 〈결과 보고서〉

1. 관찰:

1) 3.3M KCl 용액에 필터 페이퍼를 적셔 염다리를 만들었다.

2) 시험관 6개에 아연판과 구리판을 번갈아 넣고, 아연판에는 1M, $ZnSO_4$ 용액을 적당량 넣고 염다리와 집게 전선을 연결하고 전위차를 측정하였더니 1.0V가 측정되었고, 꼬마 전구를 연결하였더니 불이 들어왔다.

2. 결과:

1) 염다리의 역할은 무엇인가?

→ 염다리를 통해 음이온은 구리판에서 아연판으로 이동하고 양이온은 아연판에서 구리판으로 이동한다. 즉 염다리는 아연판과 구리판 양쪽 수용액의 전기적 중성을 유지시키는 역할을 한다. 아연판에서는 Zn이 $Zn^{2+}$이 되므로 전자를 방출하면서 음이온이 부족한 상태가 되고, 구리판에서는 $Cu^{2+}$가 Cu가 되므로 전지를 받아들이면서 양이온이 부족한 상태가 된다. 이때, 염다리가 양이온과 음이온의 이동 통로가 되어 부족한 이온을 보충하게 되고, 따라서 양쪽 수용액의 전기적 중성이 유지된다.

2) 두 금속 사이의 전위차는 얼마인가? 이론적인 값을 계산하여 비교해보자.

실험했을 때의 전위차 =1.0V

이론적인 전위치의 값 = 구리(+극)의 표준환원전위 - 아연(-극)의 표준환원전위

= (+ 0.34 V) − (−0.76V)

= 1.10 V

3) 두 금속 사이의 전위차가 이론값과 다르다면 그 원인은 무엇이라 생각하는가?

− 염다리와 금속판이 닿아있어서, 전하의 이동이 제대로 이루어지지 않았을 것이고, 시간이 지날수록 전하가 전위가 높은 곳에서 낮은 곳으로 이동함에 따라 점점 전위차가 줄어들기 때문이다.

4) LED 전구에 불이 켜지는 이유에 대해서 설명해보자.

− 화학 전기 속 전해질이 수화되어 전기를 통하게 해 주는데 전류가 흐르면서 LED전구에 전압이 가해져서 불이 켜지는 것이다.

− 산화 환원 반응으로 인해 화학 에너지가 전기 에너지로 바뀌는데, 바뀌는 동안 염다리로 인해서 전하의 불균형이 해소되어 전구에 불이 들어오는 것이다.

3. 고찰 및 토론:

자발적 화학 반응으로 일어나는 전자 이동 반응을 이용하여 전기 에너지를 얻는 전지의 원리를 알아보고, 금속 이온의 이온화 서열을 확인해 보았다.

화학 전지라는 것은 어떤 화학 반응이 일어날 때 발생되는 에너지를 전기 에너지로 전환시키는 장치로 화학 전지에 이용되는 반응은 산화 환원 반응이다.

− 화학 전지의 (−)극에서는 산화 반응이 일어나며, (+)극에서는 환원 반응이 일어난다.

− 염다리는 전자가 이동하면서 생기는 전하의 불균형을 염다리에 들어있는 이온들이 나옴으로써 전기적으로 중성이 되게 한다.

− 화학 전지가 연결되면 전위가 생기게 되는데 이때 임의의 두 전극의 전위치를 측정하기 위해 기준이 되는 전극이 필요하다. 이 전극은 보통 표준 수소 전극이라 하고, 25℃ 수소 이온 농도가 1M인 용액의 환원 전위를 0으로 잡고 이를 기준으로 측정한다.

$$2H^+ + 2e^- \rightarrow H_2,\ E^0 = 0V$$

이 표준 수소 전극과 25℃ 1M의 용액, 1 atm에서 어떠한 물질의 전극과의 전위치를 표준 환원 전위라고 한다. 표준 환원 전위는 금속 이온이 환원되려는 경향을 나타낸 것으로 그 값이 클수록 쉽게 환원되며, 그 값이 작을수록 쉽게 산화된다. 금속들을 표준 환원 전위 순서로 배열하면 금속의 이온화 경향과 일치한다.

Cu와 Zn의 표준 환원 전위를 살펴보면, Cu의 표준 환원 전위가 더 크다. 즉 Cu와 Zn 중에서 Cu가 전자를 더 잘 받고, Zn이 더 전자를 잘 잃는 것을 뜻한다.

따라서 Zn과 Cu를 연결하면 Zn 전극에서는 Zn이 전자를 잃고 $Zn^{2+}$가 되는 반응이 일어나며(산화 전극), Cu 전극에서는 Zn이 잃은 전자를 용액 속 $Cu^{2+}$가 얻어 Cu로 석출되는 반응이 일어난다(환원 전극).

이 전극에서 만약 염다리가 없다면 산화 전극에서는 양이온이, 환원 전극에서는 음이온이 더 많아지므로 전하의 불균형이 일어난다.

Cu–Zn 화학 전지에서 일어나는 반응은 다음과 같다.

$$Cu^{2+} + Zn \rightarrow Cu + Zn^{2+},\ E^0 = 1.10V$$

따라서 이 전지의 이론적 전위값은 1.1V이다. 멀티미터로 전지의 전위를 측정하면 1.0V로 측정되었다. 이 오차의 원인은 이론값이 표준 상태에서의 전위차를 뜻하며, 실험실이 25℃, 1 atm이 아닐 것이고, 용액의 농도가 1M이 아니며, 시간이 지날수록 농도가 바뀌기 때문이다. 각 전극이 전하의 흐름을 방해하는 저항의 역할을 할 수 없으며, 염다리가 전극에 닿아 있어서 전하의 원활한 흐름이 이루어지지 않았을 수 있기 때문에 오차가 생긴 것 같다.

4. 참고 문헌

표준 일반 화학 실험, 제7개정판, 대한화학회, 천문각, 2011, pp. 155~157.

3 장

# 제안서 쓰기

## 01 제안서의 개념

제안서는 창의적인 아이디어로 새로운 연구를 시도하기 위해 작성하는 연구 계획서나 새로운 사업을 시도하기 위해 작성하는 사업 계획서와 같이 제안자가 시도하려는 일을 기관으로부터 승인받기 위해 작성하는 글이다. 제안서는 단체나 기관이 가지고 있는 문제점을 해결하고 개선하는 것을 목적으로 작성하는 문서의 일종이다. 또한 공학계열의 제품 사용 설명서나 실험 보고서만큼 많이 사용하는 실용적 글쓰기이다. 그러면서도 자신이 제안서를 제출한 피제안자나 기관으로부터 승인을 받기 위해 피제안자를 설득해야 하기 때문에 논증적인 성격이 강한 글쓰기이다.

제안서는 기업과 대학뿐만 아니라 우리 주변에서 쉽게 발견할 수 있다. 우선 대학 홈페이지를 보면 대학생을 대상으로 하는 각종 공모전이나 봉사 활동 지원서, 정부 초청 장학생 선발 지원서, 연구 논문 계획서가 제안서에 해당한다. 그리고 기업에서 공고하는 대학생 창업 프로그램 신청서, 글로벌 챌린지 프로그램이나 봉사 활동 지원서, 제품 개발서, 프로젝트 계획안 등이 모두 제안서의 범주에 포함된다. 공공 기관이나 단체에서 문제가 발견되었을 때 문제점을 해결하고, 개선할 것을 제시하는 글 역시 제안서에 해당한다. 아무리 창의적인 아이디어를 가지고 있더라도 글로 표현하고 제안하지 않는다면 시행될 수 없다.

대학과 기업은 자기 주도적이고 적극적인 도전 정신을 가진 인재를 선호한다. 제안서는 능동적이고 적극적인 도전 정신으로 자신의 아이디어를 생성하고 제안하는 글쓰기 유형이다.

제안자가 추진하려고 하는 일이 시행되려면 기관으로부터 재정적인 지원을 받거나 일이 진행되는 일정 기간을 부여받아야만 한다. 따라서 제안서를 작성하는 사람은 피제안자를 논리적으로 설득해야 한다. 제안서는 독창적인 아이디어를 창출하여 문제를 개선하거나 새로운 연구 또는 사업 진행을 승인받기 위한 계획서의 일종이다. 아직 진행되지 않은 연구나 사업에 대한 계획서에 해당하기 때문에 피제안자에게 선정되기 위한 전략이 필요하다.

제안자는 자신이 제안하려고 하는 목적이 무엇인지 명확하게 알아야 한다. 공동체가 가지고 있는 문제점을 개선하려는 의도인지, 연구를 수행하려고 하는지, 과제에 공모를 하려고 하는지 제안 목적을 분명히 설정해야 한다. 왜냐하면 피제안자는 제안자의 제안서를 보고 과연 문제점이 중요하며 제안자의 제안으로 문제 해결이 가능한지를 판단하기 때문이다. 연구비를 지원하는 기관은 연구 수행과 관련해서 연구 범위, 연구 수행 능력, 이익 창출과 관련된 정보를 보고 판단하기 때문에 연구 지원서에 관련 정보를 담아야만 채택될 수 있다. 제안서는 쓰는 것도 중요하지만 제안서 채택이 더 중요하므로 논증적이고 명확한 제안서를 써야 한다는 점을 명심해야 한다. 자신의 생각만으로 제안서를 작성하는 것보다는 여러 분야의 전문 지식을 갖춘 사람들이 함께 작업하는 것도 효율적인 방안이 될 수 있다.

여기서는 제안서를 작성하는 요령을 알아보고, 여러 종류의 제안서를 작성해 보도록 하자.

## 02 제안서의 종류와 형식

### 1) 문제 해결/업무 환경 개선 제안서

문제 해결을 위한 제안서는 개인이나 소집단이 기업이나 기관, 공동체의 당면 문제를 해결하기 위한 글쓰기이다. 문제 해결을 위한 제안서는 공동체가 가지고 있는 구조적 모순이나 불편한 점을 개선하기 위해서 단체장에게 제출한다. 이때 제안자 본인만 느끼는 문제점이어서는 곤란하다는 점에 주의해야 한다. 다수의 구성원들이 공유하는 문제점을 공론화하여 개선해야 하므로 문제의 심각성을 확실히 부각해야 한다. 예를 들어, 학생들이 학교 시설물이나 학교 운영에 대해 불편한 점이 있다면 총장이나 기관장을 대상으로 제안할 수 있다. 문제를 시정하는 것은 간단한 일이 아니다. 재정적인 부담과 해결 과정에서 때로는 구성원들이 불편함을 감수해야 하기 때문에 제안자는 반드시 문제 해결 가능성과 기대 효과를 충분히 설명해야 한다.

업무 환경 제안서 역시 문제 해결을 위한 제안서의 하나이다. 업무 환경 제안서는 자신이 일하고 있는 사업장이나 산업 현장에서 업무 환경의 불편함을 느끼고 사장이나 해당 기관장에게 업무 환경의 개선을 요구하는 글쓰기이다. 따라서 현재의 업무 환경이 열악하여 업무 능률을 떨어뜨리고 있다는 점을 최대한 부각해야 한다. 현재의 환경이 업무 능률을 떨어뜨린다는 사실이 증명되지 않으면 개선을 위한 투자를 할 필요가 없다. 따라서 업무 환경 제안서를 쓸 때는 현재의 업무 환경이 비효율적이라는 점을 설득력있게 지적하고 현재의 문제를 개선하기 위해 필요한 방안이 무엇이고 그 실현 가능성과 기대 효과가 어떠한지 밝혀야 한다.

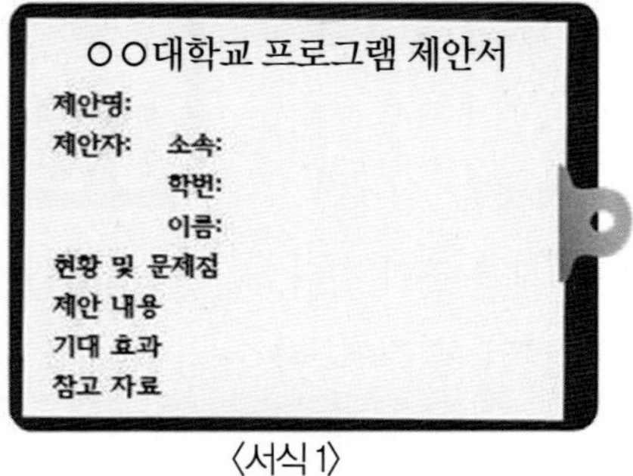
ㅇㅇ대학교 프로그램 제안서
제안명:
제안자: 소속:
학번:
이름:
현황 및 문제점
제안 내용
기대 효과
참고 자료

〈서식 1〉

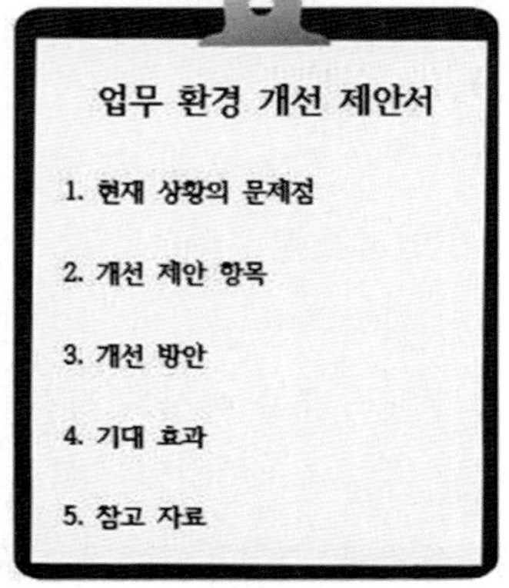
업무 환경 개선 제안서
1. 현재 상황의 문제점
2. 개선 제안 항목
3. 개선 방안
4. 기대 효과
5. 참고 자료

〈서식 2〉

〈서식1〉은 대학에서 교육프로그램의 불편한 점을 개선하기 위한 제안서 형식이며, 〈서식2〉는 기업 또는 회사에서 업무 환경을 개선하기 위해 제출하는 제안서 형식이다. 문제 해결이나 환경 개선을 위한 제안서와 같이 현재의 문제점을 지적하며 앞으로의 개선을 말할 때 제일 중요한 것은 현재 상황의 문제점을 부각하는 것이다. 그리고 제안하고자 하는 내용과 개선 방안을 조목조목 개진해야 한다. 그리고 제안서가 채택되었을 때 기대할 수 있는 효과를 구체적으로 제시해야 한다.

## 2) 공모전 응모 제안서

공모전 응모 제안서는 개인이 특정 단체나 기관에서 실시하는 공모전에 응모하기 위해서 작성하는 제안서이다. 자신이 제출한 공모전 응모 제안서가 채택된다면 금전적인 지원을 받을 수 있을 뿐만 아니라 여러 활동에 참여할 수 있기 때문에 적극적으로 준비해서 자신의 능력을 인정받을 수 있도록 해야 한다. 공모전의 성격에 따라 제안서의 양식은 조금씩 다르지만, 기본적으로 공모전에 응모하는 목적을 분명히 밝혀야 하는 점에서는 공통적이다.

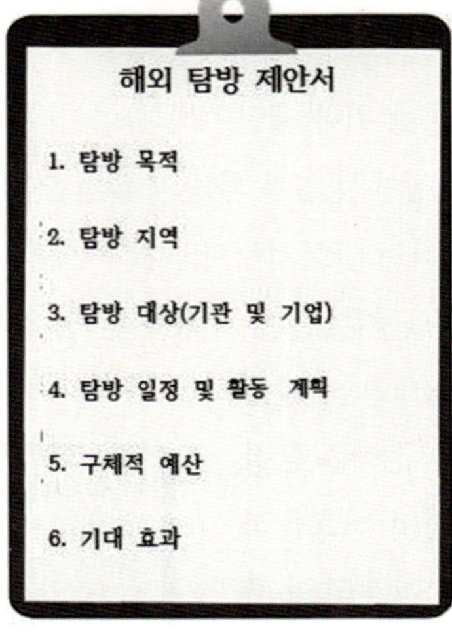

해외 탐방 제안서

1. 탐방 목적
2. 탐방 지역
3. 탐방 대상(기관 및 기업)
4. 탐방 일정 및 활동 계획
5. 구체적 예산
6. 기대 효과

〈서식 1〉

2016학년도 ○○대학교
해외 탐방 제안서

1. 팀명-팀원 소개
2. 팀 구성의 장점
3. 소요 예산 경비
4. 일정별 탐방 활동 계획
5. 탐방 목적, 주제, 개요
6. 탐방 국가 및 지역별 탐방 활동
7. 일정별 활동 내용 기술

〈서식 2〉

〈서식 1〉은 해외 탐방 제안서이다. 해외 탐방에 대한 제안서가 채택된다면 재정적인 지원을 받고 탐방 활동을 할 수 있게 된다. 모든 항목들이 다 중요하겠지만 해외 탐방의 목적이 무엇인지가 우선적으로 잘 드러나야 한다. 해당 기관에서 제시하는 탐방 프로그램의 취지를 잘 파악하여 자신이 참여하고자 하는 목적에 맞도록 작성해야 한다. 그리고 탐방에 따른 구체적 소요 예산도 적절하게 산정해야 한다. 지나치게 큰 예산이 필요하다고 하면 채택될 가능성이 떨어지므로 합리적이고 구체적으로 예산을 작성해야 한다. 해외 탐방을 했을 경우에 나타날 기대 효과를 제시하는 것도 제안서가 채택되는 데 크게 기여할 수 있다.

〈서식 2〉는 대학 내에서 재학생을 대상으로 한 해외 탐방 제안서이다. 이 경우는 팀을 구성해서 팀 단위로 제안서를 작성하는 사례이다. 팀을 구성할 때는 개인이 제출하는 제안서와 다르게 팀에 대한 소개가 이루어져야 한다. 그리고 팀 구성의 장점을 서술하는 것이 중요하다. 팀 구성원들이 이루고자 하는 정확한 목표를 제시하면 채택될 확률이 높아질 것이다.

### 3) 사업 제안서 및 제품 개발 제안서

아래의 두 서식은 기업 내에서 사원들이 회사를 상대로 사업을 진행하거나 제품을 개발하겠다는 의사를 계획서를 통해 제시하는 제안서 양식이다. 많은 사람들이 사업 계획서나 제품 개발 계획서를 회사에 제시하지만 선택된 계획서만 시행된다. 그러므로 자신의 계획서가 다른 경쟁자들의 계획서보다 현실성이 높다는 점을 부각시켜야만 한다. 아래의 사업 제안서의 경우에는 여러 항목 중 사업의 목적과 매출 목표 및 계획을 서술하는 것이 중요하다. 무엇보다 제안서가 선정되었을 경우 어느 정도의 매출을 낼 수 있을지가 명확해야 한다. 기업의 입장에서 보면 투자를 해야 하기 때문에 투자 후 어떤 기대 효과가 발생할 것인지도 중요한 평가 항목이다.

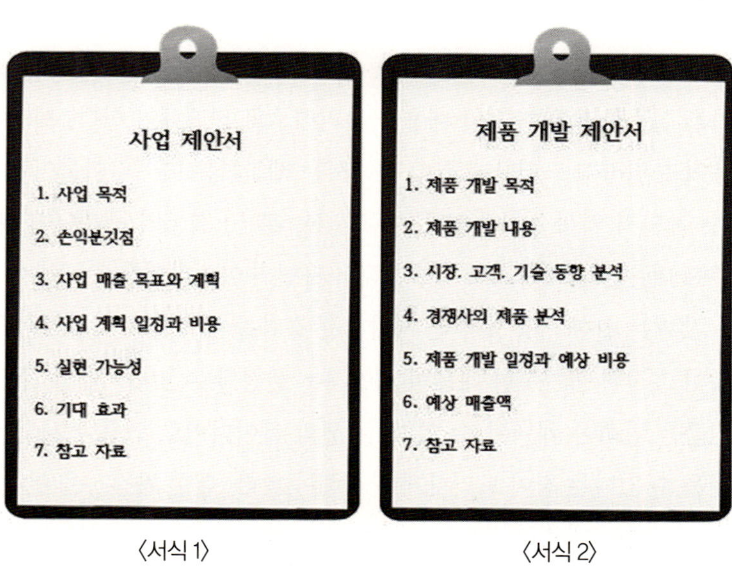

〈서식 1〉 〈서식 2〉

〈제품 개발 제안서〉는 사원들이 기업을 대상으로 개발하고자 하는 제품에 대한 계획서이다. 이 양식에서는 제품을 개발해야만 하는 목적과 현재 시장의 동향 및 고객에 대한 분석이 선행되어야 한다. 제품을 개발했을 때 시장과 고객에게 아무런 반응을 끌어내지 못하면 의미 없는 제품이 될 수밖에 없다. 따라서 제품 개발의 필요성을 시장과 고객에 대한 분석에 근거해 개발의 필요성을 부각하는 것이 좋다.

## 03 제안서 작성 요령

제안서는 연구 계획이나 사업 계획을 승인받기 위해 작성하는 문서이다. 문제가 발생했을 때 필요한 해결책이나 대안을 제시하는 글이기도 하다. 제안서가 채택되기 위해서는 제안서를 작성하는 요령에 맞춰 쓰는 것이 중요하다. 제안서를 작성할 때 반드시 다음과 같은 사항을 고려해야 한다.

첫째는 창의성이다. 여기서 말하는 창의성은 고정관념에서의 탈피나 다른 사람들이 사고하고 시도하는 방식과의 차별화를 의미한다. 지금까지 진행되지 않은 새로운 독창적인 연구, 사업, 제안이 선정되는 것은 당연하다. 그러므로 제안서를 작성할 때에는 자신의 제안서가 가지고 있는 독특함을 부각해야 한다.

둘째는 논리성이다. 제안서가 선정되기 위해서는 피제안자를 설득해야만 한다. 피제안자를 설득하기 위해 제안 내용을 논리적으로 전개해야 한다. 제안하고자 하는 핵심적인 내용이 분명하게 드러나게 하기 위해서는 제안하는 아이디어들이 논리적으로 연결되어야 한다. 제안서 역시 논증적인 글처럼 서론, 본론, 결론의 구분이 명확해야 한다. 특히 본론은 주요 내용을 체계적으로 범주화해서 자신의 아이디어를 전개해 나가야 한다.

셋째는 실현 가능성이다. 제안서는 결과를 예측하고 작성하는 일종의 계획서이다. 추상적이고 실현 불가능한 내용의 제안서는 선정될 수 없다. 제안하는 방안이 실효성을 가지고 있음을 밝혀야 채택될 수 있다. 자신의 아이디어로 연구나 사업을 시행하게 되면 이익을 얻을 수 있다는 점이 드러나게 작성해야 한다. 실현 가능성을 언급할 때 한 번 더 고려할 점은 제안하는 내용의 필요성 내지는 시급성이다. 자신이 새로운 제안을 하는 시점에 이르기까지 시행되어 온 다른 연구나 제품의 개발에서 문제가 발생하였고, 당면한 문제가 중요하기 때문에 시급하게 문제를 해결해야 한다는 점을 강조해야 한다. 그래야만 자신의 제안서가 시의적절하며 필요하다는 사실이 증명되기 때문이다. 그리고 자신의 제안서로 문제를 해결할 수 있음을 부각해야 한다. 문제 해결을 위한 제안서는 자신의 아이디어로 문제가 해결될 것이며 공동체에 확실한 결과와 이익을 가져올 것이라는 점을 부각해야 한다. 앞에서 말한 논리성의 관점에서 살펴볼 때도 문제의 중요성, 사안의 심각성 또는 시급성을 언급하고 자신의 제안이 필요함을 언급한 후에 실현 가능성과 얻을 수 있는 이익을 추론해 낼 수 있다면 좋은 제안서가 될 수 있다.

넷째는 명료성이다. 추상적이거나 너무 포괄적인 글을 쓰게 되면 피제안자를 설득할 수 없다. 제안 내용을 피제안자에게 정확하게 전달하기 위해서는 제안 내용을 쉽고 간단하게 작성해야 한다. 구체적인 단어나 짧은 문장을 사용할수록 의미 전달이 수월할 뿐만 아니라 사람의 기억에 오랫동안 남길 수 있다. 그리고 쉬운 언어를 사용해야 한다. 내용을 설명하기 위해 어려운 단어와 복잡한 단어를 사용하게 되면 친숙한 표현이 아니므로 선택될 수 있는 확률이 줄어들 수밖에 없다.

모든 사람들은 제안서를 작성할 때마다 자신의 제안서가 채택될 것을 기대한다. 내가 쓴 제안서가 채택되기 위해서는 추상적으로 써서는 안 된다. 글을 명료하고 구체적으로 작성해야만 제안서가 채택될 수 있다.

## 1) 집필 전 단계

### (1) 제안 대상의 선정

제안서를 작성하기에 앞서 자신이 무엇을 왜 제안하는지를 결정해야 한다. 자신이 관심을 갖고 있거나 도전해 보고 싶은 분야에서 선정하는 것이 좋다. 제안 대상이 선정되면 구체적으로 어떤 면을 부각시켜 제안할 것인지 생각해야 한다. 일반적인 글쓰기 과정에서처럼 제안서를 작성할 때도 제안 대상을 정하고 아이디어를 창출하기 위해서는 브레인 스토밍 과정을 적극 활용해야 한다. 브레인 스토밍을 통해 제안하고자 하는 내용을 자신만의 어휘와 문장으로 표현할 준비를 해야 한다.

제안 대상과 제안 아이디어는 다른 사람들의 제안 내용과 차별화되는 신선한 내용이어야 한다. 가능하면 시행되지 않은 분야를 제안해야 하지만, 이미 시행되고 있거나 진행 중인 연구나 사업도 제안의 방법을 달리하거나 문제를 해결하기 위한 새로운 방안들이 있다면 제안 내용이 될 수 있다.

### (2) 제안서의 성격, 형식, 분량 파악

제안 대상을 결정하고 제안하고자 하는 아이디어를 창출했다면, 제안서의 기본적인 성격을 분명히 결정해야 한다. 제안서의 형식은 제안서의 성격과 내용에 따라 달라진다. 문제 해결을 위한 제안서와 새로운 제품 개발이나 사업을 위한 제안서는 각각 성격이 다르다. 제안서의 형식이 다르다면 제안하고자 하는 목적도 달라질 뿐만 아니라 여러 항목 중 강조하는 부분도 달라질 수밖에 없다.

제안서의 기본적인 성격을 파악한 뒤에는 제안서가 요구하는 형식과 분량도 파악해야 한다. 일반적으로 제안서의 형식은 피제안자가 제시한다. 피제안자는 자신이 평가하고자 하는 항목들을 명시할 것이다. 그렇다면 제안자는 형식에 나타난 피제안자의 의도를 잘 파악하여 작성해야 채택될 수 있다. 피제안자는 개인일 수도 있고 집단일 수도 있다. 대부분의 경우 피제안자가 요구하는 일정한 제안서의 형식이 있게 마련이다. 이런 경우에는 반드시 요구하는 제안서의 형식과 내용을 고려하여 작성해야 한다. 제안서의 형식과 분량을 미리 파악하고, 어떤 항목이 가장 중요한 평가 항목인지 미리 생각해 보는 것도 좋다.

### (3) 독자 분석

제안서의 독자는 피제안자 또는 제안서를 판단해야 하는 해당 기관의 심사자가 될 것이다. 제안서는 자신이 잘 썼다고 생각하는 것보다 피제안자에게 선정되어야만 실현될 수 있다는 점이 중요하다. 따라서 제안자의 강조점과 피제안자의 관심 항목이 일치하도록 써야 한다. 그래야 피제안자의 마음에 들고 채택될 가능성이 높아진다. 제안자는 반드시 피제안자의 성별이나 연령, 학력, 담당 분야 및 관심 분야와 같은 기본적인 사항을 파악하여 제안서를 작성하는 데 반영해야 한다.

가장 우선적으로 고려할 점은 제안서 형식에 나타난 피제안자의 요구 사항이다. 제안자는 피제안자가 무엇을 요구하고 있는지 잘 파악한 후 피제안자의 의도에 맞게 작성해야 선정될 수 있다.

### (4) 자료 수집 및 분석

제안 분야와 대상을 선정하고 독자를 분석했다면 제안 내용에 맞는 자료를 수집해야 한다. 좋은 글을 쓰기 위해서는 사전에 많은 자료를 수집하여 검토하고 분석해야 한다. 독창적인 제안서라고 해서 자신만의 생각을 담을 필요는 없다. 유사 분야의 제안서를 검토하거나, 자신의 제안서를 작성할 때 필요하다고 판단되는 모든 자료를 수집해서 어떻게 활용할 것인지 고민해야 한다. 아무 자료나 필요로 하는 것이 아니라, 객관적으로 수용할 수 있고 신뢰할만한 자료를 수집해야 한다. 이를 위해서는 해당 분야의 전문적인 지식을 총동원하여 자료에 대해 판단해야 한다. 물론 수집한 모든 자료를 제안서에 사용할 필요는 없다. 자료를 수집했다면 분석한 뒤에 필요한 내용만을 선별해서 정리를 해 두어야 한다. 선정된 자료를 언제 어떤 방식으로 사용할 것인지도 미리 생각하고 배치해야 한다. 그리고 자료에 대한 출처까지 정확하게 정리하여 '참고 자료' 항목을 만들면 좋다. 출처의 정확성은 제안서의 신뢰도를 높일 것이다.

### (5) 개요 작성

제안서의 형식과 성격에 따라 제안 내용은 달라질 수밖에 없다. 그렇지만 모든 제안서에 제안 목적, 이유, 실현 가능성, 기대 효과는 반드시 들어가는 필수 항목이다. 필수 항목들을 고려해서 제안서를 집필하기 전에 전체 개요를 작성해야 한다. 전체 개요를 구체화하면 목차가 된다. 제안서의 개요를 작성하면 자신이 써야 할 내용을 빠뜨리지 않을 뿐만 아니라 전체적인 분량을 안배할 수 있기 때문에 유용하다.

## 2) 집필 단계

### (1) 표지

표지는 가장 기본적인 내용이지만 간과하고 빼먹는 경우도 많다. 표지에는 제안서의 제목, 제안자의 소속, 이름, 제출 날짜 등이 반드시 들어가야 한다. 표지는 제안서에 대한 첫인상이다. 첫인상은 한번 각인되면 오랫동안 영향을 미치기 때문에 제안서를 쓸 때 글의 표지 작성에 신중해야 한다. 표지에 들어가야 할 항목 중에서 가장 중요한 것은 제안서 제목이다. 제목은 제안서의 전체 내용을 포괄할 수 있도록 자신만의 표현으로 해야 한다. 아무런 차별화 없이 '사업 제안서', '제품 개발 제안서' 정도로 제목을 쓴다면 피제안자에게 각인될 수 없다. 피제안자가 관심을 끌 수 있도록 작성해야 한다. 제목 이외에 제안자의 신상정보와 제출날짜의 정보가 필요하다.

**☑ 표지 작성 예시**

<table>
<tr><td colspan="2">성 명</td><td colspan="3"></td></tr>
<tr><td colspan="2">소 속</td><td>대학</td><td colspan="2">학과(부)</td></tr>
<tr><td colspan="2">학 번</td><td></td><td>학 년</td><td>학년</td></tr>
<tr><td rowspan="2">연 락 처</td><td>전 화</td><td colspan="3"></td></tr>
<tr><td>이메일</td><td colspan="3"></td></tr>
<tr><td colspan="2">제 목</td><td colspan="3"></td></tr>
</table>

### (2) 목차

목차는 기본적으로 제안서 양식에 드러난다. 또한 목차가 간단할 경우에는 표지 중앙에 목차를 포함시킬 수도 있다. 페이지를 달리하여 목차를 구체적으로 작성할 수도 있다. 한 페이지를 따로 목차로 구성한다면 목차만으로도 제안서의 전체 내용을 짐작할 수 있기 때문에 좋은 전략이 될 수 있다.

## ☑ 목차 작성 예시

〈목차〉

| 1. 제안 목적 | TV프로그램 VOD서비스 개선 목적 |
|---|---|
| 2. 현황 및 문제점 | 1) TV프로그램 VOD 시장 분석 |
| | 2) VOD 기업 독점 현황 분석 |
| | 3) VOD 일자별 이용 현황 분석 |
| | 4) VOD 장르별 편향 분석 |
| 3. 제안 내용 | 1) VOD 시청료에 대한 구간 개선 |
| | 2) VOD 교양 프로그램 무료화 개선 |
| 4. 기대 효과 | 1) VOD 기업의 독점 완화 |
| | 2) VOD 시청자의 편리성 증가 |

### (3) 서론

제안서에 따라 서론을 따로 작성할 필요가 없는 경우도 있다. 그러나 서론을 작성할 필요가 있을 때는 작성에 신중을 기해야 한다. 모든 글의 서론은 전체 내용에 영향을 미치기 때문에 상당히 중요하다. 제안서의 서론에는 제안 대상과 제안의 방법을 밝혀야 한다. 이때 제안 대상과 제안 방법이 지금껏 시도된 적이 없는 참신하고 독창적이라는 사실을 부각시켜야 한다.

만일 제안서의 내용이 이미 시도된 내용이라면, 제안서를 시행하고자 하는 방법이나 제안서를 작성하는 관점, 또는 기대 효과에서 차이가 있다는 점을 강조하여 차이가 있음을 부각해야 한다. 그리고 서론을 마무리할 때 제안서의 전체 구성을 간단하게 언급하면서 제안서의 방향을 보여주는 것도 효과적이다.

## ☑ 서론 작성 예시- 주류 광고 금지 제안서의 경우

최근 텔레비전에서 담배 관련 광고를 많이 볼 수 있었습니다. 기존 광고와는 다르게 폐암, 후두암, 뇌졸중 등의 병명을 노출시키며 자극적인 컨텐츠를 포함하여 시청자들에게 금연을 강조하는 모습이었습니다. 비흡연자든 흡연자든 그 광고를 시청한다면 누구라도 한번쯤은 금연에 대해 생각해 볼만한 광고였습니다. 그런데 문득 담배는 저렇게 몸에 해롭다는 광고를 하면서 왜 술은 오히려 유명 연예인들을 모델로 하여 판매를 유도하는 광고를 하는지 의문이 들었습니다. 인터넷 기사에서 술이 담배보다 몸에 더 해롭다는 기사를 보았습니다. 또한 술은 술을 마신 본인에게 피해가 가는 것뿐만 아니라 음주 후에 이어지는 2차 사고가 최근에 심심찮게 일어나고 있습니다. 음주운전이나 폭행 시비 등 다양한 술 관련 사고들이 발생하면서 사회적으로 큰 이슈가 되고 있습니다. 그런데 왜 술은 저렇게 긍정적인 광고를 할까라는 의문이 들었습니다.

### (4) 제안 목적과 이유

본론에서는 제안 목적을 분명하게 밝혀 주어야 한다. 제안 목적은 제안서에서 가장 중요한 심사 항목이 될 수 있다. 제안자의 제안하고자 하는 이유와 문제 의식이 분명히 드러나야 한다. 다른 사람도 제안 목적을 쓴다면, 자신만의 제안 목적을 작성해야 한다. 예를 들어, 문제점을 해결하기 위한 제안서의 경우는 현재 상황을 분석하여 무엇이 문제인지를 부각하고, 문제를 해결하지 않으면 더 큰 문제가 파생될 수 있음을 환기하면서 자신의 제안 목적을 강조해야 한다.

제안 목적을 설정했다면 제안을 하는 이유에 대해서도 서술해 주어야 한다. 제안 이유는 제안 목적과 연계해서 작성한다. 제안 이유는 자신이 제안서를 쓸 수밖에 없는 문제의식이다. '나는 왜 이 제안서를 작성하는가?'에 대해서 분명히 밝혀야 설득력을 높일 수 있다.

### ☑ 제안 목적과 이유 작성 예시 - 주류 광고 금지 제안서의 경우

술 광고 또한 담배 광고와 동일하게 판매를 유도하는 광고를 없애고 그 위험성을 알리는 광고만 할 것을 제안합니다. 유명 연예인들이 술 광고를 하면 그에 따른 많은 문제점들이 있습니다. 먼저, 술이 몸에 나쁘다는 사실을 느끼지 못하게 합니다. 여름에는 수영복을 입은 예쁘고 멋진 남녀들이 춤을 추고 파티를 하며 시원하게 맥주잔을 부딪치는 광고를 쉽게 볼 수 있습니다. 그러나 이러한 광고는 시청자들이 술의 해로움을 느끼지 못하도록 하고 음주 문화를 아름답게 포장하여 시청자들을 현혹합니다. 다음으로는 유명 연예인들을 모방하게 된다는 점입니다. 멋있고 아름답게 포장된 스타들의 주류 광고를 시청하면서 사람들은 그들처럼 되고 싶다는 생각으로 술을 접하기도 합니다. 그들을 보면서 저렇게 멋있고 화려한 생활을 하고 싶다는 생각이 쉽게 들기 때문입니다. 또한 유명 연예인들이 술을 마시는 모습을 보면서 '나도 저렇게 술을 마셔도 되겠구나' 하고 안도하기도 합니다. 대부분의 주류 광고들은 전체적으로 밝은 영상을 갖고 있으며 술을 '시원하다, 갈증을 해소한다'와 같이 물처럼 쉽게 접할 수 있는 존재로 인식하게 만들고 있습니다. 최근에는 10대들이 좋아하는 아이돌 가수들이 주류 광고를 하는 비율이 늘어나면서 청소년들이 주류 문화에 대한 접근을 쉽게 생각하게 한다는 문제점들도 생겨나고 있습니다.

식품판매업 관련 법률에서는 주류를 청소년에게 유해한 것으로 규정하고 있습니다. 그러나 청소년들은 가치관이 올바르게 성립되지 못하였기 때문에 그들이 동경하는 아이돌 스타의 주류 광고를 보면서 술이 좋은 것이라는 인식을 갖게 됩니다. 그러나 술은 많이 마신다면 사망에 이르게 할 수 있을 정도로 위험한 존재입니다. 각종 암을 유발하며 고혈압, 빈혈, 신경계 이상, 면역체계 이상 등 많은 질병들을 초래합니다. 특히나 여성에게는 유방암이나 기형아 출산과 같은 치명적인 결과를 낳기도 합니다. 경제적 측면에서도 술로 인한 질병 치료에 드는 사회적 비용, 재산 피해액은 약 13조에 달할 정도로 큰 비중을 차지하고 있습니다. 따라서 주류 광고를 억제하고 술의 부정적 측면을 국민들에게 알린다면 긍정적 효과를 얻을 수 있습니다.

### (5) 제안 요약

제안하고자 하는 내용을 간략하게 정리하여 제시할 필요가 있다. 피제안자나 심사자는 많은 제안서를 빠르게 읽어야 할 때가 있다. 이런 이유로 제안자는 피제안자가 속독을 하더라도 정확하게 내용을 파악할 수 있도록 전체 제안 내용을 간단하게 요약하여 제시할 필요가 있다. 전체 제안 내용을 서술하기 전에 피제안자에게 제안하는 내용을 간단하게 보여줄 수 있다면 좋은 인상을 줄 수 있다. 다만, 분량을 줄이더라도 여기에 제안하고자 하는 핵심 내용을 모두 포함할 수 있도록 작성해야 한다.

### ☑ 제안 요약 작성 예시- 주류 광고 금지 제안서의 경우

담배와 동일하게 술의 위험성을 국민들에게 알리며 그에 대한 경각심을 주고, 2차 피해를 줄이기 위해서 유명 연예인들의 주류 광고를 금지하고, 술의 위험성을 알리는 광고를 방송할 것을 제안합니다.

#### (6) 제안 내용

제안 내용은 제안서에서 가장 핵심이 되는 부분이다. 그렇기 때문에 구체적인 항목을 나누어서 상세하게 서술해 주어야 한다. 피제안자가 제시하는 기본적인 양식이 있지만, 제안 내용을 서술할 때 필요에 따라 제안서 양식의 하위 항목을 다시 구성하여 작성하는 것도 좋다. 구체적인 항목은 제안 내용에 따라 달라지게 마련이지만 제안하고자 하는 중심적인 내용은 반드시 포함해야 한다.

제품 사용 설명서의 목적이 설명이라면, 제안서는 피제안자의 설득이 목적이다. 따라서 제안 내용은 논증이 필요하다. 개인적인 견해나 주장을 개진하고, 주장에 대한 설득력을 확보하기 위해서는 반드시 근거가 제시되어야 한다. 주장에 대한 근거는 객관적이고 믿을 수 있는 자료를 제시했을 때 더욱 강화된다. 도표나 그래프, 그림, 사진을 근거 자료로 사용할 수도 있다. 자료를 인용했을 때는 반드시 출처를 밝혀야 한다.

### ☑ 제안 내용 작성 예시 - 학생식당 옆 통로 공간 활용 제안의 경우

학생식당 바로 옆 공간인 야외발코니에 책상과 의자를 설치함으로써 공간 활용도를 높이자고 제안합니다. 현재 그 공간은 학생들의 통로로써 이동공간의 역할만을 하고 있습니다. 하지만 제가 실제로 밖에 나가서 보니 그 공간은 이동공간의 역할만을 하기에는 굉장히 넓었습니다. 물론 가끔 축구를 할 때 사람들이 그 곳에서 경기를 보지만, 평소에는 별 다른 역할을 하지 못합니다. 우리 대학교는 현재 나무계단이나 분수대에 설치되어 있는 의자로 야외공간에 학생들이 앉을 수 있게 공간을 활용하고 있습니다.

직접 몇몇 학생들한테 물어봤는데, 학생들은 그 부분에 대해 굉장히 만족스럽고 편리하다는 반응입니다. 이처럼 학생식당 옆의 야외통로에도 의자와 책상을 설치함으로써 학생식당 자리부족 문제로 인한 학생들의 불편함을 해결하고자 제안합니다.

### (7) 기대 효과

피제안자에 따라 다르겠지만 기대 효과를 최우선 판단 기준으로 보는 경우도 있다. 기대 효과는 자신이 제출하는 제안서의 결과를 예측하고 작성한다. 피제안자는 제안자에게 일정 부분 재정적인 지원을 하든지 일정 기간을 허용하든지 해야 한다. 이런 이유로 제안자는 재정적인 효과가 명시되거나 문제가 해결될 수 있다는 점을 부각해야 한다. 투자한 것 이상의 결과를 창출해야 하는 것이 피제안자의 입장이다. 제안자는 기대 효과 부분에 제안하는 내용이 채택되어 실현되었을 때 어떤 긍정적인 효과를 창출할 수 있는지를 명시해야 한다. 그렇기 때문에 제안하는 내용에 대한 기대 효과는 제안서 채택의 여부와 가장 직접적으로 연관된다. 따라서 제안 내용에 대한 예측과 전망을 구체적으로 명확하게 제시해야 한다.

### ☑ 기대 효과 작성 예시- 학생식당 옆 통로 공간 활용 제안의 경우

만약 학생식당 옆 통로 공간에 의자와 책상이 설치된다면, 봄이나 가을에는 적당한 바람과 따뜻한 기온으로 이용하는 학생이 늘어날 것이라 생각합니다. 학생식당의 자리 부족 문제가 해결된다면, 당연히 학생들의 불편함이 해소되고 그에 따라 학생들의 학교에 대한 인식이 조금 더 긍정적으로 바뀔 것입니다.

또한 자리 부족 문제를 해결함으로써 학생들의 편의를 증대시킬 뿐만 아니라 그와 더불어 공간에 대한 심미성이 커질 것입니다. 앞서 언급했던 나무계단이나 분수대 근처 의자는 학생들에게 앉을 수 있는 공간을 제공할 뿐 아니라 공간의 효율적인 배치로써 공간에 대한 활용도가 상승되는 효과를 얻을 수 있습니다.

### (8) 결론

제안서의 서론과 마찬가지로 제안자가 제안서의 결론을 빠뜨리거나 소홀하게 작성하는 경우가 있다. 하지만 제안서에서 서론과 결론이 빠져서는 안 된다. 제안서의 결론만으로도 제안서의 전체 내용을 이해할 수 있게 작성해야 한다. 모든 제안서가 완벽할 수는 없다. 제안서의 결론에서는 제안 내용을 요약하거나 제안 내용 중에서 미흡한 점이나 보완할 점들을 제시해야 한다. 또한 제안서의 전체 내용에 대한 자신의 견해를 덧붙이는 것도 필요하다. 그야말로 자신의 제안서의 마지막 부분이기 때문에 핵심 내용을 제시할 필요가 있다.

#### ☑ 결론 작성의 예시- 학생식당 옆 통로 공간 활용 제안의 경우

통로로만 이용하였던 공간을 학생들이 이용할 수 있게 함으로써 그 공간을 통로의 기능과 학생식당의 기능을 동시에 할 수 있게 하자는 창의적인 제안을 합니다. 어쩌면 낭비되고 있다고 할 수 있는 공간을 이용해서 학생들의 편의를 더욱 증가시킬 수 있는 저의 제안은 효율적이라고 생각합니다. 학교 내 공간 활용도를 높임으로써 학생들의 만족도와 학교 이미지에 대한 재고가 가능하다는 점에서 학생 측에서도, 학교 측에서도 만족할 수 있는 좋은 방법이라고 생각합니다.

### (9) 참고 자료

백퍼센트 독창적인 글은 없다. 되도록 많은 참고 자료를 사용하여 자신의 문장과 글을 쓴다. 제안서 역시 가능하면 다양한 자료를 검토하여 참고해야 한다. 자료를 참고하고 난 후에는 출처를 밝혀야 한다. 인터넷 사이트, 저서, 논문과 같은 참고 자료를 사용했다면 제안서의 마지막에는 반드시 그 출처를 밝혀 주어 객관성을 높여야 한다.

#### ☑ 참고자료 작성의 예시

1) http://slowalk.tistory.com/2269(캐나다 Umbracity 대학의 무인 우산 대여 시스템)
2) http://teachforhope.tistory.com/entry/%EA%B5%90%ED%8

6%B5%EC%88%98%EB%8B%A8-%EC%95%8C%EC%95%84%EB%B3%B4%EA%B8%B01-%EB%9F%B0%EB%8D%98%EC%9D%98-%EC%9E%90%EC%A0%84%EA%B1%B0(영국의 자전거 대여 시스템 Cycle Hire)

## 3) 집필 후 단계

### (1) 고쳐 쓰기

글 전체, 문단, 문장, 단어 수준에서 고쳐 쓴다. 필요에 따라서는 다시 쓸 수도 있다. 다시 쓰는 것도 고쳐 쓰기에 포함된다. 고쳐 쓰기를 반복할수록 전체 글의 완성도는 높아진다. 여러 명이 글을 교환하면서 고쳐 쓰기를 하는 것도 효율적인 방법이다.

### (2) 제안서 내용 요약

제안서에 대한 프레젠테이션을 위해 제안서 내용을 요약할 필요가 있다. 완성된 제안서를 바탕으로 전체 구성과 내용을 변경하지 않는 범위 내에서 핵심 어구를 중심으로 간략하게 다시 쓴다. 전체 내용을 A4 용지 한 장 분량으로 요약해 보는 것도 좋은 방법이다.

### (3) 시청각 발표문 작성

제안자는 반드시 제안서 원문의 내용을 요약하여 시청각 발표문을 작성해야 한다. 주어진 발표 시간에 맞게 분량을 조절하여 작성하도록 한다.

## 04 제안서 작성 예시

아래의 제안서를 읽고 수정 보완 할 부분은 무엇인지 토론해보자.

제안서 제목: 숭실대 입구역 우산 대여 시설 설치 제안서
제안자 소속 / 이름: 숭실대학교 / ○○○
제출 날짜: 20XX년 XX월 XX일 X요일

[목차]
1. 서론(제안 대상, 방법)
2. 제안 목적(현 상황 분석, 문제 제기)
3. 제안 이유(동기 부여)
4. 제안 내용
5. 기대 효과
6. 결론
7. 참고 자료(출처)

피제안자: 숭실대학교
방법: 제안서 응모

### 1) 서론

숭실대입구역 우산 대여 시스템 설치에 대한 제안서를 제안서 공모 양식에 따라 제출한다.

### 2) 제안 목적

갑작스레 비나 눈이 올 때면 역에서 학교로 가는 학생들이나, 역에서 각자 집으로 가는

학생들은 우산 없이 이동을 하는 불편함을 겪는다. 물론 자체적으로 우산 대여를 해주는 과나 동아리에 소속된 학생들은 어렵지 않게 여분의 우산을 빌릴 수 있다. 하지만 갑작스러운 비가 오는 중 우산을 빌리고자 해당 과, 소속 동아리의 도움을 받기엔 그 거리가 너무 멀다. 특히나 'IT대학'소속 학생들 같은 경우, 정보대학 건물에 도착하기까지 역 입구에서부터 10분가량이나 소요되어 많은 불편함을 겪는다. 따라서 이와 같은 불편함을 해결하고자한다.

### 3) 제안 이유

버스나 개인 자동차보다는 많은 학생들이 지하철로 통학을 하고 있다. 많은 수의 학생들이 비나 눈이 오는 날에 겪게 되는 불편을 최소화하고자 숭실대입구역 내의 '우산 대여 시스템 시설' 설치를 제안한다.

### 4) 제안 내용

숭실대입구역 내에 숭실대생을 위한 우산 대여 시스템을 설치한다. 이 시설은 유인 시스템 또는 무인 시스템 두 가지 방법으로 제안할 수 있다.

유인 시스템의 경우, 학교에서 교내 근무하는 학생 인력을 활용하거나 그 외의 인력을 사용하여 관리자를 지정해 놓고, 학생들에게 우산을 대여해 주는 방식으로 이루어진다. 물론 우산 대여는 학생증을 맡겨야 가능하다. 우산을 반납할 때 학생증을 다시 돌려받을 수 있으며 정해진 반납 날짜를 어겼을 시 벌금을 내야만 학생증을 돌려받게 된다.

무인 시스템의 경우, 무인 우산대여 기계를 역내에 설치하는 방식으로 진행된다. 이 무인 우산 대여 기계는 캐나다의 엄브라시티의 한 대학교의 아이디어로부터 제작되었다. 엄브라시티의 대학교에서 우산 서비스를 이용하기 위해서는 키오스크에서 이메일 주소를 입력하고 결제 카드 정보를 등록한 뒤 가능하다. 우산 무료 대여 기간은 이틀까지이며 그 이후에 반납할 경우에는 등록한 카드로 매일 2달러가 청구되는 방식으로 반납 규정을 정해두었다. 우산에 내장된 'RFID(무선태그) 시스템'으로 사용자와 대여 정보를 읽을 수 있어 우산의 분실까지 방지할 수 있다. 또한 이와 비슷한 방식으로 이루어지는 영국의 자전거 대여 시스템 'Cycle Hire'에서도 비슷한 아이디어를 얻을 수 있다.

본교도 위와 비슷한 방식으로 도서관을 이용할 때 찍고 들어가는 학생 개인 고유 바코드나 학생증을 이용하여 숭실대학교 학생의 신분을 확인하고, 개인 명의의 체크카드나 신용카드를 등록해 우산의 반납기한이 지났을 시 연체료를 부과하는 방식으로 진행하면 혹시나 발생할 수 있는 우산 반납율 문제도 해결된다. 우산 대여 시스템이 이루어지는 장소는 다음과 같다. 유인 시스템의 경우에는 역 내 빈 공간을 활용하여 한 번씩 '재고 상품 판매'가 이루어지는 장소에 설치하고, 무인 시스템의 경우에는 역 내 화장실 입구의 귀퉁이에 설치한다. 숭실대입구역 관리자와 협의하여 이 시설이 설치되는 장소에 대해 승인받고 비용을 요구하는 것이 필요하다.

### 5) 기대 효과

역 내에 우산 대여 시스템을 설치함으로써, 갑작스런 날씨 변화, 잘못된 기상 예보에 대비할 수 있다. 미리 우산을 준비하지 못한 숭실대학교 학생들이 역 내의 편의점에서 우산을 사야만 하는 손해 비용과 우산이 없이 비를 맞으며 등교해야 하는 불편함을 해소할 수 있다. 또한 시범적으로 우산 대여 시스템이 성공적으로 운영될 시, 단순히 숭실대 학생을 위한 시설이 아닌 숭실대입구역을 자주 이용하는 지역주민들을 위한 시설로까지 확대될 수 있는 가능성도 있어 긍정적인 부가효과를 얻을 수 있다.

### 6) 결론

사소하다고 생각할 수 있지만 많은 사람이 불편을 느끼면 개선할 이유가 충분하다. 작은 시설로도 학생 복지가 향상될 수 있으며, 이로 인해 학생의 학교 만족도 또한 높아진다. 따라서 갑작스런 날씨 변화에 미처 대비하지 못한 학생들에게 편의를 제공할 수 있는 역 내의 우산 대여 시스템의 설치가 필요하다.

### 7) 참고 자료

1) http://slowalk.tistory.com/2269(캐나다 Umbracity 대학의 무인 우산 대여 시스템)
2) http://teachforhope.tistory.com/entry/%EA%B5%90%ED%86%B5%EC%88%98%EB%8B%A8-%EC%95%8C%EC%95%84%EB%B3%B4%EA%B8%B01-%EB%9F%B0%EB%8D%98%EC%9D%98-%EC%9E%90%EC%A0%84%EA%B1%B0(영국의 자전거 대여 시스템 Cycle Hire)

4 장

# 과학기술 비평문 쓰기

## 01 과학기술 비평의 필요성

민주적인 사회는 개인의 의견과 견해가 상호 경쟁하고 충돌하는 것이 보장되는 사회이다. 특정 개인(권력자) 혹은 특정 집단의 주장만이 일방적으로 통용되는 사회는 결코 민주사회로 간주될 수 없다. 이런 까닭에 민주적 질서가 지배하는 사회일수록 구성원 각자는 자신의 독창적인 의견과 신념에 찬 주장을 제기하는 것을 당연시하고, 이를 위해 다양한 의사소통 방식을 활용하여 자신의 주장과 생각을 표현하고자 한다. 비평에는 다양한 형식이 존재하지만 시사적인 문제에 대한 논리적이고 비판적인 형식의 글쓰기인 사설과 칼럼, 그리고 특정 도서를 누군가에게 소개할 목적으로 분석하고 비판하는 서평이 가장 대표적인 비평의 갈래들이다.

과학의 영역에서도 사설과 칼럼, 서평은 전문적인 내용을 대중들에게 쉽게 전달함으로써 과학의 대중화와 발전에 기여하고 있다. 현대 과학기술의 가장 큰 특징은 과학의 대중화에 있다. 현대 사회에서 일반 대중은 과학기술 정책의 수동적 소비자가 아닌 적극적 주체로 참여한다. 예전에는 과학자가 외부 요인에 대한 고려 없이 자신의 관심에 따라 연구하는 분위기가 강했다. 그러나 오늘날 과학 연구는 공공 기관의 평가와 공동체 구성원이나 국민의 동의로부터 시작되고 경제적 지원도 이루어지기 때문에 공익성과 대중성을 겸비해야 한다. 과학기술 비평은 대중을 상대로 과학적 사고를 증진하는 것뿐만 아니라 연구자 자신이 앞으로의 학술 활동을 할 수 있는 동력을 확보하는 데에도 중요한 역할을 한다.

이와 더불어 자신이 살아가고 있는 사회가 직면한 문제에 대해 나름의 시각을 갖고 생각과 의견을 제안하는 것은 지성인으로서의 당연한 권리이며 책무이다. 오늘날 지성인은 더 이상 자신의 연구에만 충실한 사람이 아니라 자신의 고유한 문제의식에서 출발하여 이를 사회 전체적인 맥락으로 확장시킬 수 있는 사람이다. 과학자 또한 공익성과 윤리적 정당성, 그리고 재정의 우선 순위 등을 기초로 일반인을 상대로 자신들의 연구가 왜 필요한지, 그리고 국가의 과학기술 정책이나 사회적으로 유행하는 기술 및 이론에 있어서 무엇이 문제인지 등을 설명하고 비판하며 설득할 수 있어야 한다.

하나의 과학기술이 어떠한 역사적, 사회적 조건에 놓여 있는가를 성찰하고, 이를 통해 과학기술과 사회 전체의 맥락을 연결 짓는 것은 지속적인 과학 발전을 위해서 꼭 필요한 작업이다. 과학자가 자신의 발상이나 발견을 전문적 학술활동에 한정하지 않고 사회적 문제와 과학기술 서적에 대한 비평으로까지 확장해 나가는 것은 현대 과학자에게 필수적으로 요구되는 능력이다. 지성인으로서의 권리와 책무를 위해 그리고 더 나은 사회로의 발전을 위해 과학기술 비평에 대한 이해가 필요하다.

## 02 사설(논설)

### 1) 사설의 개념과 특성

사설은 사회에서 쟁점이 되고 있는 특정 사안에 대한 신문사의 공적인 의견이나 주장을 담은 글이다. 사설은 우선 신문사에 소속된 논설위원들에 의해 어떠한 사안에 대해 언급할 것인지, 그 주제가 정해진다. 그 다음으로 해당 주제를 담당하는 기자 혹은 논설위원에 의해 작성된다. 사설을 통해 제시되는 주장은 사실적 주장, 가치적 주장, 정책적 주장 등으로 나뉜다. 사설은 문제 제기를 통해 잘못된 견해나 조치에 대해 비판하고 해결방안을 제시하면서 여론과 정책을 이끌어가는 역할을 한다.

사설은 기능에 따라 다음의 네 가지 유형으로 나뉜다. 첫째, 설득형 사설로서 주제에 관해 명확한 입장을 밝히고 문제에 대한 구체적인 행동 및 정책방향을 제시하고 설득하는 유형이다. 둘째, 해설형 사설로 논란이 되는 주제에 대해 사안의 심각성을 일깨우고 관련 정보를 분명히 설명하고 동시에 당국과 독자들에게 필요한 방향을 제시하는 유형이다. 셋째, 비판형 사설로서 문제로 지적된 사건이나 정책, 상황에 대해 비판적 입장을 밝히고 그 근거를 제시하는 유형이다. 넷째, 칭찬형 사설로 인물이나 단체 등이 행한 좋은 행동 및 결과에 대해 타당한 이유를 들어 칭찬하는 유형이 이에 해당한다.

**– 사설의 특성 –**

- 신문사에 소속된 논설위원에 의해 작성되는 글
- 사회에서 쟁점이 되는 사안에 대한 신문사의 입장을 표명하는 글
- 사회의 중요한 문제를 제기함으로써 잘못된 견해나 조치에 대해 비판하고 해결방안을 제시하면서 여론과 정책을 이끌어 감
- 신문사를 대표하는 공적인 성격의 글이므로 가급적 주관적 표현을 삼가고, 일반 대중을 상대로 설득하는 글이므로 쉽고 명확해야 함

## 2) 사설의 구조

사설은 특정 사안에 대한 구체적인 설명이나 사례를 통해 사회적 쟁점을 소개하는 도입과 쟁점 사안에 대한 문제점을 분석하는 본론, 그리고 핵심적 주장 및 해결 방안을 제시하는 결론으로 구성된다. 일반적으로 도입부는 독자의 시선을 한눈에 사로잡을 강렬한 단어와 인상적인 문장으로 시작하되 지나치게 감정에 치우치지 않도록 주의해야 한다. 또한 주제를 객관적으로 전달하되 간결하고 명쾌한 문장으로 독자를 글 속으로 끌어들여야 한다. 본론에서는 쟁점이 되는 사안을 잘 정돈하여 소개해야 한다. 이때 글을 쓰는 사람이 주제를 둘러싼 여러 논란의 핵심을 분명히 파악하고 있음을 독자들에게 알리기 위해 자신의 주장과 반대되는 입장에 대해서도 간략히 소개하고 그 입장에 대한 객관적 평가와 반박을 제시한 후 적절한 논거를 들어 주장을 뒷받침해야 한다. 결론에서는 쟁점 사안에 대한 해결책을 제시하거나 독자들에게 사태의 심각성을 주지시키는 문장으로 마무리하는 것이 좋다.

**예문**

**공학교육인증제 개선 시급**

공학교육인증제가 시행된 지 5년 차에 접어들었으나 몇 년째 인증 졸업생 비율이 10% 안팎에 머무르며 학생들의 외면을 받고 있다. 공학교육혁신센터에 따르면 2012학년도 전기 졸업생 중 9.6%만이 공학인증을 이수했다. 매우 저조한 이수율이다. 학생들 사이에서는 공학교육인증이 지나치게 까다로운 교과과정과 취업 혜택이 없다는 이유로 허울뿐인 인증제라고 여겨지고 있다. 이쯤 되면 실효성 논란이 나올 법하다.

공학교육인증은 한국공학교육인증원의 인증 기준에 맞춰 개설된 프로그램을 이수한 졸업생은 공학 실무자로서 보증해 주는 제도다. 본교는 지난 2009년 1월에 공학교육인증을 획득한 바 있다. 이는 학생들에게 질 높은 공학 교육을 제공하기 위함이었다.

그러나 정작 학생들의 반응은 시큰둥하다. 10명 중 9명의 학생이 7학기 이전에 공학교육인증 중도 포기를 신청하고 있다. 공학교육혁신센터는 저조한 이수율에 대해 근본적인 원인을 파악하기 보다는 "지금보다 더 까다로웠던 초창기 공학인증을 경험한 선배들로부터 전해져오는 소문 때문"이라며 이유를 돌리고 있다. 학교 입장에서는 공학교육인증이 버릴 수도 없는 카드다. 공학교육인증을 통해서 교과부의 공학교육혁신센터지원사업의 재정 지원을 받을 수 있기 때문이다.

더욱이 2016학년도 신입생들부터는 공학교육인증을 중도에 포기할 수 없게 된다. 만약 공학인증을 빠른 시일 내에 개선하지 않는다면 혼란만 가중될 것이다. 학교는 지금부터라도 문제를 철저히 파악해 공학교육인증이 진정 학생들에게 도움이 될 수 있는 인증제로 거듭나도록 조치를 취해야 할 것이다.

–『숭대시보』(2013. 3. 11.)

– 위의 글은 숭실대학교 학내신문『숭대시보』에 게재된 사설이다. 사설의 기능에 비추어 이 글이 어떤 유형의 사설에 해당하는지 생각해보자. 그리고 사설의 구조에 맞추어 각 단락의 특성을 분석해 보자.

### 3) 연습문제 : 사설(논설)의 구조 및 논조 파악

신문 사설은 각 신문사의 입장을 표명하는 글이므로 기본적으로 그 신문사가 지향하는 이념적 성향을 직접적으로 드러낸다. 따라서 사설을 제대로 읽기 위해서는 비판적 읽기가 필수적이다. 주장의 근거는 무엇인지, 과연 그러한 주장이 논리적으로 타당한지, 그리고 문제점은 무엇인지 등을 비판적으로 읽어낼 수 있어야 한다. 아래의 글을 읽고 사설의 구조와 논조를 파악해 보자.

**예문 1**

**과학연구 '양' 아닌 '질'로 평가하라는 과학계 호소**

서울대 카이스트 포스텍 등 국내 이공계 5개 대학의 연구부총장들이 정부지원 연구과제를 평가하는 방법을 개선할 것을 촉구하고 나섰다. 이들은 국제학술지 게재 논문 수 등 정량적 지표를 중심으로 연구과제를 선정하는 방식 대신 연구 자체의 가치와 질적 평가를 우선시해야 한다면서 정부에 개선을 공식 요구하기로 했다. 연구비 60~80%를 정부의 연구개발(R&D) 예산 지원에 의존하는 과학기술연구자들이 집단적으로 목소리를 낸다는 건 그만큼 절박하다는 뜻이다. 지금처럼 연구를 수행하다가는 만년 '빠른 추격자'에 머물 것이라는 위기감이 그들을 나서게 한 것이다.

대학들은 우리나라의 과학기술 경쟁력이 질적 정체에 빠진 것으로 평가하고 있다. 정부 평가방식에 쫓기다 보니 모험적 연구를 기피하고 2~3년 내 실적을 내는 데 집착하게 된다는 지적이 많다. 미래창조과학부와 한국과학기술기획평가원이 지난해 공개한 과학기술혁신역량평가에 따르면 질적 성과라 할 수 있는 기업 간 기술협력은 경제협력개발기구(OECD) 30개 회원국 중 22위에 그쳤다. SCI(과학인용색인) 논문 피인용도는 29위로 더욱 초라한 성적이다. 정부가 연간 19조원의 R&D 예산을 쏟아붓고 있으나 선도적인 연구결과나 원천기술은 확보된 게 없다. 자연과학분야의 세계 석학들이 얼마 전 서울대 자연과학대의 연구경쟁력을 진단해 내놓은 보고서도 모험적인 연구보다 단기 성과에 치중하고 남이 이뤄 놓은 기존 연구를 답습하는 행태를 지적한 바 있다.

지금과 같은 연구개발 환경에서 노벨상의 꿈은 이뤄질 수 없다. R&D 지원방식을 획기적으로 바꿀 필요가 있다. 정부 연구사업 상당수가 과학자가 아닌 관료가 주제를 선정한 뒤 발주하는 현실부터 바꿔야 한다. 관료들은 책임 논란에서 벗어나기 위해 단기 성과가 나올 만한 과제를 선정하는 경향이 있다. 미국의 기초과학 R&D를 지원하는 에너지부의 연구과제는 10년이 넘는 게 수두룩하다. 미 에너지부는 교수들을 공무원으로 채용해 R&D 연구기관을 주기별로 방문해 협의하고 점검한다. 의혹을 피하려고 가급적 여러 대학의 많은 연구자를 참여시켜 연구비를 갈라주는 방식도 지양해야 한다. 미래전략 분야를 장기간 집중적으로 지원할 필요가 있다. 특히 정부 역할은 연구자들이 마음껏 연구에만 몰두하도록 여건과 환경을 조성해주는 데 그치고 개입은 최소화해야 한다.

–『세계일보』(2016. 3. 15.)

**예문 2**

**과학계, 정부 간섭 탓하는 건 좋지만 자정(自淨) 노력도 해야**

서울대 · 고려대 · 연세대 · 카이스트 · 포스텍 등 이공계를 대표하는 5개 대학이 기초과학 연구를 양적(量的)으로 평가하는 정부의 행태를 바꿔야 한다는 취지의 공동선언문을 곧 발표한다고 한다. 각 대학 연구비의 60~80%를 지원하는 정부가 연구 방향을 일일이 지시하고 2~3년 단위로 성과를 평가해선 미래가 없다는 위기감에서 나온 행동이다.

정부의 과도한 간섭이 문제라는 인식에는 공감하지 않을 수 없다. 우리 연구개발 예산은 작년 19조원에 달하고 연구개발비 투자율도 전 세계 1위이다. 그런데도 기업 간 기술협력(22위), 투자 대비 기술수출(26위), 논문 피인용도(29위) 같은 실적은 경제협력개발기구(OECD) 회원국 중 바닥이다.

과학계는 연구자가 택한 주제에는 1조원 남짓 지원될 뿐이고 나머지는 관료들이 나눠주다 보니 창의적인 연구가 시작부터 어렵다고 지적하고 있다. 해외 석학 12명도 서울대 자연대를 평가하며 "성과에 치중하느라 기존 연구를 답습한다"고 했다. 정부가 이런 문제를 개선한다고 하니 앞으로 과학자들이 긴 호흡으로 연구하는 풍토가 정착될지 지켜볼 일이다.

하지만 시급한 것은 과학계가 먼저 윤리 의식을 바로 세우는 것이다. 2년 전 정부가 연구비 집행 상황을 조사했더니 석 달 새 62개 기관에서 50억원이 넘는 비리가 적발됐다. 이래서는 연구비 지원 방식을 바꾼다고 성과가 나올 리 없다. 정부는 연구비를 세 번 이상 유용하면 유용액의 3배를 과징금으로 물리겠다는 방침이다. 과학계는 이런 제재를 자초한 스스로를 반성하고 뼈를 깎는 자정(自淨) 노력을 해야 한다.

–『조선일보』(2016. 3. 16.)

## 03 칼럼

### 1) 칼럼의 개념과 특성

칼럼은 기둥을 뜻하는 라틴어 칼룸나(columna)에서 나온 말로 오늘날 신문이나 잡지 지면의 난(欄), 특별 기사, 특약 기고 기사, 매일 일정한 자리에 연재되는 단평란 등을 뜻하는 용어다. 칼럼의 어원이 기둥을 의미하는 라틴어에서 파생되었다는 점은 흥미로우면서도 깊은 의미를 담고 있다. 건축 분야에서 기둥은 구조물은 떠받치는 중요한 기능을 담당한다. 아울러 기둥이 갖는 장식적인 부분은 건축물 전체의 미적 성취도를 높이는 비구조적 기능도 동시에 담당한다. 이는 칼럼의 특성과 기능을 비유적으로 보여주는 대목이다. 오늘날 신문을 비롯한 각종 매체의 칼럼은 우리 사회를 든든히 떠받치는 구조적 기능과 함께 우리 사회의 조화를 추구하는 비구조적 기능을 담당한다.

칼럼은 일간지의 오피니언 면이나 시사 잡지의 특정 지면에 게재되는 기사다. 앞서 살펴본 사설이 신문사의 공식적인 견해를 드러내는 익명의 글이라면, 칼럼은 필자의 주관적이고 독자적인 견해를 실명(實名)을 밝히고 게재하는 글이라는 점에서 차이가 있다. 칼럼의 집필은 신문사 내부의 기자들이 작성하는 경우와 신문사 외부의 저명한 저자를 고정 칼럼니스트로 위촉하여 맡기는 것이 일반적이다. 최근에는 전문분야의 권위자, 대학교수, 강사 등이 자신의 전문적 지식을 바탕으로 작성하는 경우도 늘어나고 있다. 시사성과 사회성 부분에서 기사문, 논설(사설) 등과 공통점이 있지만, 좀 더 전문적인 글쓰기라는 점에서 차이점이 있다. 그리고 특정 신문에 게재되더라도 그 신문사의 편집 방향과는 반드시 일치하지 않는다는 점도 칼럼이 지닌 특성이다.

칼럼은 저자의 태도에 따라 최근의 이슈에 대해 논평하는 '관점 칼럼', 필자의 의견을 피력하는 '개인 의견 칼럼', 잡다한 화제를 다루는 '잡담 칼럼', 독자들의 기고나 논평에 대해 편집자가 대답하는 '독자의 편지', '편집자의 반응 칼럼' 등 다양한 유형으로 나뉜다. 그리고 저자가 다루는 주제에 따라서는 시사적인 주제에 대해 논평하는 시사 칼럼 외에도, 경제 칼럼, 과학 칼럼, 문화 칼럼 등 다양한 장르로 분화하고 있다. 이는 칼럼이 어떤 특정 태도나 주제에 국한하여 집필되는 글이 아니라 필자의 다양한 관점과 관심 분야에 따라 매우 독창적으로 집필될 수 있음을 의미한다.

한편, 칼럼과 유사한 성격의 글로는 독자투고가 있다. 독자투고 역시 일간지 오피니언 지면에 주로 게재되는 글이라는 점에서 칼럼과 유사한 성격을 지닌다. 그러나 칼럼이 신문사로부터 의뢰받은 전문가가 집필한 글인 반면, 독자투고는 일반인이 자발적으로 신문사에 기고한 글이라는 점에서 차이가 있다.

**– 칼럼의 특성 –**

- 사회적 쟁점이 되는 문제에 대해 생각을 달리하는 이들이 각자의 의견을 자유롭게 이야기하는 글
- 다양한 의견 개진을 통해 사회적 쟁점의 합리적 해결 방안을 모색함에 목적을 두며, 이를 통해 바람직한 여론 형성에 기여하는 글
- 논설(사설)에 비해 부드러운 문장과 표현이 사용되며, 글쓴이의 주관적 개성이 표출되는 성격의 글

### 2) 칼럼의 구조

칼럼은 사설과 마찬가지로 사실에 기초한 논거를 토대로 주장을 제시하는 논증적인 텍스트다. 칼럼은 대체적으로 다음과 같은 세 가지 내용을 중심으로 구성된다. 첫째는 '무엇을 이야기하려고 하는가?'이다. 이것은 필자의 관심사와 문제의식이 드러나는 부분으로,

시사적인 사건이나 시의성 높은 쟁점과 연결된 주제를 제시함으로써 독자들의 호기심을 집중시킨다. 둘째는 '그 주장을 무엇으로 뒷받침하는가?'이다. 이를 위해서 칼럼니스트는 다양한 사례 및 논리적 근거 제시를 통해 자신이 말하고자 하는 바를 명료히 한다. 마지막은 앞의 문제제기와 사례를 뒷받침하는 결론 부분이다. 여기서 필자는 자신의 주장을 더욱 구체화함으로써 독자들의 동의를 구하게 된다.

좋은 칼럼은 시사적이거나 시의성 높은 문제에 대한 필자의 주장이 명료하게 드러나야 한다. 그런데 간혹 주장이 명료하게 드러나지 않거나, 주장을 드러낼 때 충분한 논거를 제시하지 못한 칼럼도 간혹 보인다. 따라서 좋은 칼럼과 그렇지 못한 칼럼은 사실에 대한 논거의 구체성과 타당성, 그리고 주장의 선명성 등을 중요한 기준으로 삼아 판단하면 된다.

– 칼럼이 지닌 특성을 바탕으로 위 글이 어떤 유형의 칼럼에 해당하는지를 알아보자.

**예문 1**

**음모론: 스마트폰**

어린 시절 만화에서 뇌가 아주 큰 미래의 인류 모습을 본 기억이 난다. 아마도 정신 활동을 많이 하고 상대적으로 육체 활동은 로봇이 대신할 것이라는 전망을 바탕으로 그려진 모습일 것이다. 그러나 지금의 상황이라면 엄지와 검지 손가락만 길어진 모습이 인류의 미래가 아닐까? 지금보다 머리는 훨씬 작아진 상태로 말이다. 난 왜 이런 상상을 하고 있을까?

컴퓨터 프로그래밍 관련된 과제가 나오면 많은 학생들이 인터넷 검색을 먼저 한다. 검색이 꼭 나쁜 것만은 아니다. 그러나 검색의 결과가 나의 생각의 방향과 범위에 영향을 준다는 것이 문제다. 검색 결과를 본 후에는 나만의 독창적인 생각을 하기 어려워진다.

컴퓨터의 구성 요소 중 가장 중요한 부분이 CPU와 Memory이다. 각각 계산하는 역할과 기억하는 역할을 하는 이 두 부품이 컴퓨터 부품 중에서 가장 비싼 부품이기도 하다. 사람인 경우는 생각하는 기능과 기억하는 기능이 '뇌'에서 이루어진다. 그런데 생각과 기억은 서로 전혀 다른 기능이 아니라 서로 보완적인 역할을 한다. 예를 들어 바둑을 두는 상황에서 좋은 수순을 기억하고 있으면 그 만큼 수 싸움에 대한 생각을 덜 해도 되는 것처럼 말이다. 즉, 생각과 기억은 서로 떼어놓고 생각할 수 없는 기능이다.

그런데 이미 인류는 '기억'이라는 기능은 컴퓨터에 넘겨준 지 오래되었다. 소소한 전화번호에서부터 검색 엔진에 맡긴 인류의 기억의 일부까지. 앞에서 말한 것처럼 기억과 생각은 서로 영향을 준다. 기억하지 않는 생각이란 있을 수 없다. 그런데 단순한 계산 기능은 벌써 컴퓨터에게 넘겨주었고, 기억, 논리적인 생각, 창의적인 생각까지도 점점 컴퓨터에게 넘겨주려고 하고 있다. 이제 일상생활에서 인간이 하는 기능 중에 생각(순간적인 반응이 아닌 깊은 생각) 하는 기능은 거의 쓰지 않고도 살아가는 데 문제가 없다. 이제 인간은 생각과 기억이라는 기능을 수행하지 않고, 의식없이 반응하는 '센서 장치'로 퇴화할지도 모른다. '인공지능'이 인간을 따라 잡는 것이 쉬워지고 있다. 역설적이게도 인간의 지능이 퇴보할 테니까…

나는 요즘 이런 생각을 한다. 어린 아이들이 식당에서 떠들 때 부모님들이 스마트폰을 쥐어주는 것처럼, 누군가의 불만을 잠재우기 위해서 인터넷과 컴퓨터를 계획적으로 개발, 활용하는 것은 아닌가 하는… 너희들은 스마트폰과 인터넷에 빠져서 살아라…. 나는 너희들을 지배할 것이다.

– 정기철 교수(글로벌미디어학부), 『숭대시보』(2014. 10. 6.)

## 예문 2

### 스마트 전자 섬유에 미래가 있다

웨어러블 디바이스(wearable device)는 착용 가능한 전기 · 전자 기기를 통칭하는 개념이다. 스마트 와치나 밴드가 대표적인 예다. 하지만 아직 한정적인 형태밖에 갖추지 못한 디바이스가 다양한 패션 제품으로 확대되기 위해서는 전자 섬유를 활용할 필요가 있다.

전자 섬유는 다른 전자 소재와 다른 특성을 갖는다. 먼저 전도성(conductivity)과 유전성(dielectric), 그리고 압전성(piezo-sensitivity) 등의 성질을 보인다. 실이 교차하며 직조된 패브릭 (fabric)의 형태로서 옷감처럼 처지는(drapable) 기능도 있다. 투습 방수와 보온성 및 촉감 등의 기능성과 감성적 속성을 조절할 수도 있다. 이런 특성들로 염색과 패턴 봉제 등 생활 제품의 제조 공정에 적합하다.

하지만 현재 국내뿐만 아니라 해외에서도 전자 섬유의 상업화가 지연되고 있다. 이 원인 중 하나는 섬유 업체들이 전자섬유 시장에 대한 확신이 없고, 관련 전기 · 전자 및 ICT 관련 지식 및 개발 능력도 부족하기 때문이다. 전방 수요 산업(완제품 디바이스 업체)시장의 수요 창출이 원활하지 않은 현재의 상황에서, 이러한 현상은 불가피 할 수밖에 없다.

하지만 지속적인 관심과 개발은 반드시 계속되어야 한다. 따라서 다음의 몇 가지 제안을 하고자 한다. 첫째, 섬유 업체들이 다양한 소재를 기획하고 소비자의 선호도에 맞는 상품을 지속적으로 제시하고 공급해야 한다. 둘째, 완제품 업체들은 섬유 소재와 전기 · 전자 디바이스를 융합시킬 수 있는 능력을 갖추고, 이를 기반으로 다양한 제품을 신속하게 개발할 수 있어야 한다. 셋째, 첨단 기술에만 집착하기보다는 평범한 기술을 창의적으로 조합해 심미성 있는 제품을 개발하도록 노력해야 한다. 이를 위해 창의적 융합 인력을 배출해야 할 것이다.

현재 글로벌 기업을 선두로 산업계 전반에 디바이스와 전자 섬유의 큰 바람이 일고 있다. 국내의 30년 전통산업인 섬유산업의 기반시설과 세계적인 기술력으로 인정받고 있는 우리의 IT기술을 접목한 전자 섬유 및 디바이스 패션산업이야말로 국내기업들을 세계적 기업으로 키울 수 있는 창조적인 미래 산업이 될 것이다. 지금이 기회다. 이 기회를 놓치지 말고 국내 섬유패션산업이 스마트 전자 섬유 강국으로 부상할 수 있기를 기대한다.

– 김주용 교수(유기신소재 · 파이버공학과), 『숭대시보』(2015. 11. 30.)

그리고 칼럼의 구조에 맞추어 각 단락의 특성을 분석해 보자.

### 3) 연습문제 : 칼럼의 구조 및 특성 분석

칼럼은 사설에 비해 글의 분량이 길고, 단락의 구성이 좀 더 치밀하다. 따라서 칼럼을 읽을 때나 쓸 때에는 개요 짜기에 좀 더 신중을 기해야 한다. 아래의 칼럼을 읽고, 사설과 비교하여 칼럼의 구조와 특성에 대해 분석해 보자.

**예문 1**

**인간 개조하는 과학기술, 영생불사 실현될까**

의학은 인간을 대상으로 한다. 과거 의학에서 가장 중요하게 생각했던 것은 질병의 고통으로부터 인간이 벗어나는 것이었다. 지금도 이 문제가 완전히 해결됐다고 할 수는 없다. 그러나 인류 역사상 가장 건강한 삶을 유지하는 지금 의학은 또 다른 문제에 직면했다. 사람을 괴롭히던 질병이 하나씩 정복되면서 이제 의학은 영원히 죽지 않고 살아가는 것과 더 행복한 삶을 추구하는 인간의 욕망을 해결하는 데까지 그 영역을 확장하고 있다.

의학의 변화는 의학 자체의 발전에 의한 것도 있지만, 더 크게는 과학기술계 전체에서 이뤄낸 업적을 의학에 적용하는 방식으로 일어난다. 몇 해 전 키스트에서 과학기술을 통해 미래에 해결했으면 하는 분야를 조사했는데, 응답자의 54%가 건강 의료 분야를 꼽았다. 핵심과학기술분야를 선정하는 기준으로는 60%가 삶의 질 개선을 들었다. 우리 국민은 과학기술계에 인간의 삶의 질을 향상시킬 수 있는 건강 의료분야의 연구에 집중해 달라고 요구한 것이다.

변화의 중심에 있는 것은 바로 인간의 몸이다. 인간의 몸은 다양한 과학기술분야의 성과가 적용되는 대상이며, 그런 적용과정을 통해 인간이 가져왔던 꿈을 이뤄나가는 주체다. 3P의학이라고 부르는 개인맞춤정밀의학, 예측의학, 예방의학은 모두 인간게놈프로젝트가 완성돼 가능해진 소위 유전자의학의 다양한 측면을 표현한 것이다. 미래에는 각 개인의 유전자를 분석해 질병에 대처하거나 유전자 치료를 하고, 필요에 따라서는 치료 목적 장기복제나 줄기세포를 활용한 3차원 바이오프린팅 기법으로 장기를 확보할 수도 있다.

이런 기술들은 궁극적으로 유전병, 불치병, 난치병을 치료해 더는 이런 질병으로 고생하는 사람이 없게 할 것이다. 나아가 아기의 유전자를 디자인해 더 우수한 유전자를 가진 인간을 만들어내고, 노화과정을 조절함으로써 늙지 않고 젊게 살아가게 한다. 나아가 새롭게 생명체를 창조하는 방법을 통해 죽지 않고 영생불사하게 되는 것을 꿈꾸기도 한다.

이와 달리 여태까지 의학과는 거의 관계가 없던 과학기술이 인간의 욕망 달성을 위해 인간을 개조하게 된다. 각종 대체물을 이용해 기계적으로 인간의 몸을 보강하거나 가상현실 속에서 원하는 것을 하게 된다. 특히 뇌컴퓨터인터페이스와 사물인터넷, 근거리 통신을 활용해 인체의 각 부분에서 발생한 정보를 수집하고 개인의 생각으로 대리체나 센서를 직접 통제하는 기술을 적용하면 인간의 몸은 우리가 알고 있는 것과는 완전히 다른 형태가 될 것이다. 또 사람의 기억을 메모리칩에 저장해 다른 사람의 몸이나 대리체에 업로드하면 아예 사람 몸의 형태조차 갖추지 않은 인간이 나타난다.

미래의학과 관련해 미래학자들은 현대의학에 유전체학, 정보통신기술, 빅데이터, 근거리 통신, 소셜네트워크 등 다양한 과학기술이 모두 더해져 새로운 개념으로 재정립돼야 한다고 한다. 미래 사회의 중요한 특징인 고령화, 산업의 자동화, 인터넷을 통한 초연결은 사회뿐 아니라 의학의 기본 틀에도 큰 영향을 끼칠 것이다.

지금은 몸이 아픈 환자가 병원을 찾아가지만, 미래에서 혼자 사는 나이가 많은 사람이 병에 걸리면 스스로 혹은 누군가가 데리고 병원에 가지 못할 수도 있다. 그래서 의료시스템은 대형병원보다는 분산된 작은 병원 중심으로 재구축되어야 하고, 개인 개인을 원격으로 관리해야 할 필요가 생긴다. 사물인터넷을 활용한 전인적 건강관리가 질병의 진단, 치료보다 훨씬 더 중요한 의미로 쓰이게 되는 것이다.

썬 마이크로시스템을 공동 창업한 비노드 코슬라는 현재 의사가 하는 일들의 80%를 발달한 과학기술이 대신하게 될 것이라고 했다. 질병의 진단, 치료, 환자관리는 이제 왓슨과 같은 새로운 정보통신기반의 건강관리기술이나 인공지능이 담당하고 인간 의사는 불의의 사고, 새로운 질병과 의학적 패러다임과 관련된 연구, 컴퓨터의 관리, 업데이트나 돌발 상황에 대처하는 등의 일을 하게 된다.

지금까지 짧지 않은 시간에 걸쳐 현대의 과학기술 변화가 인간의 몸에 어떤 영향을 끼치고 있는지 살펴보았다. 과학기술의 변화가 미래학자들이 예측하는 바와 같이 이른 시일 안에 사람의 몸에 보편적으로 적용될 것이라고 확언하는 것은 아직 이르다. 그러나 언젠가는 그런 변화가 실제로 일어날 것이다. 그런 시대에서는 사람의 생명과 인간 자체가 중요하고 존중을 받아야 할 가치가 되어야 할 것이다.

– 엄창섭, 『여성신문』(2016. 5.16.)

### 4) 칼럼쓰기 실습

아래 칼럼은 평상시 자신의 가치관과 전문성에 바탕을 둔 문제의식을 공적 영역의 문제로 확대하여 독자들에게 생각해 볼 문제를 던져주고 있다. 최근 한국 사회 안에서 과학과 관련하여 가장 중요한 쟁점을 찾아 독자 칼럼을 작성해 보자.

**예문**

**4차 산업혁명의 빛과 그림자**

20대 국회가 개원하자마자 4차 산업혁명을 연구하는 모임이 세 개나 설립된 것으로 알려졌다. 4차 산업혁명은 독일 경제학자 클라우스 슈바프가 처음 제안한 개념이다. 슈바프는

2015년 외교전문 포린 어페어스(Foreign Affairs) 12월 12일자에 기고한 에세이에서 산업혁명이 4단계로 진행된다고 주장했다. 영국에서 시작된 1차 산업혁명은 증기기관 발명이 기폭제가 됐다. 1784년부터 증기기관은 생산 방식을 수공업에서 기계가 물건을 만드는 체제로 바꿔 놓았다. 19세기 말 전기와 컨베이어벨트의 발명으로 시작된 2차 산업혁명은 분업에 의한 대량생산을 실현했다. 1960년대에 전자공학과 정보기술의 발전으로 촉발된 3차 산업혁명은 생산 자동화를 이끌어냈을 뿐만 아니라 사회 전반에 걸쳐 디지털 혁명을 일으켰다.

슈바프는 "4차 산업혁명은 3차 산업혁명이 창출한 디지털 세계와 기존의 물리적 · 생물학적 영역 사이에 경계를 허무는 기술 융합에 의해 전개될 것"이라고 주장했다. 디지털 세계와 물리적 영역이 통합된 것을 가상물리시스템(Cyber-Physical System · CPS)이라고 한다. 요컨대 4차 산업혁명은 인터넷으로 형성되는 가상 세계를 제조 현장처럼 기계장치가 작동하는 현실 세계와 통합하는 가상물리 시스템을 구축 · 활용하는 기술 융합 혁명이다.

슈바프는 4차 산업혁명이 단순히 3차 산업혁명 연장선상에 있는 것은 아니라고 강조하고 그 논거로 세 가지를 제시했다. 첫째, 기술 발전 속도가 역사상 유례없을 정도다. 둘째, 기술 파급 효과가 모든 나라 모든 산업에 현상파괴적(disruptive)이다. 셋째, 기술 발전이 초래한 변화의 폭과 깊이가 모든 생산 · 경영 · 거버넌스 체제의 변혁을 요구하고 있다.

슈바프는 4차 산업혁명이 진행되면 수십억 명이 네트워크로 연결될 것으로 전망하고 이런 기술 발전을 가속화할 핵심 기술로 인공지능, 로봇공학, 사물인터넷, 자율차량, 첨가제조(3차원 인쇄), 나노기술, 생명공학기술, 재료과학, 에너지저장기술, 양자컴퓨터 등 10가지를 꼽았다. 10대 기술 중 양자컴퓨터를 제외한 나머지는 이미 산업화하고 있는 분야다. 우리나라 역시 대부분 정부 차원에서 육성하고 있는 기술이다.

슈바프는 4차 산업혁명으로 전 지구적으로 소득이 향상되고 삶의 질이 향상될 것으로 예상하면서 경제학자 에릭 브리뇰프슨이 지적한 것처럼 노동시장을 파괴해서 불평등을 심화시킬 가능성도 언급했다.

미국 매사추세츠공대 경영학 교수인 브리뇰프슨은 2011년 펴낸 기계와의 경쟁(Race Against the Machine)에서 "기계가 단순 노동자의 일을 대신하기 때문에 대부분 나라에서 빈부격차가 발생한다"고 주장하고, 기술 발전으로 인간이 기계와의 싸움에서 패배한 것이 경제적 불평등을 심화하는 핵심 요인이라는 논리를 전개했다.

이어서 슈바프는 4차 산업혁명이 우리 자신, 곧 정체성, 프라이버시, 소유권, 소비성향, 여가생활 등에 결정적 영향을 미칠 것이므로 경제적 · 사회적 · 문화적 환경을 혁신할 것을 주문

했다. 또 4차 산업혁명이 "인간을 로봇으로 만들어 우리의 심장과 영혼을 빼앗아 갈 수도 있지만, 인간 본성의 훌륭한 덕목인 창의성 · 감정이입 · 도덕적 책임감을 고양할 수도 있다"면서 4차 산업혁명의 성패가 결국 우리의 선택에 달려 있음을 강조했다.

2016년 1월 슈바프는 그가 창설하고 회장으로 있는 세계경제포럼(다보스포럼)에서 4차 산업혁명을 국제적 쟁점으로 부각시켰다. 4차 산업혁명은 한국 사회에도 적용할 만한 개념인지 제대로 공론화 한 번 하지 않은 채 눈 깜짝할 사이에 국가적 화두가 됐다.

국회 제4차 산업혁명 포럼은 3당 비례대표 1번 의원 세 명이 주도한다. 정보통신(새누리당), 수학교육(더불어민주당), 물리학(국민의당) 전문가답게 정보통신기술 위주로 성장동력을 육성하는 활동을 전개한다. 젊은이들이 흙수저니 헬조선이니 비꼬는 경제적 불평등 문제가 4차 산업혁명 때문에 심화되지 않게끔 다각도로 성찰하고 고민하는 모습도 보여주길 당부하고 싶다.

– 이인식, 『매일경제』(2016. 7. 22.)

## 04 서평

### 1) 서평의 개념과 의의

서평은 비평적 글쓰기의 핵심이라 할 수 있다. 서평이란 책의 내용과 가치를 독자들에게 논리적으로 설명하고 서평자의 평가를 제시하는 글을 가리킨다. 서평은 책의 내용에 대한 설명과 평가의 두 부분으로 이루어진다. 설명은 책의 내용을 알기 쉽게 요약하고 정리하여 독자에게 전달해 주는 부분이며, 평가는 책이 지니고 있는 의미와 가치, 의의 등을 객관적인 시각에서 제시하고, 책의 한계나 부족한 점을 지적하는 부분이다.

독서는 책의 저자와 독자가 문자를 통해 대화하는 것과 같다. 저자와 독자는 책을 계기로 시공을 뛰어넘어 만날 뿐만 아니라, 문화적 · 정서적으로 교류하기도 한다. 그리하여 우리는 책이라는 매개체를 통해서 시간과 공간을 뛰어넘는 지식과 정보를 나눌 수 있으며, 한 시대와 사회의 문화에 대해 공감대를 형성하기도 한다. 이처럼 책을 읽고, 책을 토대로

소통하는 것은 인간이 삶의 방식을 정립하고 사유의 체계를 구축하는 데에 매우 중요한 영향력을 미친다.

서평의 대상은 책이다. 단지 책 속의 지식과 정보를 얻기 위해 독서를 하는 시대는 끝났다. 여가 활동으로든 지적 만족으로든, 최첨단의 정보화 사회를 살고 있는 독자는 어떤 목적의식을 갖고 책을 읽는 데에 시간과 노력을 투자한다. 독서 행위는 목적에 부합하는 다양한 텍스트들을 찾아내고, 그 가운데 우선적으로 필요하고 중요하며 좋은 텍스트를 가려내는 작업이다. 즉 누구에게나 필요한 책, 중요한 책, 좋은 책이란 없다. 책을 읽고 이에 대한 평을 할지 고민하는 것이야 말로 서평의 시작이다.

책에 대해 단순히 소개하기만 하는 기사문, 책을 읽은 후 자신의 생각을 감상문 형태로 남기는 독서 감상문, 책에 대해 주관적 인상을 서술하는 데 초점을 둔 인상비평, 책의 문법과 문체를 정밀 분석하는 데 목적을 둔 문헌비평, 전문적 이론을 토대로 책에 대해 학술적으로 연구하는 논문 등 책과 관련된 글쓰기에는 여러 형태가 있다. 대학생이 작성하는 서평은 종종 독서 감상문과 혼동되기도 한다. 독서 감상문이 주관적인 감상을 전달하는 데 그치는 반면, 서평은 객관적인 이해를 중심으로 엄밀한 평가를 강조한다는 점에 그 차이가 있다. 서평은 책에 대해 심도 있는 해석을 바탕으로, 서평자의 견해를 객관적인 근거와 논리적인 방법으로 설득력 있게 전달하는 글쓰기이다. 이를 위해서는 반드시 가치 평가의 기준을 마련해야 하며, 의견을 제시할 때는 비판을 하든 옹호를 하든, 입장을 명료하게 해야 한다.

### ☑ 책과 관련된 글쓰기 활동

- ▶ 서평
- ▶ 독서 감상문
- ▶ 주관적인 인상비평
- ▶ 문법 및 문체에 대한 문헌비평
- ▶ 학술적 논문

### 2) 서평의 갈래

서평은 크게 기술적 서평과 비평적 서평으로 구분된다. 보도적 서평이라고도 불리는 기술적 서평은 도서의 형식과 내용에 대해 서평 작성자의 주관적 판단 및 평가 없이 사실 그대로를 기술하는 것이다. 이러한 서평은 책에 대한 출판사의 소개문이나 책에 대해 소개하는 매체의 기사문으로 어울리는 글이다. 또는 독자에게 큰 부담을 주지 않는, 가벼운 읽을 거리를 대상으로 하는 게 좋다. 말하자면, 기술적 서평은 서평 작성자의 주관적 판단이 배제되므로 그 가치는 전달하는 정보 내용의 정확성과 명료성에 달려 있다.

기술적 서평이 도서의 형식과 내용에 대해 서평 작성자의 주관적 판단없이 사실 그대로 기술한다면, 비평적 서평은 도서의 형식과 내용에 대해 서평 작성자의 가치판단을 기초로 비판작업을 수행한다. 비평적 서평은 다시 일반적 서평과 전문적 서평으로 세분되는데, 일반적 서평은 그야말로 일반 대중을 위한 서평이다. 전문적 서평은 서평 작성자가 전공 학자인 경우가 대부분이며, 전문적인 학술 잡지에 실리는 논문과 유사한 형태라 할 수 있다. 그럼에도 논문과 서평은 작성 조건 및 대상 독자에 따라 구분된다. 논문이 개인적 연구를 학술적으로 인정받기 위한 것인 반면에, 서평은 개인의 의견을 일반적인 독자에게 피력하기 위한 글이다. 이러한 까닭에 두 형태의 글은 목적과 쓰임새를 달리 한다.

#### ☑ 서평의 종류

▶ 기술적(보도적) 서평 : 책에 대한 소개문이나 기사문

▶ 비평적 서평 : 책에 대한 비판과 평가를 겸하거나 이를 위한 글

### 3) 서평의 요소와 작성

서평은 크게 형식적, 내용적, 평가적 요소들을 필수적으로 포함해야 한다. 기본적으로 서평은 논리적인 글이므로, 각각의 요소를 갖추어 서론, 본론, 결론의 삼단으로 구성하는 것이 일반적이다. 구성 요소에 따라 서평을 작성하는 방법은 다음과 같다.

서평은 책을 대상으로 하는 만큼 기본적으로 비평의 대상으로 삼는 제목, 저자명, 출판

사, 출간일 같은 서지정보를 제공해야 한다. 이는 서평의 서론 부분에 제시하기도 하고, 본문 외의 항목으로 따로 제시하기도 한다.

서평에서 형식적인 것보다 중요한 것은 내용적인 정보이다. 이는 주로 서론에 제시하거나, 본론의 처음 부분에서 제시한다. 서평에서는 책의 저자에 대해 소개해야 한다. 저자의 주요 약력 및 주요 작품, 저자에 대해 알려진 업적, 사회적 평가 등을 간략하게 언급하도록 한다. 그런데 독자에게 필요한 것은 저자에 대한 단순한 정보가 아니라 책과 밀접하게 관련된 사항이다. 이를 위해 저자에 대해 소개할 때에는 책의 내용을 이해하는 데 도움이 되는 것을 중심으로 언급하도록 한다.

저자를 소개한 후에는 책의 개요를 제공해야 한다. 여기에는 책의 주제, 저술 목적, 유형이나 장르, 구성, 문체 등이 포함된다. 이때 책의 내용을 그대로 가져오기보다는 서평자의 말로 바꾸어 인용하는 것이 좋다. 책의 내용을 직접 인용하는 데 그치거나 책의 내용을 발췌하여 전달하는 것은 서평이 아니라, 출판사의 소개문이나 매체의 기사문에 어울리는 일이다. 서평을 하는 이는 책을 꼼꼼하게 읽고 본인의 관점으로 책의 주요내용을 설명할 필요가 있다. 즉 책 내용을 서평자 특유의 관점과 목소리를 살려 전달하는 것이 가장 중요하다.

그러한 의미에서 서평의 구성에서 가장 중점을 둘 것은 평가적인 요소이다. 우선 책에 대해 평가하는 이의 이름과 직업을 밝혀야 한다. 이는 본문 외에서 제시할 항목으로, 서평의 제목 아래 기재하는 것이 일반적이다. 서평을 하는 이의 정보보다 중요한 것은 서평자의 평가 내용 자체이다. 책에 대한 본격적이고 전반적인 평가는 본론 및 결론에서 하는 것이 일반적이다. 책의 의의와 가치, 성과와 한계 등 서평을 하는 이의 의견을 제시하되 이를 뒷받침하는 근거를 제시해야 한다.

## ☑ 서평의 구성

▶ 형식적 요소

기본적인 서지 사항: 제목, 저자명, 출판사, 출간일

▶ 내용적 요소

저자에 대한 소개: 해당 도서에 관련된 사항 위주

책의 전반적인 개요: 주제, 목적, 유형, 구성, 문체

▶ 평가적 요소

책에 대한 평가: 책의 의의, 가치, 성과, 한계

서평자에 대한 정보: 서평자의 이름과 직업, 서평자의 주관적 견해

서평자의 판단에 따라 평가하여 제시하는 의견은 주관적일 수밖에 없다. 이 때문에 서평 작성 시 주의해야 할 점은 책을 공평한 관점에서 평가하는 것이다. 이를 위해서는 기존의 고정관념에 갇혀서는 안 되며, 개인의 편견으로부터 자유로워야 한다. 아울러, 서평을 하는 이는 출판사 등의 편집 견해에 영향을 받지 않아야 한다. 뿐만 아니라, 서평이 설득력 있는 글이 되기 위해서는 서평자의 평가가 논리적으로 전달되어야 한다. 서평자가 어떤 개인적인 의견(주장)을 제시하더라도 그 주장을 직접적으로 정당하고 합당하게끔 해주는 논리적 근거(논거)를 제시해야 한다.

### 4) 좋은 서평의 요건

서평을 쓸 때 가장 유의해야 하는 사항은 단순히 책을 읽고 개인적인 호불호를 밝히는 차원을 넘어서야 한다는 것이다. 이를 위해서는 '이해 – 해석 및 분석 – 의견 제시'의 단계를 거쳐 글을 써야 한다. 이와 같은 단계로 서평을 작성하는 데 있어서 갖추어야 할 요건은 다음과 같다.

첫째, 문제의식이 있어야 한다. 서평은 단순히 책에 대한 지식과 정보를 제시하는 데에 그치는 것이 아니라, 책에 대하여 문제를 제기하고 그것을 풀어내는 과정이다. 문제를 제기한다는 것은 단순히 질문을 하거나 반박을 하는 것이 아니다. 문제의식을 갖는다는 것은 책에서 독자가 찾아야 할 가치가 무엇이고, 책에서 논의하는 내용의 가치가 어떠한지를 명확히 드러내는 것이다. 책의 내용을 있는 그대로만 제시하고, 어떠한 문제의식을 드러내지

않는 서평은 비평문으로서의 가치가 없다.

둘째, 요약의 과정과 결과를 서술해야 한다. 통상 책에 대한 요약은 서평의 서론 및 본론의 첫 단락에서 제시한다. 어떤 책의 가치를 평가하기 위해서는 그 책을 명확하게 이해하고 분석해야 한다. 따라서 서평은 평가를 위해 요구되는 권위와 형식, 배열과 특징 등을 골고루 다루어야 한다. 책을 분석한다는 것은 책의 안과 밖, 허와 실을 구분하고, 책 속의 주장과 논거를 중요도, 필요성 등에 따라 요약할 수 있다는 의미이다. 따라서 서평을 쓰는 이는 책에 대해 이해하고 분석한 내용을 전반적으로 간명하게 설명할 수 있어야 한다.

셋째, 공평하고 정당한 판단 기준을 보여줘야 한다. 서평에서 평가의 내용은 편협하지 않고 편견에 휩쓸리지 않는 것이어야 한다. 또한 책에 대한 서평자의 기준과 잣대가 공정해야 한다. 그러기 위해서는 글의 내용이 서평자 개인의 사견에 갇혀서는 안 되며, 출판사 등의 편집 견해에 영향을 받지 않아야 한다. 또한 필자는 객관적인 태도와 표현 양식을 취할 필요가 있다.

넷째, 독자적이고 창의적인 의견을 제시해야 한다. 서평은 책에 대하여 공감 가능한 감상을 표현하는 글이 아니라, 책에 대한 본인만의 평가와 견해를 논리적으로 보여주는 글이다. 어떤 책의 가치를 검증하기 위해서는 책의 내용에 대하여 문제를 제기하고 비판적인 자세를 취해야 한다. 비판은 비난이나 부정이 아니라 서평을 하는 이의 기준에 따라 책을 평가하는 것이다. 서평에서는 책에 대한 판단의 과정이 드러나야 하며, 판단에 따른 주장이 논리적으로 제시되어야 한다.

다섯째, 명확한 주장과 이를 뒷받침하는 설득력있는 근거를 제시해야 한다. 서평의 내용은 개인적으로 느끼는 호불호의 차원을 넘어 누구라도 납득할 수 있도록 작성해야 한다. 이를 위해서는 글을 쓰는 사람이 책에 대하여 갖는 고유한 시각과 판단의 과정을 보여주면서도 가치 평가의 기준을 명확하게 드러내야 한다. 따라서 책의 내용에 대한 주관적인 견해를 쓸 경우, 타당한 논리적 근거를 확보해야 한다. 서평에서 논거는 책 내용 자체에서 가져오거나 해당 도서와 관련된 참고자료를 활용하도록 한다.

### ☑ 서평의 구성

- ▶ 문제의식
- ▶ 책의 요약
- ▶ 공정한 판단
- ▶ 독자적인 의견
- ▶ 설득력 있는 주장

## 5) 서평의 예시

서평은 주로 서론, 본론, 결론으로 구성된다. 다음에서 이공계열 텍스트를 읽고 작성한 아래의 서평을 읽고, 이 글이 어떻게 구성되어 있으며, 본론에서 필요한 구성요소를 갖추고 있는지 살펴보자. 그리고 글쓴이가 본인의 주관적 의견을 창의적이고 설득력 있게 개진하는지, 그 기준이 공정하고 논리가 타당한지 평가해 보자.

**예문 1**

**금성은 왜 태양계의 지옥이 되었나**

[제프리 베넷, 『우리는 모두 외계인이다』, 이강환 · 권채순 역, 현암사, 2012.]

(상략)

해국으로 뒤덮인 독도는 아름다웠다. 정상에 올라가 보고 동도와 서도가 태고에 폭발한 분화구의 가장자리임을 알았다. 분화구 안으로 밀려든 바닷물은 햇빛이 비쳐드는 각도에 따라 현란하게 색깔을 바꿨다. 정신없이 바라보는 내 곁에 조용히 다가온 젊은 경비대원은 “일상에 쫓기다가도 원시의 박진감에 순간 소름 끼치는 전율을 느낀다”라고 내게 수줍게 말했다. 밤이 되어 헬리콥터 조종사들이 묵는 간이숙소 평상에 누워 밤바다를 바라보았다. 어둠 속에서 바람도 자고 달빛과 별빛만 바위에 부서지고 있었다. 그곳에서 독도가 자기네 땅이라고 우기는 일본에 격렬한 분노를 안고 왔던 내 자신이 한없이 왜소하게 느껴졌다. 불현듯 독도는 우리 땅 이상임을 깨달았다. 독도는 홀로 그 자체만으로 존엄했다.

『코스모스』와 『창백한 푸른 점』이란 책을 인류에게 남긴 위대한 과학자이며 저널리스트인 칼 세이건은 1996년 암으로 사망하기 몇 달 전 역사에 길이 남을 명연설을 남겼다. 그는 말했다.

> "지구는 우주라는 광활한 극장의 아주 작은 무대에 불과합니다. 그 모든 장군들과 제왕들이 저 작은 점의 일부분의 주인이 되는 환희와 승리의 순간을 위해 흘린 피의 강들을 생각해보십시오. 구별조차 하기 힘든 점의 한쪽 구석에 살던 사람들이 다른 한쪽 구석에 살던 주민들에게 가한 끊임없는 잔인함을 생각해보십시오."

칼 세이건은 천문학이야말로 인류가 겸손함을 배울 수 있는 최고의 학문이라고 생각했다. 그는 우리가 우주라는 광활한 허공에서 존재조차 희미하게 흔들리는 이 창백한 푸른 점에 겨우 발을 붙인 생명체임을 자각할 때만이 우리 문명이 저지르는 파괴의 죄악에서 벗어날 수 있다고 봤다. 그는 서로에 대한 엄청난 증오, 가식, 자만, 우리만이 우주에서 특별하다는 환상에서 깨어나라고 가르쳤다.

미국의 과학자이자 교육자인 제프리 베넷이 쓴 『우리는 모두 외계인이다』는 과학의 대중화를 통한 인류의 품격 함양이란 칼 세이건의 목표를 계승한 책이다. 생물학 · 천문학 · 물리학 · 수학 · 교육학에 두루 정통한 저자는 우리를 외계의 신비 속으로 친절하게 안내한다. 오랫동안 미국의 어린이 과학 교육에도 힘써온 그는 난해한 과학의 세계로 우리를 데려갈 수 있는 적임자이다. 그는 하루가 다르게 발전하는 우주 생물학의 최신 성과를 알기 쉽게 우리에게 전달하려고 무진 애를 썼다.

과학은 자연을 이해하는 동시에 인간 자신이 누구인지 배워가는 과정이다. 저자에 따르면 우리 인간과 사회는 지구가 우주의 중심이라고 믿었던 500년 전의 사고에서 그리 크게 벗어나지 못한 듯 보이지만 과학은 점점 이 우주에서 인간이 어떤 존재인지 또렷하게 드러내는 중이다. 특히 과연 외계에도 생명체가 있는지를 알아내려는 오래된 인간의 염원에 밝은 빛이 비치기 시작했다.

하지만 실망스럽게도 저자가 풀어놓는 외계 생명체 얘기는 SF 소설이나 영화처럼 박진감 넘치지는 않는다. 소설이나 영화는 흔히 외계인이 쳐들어와 지구를 정복하려 하거나 이미 우리 속에 들어와 살고 있다는 식으로 그리지만 우주의 공간과 시간은 상상을 뛰어넘는다. 과학적으로 계산해보면 태양계 밖 별의 행성체계에서 지구를 방문하려면 우리보다 50만 년은 앞선 문명을 갖고 있어야 한다는 결론이 나온다. 저자는 그들이 방문할 가능성을 완전히 배제하지는 않지만 그들이 악의를 가지고 있다면 우리는 순식간에 벌레처럼 짓이겨질 것이라고 본다. 그렇다면 우리가 아직 멀쩡하게 살아 있다는 것 자체가 적대적인 방문자가 없었다는 증거이다.

그런데도 과학자들이 외계 생명의 존재에 집착하는 데는 이유가 있다. 연구하면 할수록 생명이 우리가 수천 년간 생각해왔던 것과는 크게 다르다는 사실에 그들은 당혹스러워했다. 수천 년 동안 사람들은 생명이란 크게 식물계와 동물계로 나뉜다고 생각했지만 그 생각은 태양과 달과 별이 지구를 돈다고 생각했던 그 사고만큼이나 낡았다. 우리는 이제 막 진정한 생명 다양성의 광대함을 깨달아가는 중이다. 특히 과학자들은 생명의 공통 조상과 가장 많이 닮은 유기체들이 블랙스모커라고 불리는 심해 화산 분화구 근처의 뜨거운 물에 살고 있다는 데 충격을 받았다. 지구상에는 이 초고온성 생물을 포함해 태양계 밖의 무자비한 환경 속에 어느 날 갑자기 던져진다 해도 너끈히 살아남을 만한 미생물이 존재한다.

우주 생물학자들은 지적인 생명체는 이미 없는 것으로 드러난 태양계 행성에서 미생물을 발견할 수 있기를 기대한다. 여기서 생명체의 존재를 확인한다면 생명 진화의 끊어진 고리들을 이어갈 수 있으리라는 생각에서다. 아직 지구 밖에서 생명체를 발견하지 못했지만 화성이나 목성의 위성인 유로파나 타이탄 등 6군데 정도에서 생명체를 찾아낼 수 있으리라고 과학자들은 기대한다.

태양계 밖에서 지구와 비슷한 크기와 조건을 갖춘 행성을 찾아내려는 노력도 성과를 거두고 있다. 우리 은하계에만 1000억 개가 넘는 별이 있는데, 그 별들을 도는 지구와 비슷한 행성을 발견하기는 거의 불가능하다고 생각해왔다. 하지만 놀랍게도 최근 과학자들은 이 일에서 괄목한 성과를 거두었다. 저자는 적어도 2040년 이전에는 망원경으로 지구 크기의 행성을 확인할 수 있으리라고 믿는다. 이는 외계에서 문명을 발견하려는 아주 작지만 중요한 진전이다. 외계에 숱하게 많은 생명서식 가능처가 있다는 걸 확인하는 과정 자체가 인류를 성숙하게 만들 것이라고 저자는 생각한다.

인류에게 교훈을 주는 곳은 금성이다. 태양계에 지옥과 닮은 곳이 있다면 금성일 것이다. 여러모로 지구와 비슷한 조건을 갖췄고, 과거에 생명체가 번성했을 것 같은 흔적도 갖고 있지만, 표면 온도가 4872℃에 달한다. 무슨 이유 때문인지는 모르겠으나 지구에서 작동하는 것과 같은 자동 온도 조절장치가 멈췄기 때문이다. 저자는 인류가 온실가스 배출을 더 이상 저지하지 못한다면 멀쩡한 지구를 금성처럼 만들 수 있다고 경고한다.

우주 차원에서 볼 때 지질학적 · 민족적 · 종교적 증오는 그저 평범한 웃음거리에 불과하다고 저자는 말한다. 내가 우주의 중심이라고 생각하는 것은 범죄라고 여긴다. 인류를 구렁텅이에 몰아넣고 있는 독재자를 데려오면 그가 우주중심증후군 중증 환자라는 것을 바로 증명할 수 있으리라고 장담한다. 그는 평생을 세속의 압박에 굴하지 않았던 칼 세이건처럼 인간의 짧은 역사에 기대 아귀다툼을 벌이거나 그것을 이용해먹으려는 자들에게 세상이 휘둘리지 않도록 별을 보고 글을 쓴다.

– 문정우, 『시사인』, (2012. 9. 8.)

# 4부
# 주제별 읽기와 쓰기

1장

# 인간의 본성과 죽음

'인간이란 무엇인가'라는 질문은 인간의 영원한 수수께끼이다. 지금까지 인류가 축적해 온 지식과 학문들이란 이 물음에 답하기 위한 시도라 해도 과언이 아닐 정도로 이 질문은 인간이라면 누구나 한 번씩은 마주쳤을 의문이자 영원히 풀리지 않을 수수께끼라 할 수 있다.

'인간이란 무엇인가'에 대해 그간 여러 방면에서 많은 이론과 학설들이 제시되었다. 그 중에서 20세기에 가장 크게 부각된 관점이라면 리처드 도킨스의 '이기적 유전자'를 들 수 있을 것이다. 인간은 기존의 통념과는 달리 신성을 부여받은 존엄한 개체가 아니라 유전자의 존속을 위해 구축된 그릇에 불과하다는 도킨스의 이론은 발표 당시 엄청난 파장을 몰고 왔다. 이후 다방면에서 숱한 논쟁을 불러일으켰고 때로 공격과 조롱의 대상이 되기도 했지만 '이기적 유전자'론은 인간을 바라보는 시각 자체를 완전히 뒤바꾸어 놓은 것이 사실이다.

도킨스의 이론은 여러 각도에서 도전을 받았는데 그 중 가장 대표적인 것이 인간의 이타성에 대한 질문이다. 자신의 보존과 전승에만 관심이 있는 유전자가 인간의 본질이라면 사회에서 우리가 종종 보게 되는 이타적 행위에 대해서는 어떻게 설명할 것인가라는 의문이 자연스럽게 제기된다. 타인의 생명을 구하기 위해 자신의 목숨을 던지는 행동이나 집단의 발전을 위해 자신을 희생하는 행동은 유전자의 이기성만으로는 설명할 수 없는 부분에 해당한다. 다음에 소개하는 글을 통해 인간 존재의 다면성에 대해 생각해보자.

## 01 인간의 이기성과 이타성

'인간은 이기적 존재인가, 이타적 존재인가'는 인간의 본질을 물을 때마다 등장하는 해묵은 논쟁거리이지만 여전히 우리의 호기심을 자극하는 흥미로운 주제이다. 우리의 일상을 살펴보면 자신의 이익과 관계가 없는 일에는 관심을 갖지 않는 것이 당연한 것처럼 보인다. 그런데 우리는 종종 아무런 대가 없이 평생 남을 돕는다든가 남몰래 선행을 베푸는 등의 행동을 발견하고 새삼 인간이란 존재의 이타성에 대해 놀라기도 한다.

다음에 소개할 글은 가상 법정의 형식을 취해 인간은 이기적 존재인가에 대해 탐구하고 있다. 아래 글에 피고로 등장하는 바빌로프는 인류의 난제인 식량난의 해결을 위해 세계를 떠돌며 종자를 수집하지만, 정작 본인은 차가운 감방에서 굶어죽은 비극적 인물이다. 검사로 등장하는 원숭이들의 영웅 시저가 이런 '이타적 과학자' 바빌로프를 추궁하고 바빌로프의 후계자인 노먼 빈센트 볼로그가 변호인으로 등장하여 '인간의 이타성'을 놓고 논쟁을 벌이고 있다. 이 글을 통해 인간 존재의 본성에 대해 탐구해보자.

### 자료

**시저 :** 당신은 유전자의 법칙을 거스른 혐의를 받고 있다. 현대 진화생물학의 핵심 토대인 리처드 도킨스의 '이기적 유전자'에 따르면 유전자는 오로지 생존만을 생각한다. 그런데 당신의 일생은 이 이론으로 잘 설명이 되지 않는다. 이 자리의 배심원 앞에서 그걸 입증해 보이겠다. 당신의 집안은 꽤 부잣집이었다. 당신의 부모는 당신이 섬유공장을 물려받기를 원했는데 왜 따르지 않았나.

**바빌로프 :** 우리 가족이 부유했던 것은 사실이었지만, 난 세 명의 형제들을 어려서 병으로 잃었다. 그 때문에 나를 포함한 나머지 형제들은 당시 급속하게 발전하고 있던 과학과 의학을 통해 이 같은 불행을 없앨 수 있다고 믿었다. 누나 둘은 의사와 세균학자, 형은 물리학자, 난 식물학자가 됐다.

**시저 :** 다른 형제들은 충분히 이해가 된다. 그런데 왜 당신은 식물학인가. 당시에는 식물학이라는 학문 자체가 별 의미가 없었던 것으로 알고 있는데.

**바빌로프 :** 사실 의사가 될지 식물학자가 될지 결정을 내리지 못하고 있었다. 그런데 대학 입학 직전 러시아에 최악의 흉년이 닥칠 것이라는 소식을 들었다. 그들에게 뭔가 도움을 주고

싶었다.

**시저 :** 당신 자신을 위해서였다면 분명 의사가 되는 것이 바람직한 것 아니었나. 잘살고 있는 사람이 다른 사람의 식량을 걱정해서 식물학자가 됐다는 사실부터 아이러니하다. 과학적 발견으로 인류의 고통을 덜 수 있을 것이라는 자만에 빠져 있었던 것 아닌가.

**바빌로프 :** 그게 나의 가장 큰 희망이었다. 난 새로운 발견을 할 때마다 '이 발견을 어떻게 농사에 활용할 수 있을까.' '고통받는 사람들을 돕기 위해 어떻게 응용할 수 있을까.'를 고민했다. 또 작물의 질병과 전염병 때문에 생겨나는 기아, 사망, 이주, 사회불안을 막을 수 있다고 확신했다.

**시저 :** 그래서 결국 당신은 가족조차 버리고 먼 길을 떠났다. 1916년에 처음 파미르 고원으로 '페르시아 밀'을 찾아 떠난 이후 1933년까지 115차례나 소위 '종자찾기 여행'을 했다. 첫 여행을 떠날 때는 신혼이었고, 아들이 태어났는데 안아 줄 시간조차 없었던 것으로 알고 있다. 이게 말이 되나. 도대체 얼마나 숭고한 여행이었기에 가족도 팽개쳤던 건가.

**바빌로프 :** 작물이 지닌 질병면역력을 찾기 위해 지구상에 어떤 식물이 오랫동안 살아남았는지를 알고자 했다. 농작물이 잘 자라면 다행이지만 대부분의 경우 그렇지 않다. 날씨의 영향도 있고, 병충해가 생겨서 순식간에 초토화되는 일도 많다. 무엇보다 인간이 생산성이 높다거나 하는 이유로 한 가지 작물에만 집착하면 그 작물에 병충해가 생길 경우 모두 굶어 죽게 마련이다. 하지만 다양한 생물을 키울 수 있다면 얘기는 달라진다. 더위에 강한 작물, 추위에 강한 작물, 생산성은 낮은 대신에 병충해에 강한 작물을 적절하게 섞어서 키운다면 어떤 경우에도 기아를 면할 수 있다. 그러기 위해서는 모든 작물의 근원을 찾아야했다. 밀, 벼, 콩 등이 처음 태어난 곳을 찾는다면 그곳에서 가장 강하게 자란 품종을 찾아낼 수 있을 것으로 생각했다.(중략)

**볼로그 :** 바빌로프의 성과가 어떤 결과를 얻었는지에 대해서는 그 뒤를 이었던 내가 좀 더 보충하고 싶다. 병충해에 강하고, 식량 생산성을 증대시키는 것이 당신의 목표였다. 맞는가.

**바빌로프 :** 그렇다. 그것만이 인류를 위한 길이라고 생각했다.(중략)

**볼로그 :** 나 역시 바빌로프의 여행에서 연구의 기본을 얻었다. 밀의 생산성을 높일 수 있는 방법에 대해 고민하다가 결국 밀의 근원을 찾기 시작했고, 병충해에 강한 앉은뱅이 밀을 얻었다. 이 밀이 인도와 파키스탄의 10억명이 넘는 사람들을 기아에서 구했다.

**시저 :** 그 덕분에 당신은 1970년 노벨평화상을 받았고, 평생 아쉬움 없이 연구를 하고 영광을 누렸다. 그런데 바빌로프는 결국 아무것도 얻은 것 없이 희생만 한 것 아닌가. 여러 가지 정황상 바빌로프의 유전자는 유죄가 분명하다.

**볼로그 :** 시저 당신은 '이기적 유전자'의 가장 큰 함정에 빠져 있다. 바빌로프가 이타적이냐 하는 질문에 당신은 '그렇다.'라고 대답하겠지만 실제로는 바빌로프야말로 가장 이기적인 유전자를 갖고 있다. 이기적인 유전자를 주장하는 유전자 설계론의 핵심은 유전자가 자신이 속한 종이나 자신을 위해서가 아닌, 유전자를 위해 행동하도록 설계돼 있다는 것이다. 다른 사람에게 이로운 행위를 하는 이타주의자들은 결국에는 생존을 위해 교묘하게 이타성으로 위장된 유전자를 갖고 있다고 봐야 한다. 바빌로프는 자기 자신이나 가족의 이익을 위하는 대신 인류라는 종의 생존을 위해 철저하게 프로그램된 유전자를 갖고 있었던 것이다. 가족까지 버릴 수 있는 이타성이 바로 지독한 이기적 유전자의 증거다. 오히려 바빌로프야말로 '이기적 유전자' 그 자체가 아닌가.(중략)

– 박건형, 「[WHO&WHAT] 인간은 이기적 동물? 이타적 동물?」, 『서울신문』(2011. 8. 16.)

- 위 글을 읽고 바빌로프의 행동을 '이기적 유전자' 개념으로 설명하는 이론의 배경과 핵심 개념을 조사해 보자.
- 인간의 이기성과 이타성을 보여주는 사례를 각각 찾아보고 각 사례를 반대편 입장에서 비판해 보자.
- '이기적 유전자론'에 대한 자신의 생각을 정리하고 자신의 주장을 뒷받침할 수 있는 근거를 여러 자료를 참고하여 찾아보자.
- 위 활동을 토대로하여 '인간은 이기적 존재인가'라는 주제로 한 편의 에세이를 작성해 보자.

## 02 인간과 죽음

현재 안락사 시행은 많은 나라에서 뜨거운 논쟁거리이다. 그리스어로 '아름다운 죽음(uthanasia)'을 의미하는 안락사는 치유 불가능한 병에 걸려 치료나 생명 유지가 무의미하다고 판단되는 생물에 대하여 직 · 간접적 방법으로 고통 없이 죽음에 이르게 만드는 행위를 뜻한다. 안락사는 소극적 안락사/적극적 안락사, 자발적 안락사/비자발적 안락사 등으로 구분할 수 있는데 각 국의 사정에 따라 그 허용 여부는 각기 다르다. 약물을 주입하여 생명을 정지시키는 적극적 안락사를 시행하는 국가는 아직 소수이지만 앞으로 적극적 안락사를 시행하는 나라는 점차 늘어날 것으로 보인다.

안락사 논쟁은 기본적으로 회복 가능성이 희박한 환자에게 치료를 계속할 것인가라는 의학적 질문에서 출발하지만 이것은 '무엇이 인간다운 삶인가', '인간은 생명을 끝낼 수 있는 권리를 가지고 있나'라는 철학적 질문까지 포함하고 있다. 이에 더하여 '주변사람들의 고통의 경감이라는 경제적 이유로 인간의 생사를 결정하는 하는 것이 정당화될 수 있나'와 같은 사회학적이면서 종교적인 질문 또한 내포하고 있는 복잡한 문제이다.

아래의 읽기 자료는 '연명치료, 가족이 중단할 수 있나'라는 주제에 대해 상반된 시각을 보여주고 있다. 두 글을 통해 안락사를 둘러싼 여러 논점들을 살펴보고, 인간다운 삶과 죽음은 무엇인가에 대해 생각해보자.

### 자료 1

매년 18만여 명의 환자가 암과 같은 만성질환으로 오랜 기간 투병하다 말기가 되어 병원에서 임종을 하고 있다. 이런 환자들에게 고통스러운 임종 기간만을 연장시키는 무의미한 의료행위는 의학적으로 추천되지 않는다. 그럼에도 불구하고 이 중 3만여 명의 환자에게 사망 전 심폐소생술이나 인공호흡기가 적용되고 있다. 이런 의료행위는 '연명치료'가 아니라 '연명시술'이라고 표현하는 것이 더 적절하다고 할 것이다.

2009년 환자가 임종 과정에 연명시술을 평소 원하지 않았다는 가족의 주장을 받아들여 회생가능성이 없는 경우에는 인공호흡기를 제거해도 된다는 대법원의 판결(김할머니 사건)이 있었다. 이후 사회적 논의와 입법 노력이 계속됐으나 합의를 이루지는 못했다. 가장 큰 쟁점은 가족에 의한 대리결정을 허용할 것인지에 대한 것이었다.

각종 설문조사를 보면 환자에게 임종이 임박했음을 정확히 알리고, 임종 과정에서 연명시술을 원하는지 여부를 환자 본인이 사전의료의향서에 작성하고 이를 존중해야 한다는 의견이 70~90%에 달한다. 하지만 진료 현장에서의 상황은 다르다. 서울대병원에서 최근 사망한 암환자 317명 중 본인이 사전의료의향서를 직접 작성한 경우는 1%에 불과하다. 의사결정은 본인이 했으나 가족이 대리서명한 경우가 4%이고 나머지 95%는 가족이 대리결정을 하고 있다.

심각한 질병일수록 환자 대신 가족들이 의사와 상담하는 우리 문화에서 환자 본인이 사전의료의향서를 작성하는 일은 현실적으로 쉽지 않은 일이다. 우리와 문화가 비슷한 대만에서는 2000년 법을 통해 말기환자가 의사를 명확히 밝힐 수 없을 경우에는 가까운 친척 순서로 연명시술 중단에 대한 대리결정을 할 수 있도록 했다. 또 일본은 2007년 정부지침을 통해 환자의 의사확인이 불가능한 때에는 의료진과 가족이 상의하여 환자 입장에서 최선의 방향을 결정할 수 있게 했다.

의사가 환자에게 직접 통보하는 것이 보편적인 미국에서도 1990년 환자의 자기결정권에 관한 법을 제정하여 본인이 사전의료의향서에 서명하도록 강력히 권장했다. 그렇지만 20여 년이 지난 현재도 환자가 사전의료의향서를 직접 작성하는 비율은 30% 수준에 머물고 있다. 환자가 결정할 수 없는 상황에서는 가족에 의한 대리결정을 법적으로 허용하고 있는 것이다.

우리나라는 연명시술 중단에 관한 구체적인 법적 규정이 없다 보니 진료 현장에서 큰 혼란을 겪고 있다. 환자의 평소 가치관과 상관없이 적용된 연명장치의 제거에 대해 생명의 존엄성을 앞세워 반대하는 이들이 많이 있다. 반면 보호자들에 의해 연명시술이 거부되는 15만 명 환자의 의사결정 과정이 어떻게 이루어지고 있는지에 대해 관심을 가지는 이는 드물다. 무의미한 연명시술로 인해 불필요한 고통을 받으며 임종하는 환자를 보호할 뿐만 아니라, 보호자들이 윤리적인 절차를 거쳐 환자 입장에서 무의미한 연명시술에 대한 거부결정을 내릴 수 있도록 연명치료 중단에 대한 제도가 마련되어야 한다.

대부분의 국민이 병원에서 임종을 맞이하고 있는 현실을 고려해야 할 때다. 연명시술 중단 절차에 대한 최소한의 법적 규정과 절차를 마련하는 것은 무의미한 연명시술을 거부하고 자연스럽게 임종하기를 원하는 환자들에게 진정한 의미의 생명의 존엄성을 보장해 주는 것이다.

– 허대석, 「대부분 가족이 결정하는 현실 반영해야」, 『중앙일보』(2012. 10. 13.)

**자료 2**

회생가능성이 전혀 없는 말기환자에게 치료에 전혀 도움이 안 되고 단순히 죽음의 시간만을 기계적으로 연장하게 하는, 의학적으로 무의미한 연명치료는 중단될 수 있어야 할 것이다. 여기서 중단될 수 있다는 말은 무조건 중단해야만 한다는 것을 의미하는 게 아니다. 당사자인 환자의 자기결정권을 가능한 한 존중하면서 시행되어야 한다는 뜻이다. 그러므로 담당의사는 말기환자에게 완화의료와 사전의료의향서 작성 등에 대해 사전에 충분한 설명과 상담을 해야 할 것이다.

무의미한 연명치료 중단은 단순히 경제적인 이유에서가 아니라 인간의 품위 유지를 위해서도 시행되어야 할 사항이다. 그것은 엄밀한 의미에서 담당의사의 권한에 속하는 영역이다. 특히 이해관계가 있는 가족이나 대리인이 함부로 간섭할 수 있는 영역이 아니며, 단지 환자 본인의 요청에 의하여 이루어질 수 있을 뿐이다. 그러나 실제로 의료 현장에서는 무의미한 연명치료 중단의 조건과 범위에 대해 의사들 간에도 견해의 차이가 있을 수 있으므로 중지를 모아 하나의 통일된 지침을 마련하는 것은 고려해볼 만하다.

그러나 이 지침이 오히려 이해관계로 말미암아 교묘하게 악용될 소지가 있을 수 있다는 점에서 그 지침은 신중을 기하여 작성되어야 할 것이다. 연명치료 중단조치가 적극적이건 소극적이건 생명을 의도적으로 단축시킬 수 있는 행위, 즉 안락사 및 의사 조력 자살과 같은 행위를 허용하는 빌미를 만들어서는 절대로 안 된다. 그러므로 환자의 생명유지에 필수적인 영양 · 수액 공급과 통증조절 등 기본적인 의료행위는 유지되어야 한다. 그리고 환자의 존엄성을 지키기 위해, 그리고 환자와 그 가족의 충격을 최소화하기 위해 환자는 연명치료 중단과 동시에 호스피스 완화의료를 받도록 제도적인 조치가 마련되어야 한다.

임종환자에 대한 무의미한 연명치료를 중단할 수 있는 전제조건은 그 환자로 하여금 마음의 평화를 누리고 편안하게 죽음을 맞이할 수 있도록 호스피스의 혜택을 받도록 하는 것이다. 만약 호스피스 완화의료의 충분한 혜택을 받지 못하고 있는 임종환자에게 성급하게 연명치료를 중단한다면 환자와 그 가족에게 엄청난 위협과 고통을 줄 수도 있을 것이다.

무의미한 연명치료 중단 시행에서 가장 곤란한 경우는 말기환자가 사전의료의향서를 미리 작성해 놓지 못하고 연명치료에 대해 사전에 아무런 분명한 의견도 공표하지 못한 상태에서 의식불명 상태에 빠져 있을 때다. 이때 환자 가족이나 대리인이 무의미한 연명치료 중단을 요구한다면 의사는 환자의 가족이나 대리인의 요구를 들어주어야 할 것이냐 말 것이냐 하는 문제에 봉착하게 된다. 만일 의사가 가족이나 대리인의 요구를 들어준다면 이것은 환자의 자기결정권을 침해할 수 있다. 또 가족이나 대리인이 공리적으로, 경제적 논리로, 환자의 본의(本意)에 반하여 요구할 수도 있다.

> 한 인간의 생명권과 직결되는 문제를 담당의사가 단독으로 결정하고, 전적으로 책임을 지게 해서는 안 된다. 불확실성이 있을 경우 의사는 그 문제를 생명윤리 분야의 외부 전문가가 포함된 병원윤리위원회에 제기해야 할 것이다. 이 병원윤리위원회가 이 문제를 바르게 심의하고 결정하면, 담당의사는 이 결정에 따라 행하면 될 것이다. 정부는 병원윤리위원회로 하여금 최종적으로 결정할 수 있도록 지원하고 제도적 지위를 부여하여야 한다.
>
> – 진교훈, 「가족이라고 환자 생명 좌우해선 안 된다」, 『중앙일보』(2012. 10. 13.)

- 두 글은 '연명치료 중단' 결정 주체에 관한 상반된 의견을 제시하고 있다. '연명치료 중단'이란 개념을 중심으로 안락사의 종류와 개념에 대해 살펴보고, 그런 개념이 나오게 된 이유에 대해 조사해 보자.
- '안락사' 논쟁을 다룬 자료들을 두루 조사 · 분석해보고, 안락사를 둘러싼 논점들을 몇 가지로 정리해 보자.
- 위에서 정리한 논점들에 대한 자신의 견해를 논증의 형식으로 요약해 보자.
- 위의 활동을 바탕으로 '안락사'를 화제로 글의 개요를 만든 다음 '안락사'에 관한 비평적 에세이를 작성해 보자.

2 장

# 정보시대와 미래사회

과학은 인류의 역사에 있어 전환의 핵심기제로 작용해 왔다. 과학이 문명에 관여함으로써 원시사회, 농업사회, 상업사회, 산업사회, 정보사회로 변화되었기 때문이다. 우리가 살고 있는 정보시대의 근간에도 과학이 작용하였다. 과학은 인류문명을 성장시켜온 논리적 지식체계로 우리가 살고 있는 세계와 생명 등에 대한 물음에 답변을 제시해 주고 있다. 또한 인문, 사회, 자연, 예술, 공학 등의 분야와 연계하여 생활을 윤택하게 만들어주는 기술의 원천이기도 하다.

우리가 과학을 접할 때 중요하게 여겨야 할 점은 문제를 근원에서부터 살펴볼 수 있는 '열린 눈'과 확립되어 있는 신념을 재확인할 수 있는 '비판적인 자세'이다. 과학지식은 관찰이나 실험을 통해 얻은 경험적 증거에 토대를 두고 있다. 이를 근거로 어떤 이론이 옳은지를 판정하는 방식으로 지식이 축적되기 때문에 대상에 대한 '판단력'도 중요한 요소이다. 어떤 방식으로 결과를 '해석'하느냐에 대한 관심도 중요하다. 이처럼 열린 눈과 비판적 자세로 대상을 인식하고 판단하며 해석하는 문제는 미래사회에서도 중요하게 작용할 것이다.

## 01 빅데이터의 발달과 빅브라더

산업혁명 시대에는 철이나 석탄 등이 중요한 자원이었지만, 현대의 지식정보화 사회에서는 데이터가 생산과 소비에 있어서 중요한 자원이 되었다. 스마트 모바일 기기의 보급과

소셜 네트워크의 출현 이후, 개인, 기업, 정부 등에서 다양한 매체를 활용한 빅데이터를 만들어 내기 때문이다. 빅데이터는 데이터베이스 관리능력으로는 처리할 수 없을 정도의 대규모 데이터를 의미한다. 빅데이터라는 개념에는 데이터를 수집 · 저장 · 검색 · 분석 · 시각화할 수 있도록 고안된 차세대 기술, 도구, 아키텍처까지도 포괄한다.

빅데이터 자료를 분석하는 방법은 2016년 현재 3.0단계까지 발전하였다. 분석가가 작은 크기의 데이터를 다루던 1.0시대, 데이터를 토대로 제품과 서비스의 유의미한 향상을 시도했던 2.0시대를 거쳐 인간의 도움 없이 자동으로 분석이 이루어지는 3.0시대가 되었다. 토마스 데이븐포트 교수는 미래에는 의사결정도 빅데이터에 기초해 하게 될 것이라고 전망하였다. 그러나 빅데이터는 수요를 찾거나 가격대를 정하는 등 단순한 문제에는 적합하지만, 전략적으로 결정을 내리는 단계로는 발전하지 못할 것이라고 전망하였다.

아래의 읽기 자료는 '빅데이터의 발전'이라는 주제에 대해 상반된 시각을 보여주는 글이다. 이 글을 통해 빅데이터와 관련된 논쟁을 살펴보고, 미래의 발전방향에 대해 탐구하는 시간을 가져 보자.

### 자료 1

국가는 빅데이터의 수집 · 보관 · 활용의 가장 큰 주체 중의 하나인데 그 이유는 많은 정부 기관들이 다양한 주민정보를 소유하고 있기 때문이다. 하지만 민간 부문의 활발한 빅데이터 활용 사례에 비해 공공 부문의 빅데이터 활용도는 아직 미흡한 수준이다. 이는 공공 부문에 대한 규제, 분석인력의 상대적 부족과 함께 정책결정자들이 데이터에 기반한 결정을 내리는 경향이 덜하다는 것에 기인한다. 하지만 공공 부문에서 빅데이터 활용은 공공관리, 정책결정, 정보공개, 부패방지, 범죄예방, 군사와 안보, 질병관리, 기상예측 등 다양한 분야에서 효과성, 효율성, 대응성과 같은 기본적인 공적 가치를 증진시키는 데에 기여할 수 있으며 향후 활발한 역할이 기대된다.

최근 들어 많은 국가들이 빅데이터를 공공 부문에서 다양한 가치를 충족시키기 위한 중요한 수단으로 활용하고 있다. 미국은 공공부문의 빅데이터 활용을 국가의 중요한 과제로 선정하였는데, 2011년 3월 대통령과학기술자문위원회 Executive Office of the President; President's Council of Advisors on Science and Technology는 오바마 대통령에게 『디지털 미래를 디자인하다 Designing a Digital Future』라는 보고서를 통해 미국 연방정부 기관들의 빅데이터 전략의 필요성을 보고하는 등 정부 차원에서 빅데이터 활용을 위한 각별한 노력을 기울이고 있다. 영국도 공공 부문에서 업무의 능률성 증대, 부정이나 비리의 발생 방지, 효과적인 조세업무 등을 위해 빅데이터가 큰 기여를 할 것으로 전망하고 있다.

빅데이터 활용으로 가치가 창출되는 요소는 첫째, 투명성 transparency, 둘째, 혁신성 innovation, 셋째, 맞춤성 customizastion, 넷째, 의사결정의 시의적절성 better and timelier decision 등으로 요약할 수 있다.(중략)

따라서 사건이나 상황의 정확한 예측을 위해서는 빅데이터의 수집능력과 그에 대한 정확한 분석기법의 개발과 능력을 높이는 것이 중요하다. 예를 들어 특정한 질병관리 사이트는 10만 명의 회원들이 소유하고 있는 유전자 관련 질병 100가지에 관한 데이터를 확보하여 분석함으로써 질병의 치료와 관리에 기여하고 있다. 니(Nie, 2011)가 'big analysis(거대분석)'라는 개념으로 설명하듯이 빅데이터는 표본으로 모집단을 추론하는 과정을 뛰어넘어 모집단 전체에 대한 데이터를 확보하여 그 성격을 규명함으로써 분석 대상에 좀 더 정확한 접근을 가능하게 한다.

– 김기환, 『공공부문 빅데이터의 활용과 과제, 빅데이터와 위험정보사회』(커뮤니케이션북스, 2013.), 102–109쪽.

**자료 2**

빅데이터는 '구조화된' 데이터와 '비구조화된' 무정형의 정보데이터로 구성된다. 전자가 기업과 정부 등에 의해 특수목적을 위해 쓰이는 분석데이터를 지칭한다면, 후자는 이용자들에 의해 기하급수적으로 생겨나는 비정형의 데이터 정보의 과잉생산을 지칭한다. 실제 빅데이터에 대한 주류적 관심은 전자의 증가보다는 후자로부터 얻는 이익에 있다.

개인데이터의 경우에는 가치가 추출될 수 있도록 인터넷 이용자들이 뒤에 남기는 무수한 클릭과 네트상의 동선과 흔적들 '데이터배출'(data exhaust)이 빅데이터의 핵심이 된다. 이는 이용자들이 남긴 데이터 부스러기 즉 '데이터 조각'이기도 하다. 보통 이용자의 데이터 배출과 조각을 시장기업이윤으로 전환하는 행위를 '전도'(inversion)라 표현하는데, 이는 보통 '전유'(appropriation)라는 자본의 잉여가치화 과정과 일맥상통한다.(중략)

한국사회에서 '스마트'와 '융합'은 다시 '빅데이터'로 대체되는 과정에 놓여있다. '빅데이터'란 말은 국내에서 그저 시간 속에서 스쳐 지나가는 흥행어만은 아닌 듯 싶다. 미국 국가안보국(NSA)은 자국의 정보는 물론이고 전세계 정보데이터를 관리하는 빅브라더형 빅데이터 감시센터를 몰몬교의 성지인 유타주에 만들고 있다. 또한 이들 정보기관이 '프리즘'(PRISM)이라 불리는 감시 알고리즘을 이용해 구글과 페이스북 등 인터넷기업들을 대상으로 해서 사용자 정보 수집을 폭넓게 해왔다는 사실이 최근 폭로되면서 결국 국가에 의한 대민 빅데이터 감시가 우리에게도 낯선 시나리오가 아님을 예증하고 있다. 우리의 경우 빅데이터에 대한 정부 차원에서의 논의는 이명박 정부시절 국가정보화전략위원회(2011.11)의 보고서 「스마트국가 구현을 위한 빅데이터 마스터플랜」에서 거의 처음 등장한다. 이 보고서에는 빅데이터 활용의 '국가적 가치'와 관련해 "기관간 데이터 상호접근으로 포괄적 정보를 생성"하는 것과 "소셜미디어 포탈데이터 등과 같은 민간데이터와 공공데이터의 연계 · 활용을 위한 체계 및 기술확립" 등이 적혀 있다.(중략)

국내 네트워크망의 고도화 환경은 이미 2000년대 초에 이르면 거의 갖춰지기 시작해 2000년대 말에 이르면 바야흐로 네트워크시대라 할만하다. 네트워크 기반형 인프라구조는 로컬과 지역 분산에 기초했던 정보간 경계를 무너뜨리고 효율성과 비용절감의 명목하에 흩어졌던 정보를 집중시키고, 통합해 통제할 수 있는 네트워크 기반 감시사회 즉 '통제사회'의 근간을 마련한다. 인터넷과 모바일 문화의 대중화와 함께 2010년대 초까지 인터넷 실명제가 온라인상 개별자들을 식별하기 위한 보편적 기제였고, 모바일 위치추적이 폭넓게 수행됐다.

– 이광석, 「지배양식의 국면변화와 빅데이터 감시의 형성」, 『사이버커뮤니케이션학보』 제30권 제2호(사이버커뮤니케이션학회, 2013. 6.), 207–220쪽.

- 민간, 기업, 국가의 측면에서 빅데이터를 활용하는 사례를 조사해 보고, 문제점을 제시해 보자.

● 〈자료 2〉에서 언급한 감시와 관련하여 사이버 공간에서의 빅브라더 현상을 조사해 보고, 이와 관련 있는 논제를 정하여 토론해 보자.
● 〈자료 1〉과 〈자료 2〉를 비교해서 읽고, 빅데이터의 가치와 한계에 대하여 토론해 보자.
● '빅데이터의 효용성과 한계'를 중심으로 에세이를 작성해 보자.

## 02 유비쿼터스 시대와 인간종속현상

'유비쿼터스'는 1988년 미국의 마크 와이저가 '유비쿼터스 컴퓨팅'이라는 용어를 사용하면서 처음으로 세상에 알려졌다. 유비쿼터스는 사물 곳곳에 칩, 센서, 태그 등 다양한 정보매개체를 심어 사물간의 상호정보교환을 촉진하고, 이를 다양한 단말기를 통해 네트워크로 연결하여 서비스를 제공하는 기술이다. 이 기술이 발달하면서 사회적 인프라를 구축하는 고도기술 사회가 도래하고 있다. 사회가 유비쿼터스화 되면서 인간은 이전보다 편리한 생활을 영위할 수 있게 되었지만, 한편에서는 그동안 인간이 해왔던 일들이 A.I.를 탑재한 로봇으로 대체되는 현상이 발생하였다. 그러므로 우리는 편리한 생활의 이면에 감추어진 기술체계에 종속된 인간문제 등 부정적인 현상에 대해서도 주목할 필요가 있다. 다음에 소개하는 유비쿼터스와 관련된 글을 읽고, 정보화 사회에 대해 탐구해 보자.

### 자료 1

인류역사는 공간개척의 노력과 그 위에서 꽃피운 공간혁명의 역사로 규정할 수 있다. 과거와 현재를 통틀어 인류 역사에 가장 많은 영향을 미친 4대 공간혁명으로는 도시혁명, 산업혁명, 정보혁명에 이어 유비쿼터스 혁명이 될 것이다.

도시혁명이 인류의 활동 공간인 물리공간을 원시적 평면에서 도시적 방식으로 창조한 1차 공간혁명이라고 한다면 산업혁명은 도시공간을 중심으로 물리공간의 생산성을 이전에는 상상조차 할 수 없었던 수준으로 고도화한 2차 공간혁명이다. 산업혁명에 이은 정보혁명은 인류의 활동기반으로서 물리공간이 아닌 인터넷과 같은 완전히 새롭고, 보이지도 않는 전자공간을 창조한 3차 공간혁명이다. 정보혁명은 물리공간에만 고착돼 있던 공간개념을 뒤엎고 만질 수도 볼 수도 없는 전자공간을 탄생시킨 탈공간 혁명의 성격을 지닌다.

그러나 전자공간은 전혀 이질적인 물리공간과의 충돌로 여러 제약이 나타났다. 우리의 주변에는 여전히 물리적 공간 속에 남아 컴퓨터 속으로 들어올 수 없는 대상들이 더 많이 존재하고 있으며 인간이 그 대상 속으로 들어가기 전에는 그것들 안에서 어떤 변화가 일어나고 있는지, 무엇이 잘못되고 있으며 어떠한 조치가 필요한지 알 수가 없다. 인터넷과 같은 전자공간에 접속하는 것도 시공의 제약을 받을 수밖에 없으며 항상 컴퓨터를 들고 다니는 것도 거추장스러운 일이다.

다가올 유비쿼터스 혁명은 서로 이질적인 물리공간에 전자공간을 연결해 물리공간과 전자공간이 하나로 통합되고 공진화할 수 있는 4차 공간혁명이라고 할 수 있다. 정보혁명은 물리공간을 컴퓨터 속에다 집어넣은 혁명이지만 유비쿼터스 혁명은 물리공간에다 컴퓨터를 집어넣는 혁명이라 할 수 있다. 유비쿼터스 공간에서는 물리적 환경과 사물들 간에도 전자공간과 같이 정보가 흘러 다니며 마치 사람이 그 속에 들어가 있는 것처럼 지능화돼 정보를 주고받고 사람들이 원하는 활동을 수행한다. 결국 유비쿼터스 혁명은 물리공간과 전자공간의 한계를 동시에 극복하고 사람, 컴퓨터, 사물이 하나로 연결함으로써 최적화된 공간을 창출하는 마지막 단계의 공간혁명이다.

이를 실현하는 데는 공간화 측면이 강조된다. 첫째, 물질공간을 구성하는 장소, 시설, 사물, 동 · 식물 등에 전자공간을 심는데 있어 부처나 행정구역의 경계를 초월해야 한다. 범국가적인 차원에서 정부 · 산업경제 · 교육 · 환경 · 국방 · 치안 등 모든 기능의 유비쿼터스화가 필요한 것이다. 또 광역지역 공간이나 제한된 범위의 특정 공간은 물론 사무실이나 집과 같은 아주 좁은 공간까지도 개별 기능에 특화된 유비쿼터스 공간화가 요구된다. 이 과정에서 공간을 구성하는 모든 환경과 사물에 빠짐없이 전자공간을 심는 치밀함도 필요하다.

유비쿼터스 환경에서는 컴퓨터가 센서, 칩, 태그, 배지의 형태로 소형화돼 신발, 옷감, 손목시계 등 생활필수품을 비롯해 냉장고나 커피잔 혹은 인체내부에까지 컴퓨터가 내장돼 주변 물품의 기능을 검색, 주위 환경과 사용자의 특성에 따라 이를 실시간으로 조합하여 맞춤형 서비스를 제공한다. 완성된 형태의 유비쿼터스 세상에서는 몸 상태, 위치, 갖고 있는 물건, 타고 있는 교통수단 등이 주인도 모르게 집안의 홈 서버에 입력돼 음식 준비, 공기 조절, 냉동고와 냉장실 비율 변경, 일정 알림 등이 시간에 맞춰 이뤄질 수 있다.

이집트의 피라미드도 중국의 만리장성도 인간의 손으로 해낸 일들이다. 그리고 유비쿼터스 기술은 허망한 꿈이 아니라 대비해야 할 우리의 미래이다. '우리가 세상을 변화시킨다'는 IT강국의 자부심으로 모두가 애정과 관심을 가지고 힘을 모을 때, 세상이 우리를 위해 움직이는 유비쿼터스 세상은 생각보다 훨씬 빨리 실현될 것이다.

– 오길록, 「유비쿼터스 현황과 미래」, 『경영과 컴퓨터』 통권311호(2002. 9.), 163–166쪽.

## 자료 2

합리성의 문제의식은 이성과 합리성의 신장으로 특징지어지는 근대사회 이후의 사회작동 메카니즘에 대한 규범적 지향성을 내포하고 있다. 따라서 유비쿼터스 사회에서의 합리성에 대한 논구는 직접적으로 새로운 사회–기술적 합리성을 구현하는 사회발전적, 사회정책적 함의를 지닌다 할 것이다. 하지만 이러한 합리성의 문제의식은 곧장 합리성의 증진으로 정책화될 수 없을 정도로 근대 합리성의 억압적 측면 혹은 부정적 측면에 대한 성찰과 맞닿고 있다. 유비쿼터스 사회나 스마트 사회라는 기술융합사회의 합리적 구현 못지않게 그 기술융합사회의 합리적 구현 이면에 존재하는 그 억압적 구조 혹은 부정적 측면에 대한 성찰적 시각이 또한 필요하다.

유비쿼터스 사회는 전술했듯이, 아직 충분하지는 않지만 기술융합과 IT기술의 편재화된 활용을 통해 다양한 서비스를 개발하면서 그 구체적인 모습이 점차 드러나고 있다.

이러한 유비쿼터스 사회의 합리성을 어떻게 성찰할 수 있을까? 첫째 감시사회의 관점이다. 유비쿼터스 사회의 다양한 서비스는 언제 어디서나 정보네트워크를 이용하여 인간의 편리성을 증진시키고 있지만, 그 사회기술체계의 핵심은 더 많은 장소와 사물로부터 정보를 수집하고 더 많은 개인정보를 상시적으로 관리, 활용하여 개인화된 서비스를 추진한다는 데 있다. 근대사회 이후 개인은 사회경제적으로 정치사회적으로 행동의 자유와 권리를 증강시켜 왔다. 하지만 유비쿼터스 사회에서는 생활현실 곳곳의 인지능력과 통신능력이 증강되어 개인의 삶을 지원한다. 이를 위해서 우리 일상생활의 곳곳에 내재된 센서를 통해 이용자들의 사적인 정보를 보다 체계적으로 수집한다. 즉 '눈에 띄게 하지 않게'(invisible)보다 많은 정보기술을 생활에 활용하여 위치 및 생활습관 등 보다 다양한 개인정보의 수집과 관리가 이루어진다. 이러한 유비쿼터스 기술을 통해 이용자들의 욕구에 상응하여 보다 개인화되고 특성화된 정보서비스를 제공할 수 있기 때문이다.

따라서 유비쿼터스 기술은 사물의 주체화를 통해 이용자 개개인들의 욕구 극대화에 기여할 수 있는 반면에 체계적인 개인정보수집 및 가공을 통해 이용자 개개인에 대한 지배력 또한 극대화될 수 있다(Gershenfeld, 1999). 수집된 개인의 사생활정보는 무엇보다도 네트워크를 통해서 활용되기 때문에 타인이 쉽게 접근할 수 있고 정보가 공개될 수 있으며, 마치 금융의 전자화가 이루어진 후 금융거래의 추적이 대단히 쉽듯이, 쉽게 추적(tracking)될 수 있다. 특히 다양한 출처의 개인정보가 네트워크화 되면서 개인화된 서비스를 위하여 중앙 집중적으로 관리되는데 이는 다양한 사생활침해의 가능성을 내포하고 있다. 유비쿼터스 네트워크를 통한 광범위한 데이터베이스는 원래 의도했던 용도와는 다르게 쓰일 수 있으며 악용될 수 있기 때문이다.

둘째 기술체계에의 인간의 종속문제다. 유비쿼터스 사회의 합리성은 사회-기술적 합리성을 지향하지만 사회체계와 기술체계의 대칭성, 균형성 등 관계양식은 효율성과 리스크 관점에서 정책결정자들에 의해 쉽게 기술체계 우위의 비대칭적 관계로 전화될 가능성이 높다. 기술체계는 다양한 기술융합과 정보 네트워크를 통해 거대화되고 복잡화되어 사회적 합리성을 훼손하면서 기술체계에의 인간의 적응력을 요구할 것이며 기술체계 합리성과 기술 정체성에 적합한 행위능력을 요구할 가능성이 높기 때문이다. 유비쿼터스 사회에서 인간은 사회 전체에 대한 성찰력을 상실한, 기술에 종속적인 인간으로의 전락 가능성 또한 농후하다. 디지털 기술사회에 적응하여 자신의 삶에 가장 필요한 정보조차 스스로 기억할 수 없고 기술체계 없이는 사고할 수 없고 활용할 수 없는 '디지털 치매현상'은 그러한 디스토피아의 맹아를 잘 보여준다.(서이종, 2009b)

– 서이종, 「유비쿼터스 사회와 합리성」, 『인문학논총』 제25집(경성대학교 인문과학연구소, 2011. 2.), 18-19쪽.

- 관념적 세계에 머물던 유비쿼터스 사회가 조금씩 현실에서 구현되고 있다. 〈자료 1〉과 〈자료 2〉에서 제시하는 유비쿼터스 사회를 비교하여 보다 이상적인 사회를 구현하기 위한 선결 조건이 무엇인지에 대하여 조사해 보자.
- 유비쿼터스 사회가 발달하는 과정에서 발생하게 되는 개인적, 사회적 문제들을 조사해 보고, 이를 해소할 수 있는 방안에 대해 논의해 보자.
- "이 세상 어디에나 존재하면서 모든 사물을 보고 느끼며 사람과 사물이 조화를 이루도록 조종한다."라는 유비쿼터스의 한계와 의의에 대하여 학술적 에세이를 작성해 보자.

3 장

# 현대문명과 환경위기

인간은 외부 세계와의 관계 속에서 살아간다. 여기서 외부 세계는 인간을 둘러싼 자연 환경뿐만 아니라 인간이 그간 만들어온 문화적 환경까지를 포함한다. 근대 이전의 세계가 자연과의 조화를 중시한데 반해 근대 이후에는 과학에 기초한 환경의 지배가 주요한 패러다임으로 자리 잡으면서 오늘날의 과학기술 문명을 형성하였다. 그 결과 근대의 인간은 과학기술의 발전을 토대로 외부 세계를 자신의 이익과 목적에 맞게 변형 · 조작할 수 있게 되면서 이전 어느 시대에서도 경험하지 못했던 물질적 풍요와 자유를 누리게 되었다. 그러나 지배의 대상이자 무한한 자원의 공급원으로만 여겨졌던 자연이 급박한 위기의 신호를 보내오면서 인간은 오늘날 수많은 위기에 직면해 있다. 위험수위를 넘어선 환경오염, 발전을 명목으로 무분별하게 이루어지는 생태계 파괴는 근대 문명을 뿌리에서부터 뒤흔드는 요인이 되고 있다.

인간의 생존 자체를 위협하는 생태계의 파괴, 환경오염 등의 문제를 해결하기 위해서는 인간과 인간을 둘러싼 환경의 관계에 관해 새롭게 접근할 필요가 있다. 그런 의미에서 인간은 주변 환경과 어떻게 새로운 방식으로 관계를 맺어야 할 것인가, 지속 가능한 발전이 가능하려면 인간은 위기의 원인과 해법을 어디에서 찾아야 할 것인가 등은 우리가 필수적으로 해명해야 할 과제들이다. 생산성과 효율의 극대화를 목표로 한 근대의 발전론은 그간 많은 성과를 올렸지만 앞으로의 발전은 이전과는 다른 목표와 방향을 취할 수밖에 없다. 환경에 대한 영향을 도외시한 발전이나 환경과의 조화를 고려하지 않는 발전은 오히려 인류에게 재앙으로 다가올 수 있다는 점에서 '환경' 문제는 이전과는 달리 다각적 차원의 접근을 요구한다. 다음의 글을 통해 환경문제를 여러 관점에서 바라보고 지속 가능한 문명을 만들어가기 위해 우리가 해야 할 일들에 대해 생각해 보자.

## 01 환경위기와 지속 가능한 문명의 가능성

레이첼 카슨(Rachel L. Carson)의 『침묵의 봄』은 현대 환경운동의 시발점이 된 중요한 저서이다. 1962년 이 책이 나온 이후 수많은 환경운동단체가 생겨났고 환경보호를 위한 구체적 실천들이 나타나게 되었다. 1969년 '국가환경정책법'의 제정을 비롯하여 완벽한 살충제로 추앙받던 DDT가 미국 사회에서 추방된 것은 이 책으로 인해 촉발된 긍정적 결과에 해당한다. 이후 이 책의 영향력은 미국 내에만 머물지 않고 전 세계적인 환경윤리 의식 각성으로까지 이어졌다. 현대 환경운동의 기본 정신과 기준을 집약적으로 보여준 1992년 '리우 선언'은 이 책이 일으킨 시대적 변화의 바탕 위에서 가능한 결과물이었다.

아래의 글은 『침묵의 봄』 제1장 〈내일을 위한 우화〉의 일부이다. 환경위기의 원인을 본격적으로 진단하기에 앞서 자연과 인간을 위협하는 불길한 변화와 위기를 섬세한 필치로 묘사하고 있는 대목이다. 이 글을 통해 환경위기와 지속 가능한 문명의 가능성에 대해 탐구해 보자.

**자료**

미국 대륙 한가운데쯤 모든 생물체가 환경과 조화를 이루며 살아가는 마을이 하나 있다. 이 마을은 곡식이 자라는 밭과 풍요로운 농장들 사이에 자리 잡고 있는데, 봄이면 과수원의 푸른 밭 위로 흰 구름이 흘러가고 가을이 되면 병풍처럼 둘러쳐진 소나무를 배경으로 불타듯 단풍이 든 참나무, 단풍나무, 자작나무가 너울거렸다. 어느 가을날 이른 아침 희미한 안개가 내린 언덕 위에서는 여우 울음소리가 들려왔고, 조용히 밭을 가로질러 달려가는 사슴의 모습도 때때로 눈에 띄었다.

길가에는 월계수, 인동나무, 오리나무, 양치식물 그리고 들꽃이 연중 그 자태를 뽐내며 지나는 여행객의 눈을 즐겁게 해주었다. 나무 열매와 씨앗을 먹고사는 수많은 새가 눈밭에 내려앉는 겨울철에도 길가는 여전히 아름다웠다. 이 일대는 풍부하고 다양한 새들로 유명했는데, 봄 가을에는 이동기를 맞은 철새 무리들이 떼를 지어 날아가는 모습을 보려고 멀리서 사람들이 찾아오곤 했다. 물고기를 잡으려는 사람들은 가까운 시냇가로 향했다. 이 하천은 산에서 내려온 차갑고 맑은 물이 넘쳐흘렀고 송어가 알을 낳는 그늘진 웅덩이가 군데군데 자리를 잡고 있었다. 최초의 이주자가 집을 짓고 우물을 파고 헛간을 세운 이후 이런 풍경은 계속 유지되었다.

그런데 어느 날 낯선 병이 이 지역을 뒤덮어버리더니 모든 것이 변하기 시작했다. 어떤 사악한 마술의 주문이 마을을 덮친 듯했다. 닭들이 이상한 질병에 걸렸다. 소 떼와 양 떼가 병에 걸려 시름시름 앓다가 죽고 말았다. 마을 곳곳에 죽음의 그림자가 드리워진 듯했다. 농부들의 가족도 앓아누웠다. 병의 정체를 알 수 없는 마을 의사들은 당황하기 시작했다. 원인을 알 수 없는 갑작스러운 죽음이 곳곳에서 보고되었다. 이는 어른들에게만 국한된 일이 아니어서 잘 놀던 어린아이들이 갑자기 고통을 호소하다가 몇 시간 만에 사망하는 일도 벌어졌다.

낯선 정적이 감돌았다. 새들은 도대체 어디로 가버린 것일까? 이런 상황에 놀란 마을 사람들은 자취를 감춘 새에 대해서 이야기했다. 새들이 모이를 쪼아 먹던 뒷마당은 버림받은 듯 쓸쓸했다. 주위에서 볼 수 있는 몇 마리의 새조차 다 죽어가는 듯 격하게 몸을 떨었고 날지도 못했다. 죽은 듯 고요한 봄이 온 것이다. 전에는 아침이면 울새, 검정지빠귀, 산비둘기, 어치, 굴뚝새 등 여러 새의 합창이 울려 퍼지곤 했는데 이제는 아무런 소리도 들리지 않았다. 들판과 숲과 습지에 오직 침묵만이 감돌았다.

암탉이 알을 품던 농장에서는 그 알을 깨고 튀어나오는 병아리를 찾을 수 없었다. 농부들은 더 이상 돼지를 키울 수 없게 되었다고 불평했다. 새로 태어난 새끼 돼지들이 너무 작아서 며칠을 버티지 못하고 죽었기 때문이다. 사과나무에 꽃이 피었지만, 꽃 사이를 윙윙거리며 옮겨 다니는 꿀벌을 볼 수 없으니 가루받이가 이루어지지 않아 열매를 맺지 못했다.

예전에는 그렇게도 멋진 풍경을 자랑하던 길가는 마치 불길이 휩쓸고 지나간 듯, 시들어가는 갈색 이파리만 나무에 매달려 있었다. 생물이란 생물은 모두 떠나버린 듯 너무나도 고요했다. 시냇물마저 생명력을 잃은 지 오래였다. 물고기들이 다 사라져버렸기에 찾아오는 낚시꾼도 없었다.

처마 밑으로 흐르는 도랑과 지붕널 사이에는 군데군데 흰 알갱이가 남아 있었다. 몇 주 전 마치 눈처럼 지붕과 잔디밭, 밭과 시냇물에 뿌려진 가루였다.

이렇듯 세상은 비탄에 잠겼다. 그러나 이 땅에 새로운 생명 탄생을 가로막은 것은 사악한

> 마술도, 악독한 적의 공격도 아니었다. 사람들이 스스로 저지른 일이었다.
>
> – 레이첼 카슨, 『침묵의 봄』, 김은령 옮김(에코리브르, 2011.), 25–27쪽.

- 레이첼 카슨은 DDT가 전세계에 큰 재앙을 가져올 것이라고 경고하였는데 전 지구적으로 DDT의 폐해가 나타난 사례와 그 심각성에 대해 조사해 보자.
- 최근 우리사회에서 발견되는 환경위기의 대표적 사례를 찾아보고, 성장을 최우선으로 하는 개발 논리와 환경 보호론이 이런 위기에 대해 어떤 입장을 보이고 있는지 검토해 보자.
- '환경적으로 건전하고 지속 가능한 발전(ESSD)'을 강조하는 생태 발전론에 대해 토론해 보고 그 장단점을 정리해 보자.
- 위의 활동을 바탕으로 '환경위기와 지속 가능한 발전'이란 주제로 한 편의 에세이를 작성해 보자.

## 02 GMO를 대하는 우리의 자세

1994년 유전자조작 토마토가 세상에 등장한 이후 유전자조작 농산물(GMO) 수는 크게 증가하였다. 그러나 GMO의 안전성에 대한 의문이 커지면서 현재 GMO를 재배하는 국가나 GMO 작물을 수입하는 곳도 크게 줄어든 상황이다.

GMO를 둘러싼 논쟁은 크게 인체안전성과 환경위해성 문제로 요약할 수 있다. 이를 놓고 그간 여러 나라에서 오랜 기간 많은 연구가 진행되고 논쟁이 벌어졌지만 명확한 결론에는 이르지 못하고 있는 상황이다. 현재 통계적으로 보았을 때 우리나라는 전세계에서 GMO 농작물을 가장 많이 수입하는 나라에 해당한다. 그런 만큼 GMO의 안전성이나 위해성 여부에 대해 각별한 관심을 가지고 살펴볼 필요가 있다.

아래의 〈자료1〉은 우리나라가 아직 GMO의 위험성에 대해 충분히 인식하지 못하고 있다는 문제의식 하에 GMO 관련 제품을 줄일 수 있는 방안에 대해 논하고 있다. 이에 반해

〈자료2〉는 GMO가 더 이상 논란거리가 아니므로 GMO 식품을 즐겁게 먹자는 주장을 제시하고 있다. 서로 다른 입장을 가진 두 글을 통해 GMO를 둘러싼 논란의 여러 쟁점을 알아보고 GMO에 대해 우리가 취해야 할 태도에 대해 생각해 보자.

## 자료 1

유전자조작(변형) 농산물(GMO)이 미국을 비롯해 상업적으로 재배되기 시작한 지 20년이 되었다. 지난 20년 동안 GMO를 재배하는 나라는 초기에 늘어나던 속도가 점차 줄어 최근 몇 년간은 27, 28개국에 머물러 있다. 이 나라들의 공통점을 들자면 하나같이 땅이 넓고 경작 규모가 크다. 그도 그럴 것이 한 나라에서 GMO가 종자로서 재배 승인을 받으려면 상당히 까다로운 절차를 거쳐야 한다. 개발기업인 초국적 농생명공학 기업 처지에서는 같은 재배 승인 절차를 거쳐야 한다면 이왕이면 종자 판매량이 많은 나라를 우선하는 것은 당연하다. 20년 동안 줄기차게 GMO를 수입해 먹고 있고 국민들의 광우병 우려에도 아랑곳없이 미국산 쇠고기가 안전하다고 적극 홍보했던 한국 정부를 생각해보면 '재배 승인 받는 것쯤이야' 하고 생각할 수 있겠지만, 한국에서 GMO를 종자로 팔기 위해 재배 승인을 받으려는 시도는 아직까지 없었던 듯하다.

GMO를 재배하지 않는 나라와 재배하는 나라에서 이를 대하는 태도를 보면 약간 차이가 난다. 예컨대 GMO를 재배하는 나라는 이것을 우려하고 반대하는 등의 다양한 대응이 농민단체를 중심으로 진행되는 경우가 많다. 반대로 GMO를 재배하지 않는 나라는 농민단체보다는 환경단체나 소비자단체의 관심이 더 높다. 초기 한국에서의 GMO 반대 운동도 소비자단체와 환경단체를 주축으로 시작되었다. 물론 지금은 상황이 다르긴 하다. 인도에서 면화를 심던 농민들이 어느 날 갑자기 기존 종자 대신 선택의 여지없이 GMO 종자를 심게 되면서 이로 인해 새로운 해충의 등장, 수확량 감소 따위 다양한 문제가 발생했으며, 자살 등의 사회문제가 따랐다는 사실이 알려졌기 때문이다. 그 결과 10여 년 전부터 농민들 사이에는 서서히 GMO 종자를 사서 심어야 하는 현실에 대항하기 위하여 스스로 씨를 받아 농사를 짓는 사례가 늘어나고 있다. 즉, 토종 종자를 심어서 GMO 종자를 재배하게 될지도 모르는 미래에 대비하는 것이다. 이렇듯 농민들의 노력이 지속되는데도 이것이 농민의 문제임과 동시에 소비자의 문제여야 하는 까닭은 무엇일까?

GMO를 개발하는 초국적 농생명공학 기업의 대표주자 격인 몬산토 홈페이지를 찾아보면 아마도 많은 이가 홈페이지 제목이 '지속 가능한 농업회사(Sustainable Agriculture Company)'

라는 사실에 놀랄 듯하다. 적어도 우리가 아는 '지속 가능'이라는 것은 1992년 리우 선언(브라질 리우데자네이루에서 '지구를 건강하게, 미래를 풍요롭게'라는 슬로건 아래 열린 정상회담. 환경과 개발에 관한 기본 원칙을 담았다)을 통해 인간과 환경에 관한 미래의 원칙이기 때문이다. 그 밖에도 지속 가능한 농업을 위한 몬산토의 노력(?)을 담은 보고서, 기업 기부활동(이른바 한국에서 '몬산토 장학금'으로 알려진 것도 이 가운데 하나이다), 인권, 기업의 사회적 책임, 농촌 기아 없애기 따위가 자신들의 약속임을 천명한 글을 볼 수 있다. 즉, 초국적 농생명공학 기업은 하나같이 자신들이 하는 일이 농업을 살리고 환경을 살리고 식량문제를 해결하여 인류를 구하는 산업이라고 주장한다. 그래서 그들이 개발하는 모든 상품은 필연적으로 식량 문제와 직접 관계가 있다.

적어도 생물체라면 영양을 공급받아야 하고, 현재 자신의 지위가 어떻든 간에 인간이라면 먹어야 한다. 그런 점에서 그들이 생산하는 상품은 모든 인간의 생존과 떼려야 뗄 수 없다. 그러니 '소비자'라면 당연히 자신이 먹는 것에 관심을 가져야 한다.(중략)

개발사들은 종종 20년 동안 먹었지만 아무런 이상이 발견되지 않았다는 사실만으로도 안전성이 검증되었다고 말한다. 그러나 20년이면 충분한가? 지금까지 개발된 GMO 작물을 보면 콩 · 옥수수 · 유채 · 면화가 대부분이다. 그리고 이들 작물은 주식이 아니라 대부분 기름을 짜기 위한 유지작물이거나 사료용으로 쓰인다. 그러니 하루 종일 그것만 먹은 쥐에 대한 실험 결과가 사람에게도 나타날 때까지 얼마나 섭취해야 할 것인지 역시 알 수 없다. 중요한 것은 얼마가 걸리더라도 쥐에게 나타난 증상이 사람에게도 나타날 가능성은 여전하다는 사실이다.

한국은 GMO 수입국으로 세계 1 · 2위를 다툰다. 그만큼 많은 양을 먹고 있다는 말이기도 하고 그만큼 발병 위험이 크다는 것을 의미하기도 한다. 위험을 피하는 가장 좋은 방법은 역시 먹지도, 재배하지도 않는 것이다. 그러나 이미 엄청난 양을 수입하는 마당에 안 먹는 길을 선택하기란 참으로 어렵다. 더욱이 지금처럼 GMO 표시제도가 제대로 마련되어 있지 않다면 더욱 그러하다. 우리가 가장 많이 먹는 것 중 식용유, 간장, 각종 당류 등이 GMO 표시 대상에서 제외되어 있다. 앞으로 우리나라에서 GMO를 재배하지 못하게 하는 것은 중요하다. 그러려면 GMO를 먹지 않겠다는 의지를 보여주어야 하고, 가장 좋은 방법은 사지 않는 것이다. GMO 표시제도의 예외를 없애도록 완전표시제를 주장하는 일. 이것이 지금 현재 우리가 할 수 있는 첫걸음이다.

– 김은진, 「GMO를 제대로 알아야 하는 까닭」, 『시사인』 419호.

## 자료 2

지구촌을 들썩였던 유전자변형식품(GMO)의 유해성 논란이 언젠가부터 조용하다. 그 새 무슨 일이 벌어진 걸까? 이제 GMO를 먹어도 안전한가? 궁금한 게 한 둘이 아니어서 그 경위를 따져봤다.

GMO 논란은 1998년 영국 생명공학자 푸츠타이 박사가 GM 감자를 먹은 쥐가 발육부진과 위장 장애를 일으켰다고 주장한 데 이어, 파키스탄에서 GM 면화를 먹은 양이 괴질을 앓게 되었다는 고발이 제기되면서 증폭됐다. 게다가 이즈음 미국 연방특허청에 한 면실유 제조회사가 '식물 유전자 발현 제어'라는 이름의 특허를 출원했는데, 환경단체가 '생태계의 터미네이터'라고 맹비난하면서부터 GMO 논쟁은 본격화되었다.

GMO 논란의 핵심을 정리하면 다음과 같다. ①생태계 왜곡 여부, ②인체 유해성 여부, ③인류의 밥상이 몇몇 거대 종자 기업 손아귀에 놓이게 된다는 우려였다. 앞서 제기된 GM 감자와 GM 면화의 의혹은 이미 사실과 다른 것으로 판명됐으며, 지난 10여 년간 GMO가 생태계를 왜곡했거나 인체에 유해하다는 과학적 근거도 찾지 못했다. 특히 GM 식품을 주식으로 먹은 수백만 난민에게 부작용이 없었고, GM 농작물을 대량 재배하는 미국에서 이렇다 할 생태계 교란도 없었다. 오히려 농작물의 생산비는 줄었지만, 수확량은 급증해 물가를 안정시키는 한편 난민구제에도 한몫을 톡톡히 했다.

논란의 핵심 중 ①과 ②는 괜한 소동이었고, ③의 경우 생명공학기술(BT)의 획기적인 발달과 기술 공개로 독과점도 그리 걱정할 게 아니다. GMO 논란은 애당초 찻잔 속의 태풍과 다름없는 셈이다. 그런데도 최근까지 GMO 논란이 가열되었던 이유는 뭔가? 무엇보다 유전자 조작에 대한 막연한 공포가 높아진 데다, 식품과 관련된 문제라 신중해야 한다는 심리가 더해졌기 때문이다. 미국 국민의 절대다수는 GMO가 걱정할 게 못 된다고 여긴다. 반면 유럽에선 '프랑켄슈타인 식품'이라 매도하고 피한다. 미국은 GMO 기술을 선도하는 데다 대기업 주도의 농업국가이자 농산물 수출국이다. EU는 GMO 기술의 후발국인 데다 중소 규모의 자영농민이 주류를 이룬 나라이자 수입국이다. 수입국인 한국과 일본은 유럽 쪽에, 수출국인 중국과 러시아는 미국 쪽에 가깝다. 자국 농업에 유리하느냐 불리하냐에 따라 GMO에 대한 인식이 확연히 다르다. 이래서 GMO 논란은 글로벌 농산물 시장에 벌어지는 진탕 싸움에 불과하다는 비난을 피할 수 없다.

GMO 논란이 잠잠해진 것은, 2013년 연초 세계적인 환경운동가인 마크 라이너스의 양심 고백 이후이다. 지구온난화와 GMO의 심각성을 저서와 다큐멘터리로 알려온 그는 "환경운동가들은 지구온난화에 대한 공신력 있는 학회의 견해를 인용하면서 같은 학회의 GMO 찬성 입장을 애써 무시했다"고 폭로한 뒤 "GMO의 안전성은 과학적으로 검증됐다"고 밝혔다. 또 노벨 화학상 수상자를 2명이나 길러낸 세계적인 화학자 제임스 콜만은 저서 '내추럴리 데인저러스'에서 GMO는 그동안 농학자들이 해온 육종을 더 복잡한 기술로 처리한 것에 불과하다고 평가했다. 어쨌든 GMO는 더는 '뜨거운 감자'가 아니다. 이쯤이면 이왕 먹을 거라면 즐겁게 먹는 게 나을 법하다.

– 박중환, 「유전자변형식품, 이제 먹어도 되나요」, 『부산일보』(2015. 8. 20.)

(저자의 요청에 따라 이 글은 박중환의 『식물의 인문학』(한길사, 2014.)에 실린 '터미네이터가 식탁을 점령하다'라는 장의 주요 내용을 요약한 글임을 밝힌다.)

- 우리 주변에서 GMO 식품이지만 표시가 되어 있지 않은 제품들을 찾아보고 그것이 환경과 인체에 미치는 영향에 대해 조사해 보자.
- 〈자료1〉은 GMO 식품의 위해성을 지적하고 GMO 식품 개발과 소비에 반대하는 입장을 보이고 있는데 〈자료2〉는 GMO 식품 소비에 찬성하는 의견을 드러내고 있다. 두 입장을 뒷받침하거나 반박하는 자료들을 찾아보고, 두 입장 중 어느 것이 더 타당한가에 대해 토론해 보자.
- 위 활동을 바탕으로 한 편의 입장에서 반대 측의 주장이 지닌 약점과 한계를 지적하고, 자신의 입장을 정당화하는 에세이를 작성해 보자.

4장

# 시민사회와 권력

사회(社會, society)는 모호하면서도 가장 일반적으로 사용하는 용어 중의 하나다. 사전에서는 "공동생활을 하는 사람들의 조직화된 집단이나 세계", "정치, 문화, 제도적으로 독자성을 지닌 공통의 관심과 신념, 이해에 기반을 둔 3인 이상의 개인적 집합, 결사체"로 정의하고 있다. 이러한 정의를 살펴보면, 사회는 '공동체적 집단'을 의미하는 용어이다. 이러한 의미의 사회라는 용어를 처음 사용한 학자는 모리 아리모리이다.

일반적으로 사회는 자연에 대비되는 인간에 관한 사회현상이나 사회적 사실을 의미한다. 대부분의 사회학자들은 사회를 "공통된 문화와 지역적 토대를 갖고 있으며, 상호작용하는 개인들과 상호 관련된 집단들로 구성된 거대하고 지속적이며 조직화된 인간집합"이라는 의미로 사용한다. 인간의 집합이 사회이지만, 파슨스는 사회체제는 사회구성원과 별개로 존재한다고 하였다.

인류문명이 원시사회에서 현대사회로 변화하는 동안 다양한 유형의 사회체제가 존재하였다. 사회체제의 구성원인 개인은 자신의 욕구를 충족시키기 위해 사회(또는 국가)를 수단화하기도 했다. 이 과정에 사회 구성원 사이에는 갈등이 내재하였고, 이 갈등은 상황에 따라서 내면화하거나 표출되었다. 현재 한국에 나타나고 있는 많은 갈등 중에서 권력남용, 경제정책, 성차별 문제가 대표적이라 할 수 있다. 다음에 소개하는 글을 통해 사회의 다면성에 대해 탐구해 보자.

## 01 시민사회와 권력의 남용

현대사회의 주인공은 '시민'이다. 이들은 사회의 중심이 되어 사회와 국가를 형성하고, 자신들을 대신하여 사회와 국가를 이끌어갈 지도자를 선출한다. 시민들의 권한을 위임받은 정치세력은 사회와 국가를 운영함에 있어 시민들과 화합하기도 하고, 대립하기도 하면서 공동체를 발전시켜 나간다. 2015년 한국에서는 시민들이 인터넷으로 주고받은 내용을 조사하겠다는 국가권력과 이 일을 검열로 인식한 시민들 사이에 갈등이 발생했다. 국가권력이 시민을 감시와 통제의 대상으로 삼을 수 있는가에 대한 논의가 중요한 화두로 제시된 것이다.

〈자료 1〉은 시민을 감시하는 국가권력에 대한 비판적 입장의 글이고, 〈자료 2〉는 시민들이 권익을 위해 국가권력을 감시할 수 있다는 글이다. 감시와 통제에 대해 서로 다른 인식을 보여주는 두 개의 글을 읽고, 자신의 입장을 정리해 보자.

### 자료 1

지난해 검찰의 감청영장(통신제한조치) 집행에 불응하겠다고 선언했던 카카오가 1년 만에 입장을 바꿔 검찰에 협조하기로 했다. 김진태 검찰총장이 그제 대검찰청 국정감사에서 "두 기관이 (감청영장을) 원만하게 제대로 집행하는 방법을 찾았다"고 밝히면서 이 같은 사실이 알려졌다. 양쪽 실무진 간 합의에 따르면 검찰이 법원에서 감청영장을 받아 카카오에 통신 자료 제출 협조를 요청하면 카카오는 수사 대상자를 제외한 나머지 대화 참여자들을 익명으로 처리해 자료를 제공한다. 수사 대상자 이외 대화자들의 이름과 전화번호 등은 보호되지만 대화 내용은 모두 넘긴다. 검찰이 자료를 검토해 범죄 관련성이 있는 사람이 추가로 나오면 다시 공문을 통해 그 신원확인을 요청한다는 것이다.

검찰과 카카오가 합의했다는 내용을 보면 지난해 논란이 됐던 것에서 근본적으로 달라지지 않았다. 감청 요건과 절차를 강화했다고 하지만 3900만명에 이르는 국내 카카오 이용자 누구든 수사기관의 판단에 따라 감청 대상이 된다는 사실은 변함이 없다. 자기가 한 일과 무관하게 통신 내용이 노출됨으로써 프라이버시가 침해될 수 있는 것이다. 지난해 비판을 받았던 '편법 감청', 즉 대화 내용을 저장했다가 제공하는 것을 금지하지도 않았다. 시민의 권익에 영향을 주는 협상이 몰래 진행되었다는 것도 문제다. 이 밀실 협상 때문에 인터넷은행 진출을 추진 중인 카카오가 정부와 타협한 것이라는 소문이 나돌고 있다. 페이스북 등 외국 업체와 달리 검찰이 들여다볼 수 있는 국내 사회관계망의 경쟁력을 걱정하지 않을 수 없는 지경이다.

헌법 17조, 18조는 "모든 국민은 사생활의 비밀과 자유를 침해받지 아니한다. 모든 국민은 통신의 비밀을 침해받지 아니한다"고 규정하고 있다. 수사 · 정보 기관의 감청과 압수수색은 최소한에 그쳐야 한다. 유엔도 디지털 통신 비밀보호 강화를 권고하고 있다. 그런데 집권당은 네이버 등 포털들이 편향돼 있다며 포털을 옥죄고 검찰은 카카오 감청으로 시민권을 훼손하고 있다. 권력은 시민의 일상을 감시하는 '빅브러더'가 되려고 하는가.

–「시민감시 빅브러더 꿈꾸는 권력」, 『경향신문』(2015. 10. 8.)

## 자료 2

시민운동은 신문, 라디오, 텔레비전과 같은 기존의 언론은 물론, 인터넷을 통해서 자신들의 활동을 알리고, 성과를 공유하며, 연대를 강화하고 있다. 특히 인터넷과 같은 쌍방향의 분산된 네트워크는 "빅 브라더가 당신을 감시하고 있다"라는 전통적인 감시를 "당신이 바로 감시하는 빅 브라더이다Big Brother is you, watching"라는 역감시의 기제로 바꾸기가 쉽다. 반부패국민연대의 사이버 국민신문고(http://www.smg.or.kr)는 인터넷을 통해서 시민운동의 힘을 강화한 대표적인 예이다. 우리에게 이미 친숙한 신문고를 인터넷 상에 부활시킨 것인데, 시민들이 스스로 문제를 제기하고 부패를 고발하는 매체로 적극 이용하고 있다. 이 사이버 국민신문고는 반부패국민연대의 지역 센터, 이동(순회)신문고와 결합하여 경찰, 교육, 세무나 법조 등 주요 분야에 대한 집중적인 제보를 가능하게 했으며, 상당한 참여를 불러 일으켰다. 언론 피해 상담, 방송법 개정 운동, 신문 불공정거래 및 사이버 언론의 피해를 막기 위해 생긴 언론개혁시민연대도 인터넷을 통해 피해사례와 고발을 접수하고 있다. (중략)

프라이버시 보호를 위해서는 개인, 시민단체, 정부가 협력관계를 유지해야 한다. 개개인은 개인 정보를 과다하게 요구하는 인터넷 사이트에 회원 가입을 거부하고, 약관을 숙지하며, 개인 정보가 침해되었을 때 이를 신고하는 등 개인 정보보호에 적극적인 마음가짐을 가지고, 자신의 프라이버시뿐만 아니라 타인의 프라이버시에도 주의를 기울여야 한다. 2001년 3월,

진보네트워크, 함께하는 시민행동 등 10개 시민 단체는 '프라이버시 네트워크'를 결성했는데, 시민운동 조직은 이러한 운동을 통해 기업의 작업장 감시를 폭로하고, 행정기관과 수사기관의 과다한 정보 수집을 비판하며, 이미 구축된 데이터베이스의 디지털화와 연동을 방지하는 운동을 지속적으로 수행해야 한다. 정부는 프라이버시의 침해가 만연할 경우 사회 전체의 안정과 신뢰가 붕괴될 수 있음을 인지하고, 이에 전향적인 자세로 임해야 할 것이다.

– 홍성욱, 『파놉티콘–정보사회 정보감옥』(책세상, 2015.), 115–138쪽.

- 국가권력에 의해 개인의 프라이버시가 침해당한 구체적인 사례를 조사해 보고, 이에 대한 시민들의 대응 양상에 관해 조사해 보자.
- 인터넷상에서는 개인정보를 보호하기 위해서 잊힐 권리가 필요하다는 논의가 진행 중에 있다. 이 권리의 필요성에 대하여 토론해 보자.
- 국가권력의 시민 통제와 감시, 시민들의 국가권력 감시를 주제로 하여 자신의 생각을 칼럼 형식으로 작성해 보자.

## 02 경제정책과 권력

현대 사회는 시장경제를 핵심적 가치로 한다. 시장경제에 대한 이론적 배경을 마련한 것은 애덤 스미스이다. 그는 『국부론』에서 국부의 성질과 원천만 아니라 상품가치와 가격, 각 계급의 소득 원천인 임금, 이윤, 지대, 자본의 축적 및 투자를 포함한 경제학 전반에 대한 이론을 제시하였다. 그의 주장은 두 가지 관점에서 설명할 수 있다. 첫째, "상품이 지니는 가치란 그 상품을 생산하는 데 소요된 노동자의 노동에 의해 결정된다."는 '노동가치설'이다. 국부의 원천이 '노동'에 있다는 인식으로, 마르크스 경제학의 이론적 토대가 되었다. 둘째, "개인이 자기 자신의 이익을 추구할 때, 보이지 않는 손에 이끌려 자기도 모르는 사이에 사회의 이익을 증진시키게 된다."는 '보이지 않는 손'이다. 이 주장은 자유방임주의의 이론적 토대가 되었다.

산업혁명 이후 성장추세에 있던 세계경제는 1929년 미국 주식시장의 붕괴로 촉발된 대공황으로 인해 위기를 맞게 되었다. 미국에서 시작한 경제공황이 1930년대 전 세계로 확산되었다. 이후 세계경제에 정부의 적절한 시장개입과 복지를 중시한 케인즈의 수정 자본주의가 도입되었다. 70년대 이후 불황이 장기화되고, 초국가적 자본의 세계화라는 문제까지 발생하여 수정자본주의는 쇠퇴하고, 신자유주의 경제정책이 도입되었다.

신자유주의는 권력기구를 강화하여 치안과 시장 규율의 유지를 보장하는 '작고도 강한 정부'를 추구한다. 1980년대 영국의 대처 정부는 비효율적 국영기업의 민영화, 복지예산의 감소, 정부 규모의 축소를 통한 세금 절약 등으로 시장을 활성화하는 신자유주의 정책을 시행하였다. 현재 불황이 장기화하면서 전 세계적으로 고용이 불안정해지고, 실업률이 증가하고 있다. 이 문제를 해결하고자 세계 각국에서는 일자리를 만들기 위한 다양한 정책을 시행하고 있다.

〈자료 1〉은 신자유주의의 대표적 경제정책인 공기업민영화를 비판하는 글이고, 〈자료 2〉는 투자개방형 의료법인을 설립하자는 글이다. 전기, 철도, 의료 등 사회기반시설을 누가 경영해야 하는가에 대한 논의는 신자유주의 등장 이후 지속되었다. 소비자 효용의 증대를 위해서는 민영화해야 한다는 주장과 정부가 통제해야 소비자에게 피해가 가지 않는다는 주장이 대립하고 있다. 다음에 소개하는 글을 통해 국가가 지향하는 경제정책에 대해 탐구해 보자.

**자료 1**

나쁜 사마리아인들은 왜 국영기업을 민영화해야 한다고 생각할까? 국영기업에 반대하는 이들의 생각은 단순하지만 강력한 개념에서 비롯된다. 바로 사람은 자신이 소유물이 아닐 경우 제대로 돌보지 않는다는 것이다. 일상에서도 이를 확신할 수 있게 해 주는 사실이 흔히 목격되곤 한다. 여러분이 보일러 고장으로 배관공을 불렀다고 하자. 그런데 배관공은 오전 11시도 채 되지 않았는데 휴식 시간이라며 벌써 세 번째 자리를 뜬 상태이다. 이럴 때 여러분은 생각할 것이다. 이 배관공은 과연 자기 집 보일러를 고칠 때도 똑같이 행동할까? 공원에 쓰레기를 버리는 사람들의 경우에도 마찬가지이다. 이들도 자기 집 정원에는 쓰레기를 버리지 않을 것이다. 이렇듯 자기 물건은 최선을 다해 돌보지만, 자기 것이 아닌 물건은 함부로 다루는 것이 인간의 본성인 듯하다. 국가 소유에 대한 반대자들이 사람들로 하여금 어떤 물건을 최대한 효율적으로 사용하게 만들고 싶으면, 당사자들에게 해당 물건의 소유권을 주어야 한다고 주장하는 것도 그래서이다.

소유권은 소유자에게 그의 재산과 관련하여 두 가지 중요한 권리를 준다. 첫 번째는 그 재산을 처분할 수 있는 권리이고, 두 번째는 그 재산을 사용해 이득을 볼 수 있는 권리이다. 이윤은 재산의 소유자가 자신의 자산을 생산적으로 이용할 작정으로 구매한(그의 공장에서 사용되는 원자재와 노동을 비롯한) 온갖 투입 요소에 대한 지불을 완료하고 난 뒤에 그에게 남는 것이다. 때문에 이윤을 청구할 권리를 '잔여 청구권'이라고 부르기도 한다. 이렇듯 소유주가 잔여 청구권을 가지고 있기 때문에 정해진 금액만 받으면 되는 투입요소 공급자들은 그 이윤의 양에는 아무런 관심을 가지지 않는다. 바로 여기에 문제가 있다.

국영기업은 전체 국민에 의해 집단적으로 소유되는 것이고, 고정된 임금으로 고용된 직업적인 경영자에 의해서 운영되는 기업이다. 따라서 잔여 청구권을 가지는 것은 국영 기업의 소유주인 국민이다. 고용된 경영자들이 해당 기업의 수익성에 신경을 쓰지 않게 되는 것도 그래서이다. 물론 '주인'인 국민들은 경영자의 임금을 국영 기업의 수익성에 따라 연동되도록 하여 '대리인들', 즉 고용한 경영자들이 국영 기업의 수익성에 관심을 가지게 만들 수 있다. 그러나 이런 인센티브 제도를 만들어 내기란 대단히 어려운 일로 알려져 있다. 그 까닭은 주인과 대리인 사이에는 근본적으로 정보의 격차가 있다는 데에 있다. 예컨대 고용된 경영자가 자신은 최선을 다했으며, 성과가 좋지 않은 것은 자신이 통제할 수 없는 요소들 때문이라고 한다면, 이것은 거짓말이라는 것을 어떻게 입증할 것인가? 이렇듯 주인이 대리인의 행동을 통제하기 어렵다는 사실을 '주인-대리인의 문제'라고 부르며, 그로 인한 (부실한 관리에서 비롯된 수익의 감소와 같은) 비용을 '대리인 비용'이라고 하는데, 이런 주인-대리인 문제는 국영 기업을 반대하는 신자유주의의 핵심적 견해이다.

그러나 주인-대리인 문제만이 국영 기업의 비효율성을 초래하는 원인인 것은 아니다. 국민 개개인은 이론적으로는 공기업을 소유하고 있지만 고용된 경영자들을 제대로 감독함으로써 자신의 재산, 즉 해당 국영 기업을 관리하고자 할 만한 동기가 없다. 국영 기업 경영자들을 추가적으로 감독함으로써 수익이 늘어난다고 해도 그 증대분은 전체 국민에게 분배되는 데 반해, (해당 국영 기업의 대차대조표를 검토한다거나 문제점을 관련된 정부 기관에 알리는 데 필요한 시간과 노력 등의) 비용은 감독에 참여한 국민들에게만 부과되기 때문이다. 이런 경우에는 누구나 공기업 경영자들을 감독하는 일에는 관심이 없고, 단지 다른 사람들이 들인 노력의 결과에 '무임승차'하기를 희망할 것이다. 그러나 모든 사람이 무임승차를 한다면 관리자들은 어느 누구의 감독도 받지 않게 되고, 그에 따라 해당 국영 기업의 성과는 부실해질 것이다. 이런 '무임승차 문제'를 쉽게 이해하고 싶다면 여러분 스스로 국영 기업-당신은 법적으로 그 회사의 소유주이다-의 성과를 감독해 본 적이 얼마나 되는지 헤아려 보라. 아마 단 한 번도 없을 것이다!

국영 기업은 정부의 일부이기 때문에 손실을 보거나 파산의 위기를 맞으면 정부로부터 추가 자금을 확보할 수 있는 경우가 많다. 따라서 국영 기업들은 예산 한도가 '늘어날 수 있는' 혹은 '연성인' 것처럼 행동하게 되는데, 이는 관리를 소홀히 해도 버틸 수 있다는 것이다. 유명한 헝가리 경제학자인 야노스 코르나이가 공산주의의 중앙 집권적 계획 하의 국영 기업의 행동을 설명하기 위해 제안한 연성예산 제약 이론은 자본주의 경제의 국영기업에도 적용할 수 있다.

기업의 국영이나 공공 소유에 반대하는 주장은 이렇듯 매우 강력하다. 국민들은 공기업의 법적인 소유자이다. 하지만 이들에게는 해당 공기업의 운영을 맡고 있는 대리인을 감독하고자 하는 동기도, 그럴만한 능력도 없다. 그에 따라 대리인인 관리자들은 기업의 이윤 극대화를 위해 노력하지 않게 되는데, 주인인 국민들은 구조적으로 대리인의 행동에 대한 정보 취득이 어려운 데다 자신들의 무임승차 문제까지 겹쳐 대리인들로 하여금 기업의 이윤 극대화에 나서도록 하기가 어렵다. 그에 더해 국가 소유는 기업들이 생산성 증대 대신 정치적인 로비에 의지해서 살아남는 것도 가능하게 한다.

– 장하준, 『나쁜 사마리아인들』, 이순희 옮김(부키, 2010.), 165–168쪽.

## 자료 2

'일류의 의료기술도 삼류로 만들어 버리는 의료시스템.' 중동호흡기증후군(MERS · 메르스) 사태가 드러낸 우리 의료산업의 현주소다. 대한상공회의소가 최근 10개 정책과제 제언에서 지적한 것처럼 최고의 의료기술을 따라가지 못하는 낙후한 의료시스템이 상황을 악화시킨 셈이다. 메르스 확산을 도운 도떼기시장 같은 응급실과 다인실 병상 등 후진적 의료시스템을 이참에 개선해야 한다는 지적이 끊이지 않는다.

한국의 의료시스템이 '후진성'을 벗어나지 못하는 근본 원인은 의료산업을 옥죄는 규제 때문이다. 그중에서도 투자개방형 의료법인 허용은 10여년째 막혀 있다. 투자개방형 의료법인은 2002년 김대중 당시 대통령이 밝힌 '동북아 허브구상'에서 시작됐다. 두뇌가 몰리는 의료산업을 선진화해야 한다는 필요성 때문이었다.

이후 정부가 세 번 바뀌었지만 여전히 제자리걸음이다. 널리 퍼진 '의료 민영화 괴담'이 한몫했다. "투자개방형 병원이 허용되면 상업화로 인해 의료비가 폭등하고 현행 건강보험 체계가 무력화될 것"이라는 전형적인 '공포 마케팅'이다. 의료산업 발전이 야당과 좌파 시민단체의 '프레임 전쟁'에 갇혀 한 걸음도 나아가지 못하고 있다.

투자개방형 의료법인이 좌파 시민단체 주장처럼 '의료 민영화 괴담'의 주범일까. 세계에서 이런 논란으로 시끄러운 곳은 대한민국밖에 없다. 투자개방형 병원은 이미 오래전에 의료산업의 대세가 됐다. 무상의료 국가인 스웨덴에도 투자개방형 병원들이 많다. 종합병원급이 스톡홀름에만 네 개나 있다. 소비자 만족을 내세우는 투자개방형 병원은 병원 간 서비스 경쟁에 불을 지피는 긍정적인 역할을 하고 있다. 주변 비영리병원들의 환자 대기시간이 줄고 서비스가 향상되는 효과가 나타나고 있다.

아시아에선 투자개방형 병원 설립이 봇물을 이루고 있다. 태국이 가장 적극적이다. 외국인이 태국 병원 지분의 49%까지 소유할 수 있다. 수도 방콕은 세계 최대 의료관광도시다. 2013년 미국, 영국, 일본 등에서 250만명에 이르는 외국인 환자가 태국을 찾았다. 태국이 1년간 벌어들인 의료관광 수입은 43억달러를 넘는다.

중국도 20여년 전 투자개방형 병원을 허용했다. 지금은 병상 50실 이상 중대형 병원의 47%가 투자개방형 병원이다. 중국 의료계 관계자들은 "투자개방형 병원들이 지속적인 원가 절감 노력으로 의료비를 할인해 일부 분야에서는 비영리병원보다 오히려 싸다"고 말하고 있다. 아시아에선 선진국으로 통하는 일본과 싱가포르도 투자개방형 병원 설립 규제가 없다. 싱가포르는 외국인 환자에게 비자도 면제해준다.

세계의료관광협회 조사 결과 매년 의료관광을 위해 10억명가량이 국경을 넘는다. 2013년 한 해 동안 의료관광으로 약 120억달러가 지출됐다. 세계 의료관광시장은 2019년까지 연평균 17.9% 성장해 325억달러에 이를 전망이다. 의료산업은 이처럼 고부가가치 서비스산업이다. 삼성서울병원 규모 병원이 생기면 1만명의 신규 고용이 창출된다는 보고서도 있다. 메르스 사태가 남긴 '교훈'이 잊혀지기 전에 정치권은 투자개방형 병원 허용 논의를 재개해야 한다. 의료산업도 살리고 경제도 살리는 길이기 때문이다.

– 김태철, 「투자개방형 병원이 대세다」, 『한국경제』(2015. 11. 27.)

- 〈자료 1〉은 공기업이 지닌 문제점을 세 가지 측면에서 비판한 것이다. 위의 내용을 요약해 보고 국영기업의 성공과 실패의 사례를 조사해 보자.
- 현재의 시점에서 특정기업을 선정하여 한국의 공기업이 당면하고 있는 문제점을 조사해 보고, 근본적인 원인에 대해 토론해 보자.
- 〈자료 2〉는 투자개방형 의료법인을 설립하자는 글이다. 현재 공공성을 중시하는 한국의 의료체계 내에서 '투자개방형 의료법인' 설립은 의료민영화를 의미하기 때문에 찬반 갈등이 노출되었다. '투자개방형 의료법인'을 허용해야 하는가에 대해 토론해 보자.
- 조사결과를 토대로 한국이 당면한 경제적 문제의 원인과 해결방안이나 한국 공기업의 문제점을 해소할 수 있는 방안에 대한 에세이를 작성해 보자.

## 03 현대사회와 여성문제

여성의 역할과 남성의 역할을 구분해야 하는가? 간단한 질문 같지만 이에 답하기는 쉽지 않다. 인류가 이 땅에 존재하면서 여성과 남성의 사회적 역할이 구분되었지만, 그 구분은 생물학적 특성에 따른 선택일 뿐 현대에 이르러서도 그 역할을 유지해야 한다고 말하기는 어렵기 때문이다.

여성을 존중하고 배려하기 시작한 것은 근대에 접어들면서이다. 근대에 제시된 자유와 평등사상이 중요한 가치로 인식되면서, 사회 내적으로 신분질서가 변화하였고, 남성중심의 사회에서 양성평등의 사회로 변모하기 시작하였다. 세계적으로 여성에 대한 인식이 변화하는 시기에 한국 사회에서도 여성의 인권에 대한 관심이 높아졌다. 이러한 변화의 결과 대한민국에서는 여성대통령이 당선되기도 하였다. 그럼에도 불구하고 현 시점에 양성평등이 실현되었다고 보기는 어렵다.

1980년대 '페미니즘', '에코페미니즘' 등 여성주의 시각이 중요하게 논의되었지만, 학문과 현실 사이에는 괴리가 존재하고 있다. 이러한 괴리 현상은 비단 과거의 이야기만이 아니다. 2014년 여성문제에 대한 인식을 통계한 자료에 따르면, 우리나라 청소년들은 양성평등을 지지하지만 집안 일은 여성 몫이라고 대답해 여전히 '지향과 행동 사이의 불일치'를 드러내고 있다.

〈자료 1〉은 현대 한국의 부부사이에서도 동반자적 관계를 형성하기가 쉽지 않다는 글이고, 〈자료 2〉는 직장에서 여성이 겪는 문제를 소개한 글이다. 이 글을 읽고 현대 한국사회에서 여성의 위상에 대해 탐구해 보자.

### 자료 1

결혼은 남녀의 만남인 동시에 가족과 친족관계가 형성되는 출발점이다. 그런데 혼인의례와 혼인관계를 유지하는 제도와 의식에는 성차별적 측면들이 아직 많이 남아 있다. 먼저 가사에 대한 여성들의 부담 문제이다. 남자는 바깥 일, 여자는 집안 일을 한다는 부부관계에서의 역할 분화는 여성의 사회참여가 확대됨에 따라 상당히 바뀌고 있다. 여성의 역할이 집밖으로 확대됨에 따라, 집안 일을 여성이 전담하는 기존의 가족 내 성별 분업은 변화될 수밖에 없다. 그러나 부부가 가정내 역할을 공유하고 권리와 책임도 분담하는, 평등한 동반자적 관계를 형성하는 것은 쉬운 일이 아니다. 대부분의 가정에서 가사노동과 자녀양육은 여성에게 전적으로 부과되고 있어 기혼 취업여성들은 가정과 일터로부터의 이중 노동으로 인한 부담과 갈등을 경험하고 있다. 퇴근 후 남편은 가정에서 휴식을 취하지만 취업주부는 퇴근 후 또다른 노동을 시작하는 셈이다. 요즈음 많은 남성들은 아내가 취업하기를 원한다. 그러나 맞벌이 가정의 남편들에 대한 조사에서 나타나듯이 남편들은 아내의 취업으로 인해 '경제적으로 여유 있고 힘을 덜어 주어서 좋지만 집안일과 자녀교육이 소홀해지는 것'에 대해 불만을 느끼지만 그렇다고 집안 일을 나누어 하지는 않고 있다. 여자가 직장에 나가서 돈을 벌어오는 것은 좋지만 집안 일은 지장이 없도록 하라는 것이다.

실제로 여러 조사에 의하면 남편의 가사노동 시간은 아내의 취업 여부와 무관하게 지극히 짧은 것으로 나타난다. 다만 세대간 차이가 있어 신세대 남성의 경우 집안 일을 나누어하는 경향을 보이는 것은 고무적이다.

부부가 가사를 균형 있게 나누어하는 것이 어려운 가장 큰 이유는 고착된 성별 분업의식일 것이다. 실제로 남자들이 가정의 일을 보살필 시간이 없다는 점도 이유가 될 수 있다. 그러나 부부가 똑같이 일을 하는 맞벌이 가정의 경우에도 남편의 가사참여가 홑벌이 가정과 다를 바가 없다는 점을 볼 때 가장 큰 걸림돌은 역시 성역할에 대한 고정관념이다. 즉 성에 의해 역할이 결정되므로 남자와 여자의 할 일이 따로 있다는 생각 때문이다.

집안에서 이뤄지는 요리와 청소, 빨래, 육아 등은 주부 아닌 다른 사람이 대행할 경우 보수를 받는 노동에 속하지만, 주부들이 집안에서 가족들을 위해 행할 때는 무보수 노동이 된다. 주부의 가사노동에 대한 정당한 가치평가가 이뤄지지 못한 상황이고, 이런 상황은 가정 내 주부의 지위 및 권한에도 중대한 영향을 미친다. 집안일은 아무리 해도 표시가 나지 않고 가치도 없는 일로 여겨지기 때문에 많은 전업주부들은 남편들로부터 "하는 일 없이 노는" 사람으로 무시당하기도 한다.

– 김양희, 「가족: 평등과 신뢰의 출발점」, 심영희 외, 『함께 이루는 남녀평등』(나남출판, 2002.), 54-56쪽.

## 자료 2

우리 사회에서 일어나는 많은 사건 사고 중에서 술이 그 탓으로 돌려지는 경우가 많다. 직장 성희롱 사건은 그 가장 대표적인 사례가 아닐까 한다. 술이 결부되면, 성희롱은 '술만 아니면 괜찮은 사람'이 저지른 안타까운 실수로 둔갑한다. 잘못은 가해자가 아니라 술이 한 것 같기까지 하다.

행위에 대한 책임은 피해자에게만 요구된다. 왜 그 시각까지 술자리에 따라다녔냐는 식이다. 가해자에게 왜 그 정도로 많이 마셨냐고는 묻지 않는다. 이런 식의 논리라면, 술을 금지하거나 그 양을 제한하는 것이 답이지만 그런 조치가 취해졌다는 이야기를 들어보지는 못했다. 요컨대 술 탓은 정말로 성희롱의 원인을 이해할 수도, 이해할 의지도 없는 주장인 것이다.

직장 성희롱은 잘못된 성 관념 때문에 일어난다. 여성이 보통 피해자가 되는 것은 우리 사회 성 관념이 여성차별적인 데다 그것을 관철시킬 권력을 가진 자리에 주로 남성들이 있기 때문이다. 아직까지 직장 자체가 남성들이 다수인 공간이기도 하다.

직장 성희롱이 술 때문은 아니지만, 술 문화를 문제 삼을 필요는 있다. 우리의 술 문화는 과음에 대해 매우 허용적일 뿐 아니라 술을 계속 권하는 것을 무슨 미덕인 양 여긴다. 직장회식이 술 중심적인 것도 고질적인 문제다. 남성들이 많은 직장에서라면 회식은 술판이 되곤 하고 술판은 보통 과음의 상태까지 가야 끝난다.

더 큰 문제는 이런 술 문화가 권위주의적이라는 것이다. 보통 상사의 주량과 기호가 지배하기 때문이다. 개인이 알아서 적당히 마시는 것은 허용되지 않는다. 과음을 피하려고 술을 몰래 다른 컵에 뱉었더니 상사가 그걸 알아채고는 기어이 그 술을 다 마시도록 했다는 이야기를 들은 적이 있다.

이쯤 되면 그 회식은 하나의 괴롭힘이다. 나이가 어리거나 지위가 불안정하거나 직위가 낮다면 이런 강요를 거부하기 더 어렵다. 직장 성희롱이 일어나기 전에 술자리와 과음에 대한 강요가 있는 것이다. 성희롱은 권력관계 안에서 흔히 일어나기 때문에 상사에 의해 저질러지는 경우가 많다. 술자리에 관해 책임을 물으려면, 피해자에게 "왜?"라고 물을 게 아니라, 가해자인 상사에게 왜 그 시각까지 술자리를 강요하며 마셨는지 그 의도를 묻는 게 맞다.

회식 자리가 이렇게 되는 것은 우리의 직장문화에서 획일주의와 권위주의가 지나치게 강해서 업무 외적인 상황에서도 그런 풍조가 지배하기 때문이다. 자장면을 좋아하는 상사 때문에 부서 전원이 거의 매일 점심으로 자장면을 먹는다는 웃지 못 할 이야기를 들은 적도 있다. 이런 세태이니 술도 자장면처럼 상사가 원하면 함께 마셔야 하는 걸로 여겨진다. 이런 분위기를 따르지 않으면 "직장생활을 잘 못한다"는 소릴 듣는다. 이러한 직장 문화는 남성들의 군대문화를 닮아 있다. 소위 "까라면 깐다."는 군대문화가 직장의 일상도, 회식 자리도 지배하는 것이다.

이처럼 개인의 자유의사가 억압되는 직장 분위기에서, 상사의 더듬는 손을 단호하게 저지시킬 용기를 내는 것은 쉽지 않다. 일터에서의 괴롭힘을 금지하는 법을 만들어야 한다는 주장이 제기되고 있다. 성희롱에서 희롱(harassment)이라는 말은 영어로는 원래 괴롭힘이라는 뜻이다. 직장 문화의 획일주의와 권위주의가 성희롱과 같은 일터 괴롭힘의 온상이다. 이제는 좀 바꾸자.

– 박혜경, 「성희롱, 권위적 직장문화가 문제다」, 『여성신문』 (2016. 2. 4.)

- 〈자료 1〉은 가정에서의 여성문제를 다룬 글이다. 이 자료를 읽고, 맞벌이 가정에서 남성들이 여성들과 가사노동을 분담하지 못하는 실제적인 이유에 대해 토론해 보자.
- 〈자료 2〉는 직장에서의 여성문제를 다룬 칼럼이다. 이 자료를 참조하여 사회나 직장에서 여성문제를 해결하거나 줄일 수 있는 아이디어를 조사해 보자.
- 성차별에 대한 인식은 달라졌지만, 여성고용할당제 적용과 군가산점 제도 부활 등의 사안에 있어서는 '남녀차별' 또는 '역차별'이라는 입장이 대립하고 있다. 이 논란에 대하여 찬성과 반대의 입장에서 토론해 보자.
- 여성에 대한 그릇된 인식이 고착화된 원인이 무엇이며, 이를 해소할 수 있는 방안으로 무엇이 있는가에 대한 에세이를 작성해 보자.

5 장

# 문화 상대주의와 문화적 다양성

인간에게 문화는 '주어진 것'과 '만들어진 것'이라는 이중적 성격을 띤다. 일정한 문화적 조건 속에서 성장하면서 우리는 특정한 문화적 관습과 전제들을 학습하고 그것을 '자연'적인 것으로 받아들인다. 그러나 어떤 문화건 그것은 오랜 시간에 걸쳐 만들어진 복합적 구조물이고 문화를 이렇게 '만들어진 것'으로서 사유하기 시작할 때 우리는 자신이 속한 문화에 대한 '새로운' 시각을 갖게 된다.

만들어진 것으로서의 문화 이면에는 그것을 형성케 한 사회 · 역사적 맥락과 성립의 전제조건들이 자리하고 있다. 어떠한 문화적 현상을 이해, 해석하고자 할 때 우리는 그것의 표면적 모습뿐만 아니라 그 이면의 맥락과 전제들을 분석적으로 들여다볼 필요가 있다. 여기서는 요즘 새롭게 대두하고 있는 문화적 현상들을 대상으로 그러한 현상들의 발생과 형성을 분석해 보고, 더 나은 문화를 만들기 위해 필요한 노력과 태도들에 대해 검토해 보자.

## 01 문화의 형성과 문화 상대주의

이슬람 여성을 생각할 때 머릿속에 먼저 떠오르는 이미지 중 하나가 머리에 두르는 '히잡'이라는 베일이다. 일상생활에서뿐만 아니라 심지어 운동을 할 때에도 히잡을 의무적으로 두르고 있어야 한다는 점은 우리의 문화적 기준으로는 이해하기 힘든 '이상한' 관습으로 여겨진다. 그러나 어떠한 문화이든 그것 이면에는 그런 문화적 관습이 통용되게 된 역사가 숨어 있고 그런 역사에 대한 이해는 낯선 문화를 파악하는 데에 필수적이라 할 수 있다.

위와 같은 관점의 이면에는 문화 상대주의 태도가 전제되어 있다. 문화 상대주의는 해당 문화를 자신의 기준이 아니라 그 사회의 역사와 시각에서 이해하고 존중할 것을 요구한다. 그러나 문화 상대주의는 때로 자신의 문화에 대한 우월감을 토대로 자신의 문화적 기준을 침범하지 않는다는 전제 하에서만 통용되는 경우도 적지 않다. 이런 관점에서 문화 상대주의적 태도가 어느 정도까지 통용될 수 있는가라는 점은 생각보다 매우 어려운 문제라 할 수 있다. 가령 자국의 문화적 기준에서 판단할 때 비인간적으로 보이는 문화가 해당 사회에서는 종교적 신념의 표현이거나 취향의 문제로 간주되기도 한다. 아래에서 살펴볼 히잡 문화가 그 대표적 예에 해당한다.

아래의 글은 이슬람 여성이 베일을 쓰게 된 역사와 이슬람 문화를 다룬 책을 소개한 서평이다. 이 글을 통해 히잡 문화의 형성 배경을 이해하고 문화 상대주의 시각의 한계에 대해 생각해 보자.

**자료**

아프가니스탄 최초의 여성 텔레비전 진행자 샤이마 레자위. 여성은 얼굴을 드러내서는 안 된다는 율법을 저버리고 부르카(이슬람 여성 베일의 한 종류)를 벗어던진 채 방송을 진행한 후 의문의 주검으로 발견된다. 미국 시사 주간지 〈타임〉의 모델이 된 소녀 아이샤. 결혼 후 구타와 학대를 견디지 못하고 도망쳤다가 붙잡혀 귀를 잘린다. 14세에 70세 남자에게 팔려간 여성 라지아. 18년 동안 학대당하다 남편에 의해 심한 화상까지 입는다. 모두 이슬람 국가에서 벌어진 일이다.

세 여성에게 벌어진 일과 관련해 중요한 것은 서구 언론에서 문제를 제기했을 때에야 비로소 문제가 문제로 인식되었다는 점이다. 그렇다면 서구 사회는 여성의 인권을 존중하고 이슬람 사회는 그렇지 않은가? 이슬람 여성 인권과 관련해 서구 사회에서 벌어지는 일을 들여다보자. 프랑스는 2011년부터 공공장소에서 부르카를 착용하는 걸 금지했다. 영국 학교에서도 이슬람 베일을 금지해 논란이 되었다. 당사자인 이슬람 여성들은 이들이 이슬람의 전통을 억압한다고 비난한다.

이슬람 사회에서는 지나치게 학대당하고, 서구 사회에서는 지나치게 동정받는 것이 바로 이슬람 여성이다. 동덕여대 오은경 교수는 오늘날 이슬람 여성이 처한 현실을 단적으로 보여주는 베일의 비밀을 벗겼다. 왜 이슬람 여성들이 베일을 쓰게 되었고, 베일이 역사 속에서 어떻게 다르게 인식되며, 현대 이슬람 여성들에게 의미하는 바가 무엇인지를 두루 살폈다.

이슬람 여성의 베일은 크게 다섯 종류다. 가장 간단한 것이 스카프로 머리를 둘러싸는 바쉬 외르튀쉬(북아프리카 · 터키 · 시리아 등). 다음은 두건 모양으로 가슴 부위까지 가리는 히잡(아랍 국가)이다. 니캅은 히잡 위에 얼굴을 가리기 위해 쓰는 것으로 목과 가슴까지 온다(파키스탄 · 모로코). 차도르는 검은색의 망토형 베일이다(이란). 아프가니스탄의 부르카는 가장 보수적인데, 베일로 머리에서 발끝까지 가리고 눈 부위는 망사로 처리했다.

이슬람 여성의 베일은 처음에 종교와 무관한, 중동 지역의 기후를 극복하는 '발명품'이었다. 덥고 건조한 기후에 적합한 의복이었다. 마호메트가 이슬람교를 창시한 초기에는 지배층 여성들이 착용했는데 이때 베일은 특권을 의미했다. 신분이 높고 보호받을 위치에 있는 여성만 착용할 수 있었다. 지배층 여성 위주로 베일을 쓰다 확대되는 양상은 그리스로마 문명에서도 비슷하게 나타난다.

이슬람교가 자리를 잡아가면서 부계 사회가 확립되고 베일 착용이 전 이슬람 여성의 의무로 확대된다. 왕의 여성을 '하렘'에 격리했던 전통도 전 사회로 확장돼 여성의 사회활동이 통제된다. 베일과 격리가 이제 정숙한 여인의 상징이 되어서 전 계층으로 확장된다.

저자는 이슬람 여성의 베일에서 우리의 과거를 읽었다. 장옷(두루마기처럼 생긴 외출복)을 쓰는 여성이 더 정숙한 여성으로 보이고 여성을 집안에 격리하려 했다는 점에서 비슷하다는 것. 오 교수는 "이슬람 세계가 서구 열강에 침략당하면서 열등감을 느낄 때 베일 착용이 더 강조되는 등 여성에 대한 억압이 심해졌다. 왜란과 호란을 겪은 조선 사회가 여성의 정절을 더 강조한 것과 비슷한 맥락이다. 이슬람 여성의 명예살인은 조선 시대 열녀문이 남성의 명예를 위해 여성을 희생시켰다는 점에서 닮은 부분이 많다"라고 말했다.

지금도 여전히 베일을 쓰고 다니는 이슬람 여성이 억압과 굴레에서 벗어나지 못하는 것으로 보일 수 있다. 그러나 저자는 오늘 우리의 모습도 그리 다르지 않다고 말한다. "우리 여성들도 '보이지 않는 베일'을 쓰고 산다. 한국은 여성권한척도(GEM)가 이슬람 국가보다 낮은 나라다. 이것이 이슬람 여성의 베일에 담긴 억압의 의미와 복잡한 함의를 읽어내야 하는 이유다."

—고재열, 「억압과 굴레라는 '보이지 않는 베일' 〈베일 속의 여성 그리고 이슬람〉」, 『시사인』 340호.

- 2004년 프랑스에서 히잡 착용 금지법이 시행되었을 때, 이 법안에 반대하는 일부 이슬람 여성을 중심으로 반대 시위가 벌어지기도 하였다. 한 국가의 문화를 기준으로 다른 나라의 문화를 억압하거나 차별할 수 있는가에 대해 토론해 보자.
- 우리 사회에 우리가 의식하고 있지 못하지만 소수자를 억압하는 '보이지 않는' 문화적 기제가 있다면 어떤 것을 들 수 있는지 찾아보고, 그것이 소수자에게 미치는 영향에 대해 조사해 보자.
- '우리 사회의 보이지 않는 베일'이라는 제목으로 한 편의 에세이를 작성해 보자.

## 02 현대사회와 문화적 다양성

아래의 글은 웨이드 데이비스의 글 「문화적 다양성의 소멸과 상상력의 위기」의 일부이다. 이 글에서 필자는 영어가 세계의 공용어로 사용되고 있는 현실에서 문화적 다양성이 왜 존중되어야 하는지에 대해 설명하고 있다. 현재 세계에는 멸종위기에 처한 소수인종의 언어들이 매우 많은데 필자는 언어문제를 중심으로 문화란 무엇인가라는 근원적 질문을 던지고 있다.

현대 자본주의 사회가 중시하는 신속성과 효율성의 관점에서 보았을 때 소수의 문화, 비주류 문화는 다수의 문화, 주류 문화에 비해 존재가치가 떨어지는 것으로 간주되기 쉽다. 그러나 하나의 가치가 문화의 절대적 판단기준으로 통용될 경우 발생할 수 있는 문제도 생각하지 않을 수 없다. 다음의 글을 통해 현대사회가 문화적 다양성에 어떤 악영향을 미치고 있는지 살펴보고 이런 문제에 우리는 어떻게 대응해야 하는가에 대해 탐구해 보자.

**자료**

오늘날 사용되는 6,000종의 언어들 중 꼬박 절반은 아이들에게 교육되지 않고 있다. 사실상 그러한 언어들은 이미 사멸하였다. 21세기 말에 이르면 언어의 다양성은 500종으로 감소할지 모른다. 물론, 언어는 단순히 어휘와 문법이 아니다. 그것은 인간영혼의 광채이며, 정신세계가 물질계에서 표현되는 수단이다. 각각의 언어는 독특한 지적, 영적 성취를 나타낸다.

비록, 사멸의 위험에 처한 언어들 대부분이 작은 토착 공동체에서 사용되는 것이지만, 그 소멸의 결과는 다른 어떤 언어에 못지않게 엄청난 것이다.

가장 비관적인 생물학자라도 현재 세계 생물종의 50%가 멸종위기에 있다고는 주장하지 않을 것이다. 그러나 이것이 문화적으로는 가장 낙관적인 전망이다. MIT대학의 언어학 교수 켄 헤일의 말에 따르면, 우리가 하나의 언어를 잃는 것은 루브르 박물관에 폭탄을 떨어뜨리는 것과 마찬가지이다. 심지어 토착사회의 처지에 대해 동정적인 사람들 사이에도 체념이 감돌고 있다. 현대기술세계가 가차 없이 전진함에 따라 토착문화들은 아무리 진기하고 다채롭더라도 어떻게든 역사의 가장자리로 밀려 사라질 운명이라는 것이다.

그런데 이러한 관점을 받아들이는 것은, 인류학의 핵심적 교훈을 무시하는 것이 된다. 이 교훈에 따르면, 우리사회는 절대적인 것이 아니라 오직 현실의 한 모델에 불과하며, 우리 선조들이 오래 전에 행한 특정한 선택들의 결과이다. 보르네오 숲의 유목민인 페낭족이든, 하이티 부두교의 복사(服事)든, 티베트의 야크 목동이든지간에, 이러한 모든 사람들은 우리에게 살아가고, 사고(思考)하고, 자연과 관계하는 또 다른 방법이 있다는 사실을 가르친다.

나는 동남아시아의 마지막 유목민들 중 하나인 보르네오의 페낭 사람들과 한동안 함께 생활한 적이 있다. 인류역사 대부분의 기간 동안 우리는 모두 유목민—원시행성의 방랑자들이었다. 신석기혁명과 농업이 시작된 불과 10,000년 전에야 많은 사람들이 정착하기 시작했다. 우리는 유목사회에서 우리의 지난 모습을 본다.

유목사회에서는 모든 것을 짊어지고 다녀야하므로 축재할 이유가 없다. 한 사회의 부유함은 구성원들 간 관계의 돈독함으로 결정된다. 나눔은 본능적 행동이다. 다음에 식량을 확보할 사람이 누구일지 아무도 모르기 때문이다.

다른 방식의 삶은 다른 인간형을 낳는다. 그리고 우리는 다른 세계관으로부터 심오한 교훈을 얻을 수 있다. 오늘날 사람들은 캐나다 길거리에서 노숙자를 지나치면서, 그것은 유감스럽지만 어쩌면 경제체계의 불가피한 산물이라고 생각할지 모른다. 그러나 페낭족들은 가난한 사람이 있는 것을 자기들 모두의 부끄러움으로 배우며 큰다.(중략)

북서 태평양 연안 숲들을 자기 종족의 영혼의 거처라고 숭배하며 자란 콰키우트족 소년은 그러한 숲이 벌목을 위해 존재한다고 배운 캐나다 아이와는 완전히 별개의 사람이다. 안데스에서 성장하여 산은 수호 영혼의 세계라고 믿는 아이는, 산을 그저 채굴되기 위한 죽은 바위더미로 생각하도록 자란 청년과는 다르게 행동할 것이다.

사라지는 모든 세계관들, 소멸되는 모든 문화들은 인간 삶의 가능성을 축소시킨다. 우리는 자연계에 대한 지식뿐 아니라 우주의 의미에 대한 직관도 잃어버린다. 우리는 온 인류가 직면하는 일상의 문제들에 대해 적절하게 대응할 방법들을 감소시킨다.

인류학자 마가렛 미드는 생전에, 자신의 큰 근심은 우리가 점점 더 균질한 세계로 빠져들면서 개성 없고 일반적인 현대문화의 기초를 다져서 종국에는 유일한 문화로 남게 되는 것이라고 말했다. 미드가 염려한 것은, 인간의 상상력 전체가 단 하나의 지적, 정신적 모델의 한계 내에 갇혀버리는 것이었다. 그녀의 악몽은 우리가 어느 날 아침에 일어나서 무엇을 잃어버렸는지조차 기억하지 못할지도 모른다는 것이었다.

– 웨이드 데이비스, 「문화적 다양성의 소멸과 상상력의 위기」, 『글로브 앤 메일』(2000. 12. 28.)

- 위 글은 문화적 다양성의 축소나 소멸을 현대 사회의 심각한 문제로 지적하고 있다. 이에 해당하는 사례를 우리의 일상(음식, 언어, 음악, 영화 등)에서 조사해 보자.
- '사라지는 모든 세계관들, 소멸되는 모든 문화들은 인간 삶의 가능성을 축소시킨다.'라는 주장을 뒷받침할 수 있는 근거를 역사나 문화에서 찾아보자.
- 현대사회에서 문화적 다양성의 축소나 소멸이 가져올 문제점이 무엇이고 문화적 다양성이 살아 있는 사회를 만들기 위해 우리가 할 수 있는 일들은 무엇이 있는가에 대해 토론해 보자.
- 위의 활동을 토대로 '문화적 다양성과 인간의 상상력'을 주제로 한 에세이를 작성해 보자.

6 장

# 현대사회와 역사왜곡

역사(history)의 어원은 그리스어 'historia'이다. 히스토리아는 '조사' 또는 '탐구'라는 뜻이다. 따라서 역사는 '탐구' 또는 '조사'를 통하여 얻어진 '지식'이라는 의미를 갖는다. 그리스의 역사가 헤로도토스와 투키디데스는 역사를 신화나 전설적인 차원에서 벗어나 인간의 행동을 중심으로 서술하였으며, 이를 통해 후세에 교훈을 남기고자 하였다. 독일어로 역사(Geschichte)는 '발생한다', '일어난다'는 의미를 지닌 'geschehen'에서 유래하였다. 이 말에는 "일어난 일, 발생한 사건을 뜻하는 동시에 발생한 사건에 관한 지식과 이야기"라는 의미를 내포한다. 『사기(史記)』를 기술한 중국의 역사학자 사마천은 '史'가 역사적 사실과 역사 서술, 역사를 기록하는 사람(史官)이라는 의미를 지닌다고 하였다. 이렇게 볼 때, 역사는 '발생한 사건', '탐구하여 얻어진 지식'이라는 의미를 지니는 동시에 '역사를 기록하는 사람'이라는 의미를 지닌다. 영국의 역사가 E. H. 카는 역사에 있어서 "과거 사실에 대한 단순한 연대기적 나열이 아니라 그것을 해석하고 평가하는 것"이 중요하고 본질적이라고 보았다.

일반적으로 역사는 '시대의 일을 기록한 문서'를 말한다. 이때의 기록이란 사실 자체가 아니라, 그 사실을 지켜보거나 전해들은 사람의 글이다. 그러므로 역사에는 기록자의 사실에 대한 해석이 담겨있다. 이러한 기록은 그것을 읽는 이의 관점에 따라 각기 다른 해석의 과정을 거치게 된다. 즉, 역사란 기록자의 시각과 그것을 읽는 자의 시각에 의해 의미를 가지는 기록이라는 의미를 갖는 것이다. 이런 까닭에 E.H. 카는 『역사란 무엇인가』에서 역사가

란 사실과 해석, 사실과 가치 사이의 양자 사이에서 균형을 잡고 있는 사람들이며, 역사란 역사가와 사실들의 부단한 상호작용의 과정이고 현재와 과거의 끊임없는 대화라고 하였다.

## 01 역사왜곡과 대중매체

역사란 언어를 사용하는 인간에게만 존재하는 것이다. 역사는 인간에 의해 기록되고 해석된다. 역사란 사실 그대로이기보다는 그것을 기록하는 사람, 즉 주체의 관점에 따라서 달라지는 것이다. 그러므로 올바른 역사의식으로 역사가 작성되어야 하고 인식되어야 한다. 이런 당위성은 역사문제에 있어 항시 요구되는 것이지만, 현실에서는 그렇지 못한 경우가 적지 않다. 대중매체를 통해 접하게 되는 역사에 있어서는 역사기록보다 역사소비에 관심이 높다.

'주몽', '이순신', '정도전', '왕건' 등은 우리에게 익숙한 인물이다. 이들은 서적이나 교육을 통해서 대중에게 알려지기 보다는 TV, 영화 등 대중매체를 통해서 더 잘 알려졌다. 심지어는 역사적 인물을 연기한 배우와 역사적 인물을 동일시하는 경우가 발견되기도 한다.

이처럼 역사물이 대중에게 인기를 얻을 때면 '표절'이나 '왜곡'의 문제가 발생하곤 한다. 대중매체를 통해 알려진 역사물에 대해서는 일부 창작이 가미되었을 것이라고 생각하지만, 어느 부분까지 사실이고, 허구인지를 구분하지 못하는 경우가 많다. 작가가 의도적으로 혹은 실수로 왜곡한 역사를 우리는 인식하지 못하고 받아들이는 경우가 있다. 우리는 이 왜곡된 역사를 어떻게 수용해야 하는가? 자료는 2006년도의 사설이지만, 역사드라마와 역사왜곡의 문제를 잘 보여주고 있다. 자료를 읽고 역사를 어떻게 수용할 것인가에 대해 탐구해 보자.

**자료**

바야흐로 우리는 역사드라마의 전성시대에 살고 있다. 한국 고대의 영웅을 주제로 한 고대사 드라마가 방송 3사를 완전히 장악했다. MBC의 '주몽'과 SBS의 '연개소문'이 전파를 타고 있고 곧 KBS의 '대조영'이 등장한다는 예고다. 고대사에 대한 관심이 커지는 기쁜 현상에 대해 역사학자로서 일말의 우려가 앞서는 것은 드라마가 담고 있는 메시지의 위험성 때문일 터이다.

학생들과 강의실 밖에서 잡담할 때 오히려 귀에 반짝 들어오는 말이 있는데, 오래전 한 학생이 "고대사 강의를 듣고 있노라면 무협지를 읽는 것 같은 착각이 든다"라는 말을 한 것이 기억된다. 특히 어릴 때 놀이였던 땅따먹기 같은 영토팽창주의도 그런 느낌을 더한다고 했다.

사실 우리나라 역사에서 삼국시대 이전의 시기는 통일국가로 가는 이행기로서 삼국 사이의 경쟁은 물론이려니와 중원에 이미 통일국가를 세우고 앞서가는 중국과의 투쟁의 시대이자 패권의 시대임에 틀림없다. 이는 근대 이후 서구열강의 제국주의와 꼭 닮아 있어서 양자의 동질성을 확인하게 된다. 한마디로 고대와 근 현대는 패권의 시대라는 공통점을 갖고 있다.

지금 불고 있는 역사드라마 열풍은 우선 영화 '왕의 남자'의 성공에서 시작된 역사 영상물에 거는 기대의 산물로 볼 수도 있다. '왕의 남자'는 실록에 나오는 광대 공길에 대한 단 한 줄의 기록을 바탕으로 연산군의 놀이 탐닉과 남색 성향이라는 역사적 개연성을 살려 거의 대부분을 역사적 상상력으로 포장한 팩션(faction=fact+fiction)을 만들어 냈다.

이제 역사 영상물은 실증된 역사적 사실 위에 상상력에 의한 허구를 입히는 것이라는 작업 형태를 뛰어 넘었다. 역사적 사실의 실증보다 역사적 개연성을 얼마나 살리느냐가 문제의 핵심이 되었다. 사실(fact)이냐 허구(fiction)냐를 따지는 행위 자체가 무의미한 단계로 가고 있다.

자료의 부족으로 끊임없이 수정되고 다시 쓰여야 할 정도로 실증이 어려운 고대사를 드라마로 만드는 작업은 어쩌면 무한한 상상력을 가동할 수 있기 때문에 더욱 매력적일 수가 있을 것이다.

지금 진행 중인 고대사의 영웅을 주제로 한 역사드라마는 구체적으로는 중국의 동북공정에서 촉발된 것으로 보인다. 이 드라마들은 모두 호전적이라는 특징이 있다. 어떤 때는 그날 방영분의 거의 전부가 전쟁 아니면 칼싸움으로 채워져 있는 경우도 있다.

'만주는 우리 땅'이라는 공통분모 위에서 그 땅을 호령하던 영웅의 무용담을 펼쳐 보임으로써 한반도 내에서조차 남북으로 분단되어 있는 우리의 답답한 현실에서 시청자에게 심리적 탈출구를 열어주는 효과가 있을 것이다.

이 드라마들이 갖고 있는 또 하나의 기초는 '민족주의'이다. 즉 우리 민족공동체에 대한 애정과 애국심을 자극하고 있다. 민족주의는 제국주의가 존재하는 한 유효하지만, 자칫하면 쇼비니즘으로 전락할 수 있는 함정도 갖고 있다. 민족주의라는 이름으로 자행될 수 있는 투쟁성과 배타성을 경계하지 않을 수 없는 것이다.

심지어 '연개소문'에서는 고구려가 현재 중국이 강행하고 있는 동북공정의 원조격인 작업을 한 것으로 묘사되어 있다. 고구려의 쇼비니즘을 주장하는 '신집'이라는 역사서를 만들어 교과서로 채택하였다는 것이다. 이 책은 책이름만 확인될 뿐 남아 있지 않아서 내용을 알 수 없다. 이는 현재 진행 중인 중국이나 일본의 역사 왜곡을 정당화하는 행위가 된다.

역사는 미래를 위한 것이다. 역사 영상물이 역사적 사실 고증에서 자유로워지면 자유로워질수록 거기 담아내는 이데올로기나 메시지는 더욱 전진적이어야 한다. 우리의 책무는 제국주의를 극복하고 평화의 시대를 열어 후손에게 물려주는 것이다. 패권주의와 영토팽창주의, 호전성을 넘어 평화주의, 휴머니즘, 조화의 미학 등 평화를 위한 역사드라마가 호응받을 날을 기다린다.

– 정옥자, 「역사 드라마의 쇼비니즘」, 『동아일보』(2006. 9. 1.)

- '역사는 승자의 기록이다.'는 말이 있다. 그만큼 역사가 왜곡되었다는 의미이다. 현대사회에서도 이 의미가 적용될 수 있는 지에 대하여 조사해 보자.
- 현재 우리는 영화, 뮤지컬, 드라마, 게임 등의 방법으로 역사를 소비하고 있다. 이 과정에서 우리는 왜곡된 역사를 사실인 것처럼 이해하는 경우가 많아졌다. 위의 자료도 역사드라마와 역사왜곡 문제를 살펴본 글이다. 이처럼 역사를 소비하는 과정에서 발생하는 역사왜곡의 문제를 어떻게 해결할 것인지에 대하여 토론해 보자.
- 역사드라마는 역사를 이해하고 공부하는 데 도움을 주는가에 대하여 토론해 보자.
- 위에 활동을 토대로 현대사회에서 역사를 해석하는 방법에 대한 에세이를 작성해 보자.

## 02 '역사교과서의 국정화'를 바라보는 관점

역사에 역사를 쓰는 자의 관점이 개입될 수 있다고 해서 객관화를 포기해야 하는 것인가? 역사를 쓴다는 것은 단지 기존의 기록을 사관에 따라 재해석하고, 새롭게 기록하는 일만은 아니다. 과거의 일에 대한 철저한 고증이 선행되어야 한다. 때문에 역사학자는 그의 사관이 올바르다는 근거를 제시해야 하며, 사관이 실재했던 사건에 배치된다면 역사기술을 수정해야 한다. 이와 관련된 문제로 2015년도에 큰 사회적 반향을 일으켰던 '역사교과서의 국정화문제'가 있다. 다음에 제시된 자료를 읽고 이 문제에 대해 생각해 보자.

## 자료

요즘 국정교과서 파문을 보면서 니체를 떠올렸다. "신은 죽었다"던 그 철학자 말이다. 내가 니체를 잘 이해한다고 감히 말할 수 없지만 지금 그의 말을 이렇게 바꾸고 싶다. "역사는 죽었다." 죽은 역사를 놓고 산 사람들이 드잡이하고 있는 게 딱해서 하는 말이다.

신이 죽은 니체의 세계에서 인간은 '초인'으로 거듭나야 했다. 니체는 그것을 알리러 온 예언자 차라투스트라의 입을 빌려 이렇게 말한다. "인간은 짐승과 초인 사이를 잇는 밧줄, 심연 위에 걸쳐 있는 하나의 밧줄이다. 저편으로 건너가는 것도 위험하고, 도중에 있는 것도, 뒤돌아보는 것도, 벌벌 떨며 멈춰 서 있는 것도 위험하다."

오늘날 유럽의 대표적 사상가 지그문트 바우만은 니체의 밧줄을 이루고 있는 재료가 바로 '역사'라고 설명한다. 그리고 역사의 실을 꼬아 밧줄을 만드는 행위를 사람들의 '집단 기억'을 정치적으로 해석하는 것에 빗댄다. 밧줄은 상황에 따라 다양한 기둥에 묶을 수 있다. 하지만 그 기둥을 선택하는 사람은 실이 아니라 밧줄을 만든 사람들이다. 그들은 흔히 자기실현적 예언(원래 거짓된 생각을 참된 것으로 이해되도록 만드는 현상)을 이용해 역사적 기억을 자기들의 우군으로 만든다.

딱 2015년 대한민국의 상황이 그렇다. 바우만의 설명대로라면 대한민국은 역사를 저 보이는 대로 쓰고자 하는 사람들과 그것만을 아이들의 교과서에 담고자 하는 사람들이 선택한 기둥에 묶인 역사의 밧줄 위에 서 있다. 건너가지도 못하고 뒤돌아보며 벌벌 떨고 있다.

밧줄 한가운데에는 그 밧줄을 꼰 사람들이 추종자들을 이끌고 있다. 권력자의 의지를 무조건 수용하고 뒤늦게 의원총회를 열어 당론을 강요하고 포장하는 여당과, 이런 상황을 만드는 데 일조한 책임에도 불구하고 '친일', '유신' 같은 입맛 맞는 용어들로 프레임 전쟁의 깃발부터 들고 보는 야당이 그들이다. 그들에게 역사는 이미 형성된 권력이건 형성 중인 권력이건 그걸 쥔 사람들에게 정당성을 부여하기 위해 재편할 수 있는 도구에 불과하다. 발터 베냐민이 그랬던가. "역사는 언제나 승자들에 의해 쓰여지고 관찰자의 관점에서 고쳐진다"고.

하지만 다시 말해 역사는 죽었다. 이탈리아 사회학자 카를로 보르도니는 바우만과 함께 쓴 『위기의 국가』란 책에서 "오늘날 승자들이 자기에게 유리한 역사를 갖는 것은 더 이상 허용되지 않는다"고 단언한다. 통신 기술의 발전으로 정보 유통 속도가 빨라져 "모두가 서로를 잘 알고 있기 때문"이라는 거다. "역사는 이제 뉴스가 됐다"고까지 그는 말한다. "전체는 보지 못한 채 화제성과 생생함만 있을 뿐 파편화되고 앞뒤가 맞지 않는 모순된 이미지가 제공되면서 빠르게 잊히고 다음 뉴스로 대체된다"는 것이다. 식민지 여성들을 침략군 병사들의 사기진작용 제물로 바친 역사를 선택적 망각으로 지우고, 수많은 사진기록물이 남아 있는 대학살의 역사를 돈으로 덮으려 하는 이웃나라 우파 정권의 행태를 볼 때 참으로 돋보이는 통찰이 아닐 수 없다. 일본 역사나 우리 역사나 다를 게 없다.

그러니까 내 말은 솔직해지자는 거다. 다 알지 않는가. 이 나라 근 · 현대사에는 보수와 진보 양쪽 진영에서 그토록 돋보이려고 애쓰는 모든 게 다 있는 게 사실이다. 친일도 있고 항일도 있으며, 성장도 있고 독재도 있다. 건국도 있고 북한도 있다. 자랑스러워도 우리 역사며 부끄러워도 우리 역사인 것이다. 고르고 빼낸다고 달라지지 않는다. 그러니 역사는 죽었단 말이다. 죽은 역사는 어떤 식으로도 내 편이 될 수 없다.

하지만 앞으로의 역사는 살아서 꿈틀거린다. 그걸 어떤 모습으로 만드느냐는 지금 우리 하기에 달렸다. "인간이 위대한 것은 목적이 아니라 거기에 이르는 다리이기 때문"이라는 니체의 말이 다른 게 아니다. 지난 역사 뒤집기 말고도 지금 우리가 할 일이 너무 많다는 얘기다. 뒤돌아 해찰할 틈이 없는 까닭이다.

– 이훈범, 「역사는 죽었다」, 『중앙일보』(2015. 10. 17.)

- 역사가가 과거의 역사를 통해 미래에 인간이 나갈 바를 기록하듯이, 자신의 과거와 현재를 통해 미래상을 제시해 보자.
- 국가에서 긴급하고 중대한 필요성이 있는 경우, 일정한 목표를 지닌 역사를 학생들에게 가르칠 수 있는가에 대하여 에세이를 작성해 보자.

7 장

# 통일한국의 시민상

한반도는 광복이후 남북으로 분단되어 70여 년 동안 대립과 대결을 지속하고 있다. 6.25 전쟁은 1953년 중단되었지만, 그 전쟁터의 한 가운데에는 폭 4km, 길이 248km의 남북군사분계선이 생겨났다. 남과 북은 좁은 울타리를 마주보고 긴장상태를 유지하면서도 1972년 7 · 4 남북공동성명, 1998년의 햇볕정책 등 한반도의 안정화와 통일을 이룩하려는 노력을 멈추지 않았다. 2016년 초 북한의 핵실험과 장거리 미사일 발사에 대응하여 우리 정부는 개성공단 폐쇄, 사드체계 도입 시도 등 남북한은 그 어느 때보다 긴장 상태에 돌입했다.

정치적으로는 갈등의 시기이지만, 평화통일에 대한 기대는 저버릴 수 없는 일이다. 대한민국 국민으로서 통일시대를 준비할 필요가 있다. 통일은 독일처럼 예기치 않게 올 것이기 때문이다. 분단 70여 년 동안 평화통일에 관한 많은 논의가 있었다. 다음에 소개하는 '통일세'와 '통일수도'와 관련된 글도 논의의 한 예라고 할 수 있다. 이 자료를 중심으로 통일문제와 통일시대의 시민상에 대해 탐구해 보자.

## 01 통일을 준비하는 두 관점

광복 이후 한국과 북한은 각자의 이념과 체제를 고수해 왔다. 시장경제체제를 도입한 한국은 북한보다 경제적 우위에 놓이게 되었고, 현재 남북한의 격차는 심각한 상태에 이르렀다. 이러한 경제적 차이를 해소하지 못하면, 통일 이후 남북은 오늘날 한국 내부의 경제양극화로 인한 혼란과는 비교할 수 없을 정도로 심각한 사태에 직면할 것이다. 이러한 문제를 해결하기 위해서 우리는 무엇을 준비해야 할 것인가? 이에 대한 해답을 두 편의 자료에서 찾아보고자 한다. 〈자료 1〉은 통일세를 걷어서 통일시대를 준비하자는 주장이고, 〈자료 2〉는 시급한 현실적 방안부터 해결해 나가자는 주장이다. 이 자료들을 읽고 '통일시대와 한국의 경제'에 대한 생각을 정리해 보자.

**자료 1**

올해 광복 70주년을 맞았지만 여전히 미완의 광복이 이어지고 있다. 완전한 광복은 통일을 전제해야 한다. 통일이 언제 될지는 누구도 예단할 수 없다. 극히 폐쇄적이고 불안한 북한 체제를 감안하면 더욱 그렇다. 그러나 분명한 것은 통일은 이루어진다는 것이고, 어느날 갑자기 다가올 가능성이 높다는 것이다. 베를린 장벽이 무너지기 2년 전인 1987년 실시된 여론조사에서 서독 주민 10% 미만이 통일이 가능할 것이라고 답변했다. 1989년 10월25일 서울을 방문한 빌리 브란트 전 서독 총리는 한 특별 강연에서 "독일 통일은 유럽 통합(1999년)이 이뤄진 다음에 가능할 것"이라고 예측했다. 베를린 장벽은 그로부터 불과 15일 후인 11월9일 무너졌다. 최근 만난 지역의 한 북한 전문 교수는 "15년 이내 통일이 될 것"이라고 전망했다. "우리는 늘 통일을 원하지만 10년은 너무 가까운 것 같고, 15년 이후는 너무 멀게 느껴지고 있기 때문"으로 그 이유를 설명했다. 국민을 대상으로 통일 관련 여론조사를 해보면 40년 전이나 지금이나 결과가 비슷하게 나오는 것이 있다. 언제쯤 통일이 될 것으로 보느냐는 질문에 시대를 가리지 않고 늘 10년 이내라고 응답한 비율이 가장 높다는 것이다. 몇 번의 10년이 지나도 여전히 분단이 지속되고 있는 데도 말이다. 역설적으로 통일이 그만큼 우리 가까이에 와 있다고 볼 수도 있다. 박근혜 대통령의 말처럼 통일은 분명 대박이다. 이는 준비된 통일을 전제한다. 준비 안 된 통일, 우리가 원하지 않은 방식의 통일은 대박이 아니라 쪽박이고 재앙이다. 정부와 정치권은 통일을 말로만 부르짖고 있을 뿐 구체적 준비 방안은 내놓지 않고 있다. 여전히 통일 준비보다는 분단 관리에 더 역점을 두고 있는 느낌이다. 이제 축복된 통일을 위해 준비할 때다. 이미 늦은 감도 있다. 통일에 대비해 가장 시급히 준비해야 하는 것은 통일비용이다.

서독도 통일을 너무 먼 훗날의 일로 여기고 준비하다 통일 직후 극심한 불황에 시달리는 등 홍역을 겪었다. 연구기관마다 다른 수치를 내놓고 있지만, 한반도 통일 비용은 최소 500조원에서 최대 5천조원까지 소요될 것으로 전망하고 있다. 이같은 천문학적 통일 비용을 한꺼번에 부담한다는 것은 우리나라 경제 규모로는 불가능하다. 이명박 전 대통령은 2010년 광복절 경축사에서 통일세를 공론화할 것을 제안했다. 당시 찬반 논란을 벌이다 유야무야됐다. 김무성 새누리당 대표는 지난 9월2일 국회교섭단체 대표연설에서 통일 재원 마련을 공론화해야 한다고 주장했다. 이 역시 공천방식, 선거구 획정 등 정치적 이슈에 묻히면서 별다른 관심을 끌지 못하고 있다. 통일세 관련 얘기는 20여년 전에도 있었다. 1991년 7월 당시 구본호 한국개발연구원장은 앞당겨질지 모르는 통일에 대비해 통일세 신설을 주장해 파장을 일으키기도 했다.이제 통일세 신설을 공론화하자. 독일은 1991년부터 통일연대세를 부과하고 있다. 2010년 8월24일 국민일보가 실시한 여론조사에서 국민 56.9%가 통일세 도입을 반대했다. 하지만 2013년 KBS가 실시한 국민통일 의식 조사에서는 국민 74%가 통일비용을 세금 형태로 부담할 의향이 있다고 응답했다. 국민 상당수가 시간이 갈수록 통일을 열망하고 있고, 축복된 통일을 맞이해야 한다는 데 공감하고 있다는 것을 알 수 있다. 세금을 더 내라는데 좋아할 사람은 없다. 세금이 아니라 통일이 가져다줄 엄청난 이익을 위한 투자라고 생각하면 어떨까. 70년 동안 지불해온 분단비용은 통일비용보다 크다. 분단비용은 이미 사용해버리고 없지만, 통일비용은 저성장의 늪에 빠져있는 우리 경제에 새로운 성장동력을 가져다 줄 투자다. 통일 비용 마련은 국제사회에 우리의 통일 의지와 열망을 표방하는 것이기도 하다. 소중한 것을 얻는 데는 반드시 비용이 필요하다. 하물며 우리가 입버릇처럼 외치고 있는 우리의 소원인 통일을 위해 마중물을 준비하는 것은 지극히 당연한 일이다.

– 김기억, 「통일세 신설하자」, 『영남일보』(2015. 10. 20.)

### 자료 2

8년 동안 컴퓨터에 묵혀놨던 파일 하나를 열어봤다. '남북 보건의료 협력 방안: 개성, 황해도 지역보건의료체계 시범 운영'. 2007년 남북 정상회담을 앞두고, 정부 요청으로 작성했던 사업 계획서이다. 의료물품과 장비 지원, 병원 시설 개 · 보수 등 일회성 대북 지원사업의 한계를 극복하고, 북한 스스로가 자생적으로 운영할 수 있는 지역 단위의 의료체계 구축을 지원한다는 내용을 담고 있다.

이를 위해 개성시와 황해도의 군 단위 농촌 1개 지역을 대상으로 도시형과 농촌형 시범사업을 시행하고, 향후 북한 전역에 그 모델을 확대 적용한다는 구상이었다.

그러나 이 계획서는 세상의 빛을 보지 못했다. 이명박 정부는 처음부터 남북 간의 10 · 4 공동선언을 부정했고, 천안함 폭침 사건과 뒤이은 5 · 24 대북 제재조치로 북한과의 교류와 지원을 전면 중단했다. 그 이후 민간 차원에서 이루어지던 수많은 대북 의료지원과 교류 사업도 사실상 중단됐다.

1990년대 대기근 시절보다는 나아졌다고 하지만, 북한의 의료 실태는 여전히 열악하다. 붕괴된 의료체계는 복구되지 않았고, 의료물품과 약을 의료기관이 아닌 장마당에서 구해야 하는 사정도 여전하다. 식량 부족과 열악한 의료 실태는 북한 주민의 건강에 직접적인 영향을 미치고 있다. 출산 여성과 신생아 사망률은 한국의 7~8배에 달하고, 영 · 유아의 약 30%가 만성적인 영양장애 상태이다. 어린 시절의 영양 결핍은 전 생애에 걸쳐 심각한 장애를 야기한다. 외부의 지원이 절실하지만, 이명박 · 박근혜 정부는 북한의 열악한 의료 실태를 방치해 왔다. 이것은 우리나라의 국익에 반하는 것이다.

의료가 국익에 기여하는 가장 확실한 방법은 우리 사회가 부담 가능한 비용으로 국민의 건강을 향상시키는 것이다. 국민의 건강 향상은 불필요한 의료비 지출을 줄이고, 저출산 · 고령화 사회에서 국가 경쟁력의 원천인 노동력의 양과 질을 확보하게 해준다. 그런데 정부는 통일을 이야기하면서도 미래의 의료비 폭증을 야기하고, 노동력의 양과 질을 악화시키는 정책을 고집하고 있다. 그 정책이 바로 5 · 24 대북 제재조치다.

국제 연구들에 따르면, 무역 제재조치는 해당 국가의 지배세력에게는 별 위협이 되지 않는 반면, 어린이 · 여성 · 노인의 건강에는 심각한 영향을 미치는 것으로 알려졌다. 북한 역시 제재조치의 일차적인 피해자는 이들이었다. 1600만명에 달하는 북한의 어린이 · 여성 · 노인의 건강을 위험에서 구하는 것은 미래의 막대한 의료비 지출을 줄이고, 노동력의 양과 질을 확보하는 투자이다.

북한의 청장년도 안심할 대상은 아니다. 미국 존스 홉킨스 보건대학원과 공동으로 북한 이탈 주민의 건강 상태를 조사한 고려대 김신곤 교수팀의 연구에 따르면, 대기근 시절에 성장기를 거친 북한의 청장년은 각종 만성질환에 매우 취약한 것으로 나타났다. 오랜 기간 영양결핍 상태였기 때문에 음식을 먹으면 체내에서 최대한 지방으로 축적하려는 체질이 된 것이다. 이들은 당뇨병과 각종 심혈관질환의 고위험 집단이다.

대북 의료지원과 교류 중단은 막대한 통일비용을 자초하는 자해 정책이다. 독일 통일의 경험은 우리에게 시사하는 바가 크다. 서독은 통일 십수년 전부터 동독의 보건의료 개선을 위해 대규모 지원을 지속해 왔다.

그럼에도 통일 이후 20여년 동안 천문학적인 재정을 투입하고서야 동독과 서독 주민의 건강 격차가 어느 정도 해소됐다. 서독과 동독보다 훨씬 큰 남한과 북한의 격차를 생각하면 벌써부터 머리가 아찔하다. 뜬금없이 통일세를 거론하는 것보다 통일비용을 줄이는 노력이 먼저다.

정부는 국익을 앞세워 의료 영리화 정책을 집요하게 추진하고 있다. 의료 영리화를 하면 국민의 의료비 부담은 줄고 병 · 의원을 비롯한 의료산업의 수입은 늘어난다고 한다. 마법 같은 이야기다. 의료를 수출해서 큰 돈도 벌 수 있다고 한다. 최근에는 공공의료를 위해 의료 영리화를 해야 한다는 기상천외한 주장까지 하고 있다. 의료 영리화는 국익을 망치는 정책이다. 진정으로 국익을 위한다면, 의료 영리화가 아니라 남북 의료협력을 해야 한다. 이를 위해 식량과 의료 지원을 막는 5 · 24 대북 제재조치를 해제해야 한다.

최근 의료계를 비롯한 민간 차원에서 북한 의료 지원 재개와 통일 시대의 보건의료를 준비하기 위한 다각도의 활동을 시작하고 있다. 반가운 소식이다. 정부가 나서기 싫다면, 민간 차원에서라도 사업을 재개할 수 있도록 길을 터주어야 한다. 이번 남북 이산가족 상봉이 갈등의 불씨를 줄인 것이라면, 남북 의료협력은 미래의 씨앗을 키우는 것이다.

– 이진석, 「영리화 아닌 남북 의료협력」, 『경향신문』(2015. 10. 26.)

- 〈자료 1〉은 통일세의 신설, 〈자료 2〉는 의료협력의 시급함을 밝힌 글이다. 이 방법 이외에도 통일을 대비하기 위해서는 다양한 계획이 있어야 한다. 이외의 다른 방안으로 무엇이 있는지에 대하여 조사해 보자.
- 〈자료 1〉과 〈자료 2〉에서 밝힌 통일을 준비하는 과정은 각각 다르다. 어떠한 방법으로 통일을 준비하는 것이 바람직하다고 생각하는지 토론해 보자.
- 통일을 준비하는 숭실인의 자세에 대하여 에세이를 작성해 보자.

## 02 통일 시대의 수도

분단 이후 한반도 내에서 남북의 긴장 관계는 복잡하게 변모하였고, 한반도 주변의 국제 정치질서도 많이 변화하였다. 이러한 변화에도 불구하고, 한국과 북한에서는 통일에 대한 기대를 버리지 않았다. 그러나 통일이 이루어지는 시기를 묻는 조사에서, 40년 전이나 지금이나 10년 내외로 답하는 비율이 가장 높다. 통일에 대한 기대는 변함이 없지만, 통일에 대한 기대 연한은 줄어들지 않은 것이다.

남 · 북한이 통일을 염원하고 있지만, 70년이 지난 현재까지 통일은 멀게만 느껴지고 있다. 갈등에서 화해로 분위기가 전환되고, 통일에 대한 기대가 높아질 때, 가장 먼저 논의될 사안 중의 하나는 통일시대 정치 · 경제적 수도(거점도시)를 어디에 두어야 하는가이다. 이와 관련하여 그간 많은 연구가 진행되어 왔다. 그 결과 거점도시 후보지역으로 '비무장지대', '한강연안과 김포 및 강화일대', '철원분지', '서울과 개성' 등이 거론되었다. 다음 자료를 읽고 통일 이후의 수도에 대해 생각해보자.

**자료**

통일한국을 완성하여 한민족의 위대한 잠재력을 온전히 담아내기 위해서는 남북의 인내와 희생이 절대적으로 필요하다. 진정한 남북통일의 완성은 (1) 남북한 주민들이 진정으로 상대에 대해 마음을 열어 이해의 폭을 넓히고 (2) 특히 상대적 약자인 북한을 우선적으로 배려하고 양보하여 그들의 자존심을 세워주고 (3) 남북의 통합된 노력으로 통일한국이 동북아의 중심지로 거듭날 때에만 가능해진다.

한반도의 중심에 입지한 개성은 시대가 요구하는 이러한 역할을 충분히 감당할 만한 저력과 여건을 갖춘 통일한국의 강력한 수도 후보지이다. 개성은 남북한이 공동으로 경제활동을 영위하는 북한의 유일한 지역이며 남북화해의 바로미터로서 세계가 주목하는 도시이다. 남한의 입장에서는 가장 가까운 북한 땅이지만 북한의 입장에서는 가장 멀리 떨어진 접경지역이다. 개성은 그 지정학적 특성으로 인해 남북교류의 핵심거점 및 통일로 가는 주요 길목이 될 수밖에 없다.

개성은 과거에도 우리 국토에서 주요한 기능을 수행해왔고, 현 북한체제 하에서도 군사적 · 경제적 · 역사적 · 문화적 측면에서 여전히 중요한 기능을 수행하고 있으며, 다가오는 통

일시대에는 통일 한국의 수도로서 주도적인 역할을 감당하여야 한다. (중략)

통일 후 서울에 굳이 수도 기능의 일부를 남겨놓을 필요는 없다. 오히려 서울은 정치 · 행정 수도로서의 기능은 제거하고 세계적인 경제중심지 즉 '월드시티'로 도약할 수 있도록 뉴욕처럼 경제수도로 유도하는 것이 바람직하다. 세종시의 건설로 이미 행정기능의 70%는 이전되고 정치적 기능만 남아 있는 형태라 개성으로의 이전이 서울에 별다른 타격을 주지는 않을 것으로 보인다.

그런 다음 고려가 개성(개경)을 중심으로 평양(서경)과 경주(동경)를 3경(三京)으로 지정하여 수도기능을 분담하였던 것처럼 통일 한국도 개성을 수도로 하여 입법 및 사법기능은 모두 개성에 두되 행정기능은 북한의 평양시와 남한의 세종시에 분산하여 배치하는 것이 바람직하다. 이른바 통일 한국의 '신 3경'시스템이라 할 수 있다. (중략)

물론 이러한 행정기능의 분산에 따른 비효율이 생각보다 높을 수 있다. 특히 통일초기의 남북의 통합과 강력한 국정의 운영을 위해서는 행정의 분산은 오히려 혼란과 집중력을 떨어뜨려 통일의 의미를 약화시킨다는 우려가 제기될 수도 있다. 그러나 효율성의 일부 포기로 남북간 갈등 완화를 통한 국민화합이 가능해 진다면 우리는 주저 없이 그 길을 가야만 한다.

– 허재완, 「통일 한국의 수도(首都), 어디가 되어야 하나?」, 『국토계획』 제50권 제1호(2015.), 15–17쪽.

- 한국과 북한은 각기 다른 방식으로 통일을 준비하고 있다. 그 준비의 일환으로 통일 이후 거점도시에 대한 고려도 필요해 보인다. 통일 이후 한국의 통일 수도를 건설하는 데 있어서 고려할 요소로 무엇이 있는지 생각해 보자.
- 통일 한국의 수도로 적합한 지역이 있다면 어디인지 제시하고, 그 지역을 선정한 이유에 대하여 말해 보자.
- 자료조사와 토론을 바탕으로 '통일한국의 수도로 어디가 좋은지'에 대하여 에세이를 작성해 보자.

# 참고문헌


## | 1 부 |

김희정 · 박은진, 『비판적 사고를 위한 논리』, 아카넷, 2004.

소흥렬, 『논리와 사고』, 이화여자대학교출판부, 2003.

손동현 외 6인, 『학술적 글쓰기』, 성균관대학교출판부, 2007.

이광모 외 2인, 『논증과 글쓰기』, 형설출판사, 2006.

이좌용 · 홍지호, 『비판적 사고』, 성균관대학교출판부, 2015.

## | 2 부 |

박정하, 장은주, 최훈, 『대학인을 위한 논술』, 세종서적, 2002.

방송통신대학교 편, 『세상읽기와 논술』, 예하 미디어, 2006.

이윤일, 『논리로 생각하기 논리로 말하기』, 도서출판 씨엘, 1999.

## | 3 부 |

김소은 · 송경란 · 장미영, 『이공계열 글쓰기』, 청문각, 2008.

김정길 외, 『자연과학의 이해』, 형설, 2005.

김종록 · 이관희, 『과학 글쓰기 전략: 이공계열 학생들을 위한 실용 글쓰기』, 박이정, 2011.

문상흡, 「화학공학과의 교육 현황과 발전 과제」, 『대학교육』92, 한국대학교육협의회, 1998.

백선기, 『미디어 기호학』, 커뮤니케이션북스, 2015.

백선기, 『미디어 그 기호학적 해석의 즐거움』, 커뮤니케이션북스, 2007.

신현정, 「기계공학의 의공학교육」, 『기계저널』53, 대한기계학회, 2013.

신형기 외, 『과학 글쓰기』, 사이언스북스, 2007.

양흥석, 「전기공학 교육의 현황과 방향」, 『전기의 세계』37, 대한전기학회, 1988.

여성칠, 「다중상태의 확률모형을 이용한 보험수리적 현가의 추정」, 『보험학회지』56, 한국보험학회, 2000.

오창수 · 김경희, 『최신보험수리학』, 박영사, 2014.

육현승, 「미디어학의 위상과 발전가능성에 대하여」, 『독일언어문학』 39, 한국독일언어문학회, 2008.

장현숙 · 최명숙 · 박혜경, 『대중매체와 글쓰기』, 푸른사상, 2014.

전북대학교 국어국문학과, 『이공계글쓰기』, 태학사, 2009.

조봉래, 『자연과학개론』, 자유아카데미, 2013.

조희형, 『자연과학 글쓰기』, 교육과학사, 2014.

차희성 · 손보식 · 이재섭, 「건축공학교육의 과거, 현재 그리고 미래」, 『건축』55, 대한건축학회, 2011.

천병수 · 이승호, 『자연과학개론』, 청문각, 2011.

최 웅 외, 『과학기술자를 위한 이공계 글쓰기』, 북스힐, 2005.

탁석산, 『오류를 알면 논리가 보인다』, 책세상, 2001.